T0276280

SIGNOS
Y SÍMBOLOS

DK

SIGNOS Y SÍMBOLOS

Dedicado a John Wilkinson

DK Londres
Edición sénior Sam Atkinson y Paula Regan
Edición Patrick Newman y Manisha Thakkar
Edición de arte de proyecto Anna Hall
Diseño Dean Morris y Adam Walker
Coordinación editorial Debra Wolter
Coordinación de arte Karen Self
Producción editorial Joanna Byrne y Luca Frassinetti
Coordinación de producción Inderjit Bhullar
Iconografía Roland Smithies
Ilustraciones Anshu Bhatnagar y Debajyoti Dutta
Coordinación de publicaciones Liz Wheeler
Dirección de arte Bryn Walls
Dirección de publicaciones Jonathan Metcalf

Nueva edición publicada en 2020

Publicado originalmente en Gran Bretaña
en 2009 por Dorling Kindersley Limited
DK, One Embassy Gardens, 8 Viaduct Gardens,
London, SW11 7BW

Parte de Penguin Random House

Título original: *Signs and Symbols*
Primera reimpresión 2021

Servicios editoriales: deleatur, s.l.
Traducción: Carmen G. Aragón, Antón Corriente
y José Luis López Angón

ISBN: 978-1-4654-9768-0

Impreso y encuadernado en China

Para mentes curiosas
www.dkespañol.com

CONTENIDO

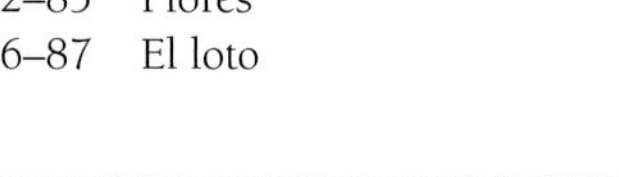

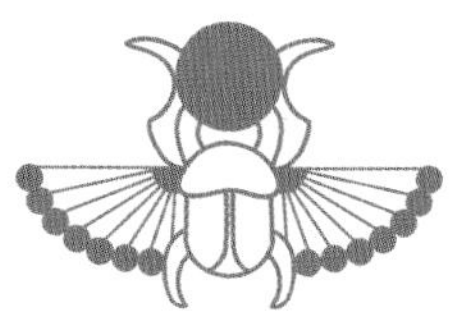

INTRODUCCIÓN

Uno de los rasgos distintivos del *Homo sapiens* es la posesión de una mente inquisitiva. Siempre nos hemos hecho preguntas, entre ellas la de nuestra existencia en la Tierra: por qué estamos aquí, de dónde venimos, qué pasa después de la muerte y cuál es el significado oculto tras los fenómenos que nos rodean. Hemos creado un entramado de creencias que nos permiten, hasta cierto punto, dar respuesta a estas antiguas preguntas.

DEFINICIONES Y ANÁLISIS

Parte de ese entramado lo constituye un extenso vocabulario de signos y símbolos que nos recuerdan nuestra unidad con el cosmos. Tanto los signos como los símbolos son ampliamente reconocidos, pero las diferencias entre ambos son a veces confusas.

Un signo cumple su función de una manera directa: puede formar parte de un lenguaje gráfico o de un código visual como el de las señales de circulación. Los signos ofrecen un mensaje simple de relevancia inmediata y momentánea.

Un símbolo es una imagen que representa una idea, que compendia una verdad universal. El fuego, por ejemplo, simboliza tanto el Sol como la fuerza vital masculina que nos rodea, mientras que una flor primaveral representa renacimiento, vida nueva. Vista a la luz de los símbolos, la vida se enriquece y se llena de significados.

Desde tiempos remotos la simbología se ha referido al cosmos, la fertilidad, la muerte, la renovación, pero la llegada del psicoanálisis hizo que prácticamente cualquier idea u objeto fuera

LOS SIGNOS OFRECEN UN MENSAJE SIMPLE DE RELEVANCIA INMEDIATA Y MOMENTÁNEA. UN SÍMBOLO... ES UNA IMAGEN O SIGNO VISUAL QUE REPRESENTA UNA IDEA

examinado como símbolo desde la perspectiva de la psique; así, una sombra puede ser considerada símbolo de inseguridad interna. Al analizarlos, se comprueba que muchos cuentos infantiles se relacionan con las dificultades del tránsito de la niñez a la edad adulta; *Caperucita Roja* es un ejemplo. No obstante, los símbolos antiguos y arquetípicos se refieren mayoritariamente a nuestra relación con el cosmos.

Algunos símbolos, como el círculo y el ave en vuelo, son reconocidos universalmente. El primero simboliza, entre otras cosas, nacimiento, renacimiento y el ciclo de las estaciones; un pájaro puede representar el ascenso del alma al Cielo. Los animales fabulosos también han aparecido en el arte durante milenios, simbolizando las cualidades asociadas a las criaturas que representan: el sátiro, en parte cabra y en parte hombre, sugiere lo más alto y lo más bajo de la condición humana.

MIGRACIÓN DE SÍMBOLOS

El hecho de que algunos símbolos aparezcan en distintas partes del mundo da pie al debate sobre su origen. ¿Surgieron espontáneamente de los impulsos humanos inconscientes, o son el resultado de la transmisión de ideas entre culturas diferentes?

Cada vez tenemos más información sobre la práctica viajera en el mundo antiguo. Las rutas

comerciales cruzaban el globo, y las ideas religiosas, los estilos artísticos y los artistas mismos viajaban con los comerciantes. Así fue como el islamismo llegó al Sureste asiático y el budismo a Japón, y por eso en el corazón de Sudamérica se habla el portugués. Al tiempo que se intercambiaban bienes e ideas, sucedía lo propio con los símbolos, que cobraban un significado lejos de su lugar de origen.

El dragón, una creación china, es uno de esos símbolos. En China representa la gloria del emperador y el Sol, pero en el arte cristiano europeo su simbolismo es negativo, y refleja lo más perverso de la naturaleza humana.

El ave combatiendo a la serpiente se halla desde Nueva Guinea a América, y simboliza la lucha eterna entre el cielo, la tierra y el agua. El *tao t'ieh*, un rostro estilizado que aparece en las vasijas de bronce de la antigua China, resurge en las gárgolas de las catedrales europeas y en los motivos de las culturas del Pacífico.

LA DIOSA

Un símbolo universal, que probablemente surgió de forma simultánea en muchos lugares, es el de la diosa. Representada a menudo con vientre prominente y grandes pechos, simboliza la fertilidad y la abundancia, y su imagen aparece en el arte prehistórico desde Malta a las estepas rusas. Representa el nacimiento y, bajo su aspecto de Madre Tierra, la renovación. A veces se ilustra con un simple triángulo, símbolo de los genitales femeninos, o con un círculo, símbolo del ciclo continuo de nacimiento y renacimiento.

Con el paso del tiempo y el surgimiento del judaísmo, el cristianismo y el islamismo, el mito de la diosa arquetípica se ha desvanecido de la conciencia humana; sin embargo, sus símbolos todavía son reconocibles, y la adoración a la Virgen María guarda algún vínculo con estas creencias. A medida que los pueblos se han ido desligando del mundo natural, la diosa procuradora y nutricia ha sido reemplazada

UN SÍMBOLO UNIVERSAL, QUE PROBABLEMENTE SURGIÓ DE FORMA SIMULTÁNEA EN MUCHOS LUGARES, ES EL DE LA DIOSA

CUANDO VEMOS EN LOS OBJETOS LA REPRESENTACIÓN DE VERDADES O IDEAS PROFUNDAS, EMPEZAMOS A SER CONSCIENTES DE LA NATURALEZA DUAL DE LA EXISTENCIA

por dioses creadores o incluso por dioses ajenos a la creación. Los dioses masculinos, a diferencia de la Diosa Madre, controlan la naturaleza.

SÍMBOLOS Y VIDA COTIDIANA

El uso y el reconocimiento de símbolos enriquece nuestras vidas. Cuando vemos en los objetos la representación de verdades o ideas profundas, empezamos a ser conscientes de la naturaleza dual de la existencia, de sus dimensiones exterior e interior. Una simple escalera, por ejemplo, nos sirve a la vez como instrumento y como recordatorio del ascenso espiritual a la propia conciencia o a una verdad superior; un cuenco puede representar el principio receptivo femenino y la creación; una azucena floreciendo en el barro puede simbolizar la pureza de espíritu, y una lámpara, la luz de la verdad. Esta visión simbólica de los objetos, al aumentar nuestra conciencia no solo de la vida diaria sino también de las verdades universales de la existencia, nos ayuda a vivir más «armónicamente».

SÍMBOLOS EN EL ARTE, LA LITERATURA Y LOS SUEÑOS

El simbolismo en el arte sirve como lenguaje visual para la interpretación de una escena; sin embargo, símbolos que fueron habituales, por ejemplo en el arte renacentista, han dejado de ser reconocibles,

EL SIMBOLISMO ONÍRICO ES INTERPRETADO COMO REFLEJO DEL FUNCIONAMIENTO DE LA MENTE INCONSCIENTE

lo que hace más ardua la comprensión del significado oculto de una pintura. En el arte cristiano, por ejemplo, los pájaros eran un conocido atributo de san Francisco, como la rueda lo era de santa Catalina. El arte budista temprano describía a Buda de forma anicónica: no aparecía su imagen, pero su presencia se manifestaba por un trono o por unas pisadas.

En el arte de los siglos pasados, el agua podía simbolizar la mente inconsciente o las aguas primordiales, y las diosas clásicas simbolizaban a menudo virtudes específicas, como la sabiduría. En el arte más moderno, en cambio, los objetos no tienen necesariamente un significado convencional, aunque pueden tener profundas resonancias para el artista, relativas, por ejemplo, a su niñez; del mismo modo que en el Tiempo del Sueño de los aborígenes australianos, la vida de una persona y su entorno conforman una «huella dactilar» única, a menudo pintada en la arena.

El simbolismo también se halla en las obras literarias. En la novela alegórica *El progreso del peregrino*, el protagonista representa a todo el género humano y su pugna por unirse a Dios. En las *Crónicas de Narnia*, de C. S. Lewis, la alegoría cristiana reaparece bajo la forma del león Aslan, que representa a Cristo.

La naturaleza simbólica de los sueños ha sido reconocida desde antiguo. Los sueños de persecución o de caída suelen interpretarse

como símbolos del miedo de la persona a madurar y a enfrentar las responsabilidades de la vida adulta. No es solo en el psicoanálisis donde el simbolismo de los sueños es interpretado como reflejo del funcionamiento de la mente inconsciente: muchas sociedades reconocen su importancia. Los semái de Malasia, por ejemplo, valoran el simbolismo onírico y se entrenan para enfrentarse a los miedos simbólicos de sus sueños para así resolver los miedos subyacentes de la vida consciente.

SÍMBOLOS ACTUALES

Aunque muchos símbolos han perdurado durante milenios, hoy existen formas nuevas. Los héroes culturales actuales, como Superman o Spiderman, son similares a los que, en los mitos antiguos de la creación, realizaban actos heroicos como robar el fuego para la humanidad o rehacer el mundo tras una inundación. Sin embargo, otros héroes de la cultura moderna, como las celebridades, nos atraen por su aspecto, porque son admirados universalmente o porque su fastuoso estilo de vida representa un ideal al que muchos aspiramos. Probablemente esta atracción sea una respuesta a la profunda inseguridad que afrontamos hoy.

Otros símbolos son aciagos: el hongo sobre Hiroshima que advirtió de la llegada de la bomba atómica, o el hundimiento de las Torres Gemelas del World Trade Center de Nueva York, representan nuestros peores miedos de aniquilación.

UNA NUEVA PERSPECTIVA

Vivamos donde vivamos, estamos rodeados de símbolos... si estamos dispuestos a verlos. Podemos pasar por la vida ignorando su rica imaginería o podemos abrir nuestros ojos a las verdades profundas inherentes a buena parte de lo que nos rodea. Para los interesados en explorar lo filosófico y lo metafísico, la contemplación de un mundo pleno de símbolos es infinitamente rica y gratificante, nos ayuda a comprendernos mejor a nosotros mismos y ofrece una perspectiva nueva a nuestras vidas.

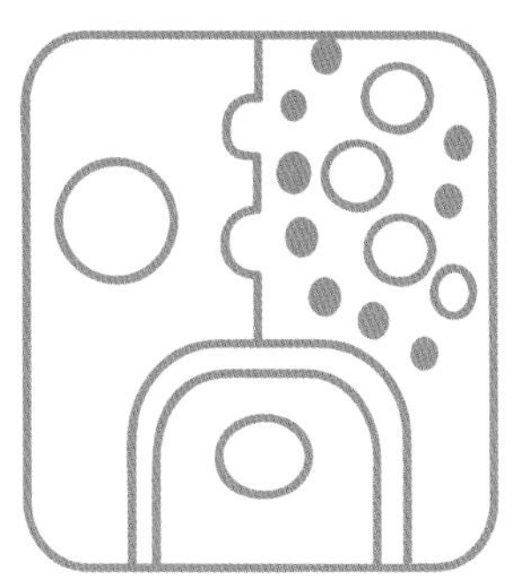

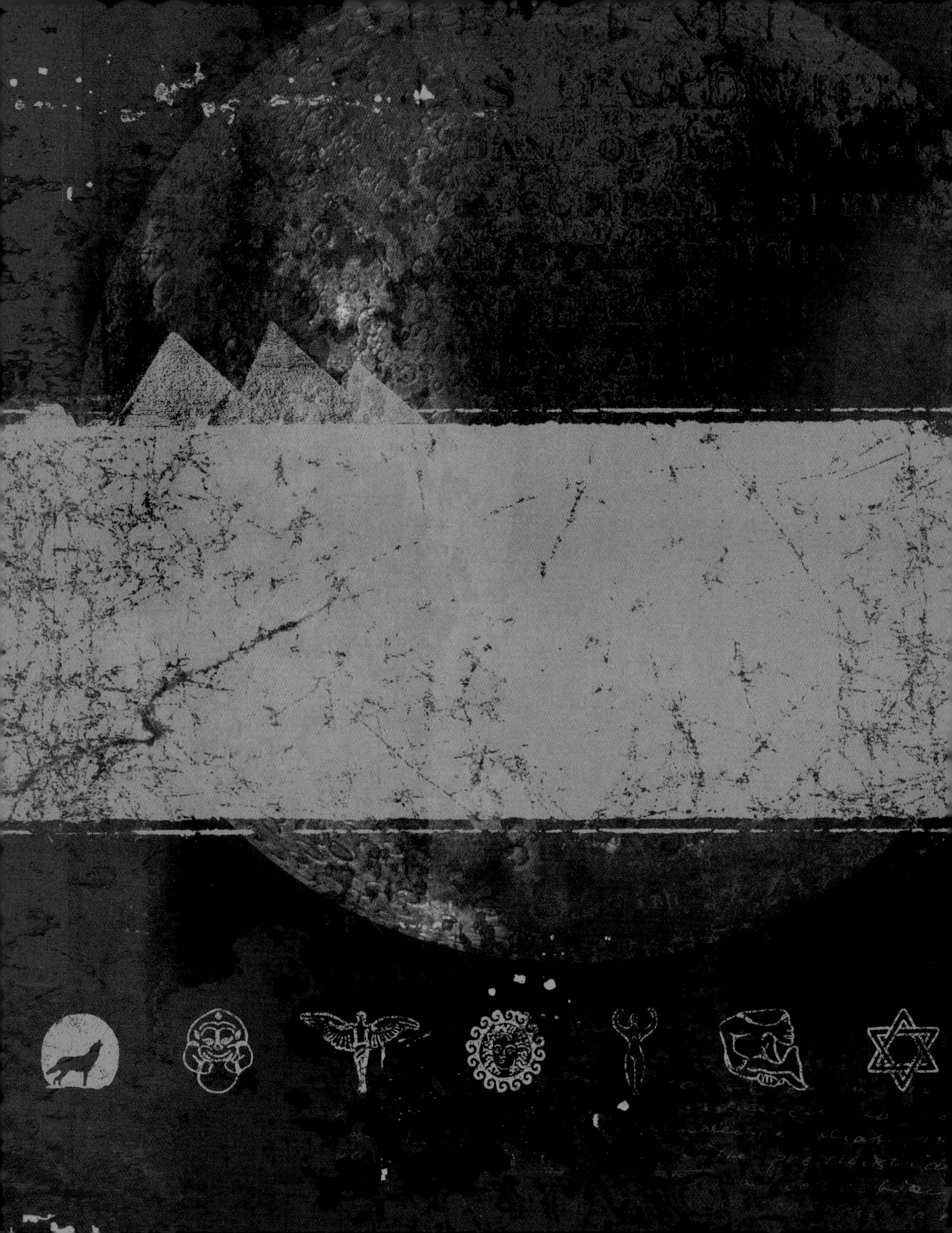

EL
COSMOS

La observación del movimiento del Sol, la Luna y los demás cuerpos celestes, y la percepción del cambio de las estaciones, desarrolló en el hombre una visión del ritmo natural del universo. A lo largo de milenios construimos una cosmología que explicaba estas observaciones y nos ayudaba a encajarlas en el orden natural; también asignamos el control de las fuerzas naturales a dioses a los cuales adoramos.

Esto condujo a la creencia de que, para sobrevivir a la ira de los dioses, era necesaria la colaboración de humanos y deidades. Así, se hacían sacrificios y ofrendas para invocar la armonía cósmica –lluvia suave para los cultivos y vientos apacibles para la navegación–, mientras que los desastres naturales como sequías, terremotos o inundaciones eran invariablemente achacados a la venganza divina.

Así, el simbolismo cósmico quedó fuertemente ligado a la religión. El Sol, por ejemplo, es un símbolo cósmico universal del poder divino, y los budistas ven el fuego como la sabiduría que consume toda ignorancia. El agua es símbolo de purificación entre cristianos e hinduistas, y los cielos son el hogar de la divinidad para todas las grandes religiones.

Por supuesto, el cielo y todo lo que contiene, desde la Luna y las estrellas hasta el trueno y el relámpago, están asociados simbólicamente con el mundo divino. Las montañas también tienen un estatus sagrado debido a su proximidad a los cielos. Cada una tiene sus dioses y representantes sobrenaturales, que varían según las culturas.

Los mitos de la creación y los concernientes a una inundación global son comunes a todas las culturas y recurren al simbolismo cósmico y a la idea de venganza divina para explicar los misterios del universo. Dichos símbolos eran importantes para las sociedades antiguas

PARA SOBREVIVIR A LOS HORRORES QUE LOS DIOSES PODÍAN LIBERAR, ERA NECESARIA LA COLABORACIÓN DE HUMANOS Y DEIDADES

porque ayudaban a vivir de modo más armonioso, así como a aproximarse al conocimiento de lo divino.

La ciencia antigua intentó establecer lazos simbólicos con los cuatro elementos constituyentes del cosmos: tierra, fuego, agua y aire. Aire y fuego eran simbólicamente masculinos y activos; agua y tierra, femeninos y pasivos: el equilibrio entre los elementos era considerado el fundamento de la armonía cósmica.

Signos y símbolos han jugado un papel vital en el desarrollo del conocimiento científico sobre el mundo: la astronomía y la astrología, por ejemplo, evolucionaron a partir del simbolismo cósmico que trataba de explicar por qué se movían los planetas por el cielo o por qué las estrellas formaban constelaciones. Los simbolismos estacionales y cósmicos a menudo están relacionados, ya que la medida del tiempo se ha basado siempre en los movimientos diarios y estacionales del Sol y de la Luna.

A pesar de los muchos descubrimientos de la ciencia moderna, el simbolismo cósmico sigue siendo importante para muchos pueblos de todo el mundo, y sigue influyendo en nuestro lenguaje. Las celebridades son «estrellas»; muchas banderas nacionales muestran símbolos cósmicos, como el Sol y la Luna, para representar la autoridad y el poder divino; las piedras preciosas, sobre todo las natalicias, aún están impregnadas de simbolismo; y la astrología conserva cierta popularidad. Todavía hoy, en fin, seguimos intentando encontrar significado a nuestro mundo a través de signos y símbolos.

EL SOL

La mayoría de las culturas han adorado al Sol como poder cósmico supremo, como la fuerza vital que permite el crecimiento de todas las cosas. Como fuente de calor, simboliza la vitalidad, la pasión y la juventud. Como fuente de luz, la iluminación espiritual. También es emblema de la realeza y el imperio. En algunas religiones es el Padre Universal. Su ciclo diario simboliza el nacimiento, la muerte y la resurrección.

▲ Máscara solar
Esta máscara solar, de uso ceremonial, representa la autoridad del Sol sobre los cuatro puntos cardinales (norte, sur, este y oeste). Procede de la tribu nuxalk de Bella Coola (Columbia Británica).

EN TORNO A LA TIERRA

Los solsticios de verano e invierno marcan los días más largo y más corto del año, y han inspirado mitos y celebraciones en todo el mundo. El solsticio de invierno simboliza la victoria de la luz sobre la oscuridad, o el final de un ciclo y el comienzo de otro, de luz y crecimiento.

El solsticio de verano festeja a la Tierra en el cénit de su abundancia, aunque también señala el declinar del poder solar; los druidas lo saludaban al amanecer. Ambos solsticios están marcados por el fuego, que representa el calor del sol y la fertilidad.

◄ El amanecer
Es símbolo de esperanza, alegría y juventud. Representa el nacimiento, el recomienzo y la frescura. En el cristianismo es símbolo de resurrección. A menudo se usa para representar el inicio del mundo o de la humanidad y, así, está asociado con muchos mitos de la creación.

◄ Solsticio en Stonehenge
El símbolo más notable del solsticio de verano en Gran Bretaña, Stonehenge, en Wiltshire, ha sido un foco de celebraciones paganas durante miles de años. La gente se reúne allí el día de San Juan (24 de junio) para saludar al amanecer en su avance sobre la Piedra Talón.

Las vasijas esparcen chispas de fuego para encender el amanecer

▲ Eos
Personificación de la juventud, la esperanza y el despertar, Eos era la diosa de la aurora en la Grecia clásica. Sus sonrosados dedos simbolizaban el amanecer avanzando furtivo a través del cielo, y se adornaba con rocío.

DIOSES Y LEYENDAS

El Sol tiene una fuerte carga simbólica en culturas de todo el mundo. Personificado normalmente como masculino, culturas como la japonesa y algunas tribus nativas americanas lo ven como femenino. Los cultos solares más elaborados se dieron en Egipto, América Central y Perú. Puede ser considerado como fuerza benigna y fertilizadora o como un ardiente destructor.

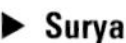

▶ **Apolo**
Este dios griego trajo la luz vivificadora a la Tierra. Representado como un joven vigoroso de cabellos dorados, fue asociado con Helios, el dios que conduce el carro del Sol a través del cielo.

▶ **Surya**
Dios sol védico que representa la inmortalidad, las llamas de la muerte y el renacimiento (ocaso y aurora); cruza a diario los cielos en un carro tirado por siete caballos radiantes.

▲ **Faetón**
En la mitología griega, el trayecto del Sol por el cielo es representado como un carro conducido por Helios, el dios sol. Su hijo, Faetón, perdió el control del carro, que detuvo Zeus arrojando un rayo contra él y matando a Faetón.

▲ **Fénix**
Símbolo universal de muerte y renacimiento, así como del Sol, el fénix mitológico suele representarse como un ave similar a un águila alzándose de las llamas.

▲ **Rahu**
Demonio hindú incorpóreo al que se atribuían los eclipses: se tragaba el Sol, que reaparecería debido a que Rahu carecía de cuerpo para contenerlo. Existe un relato similar en la mitología china.

▲ **Ícaro**
En la mitología griega, Dédalo fabricó unas alas de cera para su hijo Ícaro. A pesar de la advertencia de su padre, Ícaro voló demasiado cerca del Sol y sus alas se fundieron. Simboliza el orgullo y la falta de respeto por los dioses, que provocaron su caída.

▲ **Jepri**
El dios egipcio del Sol naciente estaba asociado con el escarabajo pelotero, que hace rodar bolas de estiércol, simbolizando el viaje del Sol por el cielo. También se asocia con la nueva vida y es amuleto de buena suerte.

SOL Y PODER

El Sol se ha considerado a menudo como el centro simbólico del cosmos. El más brillante de los cuerpos celestes es símbolo de realeza y esplendor imperial. En China es visto como símbolo imperial del yang. Japón lo tiene como emblema nacional; se creía que sus emperadores eran descendientes directos de Amaterasu, la diosa del Sol.

▲ **Bandera de Japón**
El Sol ha sido usado como símbolo de poder en diversas banderas. La japonesa ostenta un disco rojo que representa al Sol naciente.

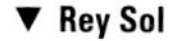

▼ **Rey Sol**
Luis XIV de Francia reclamó como emblema el símbolo solar, y llegó a ser conocido como el Rey Sol. Fue famoso por su fastuoso estilo de vida.

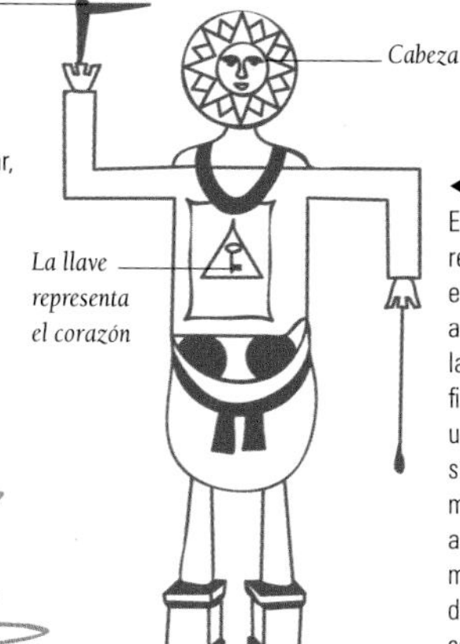

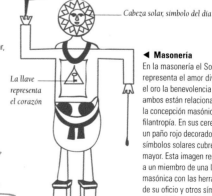

◀ **Masonería**
En la masonería el Sol representa el amor divino, y el oro la benevolencia de Dios; ambos están relacionados con la concepción masónica de la filantropía. En sus ceremonias, un paño rojo decorado con símbolos solares cubre el altar mayor. Esta imagen representa a un miembro de una logia masónica con las herramientas de su oficio y otros símbolos, como el disco solar.

VÉASE TAMBIÉN
El oro *pp. 44-45*
Deidades egipcias *pp. 138-139*
Deidades griegas y romanas *pp. 140-141*
Hinduismo *pp. 158-163*
Taoísmo y sintoísmo *pp. 170-171*
Cristianismo *pp. 176-179*
Masonería *pp. 260-261*
Colores *pp. 280-283*
Banderas *pp. 324-329*

LA LUNA

Su misterio ha captado la imaginación humana desde siempre. Presencia luminosa en el cielo nocturno, es símbolo de esperanza e iluminación. Como el Sol, es asociada a menudo con el nacimiento, la muerte y la resurrección; pero también controla las aguas y es símbolo de fertilidad. Regente de los sueños, está vinculada con la confusión, y su cara oscura simboliza lo oculto. En resumen, sus cualidades femeninas la vinculan con la Diosa Madre.

▲ La Luna
Las sombras producidas por los cráteres en la superficie de la Luna han fascinado a los hombres de todos los tiempos y han inspirado mitos y leyendas en todo el mundo.

LA INFLUENCIA LUNAR

El recorrido cíclico de la Luna a través del cielo y su forma en cambio constante proporcionaron a las sociedades primitivas un poderoso símbolo del ciclo de la vida humana. Del creciente a la luna llena y a los eclipses, cada una de sus formas recibió un significado especial. Además de influir en las mareas, el clima y la vida en general, se le atribuye el gobierno del destino humano.

▲ Eclipse lunar
Pueblos de todo el mundo han elaborado mitos sobre los eclipses, considerándolos presagios de desastres naturales o de muertes de reyes. En ciertas culturas asiáticas se atribuían a un demonio o un dragón que se tragaba la Luna.

◀ Creciente y menguante
Los ciclos creciente y decreciente de la Luna simbolizan el nacimiento, la vida, la muerte y la resurrección. La luna creciente representa el crecimiento, mientras que la menguante se asocia con la muerte.

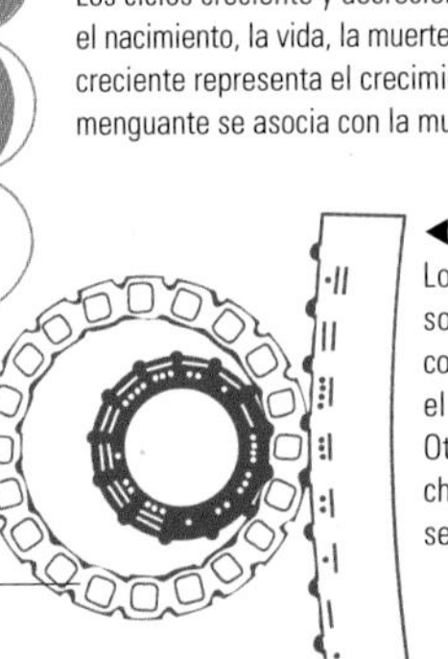

Las imágenes del círculo exterior indican el mes

◀ Calendarios mayas
Los mayas diseñaron un sofisticado calendario que conjugaba los ciclos de la Luna, el Sol, Venus y las Pléyades. Otros calendarios –romano, chino, judío, celta, islámico– se basan en los ciclos lunares.

LA LUNA LLENA

La luna llena comparte el simbolismo del círculo como imagen de plenitud y fuerza. Los chinos la asocian con la esencia del yin y lo femenino; para los budistas representa el poder espiritual. La «luna de la cosecha» (plenilunio próximo al equinoccio de otoño) simboliza la fertilidad agrícola. Se llama «lunático» a quien padece accesos de locura: en el pasado se creía que la luna llena empeoraba los trastornos mentales, y se asociaba con un comportamiento salvaje en animales y humanos.

LOBO AULLANDO A LA LUNA

DEIDADES LUNARES

Algunas culturas de Oceanía y ciertas tribus africanas ven la Luna como un dios fertilizador masculino, pero es más habitual el carácter femenino. Como Reina del Cielo, la Virgen María se asocia con la Luna; las deidades lunares van de la figura materna protectora a la aguerrida diosa virgen, como Diana, diosa romana de la caza. Todas las diosas lunares son vistas como tejedoras del destino, y a menudo se representan como una araña.

◀ **Bastet**
Esta diosa egipcia se ha considerado a veces una diosa Luna, posiblemente debido a que los griegos la identificaron con Artemisa, diosa de la caza y la Luna. Está asociada con el simbolismo lunar de la fertilidad.

▲ **Artemisa**
Hermana melliza de Apolo, dios griego del Sol, Artemisa se confunde en parte con Selene y Hécate. Diosa virgen cazadora, Artemisa es la luna nueva; Selene, la luna llena; y la misteriosa Hécate, la cara oculta de la Luna.

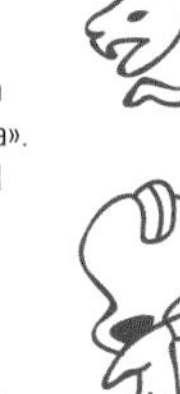

▲ **Chang E**
Esta diosa china es la versión oriental del «hombre en la Luna». Durante el festival lunar anual se le hacen ofrendas.

◀ **Ixchel**
Es la diosa maya de la Luna; diosa madre que controla la lluvia vivificadora, tiene cualidades tanto nutricias como destructoras.

◀ **Coyolxauhqui**
Los aztecas creían que los movimientos diarios del Sol y la Luna recreaban una batalla entre la diosa de la Luna, Coyolxauhqui, y el Sol, que se saldaba con la decapitación de la primera.

MUTANTES

El cambio de forma es un tema común en el folclore; muchas culturas tienen relatos sobre personas que se convierten en animales feroces por la noche, en especial cuando hay luna llena. Simbólicamente, estas historias pueden asociarse al aspecto oscuro de la Luna y a sus vínculos con lo oculto. También representan el miedo del ser humano a ser dominado por instintos animales. El cambio de forma involuntario simboliza reclusión, y el voluntario, liberación. Los mitos sobre hombres lobo fueron comunes en Europa; en otras zonas se trataba de hombres jaguar, hombres tigre, hombres zorro u hombres tejón. A los chamanes y brujas se les atribuía la facultad de cambiar de forma para viajar entre los mundos humano y espiritual.

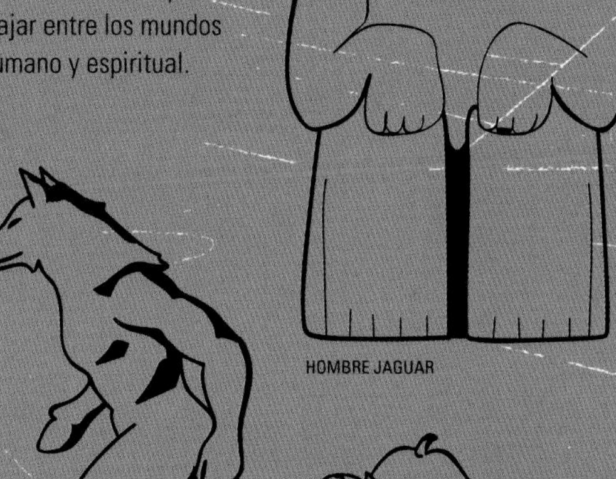

HOMBRE LOBO

HOMBRE ZORRO

VÉASE TAMBIÉN

El cielo nocturno *pp. 20-23*
Las estaciones *pp. 40-41*
Mamíferos *pp. 52-55*
Fertilidad y parto *pp. 120-123*
Deidades egipcias *pp. 138-139*
Deidades griegas y romanas *pp. 140-141*
Deidades de Mesoamérica y Sudamérica *pp. 144-145*
Chamanismo *pp. 154-155*

PLANISPHÆRIVM
Sive
ORBIVM MVNDI
PTOLEMA
NO DI
SEV CAPRICORNVS
ZO
AQVARIVS
TICA
ECLIP
PISCES
ARIES
TAVRVS
GEMINI
CANCER
VIA SOLIS
ORBITA IOVIS
CIRCVLVS
SEPTEM
PLA NE
MVNDVS SVBLVNARIS QVATVOR ELEMENTA COMPLECTENS
ITER MER CVRII
VENERIS
CVRRICVLVM
ORBES
SATVRNI

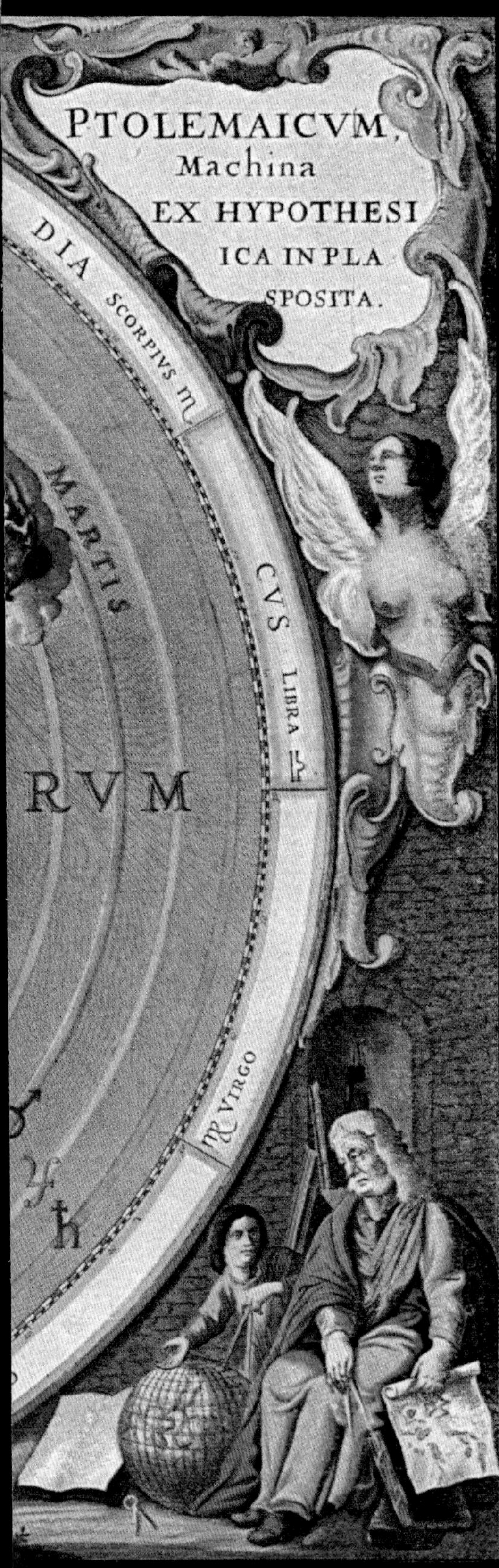

LOS PLANETAS

Los astrónomos antiguos observaron que, junto al Sol y la Luna, había en el cielo cinco pequeñas luces móviles apenas perceptibles a simple vista. Las llamaron *planetes* (errantes) y les dieron el nombre de dioses de la antigua Roma: Mercurio, Venus, Marte, Júpiter y Saturno. La invención del telescopio en el siglo XV condujo al descubrimiento de planetas más distantes: Urano, Neptuno y Plutón. A cada uno se le asignaron ciertas características según su color, movimiento y tamaño. Se pensaba que tenían algún tipo de relación con las personas, y que cada uno influía en un día de la semana. En la época medieval, los alquimistas los asociaron con metales. La descripción del cosmos de Andreas Cellarius, publicada en 1660 en la *Harmonia Macrocosmica*, se basaba en el sistema desarrollado en el siglo II por el astrónomo Tolomeo, el cual ubicaba incorrectamente la Tierra en el centro del cosmos.

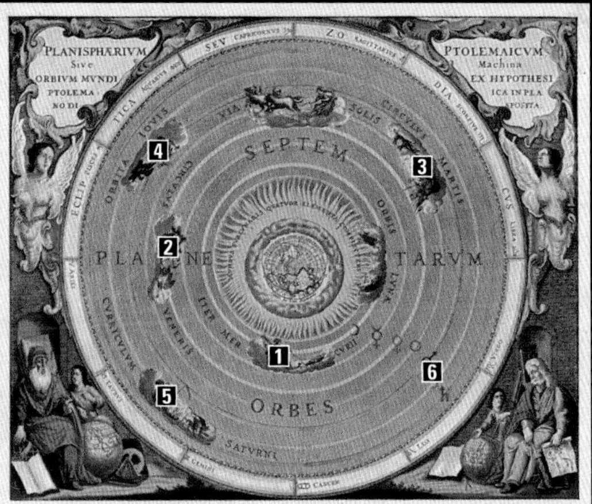

1. Mercurio
Con el nombre del mensajero de los dioses, Mercurio está vinculado con la razón y el comercio, así como con el miércoles y el mercurio.

2. Venus
Recibe el nombre de la diosa del amor, y se asocia con la sexualidad, el deseo, el renacimiento y la felicidad. Se vincula con el viernes y con el cobre.

3. Marte
Personificado por el poderoso dios de la guerra, simboliza la violencia, la pasión, el fuego y la bravura. Su día es el martes, y su metal, el hierro.

4. Júpiter
Ligado al padre de los dioses, es símbolo de equilibrio y justicia y se asocia con el jueves y con el estaño.

5. Saturno
Representado por un anciano barbado, está relacionado con la moralidad, la melancolía y la severidad. Es símbolo del sábado y del plomo.

6. Planetas y signos
En su descripción del cosmos, además de ilustrar los planetas como dioses, Celarius incluyó el signo asociado a cada planeta. Tales signos eran utilizados en la astrología y en la alquimia.

EL CIELO NOCTURNO

El sobrecogedor misterio y la infinitud del espacio han dominado al hombre durante milenios. Estrellas y planetas –brillantes como faros en la oscuridad– fueron asociados con fuerzas sobrenaturales que simbolizaban la guía, la influencia divina y las aspiraciones humanas. La astronomía y la astrología antiguas se desarrollaron observando el movimiento de los planetas y de las constelaciones estelares en el cielo nocturno. La estrella, como símbolo, ha tenido diversos usos, sobre todo religiosos y políticos (en banderas).

ESTRELLAS

Imágenes de la guía y la tutela divinas, las estrellas son símbolos de gran importancia. Los nativos norteamericanos creían que eran las hogueras de sus antepasados, y en otras culturas se las consideraba como puertas del Cielo o como mensajeros angélicos de los dioses. En el cristianismo, la estrella de Belén anunció el nacimiento de Cristo, y algunos santos son representados con una estrella. En heráldica, es enseña de la condición de caballero. O el zodíaco, que está compuesto por doce signos estelares.

▲ Estrella de cinco puntas
Conocida como pentagrama, si se representa con una punta hacia arriba simboliza ideal, mundo espiritual, educación. Para los cristianos es símbolo de Cristo como «alfa y omega» (principio y fin). Invertida, representa al diablo.

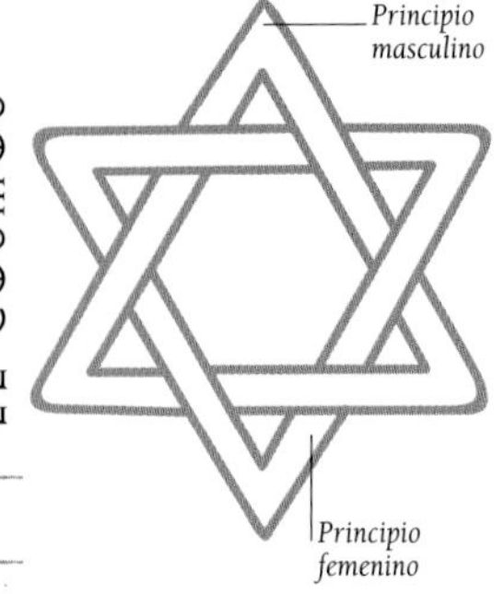

◀ Estrella de seis puntas
Conocida como hexagrama o, en el judaísmo, como estrella de David, está formada por dos triángulos, símbolos de los principios masculino y femenino. Simboliza el vínculo entre Cielo y Tierra, la unión de los opuestos, la creación. También se la conoce como Sello de Salomón, debido al diseño de un anillo perteneciente a este rey bíblico.

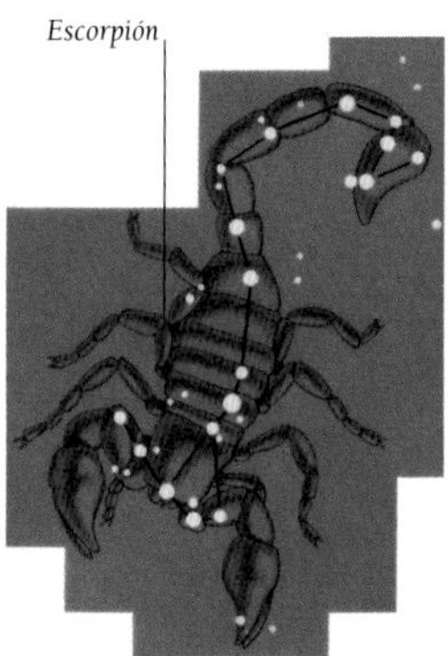

▲ Constelaciones
Una constelación es una agrupación de estrellas que forman un diseño reconocible. Se conocen 88 grupos, nombrados a partir de personajes de la mitología clásica.

▲ Estrellas fugaces
Consideradas como chispas de fuego celestial, eran signo de la divinidad. Actuaban como mensajeras celestiales, y recordaban a la gente la existencia de una vida superior. Vistas como buen presagio, también indicaban nacimiento.

ESTRELLAS MODERNAS

Hoy las estrellas se usan a menudo para simbolizar nuestras esperanzas y deseos. También se asocian con la celebridad, y los personajes famosos son etiquetados como «estrellas». Se usan para catalogar la calidad de ciertos productos, y con frecuencia también en las banderas; la primera bandera que usó la estrella de cinco puntas fue la de los recién formados EE UU, en 1777.

BANDERA DE TEXAS, ESTADO DE LA ESTRELLA SOLITARIA

BANDERA DE AUSTRALIA

▶ Estrellas de Hollywood
El Paseo de la Fama de Hollywood, en Los Ángeles, está cubierto por más de dos mil estrellas, cada una con el nombre de una celebridad de la industria del espectáculo.

DIOSES DE LAS ESTRELLAS

Los símbolos celestes están vinculados a la realeza y el gobierno, e indican la presencia divina. En las culturas antiguas se creía que las estrellas influían en la vida humana, a menudo como divinidades. Existen muchos relatos sobre el simbolismo de las estrellas, y numerosas deidades están asociadas a ellas. Las estrellas aparecen en la corona de las principales diosas de la fertilidad, como la sumeria Ishtar, así como en la de la Virgen María.

▲ **Ishtar**
La estrella de cinco puntas era el emblema de Ishtar, diosa sumeria de la fertilidad, en su aspecto guerrero como estrella de la mañana.

▲ **Virgen María**
Como Reina del Cielo, es representada con una corona de doce estrellas. También es asociada con la estrella mariana, de seis puntas.

▲ **Estrella y media luna**
El emblema islámico de la media luna significa autoridad divina y resurrección, y en conjunción con una estrella de cinco puntas, el Paraíso.

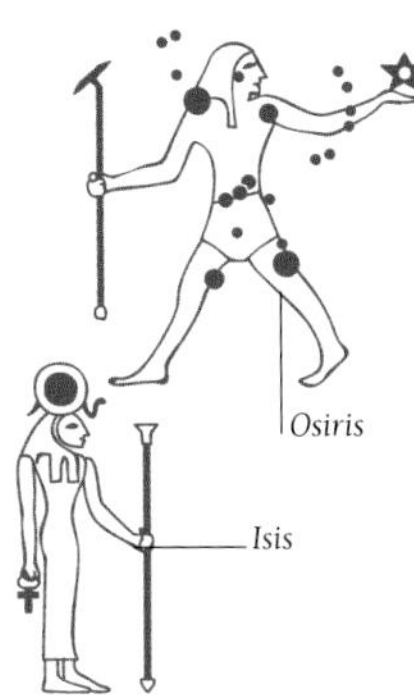

◀ **Isis y Osiris**
Isis, diosa egipcia de la fertilidad y la maternidad, era esposa de Osiris, señor de los muertos, cuya alma habitaba la constelación de Orión. Ella se asociaba con la estrella Sirio, que anunciaba la inundación anual del Nilo, trayendo al país prosperidad y fertilidad; la aparición de Sirio marcaba también el inicio del nuevo año.

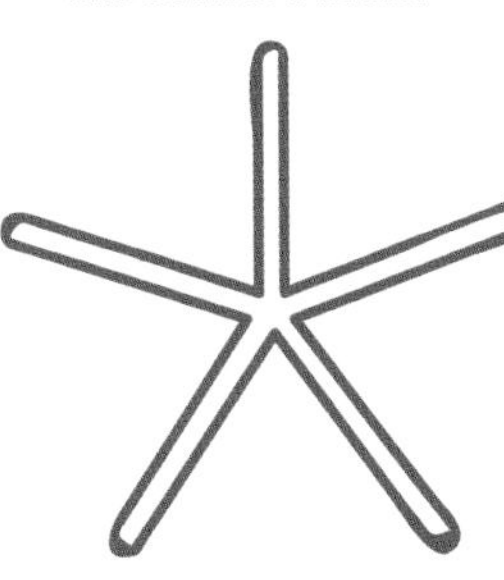

◀ **Estrella polar**
En el antiguo Egipto se creía que el alma del faraón muerto moraba en la estrella polar. Esta también estaba vinculada al dios egipcio Seth y al dios fenicio Baal Sapon.

▶ **Decoración de dintel maorí**
Según los maoríes, el símbolo de la estrella alejaba el mal. También estaba ligado a la entrada en combate.

OBSERVACIÓN DEL CIELO

En las culturas primitivas la observación del cielo era algo muy importante, y los fenómenos celestes se consideraban sumamente significativos. Cuando coincidían con sucesos terrestres, se convertían en presagios. Hay muchos mitos y supersticiones asociados con la aurora, que se halla en el origen, por ejemplo, de las leyendas de dragones de Occidente y China. El fuego de san Telmo (descarga eléctrica constante que se produce durante las tormentas) era considerado un presagio divino por los marinos. Los mayas creían que la Vía Láctea era una gran serpiente blanca que serpeaba por el cielo nocturno.

▶ **Vía Láctea**
Los aztecas la llamaban Mixcóatl (Serpiente Nube) y dieron su nombre al dios de la estrella polar. Muchas culturas creían que la Vía Láctea era un camino o río que unía la Tierra y el Cielo: para los nativos norteamericanos era una senda hacia la tierra de los muertos, y los incas la imaginaban como un río celestial.

▲ **Aurora boreal**
El espectacular y mágico despliegue de la aurora boreal es visto como un signo de nacimiento real en algunas culturas. En otras, anuncia la guerra o la presencia de fantasmas. En la mitología nórdica tenía un carácter femenino.

VÉASE TAMBIÉN

Deidades egipcias *pp. 138-139*
Deidades célticas y nórdicas *pp. 142-143*
Judaísmo *pp. 172-173*
Cristianismo *pp. 176-179*
Islamismo *pp. 180-183*
Astrología occidental *pp. 200-201*
Formas *pp. 284-289*
Banderas *pp. 324-329*

LA TIERRA

Nuestra visión de la Tierra ha ido cambiando, desde la creencia de que era plana o era sostenida por animales, a la imagen de un planeta azul girando en el espacio. Esta visión moderna ha venido a representar la unidad global. Pero las ideas antiguas de una fecunda Madre Tierra siguen instaladas en nuestra psique. Su suelo, sus materias primas, sus paisajes, sus erupciones, siguen fuertemente ligados al simbolismo, la religión y los rituales.

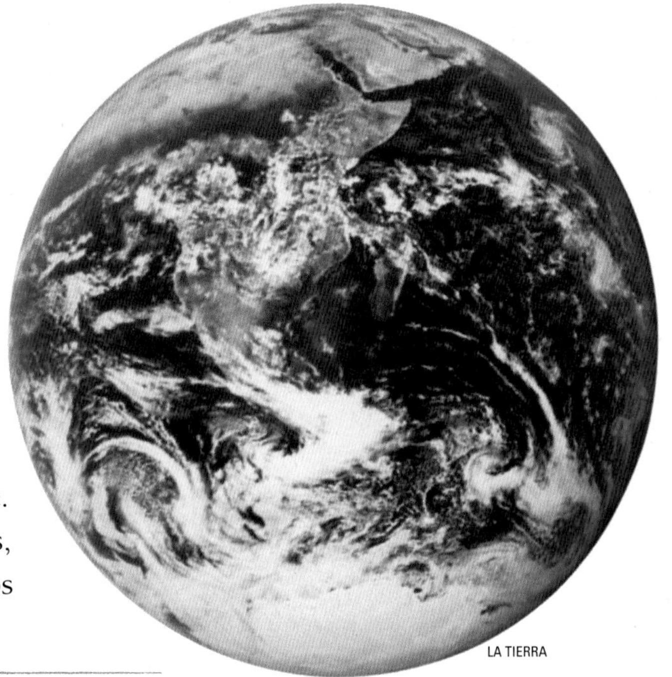

LA TIERRA

MADRE TIERRA

En épocas antiguas, la Tierra fue adorada como la gran Diosa Madre, figura sustentadora y fuente de toda vida. Según muchos mitos de la creación, los primeros humanos fueron hechos de arcilla. En algunos festivales de fertilidad, en primavera, se copulaba entre los surcos del arado. El elemento tierra representa lo femenino y lo pasivo, o el yin en el simbolismo chino. Tradicionalmente se representa con un círculo.

▲ **Venus de Laussel**
Esta talla en roca de hace 21 000 años (Dordogne, Francia), muestra a la Madre Tierra con un cuerno de bisonte, que simboliza la luna creciente y la Vulva Universal, fuente de vida.

◀ **Gea**
Madre Universal de la mitología griega, Gea significa «Tierra». En Grecia la Tierra también se asoció a las diosas Perséfone, Deméter y Hécate. Aquí, Gea surge de la Tierra y entrega a su hijo a Atenea bajo la mirada del rey Cécrope.

▶ **Cihuacóatl**
La diosa azteca de la Tierra y de los partos devora a los muertos para conservar a los vivos. Su nombre significa «Mujer Serpiente», y a veces se la representa con un niño en brazos. Su rugido pronosticaba guerra.

▲ **Deméter**
La diosa Tierra griega se asocia con la cosecha y el cereal; ella enseñó a los humanos a sembrar y arar. Como diosa de la fertilidad, a veces era identificada con Gea.

ROCAS

Significan fuerza, integridad y refugio, y también se asocian con la divinidad. En las culturas antiguas se las sacralizaba bajo la forma de menhires. Los nativos norteamericanos las consideraban los huesos de la Madre Tierra y las usaban en los enterramientos. En el cristianismo representan tanto a Cristo como a la Iglesia.

▲ **Bryce Canyon**
En Bryce Canyon (Utah), la erosión ha creado unos característicos pilares y agujas dentro de un espectacular anfiteatro de roca roja. Los nativos payute creían que estos pináculos eran el Pueblo Legendario, convertido en piedra por el *trickster* Coyote.

▲ **Mitra**
Dios persa de la luz y el aire superior, Mitra nació de una roca. Se le solía representar matando a un toro, esto es, venciendo las pasiones animales.

▲ **Cibeles**
Diosa romana de la naturaleza y la fertilidad, fue adorada bajo la forma de una roca, pues había nacido de una roca negra caída del cielo.

PAISAJES

Sea cual sea nuestra relación con la Tierra, está condicionada por la propia identidad, nacionalidad y estilo de vida. Los diversos paisajes de la Tierra tienen una carga simbólica que refleja los orígenes, creencias religiosas y rituales de los pueblos que los habitan.

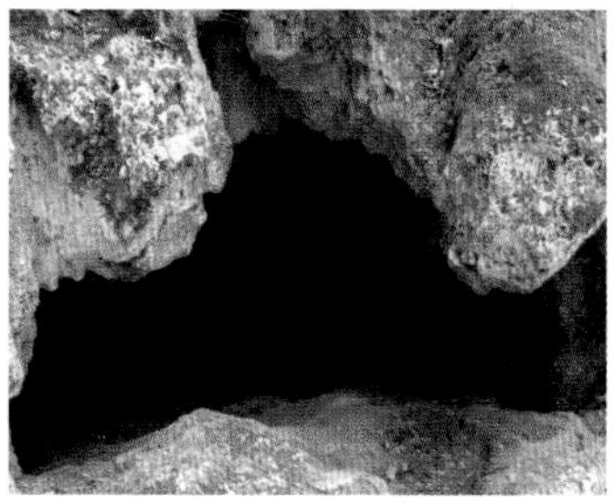

▲ Cuevas
Como refugios primordiales, simbolizan el vientre materno, ligadas al nacimiento, el renacimiento y el centro del universo. Las interpretaciones más oscuras las asocian con el inframundo, las puertas del infierno y el inconsciente.

▲ Desiertos
Los paisajes desérticos simbolizan esterilidad, desolación, abandono, lucha por la supervivencia. En las religiones cristiana e islámica son un lugar de retiro, meditación, iluminación espiritual o lucha contra la tentación.

▲ Valles
Representan la fertilidad: es el lugar donde los animales pastan y los pueblos se asientan. Sugieren refugio en un sentido femenino. En el simbolismo chino, el valle es el yin, ámbito femenino umbrío y apacible, en contraste con el soleado yang de la montaña. También pueden tener connotaciones terribles, como el Valle de las Sombras de la Muerte.

LA TIERRA ACTIVA

Los relatos antiguos a menudo comparan la violencia de los terremotos y volcanes con el despertar de un monstruo dormido o con la ira divina, y hay una rica veta simbólica ligada al poder destructivo de los dioses y a su fuerza creadora. Los japoneses creían que era el dios de la tormenta, Susanoo, quien invocaba a los terremotos, y los griegos culpaban a Poseidón, el «Agitador de la Tierra». Así, se ofrecían sacrificios para apaciguar a los dioses. Con frecuencia, la actividad sísmica era vista como presagio de grandes cambios religiosos o políticos; en la Biblia, un terremoto anunció la muerte de Cristo.

◀ Terremotos en Japón
Algunas culturas antiguas atribuían los terremotos al violento movimiento de los animales que se creía que sostenían la Tierra. Los ainu de Japón creían que sus islas eran sostenidas por un siluro gigante llamado Namazu, a quien el dios Kashima sujetaba con una roca.

▲ Terremotos hinduistas
En la visión hinduista del cosmos, la Tierra era portada por cuatro elefantes machos sostenidos por una tortuga hembra, en representación de los dos poderes creadores. Su movimiento producía los terremotos.

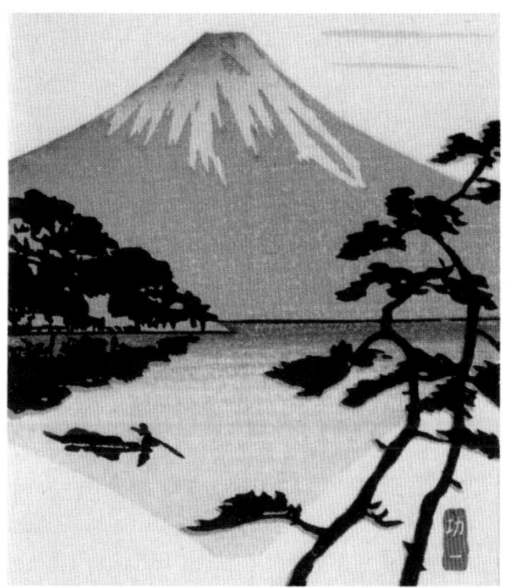

◀ Monte Fuji
Icono de Japón, es considerado un lugar sagrado por el sintoísmo y el budismo. Miles de personas peregrinan anualmente a su cumbre. Uno de los significados de la palabra Fuji es «dios del fuego».

▶ Diosa del volcán
La antigua diosa hawaiana del volcán, Pele, que habitaba los cráteres del Kilauea, en la Isla Grande, era volátil y caprichosa. Provocaba terremotos al golpear con los pies y erupciones al cavar con su bastón mágico.

VÉASE TAMBIÉN
Reptiles y anfibios *pp. 64-65*
Criaturas acuáticas *pp. 68-71*
Fertilidad y parto *pp. 120-123*
Deidades griegas y romanas *pp. 140-141*
Hinduismo *pp. 158-163*
Tótems, héroes y *tricksters* *pp. 150-151*

PAISAJE YIN-YANG

Desde la dinastía Tang (618-907 d. C.), el paisaje ha sido un género artístico principal en China. En una época de disturbios políticos, tales pinturas simbolizaban la paz y la tranquilidad de la unión con la naturaleza. A menudo se contraponía la figura humana a un fondo de montañas y agua. Cada elemento pictórico es simbólico, y el conjunto sugiere orden y armonía.

1 y 2. Yin y yang
El yin (pasivo, frío, femenino) se halla dondequiera que exista fluidez y suavidad. Aquí es simbolizado por el tranquilo valle, el agua y la graciosa curvatura del bambú. Todas las formas de nubes y niebla son símbolos yin. El yang (activo, cálido, masculino) se identifica con la fuerza y la luz. Aquí, las imponentes montañas, las rocas, el cielo y los brillos del agua son yang.

3. Elementos unidos
El taoísmo cree en un sentido místico de hermanamiento cósmico que une todos los elementos. Como dijo el filósofo Chuang Tzu: «El Cielo, la Tierra y yo vivimos juntos, y todas las cosas y yo somos uno». Aquí, la armonía entre las montañas, las rocas y los árboles representa esa unidad profunda de los elementos de la naturaleza.

4. Figura humana
Los paisajes chinos incluyen a menudo figuras humanas. Su tamaño diminuto enfatiza el hecho de que somos una pequeña parte del vasto universo. La figura de este paisaje parece estar meditando. Si el hombre no se guía por la sabiduría, todo el orden cósmico resulta dañado.

Shen Zhou, *Figura sentada en la orilla de un río*

▲ **Monte Sumeru**
Hinduistas y budistas consideran el mitológico monte Sumeru (o Meru) como el centro simbólico del universo. Aparece a menudo en los mandalas tibetanos *(arriba)* usados para ayudar a la meditación.

▲ **Monte de los Olivos**
En la Biblia se dice que Jesús ascendió al Cielo desde el monte de los Olivos, en las afueras de Jerusalén.

MONTAÑAS

Como los lugares más cercanos al cielo, las montañas son reverenciadas y a veces temidas, y son consideradas sagradas por religiones de todo el mundo. A menudo se asocian a dioses, espíritus y profetas.

Las montañas llaman nuestra atención. Se alzan sobre nosotros, con sus cimas coronadas de nubes, al margen de nuestra existencia ordinaria: remotas, desafiantes y misteriosas. Encarnación de las fuerzas cósmicas y la vida, para muchas culturas primitivas representaban el centro espiritual de la Tierra, allí donde esta se une con el Cielo: un lugar de encuentro entre Dios y el hombre en un espacio y un tiempo separados. Los hombres construyeron templos con forma de montaña para representar el ascenso espiritual del alma.

LUGARES SAGRADOS

Los lugares elevados han estado asociados siempre con la búsqueda de lo sagrado, y son símbolos de trascendencia, de pureza e incluso de eternidad. Escalar una montaña es arduo: el aire se hace más tenue, lo que dificulta la respiración y provoca alucinaciones. Conquistar una cumbre es un verdadero logro, y la visión desde ella ofrece una perspectiva nueva. Es comparable a un viaje espiritual, en cuya culminación la persona de corazón puro obtiene la iluminación. Muchas montañas son consideradas sagradas. En China, los budistas veneran nueve montañas. Algunas, como Croag Patrick en Irlanda o el monte Fuji en Japón, atraen a la gente a sus cumbres. Estas peregrinaciones sagradas representan aspiración a lo alto, renuncia de los deseos mundanos e iluminación; espiritualmente, las cimas de las montañas se vinculan al estado de conciencia absoluta.

▲ **Templo mexicano**
Estas estructuras en forma de montaña tienen escalinatas en una o más de sus cuatro caras, y una cima plana donde se ofrecían sacrificios. Los templos nuevos se construían sobre los restos de los viejos, apilándose varios estratos.

◀ **Montañas de los Inmortales**
Esta vasija china muestra el símbolo taoísta de las Montañas de los Inmortales. En China las montañas se veneran como hogar de deidades y espíritus.

DIOSES Y PROFETAS

Las montañas se han asociado a dioses (en especial al Sol y a los dioses del clima), profetas y héroes. El monte Olimpo era la morada de los dioses griegos; desde allí regían el mundo y los asuntos humanos. Moisés subió al monte Sinaí para recibir de Dios los Diez Mandamientos. Cuenta la leyenda que Mahoma convirtió la inmutabilidad de las montañas en alegoría de la humildad cuando ordenó moverse al monte Safa.

Los navajo norteamericanos creían que ciertas montañas encarnaban a importantes espíritus naturales. El monte Tláloc, en México, era la personificación del dios azteca de la fertilidad y la lluvia.

Para los antiguos egipcios, las montañas representaban el deseo de la Tierra por el Cielo: representaban el cuerpo de la diosa del Cielo, Nut, curvado sobre el de su esposo, Geb; el empuje ascendente de las montañas simboliza ese deseo físico. Esta creencia es similar a la idea china de que la forma fálica de una montaña la convierte en un símbolo masculino o yang, que sugiere vida.

TEMPLOS Y MONTES GEMELOS

Los templos con forma de montaña, como los de Asia, América Central y Mesopotamia, representan el centro del cosmos. Sus terrazas se asociaban a la culminación del ascenso espiritual y eran entradas al Cielo. Las pirámides egipcias tienen unas implicaciones cosmológicas similares. Las montañas con cimas gemelas son vistas como asientos de divinidades estelares o, en China, Sumeria e Israel (Sinaí, Horeb), como el asiento del Sol y la Luna.

VÉASE TAMBIÉN

La Tierra *pp. 24-25*
Fertilidad y parto *pp. 120-123*
Deidades egipcias *pp. 138-139*
Deidades de Mesoamérica y Sudamérica *pp. 144-145*
Budismo *pp. 164-169*
Taoísmo y sintoísmo *pp. 170-171*
Lugares sagrados *pp. 232-233*
Diseños *pp. 290-293*

FUEGO

Terrible y devorador, el fuego es el gran destructor. Símbolo de guerra y caos, es activo y masculino. También se vincula con el Sol. Personas y objetos pueden ser descritos como «ardientes», y las emociones extremas se asocian con el color rojo. El fuego tiene una dimensión dual, ya que también simboliza purificación y regeneración, el hogar, el corazón y el amor divino. La domesticación del fuego cambió la vida del ser humano, y todas las culturas antiguas tienen dioses del fuego y leyendas sobre su descubrimiento.

DIOSES DEL FUEGO

El fuego está asociado con el espacio que nos cubre: procede del cielo bajo las formas del Sol o el rayo, y asciende al cielo en forma de humo. Resulta fácil entender por qué este elemento todopoderoso, tan violento como benefactor, fue atribuido a los dioses. La adoración o deificación del fuego es conocida en muchas religiones y procede de épocas primitivas. Los dioses del fuego aparecen en culturas de todo el mundo; griegos y romanos tuvieron dioses de la fragua y del hogar.

▲ **Incendio**
El brillo y el color de las llamas manifiestan su terrible poder. El fuego puede ser una fuerza creadora o una fuerza destructora.

◄ **Vulcano**
El dios romano Vulcano se asociaba al fuego, los volcanes y la artesanía. En su forja, bajo el monte Etna, fabricaba armas para dioses y héroes, y era celebrado en las *Vulcanalia*, festivales del mes agosto.

▲ **Chantico**
La diosa azteca de los volcanes y los hogares tenía la lengua de fuego. Era la protectora de los orfebres.

▲ **Chu Jung**
Dios chino del fuego que castigaba a quienes quebrantaban las leyes celestiales. A menudo era representado con armadura, y es famoso por haber luchado contra su hijo para impedir que este usurpara el trono celestial.

▲ **Agni**
El nombre de este dios védico significa «fuego» en sánscrito. Puede aparecer con una o dos cabezas, que aluden a sus cualidades destructiva y compasiva, y es considerado fuerza vital de árboles y plantas.

▲ **Sejmet**
Representada a menudo como una mujer con cabeza de leona y portando una cobra que escupe fuego, la sanguinaria diosa egipcia de la guerra destruía a sus enemigos con flechas ígneas; su cuerpo relucía como el sol de mediodía.

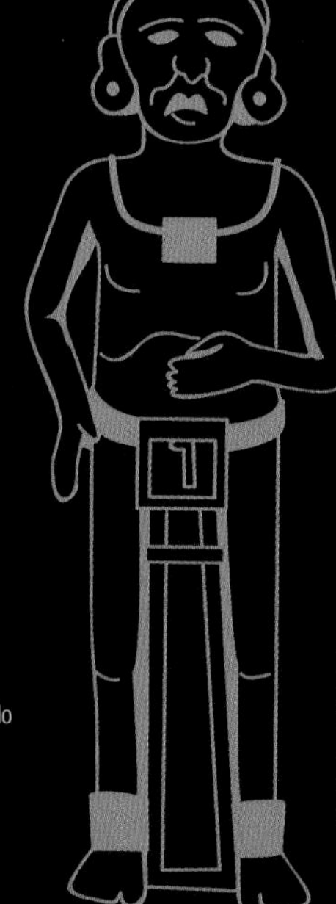

◄ **Huehuetéotl**
Este dios azteca de la luz y el fuego solía representarse como un anciano con el rostro rojo o amarillo y con un incensario sobre la cabeza.

LLAMA ETERNA

Una llama eterna es una luminaria que se mantiene siempre encendida. En la antigüedad se alimentaban con aceite o madera; las modernas usan propano o gas natural. Simbolizan a una persona, grupo o suceso de importancia internacional, o un ideal noble, como la paz mundial. La antorcha olímpica se enciende en Grecia, se lleva hasta la ciudad anfitriona y se mantiene encendida durante los Juegos. Muchas iglesias tienen una llama eterna junto al tabernáculo.

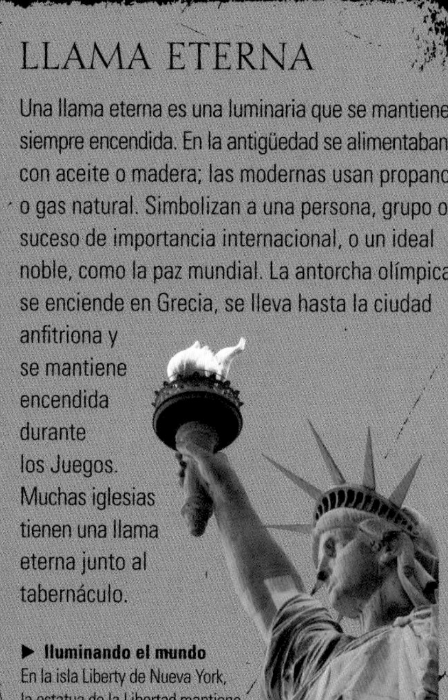

▶ **Iluminando el mundo**
En la isla Liberty de Nueva York, la estatua de la Libertad mantiene en alto su antorcha, símbolo de libertad frente a la opresión.

LA OBTENCIÓN DEL FUEGO

Cuando los pueblos aprendieron a encender fuego, lograron el medio para cocinar, mantener el calor, alejar a los depredadores y, más tarde, fundir metales. Numerosas leyendas sobre la domesticación del fuego describen también los primeros útiles que se usaron para obtenerlo. El legendario rey iranio Hushang, por ejemplo, observó que podía obtenerse fuego golpeando dos pedernales cuando la flecha de sílex que disparó contra una serpiente golpeó una roca y produjo una chispa.

▲ **Prometeo**
El titán griego Prometeo engañó a Zeus para que comiera huesos en vez de carne. Como castigo a su conducta, Zeus se vengó privando a los mortales del fuego, que luego sería robado por el propio Prometeo.

▲ **Maui**
El dios Maui aparece en muchas leyendas polinesias, especialmente en las de maoríes y hawaianos. En Hawái, su personificación es el halcón, que robó el fuego de la Madre Tierra y se chamuscó con las llamas, razón por la cual sus plumas son pardas. Entre los maoríes se cuenta un relato similar.

CEREMONIAS DEL FUEGO

Su asociación con la regeneración, la purificación y la divinidad aseguró al fuego un papel importante en las ceremonias de muchas culturas y religiones. En sus ritos sacrificiales, los aztecas quemaban ceremonialmente tabaco e incienso junto con partes de cuerpos. Entre los zoroastrianos, que tradicionalmente oran en «templos del fuego», este representa la energía del Creador. Otras culturas, como las nativas norteamericanas, usaban el fuego en sus ceremonias de purificación y en la búsqueda visionaria.

▲ **Petardos**
En el Año Nuevo chino, el ruido de los petardos sirve para alejar las desgracias y los espíritus malignos; también despierta al dragón dorado, que surca el cielo trayendo lluvia para los cultivos.

▲ **Zoroastrismo**
Los templos zoroastrianos albergan el fuego sagrado, símbolo de los dioses, que es mantenido por los sacerdotes; los adoradores llevan máscaras de lino para evitar que su respiración lo contamine.

▲ **Aztecas**
Cada 52 años los sacerdotes anunciaban la posible destrucción del mundo apagando todos los fuegos y encendiendo uno en la cavidad torácica de una víctima humana, lo que simbolizaba que la vida procedía del sacrificio.

LA LLAMA DIVINA

El fuego es un símbolo importante en muchas religiones. En el cristianismo, el Infierno se asocia con el fuego. En las iglesias, los cirios evocan presencia de Dios, esperanza y vida. En el Antiguo Testamento, Dios habla a Moisés desde una zarza ardiente. Algunos santos se representan con el corazón en llamas.

CORAZÓN LLAMEANTE

ZARZA ARDIENTE

VÉASE TAMBIÉN
El Sol *pp. 16-17*
Deidades egipcias *pp. 138-139*
Deidades griegas y romanas *pp. 140-141*
Deidades de Mesoamérica y Sudamérica *pp. 144-145*
Hinduismo *pp. 158-163*
Colores *pp. 280-283*

AGUA

El agua cambia constantemente de forma y se transforma. Simbólicamente es femenina, se asocia con la Luna y, como origen de toda vida, con la fertilidad. Puede aparecer como lluvia o nieve, como torrente furioso o como plácido lago. También varía su condición: corriente, estancada, tempestuosa o profunda, cada una con su propio simbolismo. Aunque es pasiva, al ser influida por el clima puede destruir, disolver, lavar o regenerar. También es fuente de purificación y sanación en muchas religiones.

EL MAR

Como símbolo materno, la profundidad del mar representa el seno de la Tierra. Toda la vida surgió de sus aguas primordiales, como reflejan los mitos de la creación de numerosas culturas. Visto a menudo como misterioso, el mar también representa la mente inconsciente, mientras que las aguas profundas se relacionan con la muerte y lo sobrenatural. Hay muchos dioses, espíritus y monstruos asociados con el mar y con fenómenos naturales como los remolinos y los tsunamis.

AGUA Y CULTO

El agua es un símbolo central en muchas religiones del mundo. En el bautismo cristiano *(dcha.)* simboliza la purificación y la limpieza del pecado original. En el hinduismo también se usa para bañarse y para purificar imágenes rituales.

▲ **Neptuno**
Dios romano del mar, equivalente del griego Poseidón. Se representaba como un hombre barbado con un tridente en la mano, sentado sobre una concha marina y acompañado por delfines. Su tempestuoso temperamento se manifestaba en tormentas y terremotos.

▲ **Sedna**
En la mitología inuit, en la que recibe diversos nombres, era la diosa del mar y la creadora de los animales marinos. Regía el Adlivun, el inframundo, y era adorada por los pescadores, que se confiaban a su voluntad para obtener alimento.

▶ **Nun**
El nombre del más antiguo dios de Egipto significa «agua». Representaba el agua primigenia del caos, de la cual surgió el cosmos. Sus cualidades eran la oscuridad, la infinitud y el desorden.

▲ **Olas**
Con su constante dinamismo, las olas representan a la vez la constancia y la mutabilidad. Hablamos de oleadas de alegría o de tristeza. Los maremotos simbolizan destrucción y regeneración; en los sueños, pueden indicar temor al cambio.

◀ **Caribdis**
La hija de Poseidón se convirtió en un monstruo marino cuando Zeus le robó su cuerpo, dejándole sólo la boca, que se convirtió en remolino. Caribdis y Escila, otro monstruo marino, flanqueaban el angosto estrecho de Mesina; los marinos que se acercaban demasiado a los flancos del estrecho se arriesgaban a morir.

RÍ⊕S

El simbolismo de los ríos se basa en el agua corriente y refleja el poder creador de la naturaleza y el tiempo. Se asocian con la fertilidad, pues llevan la vida a lo largo de sus riberas; pero también son metáforas del paso del tiempo: un río fluye desde su fuente al mar como la vida fluye del nacimiento a la muerte. También simbolizan una barrera entre dos reinos, la Vida y la Muerte. Los grandes ríos han sido personificados, y muchos son sagrados. Numerosas culturas tienen dioses y espíritus fluviales.

▲ **Cuatro ríos del Paraíso**
En la Biblia, los ríos del Paraíso fluían hacia los cuatro puntos cardinales desde las raíces del árbol de la vida. Sus aguas simbolizaban vida y nutrición.

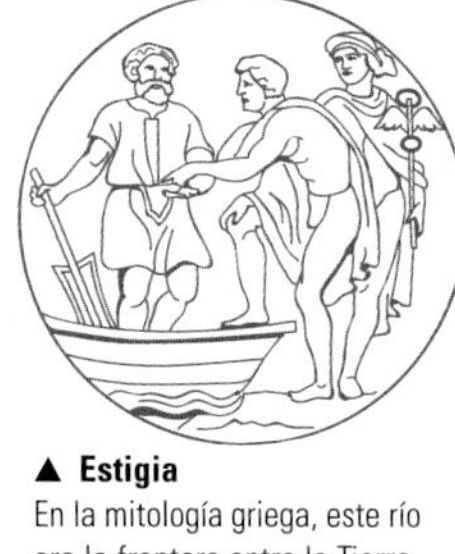

▲ **Estigia**
En la mitología griega, este río era la frontera entre la Tierra y el Hades. En la leyenda el barquero Caronte llevaba a los muertos a través del río Aqueronte, el cual desembocaba en el Estigia.

▲ **Ganga**
Esta diosa hindú, representación de las aguas sagradas del Ganges, suele aparecer sentada sobre un *makara*, híbrido de pez y cocodrilo, denotando la fertilidad y la sabiduría de la tierra y el mar.

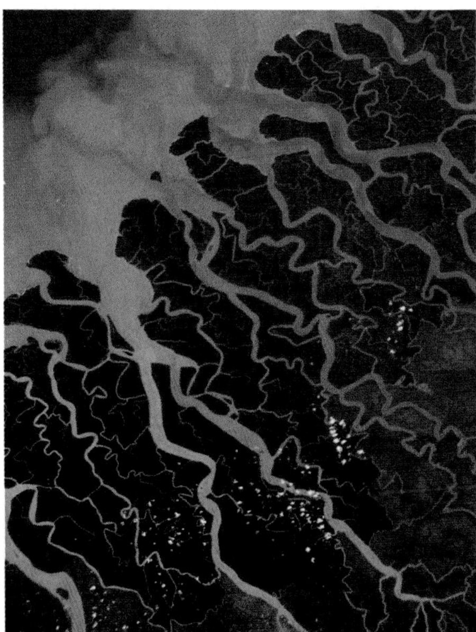

▲ **Hapi**
El dios egipcio de las inundaciones del Nilo era representado como un hombre de vientre prominente, alegoría de la fertilidad de las tierras que inundaba.

◀ **Delta**
Un delta es símbolo de muerte, de final de viaje; marca el límite del largo discurrir del río desde sus fuentes hasta el mar.

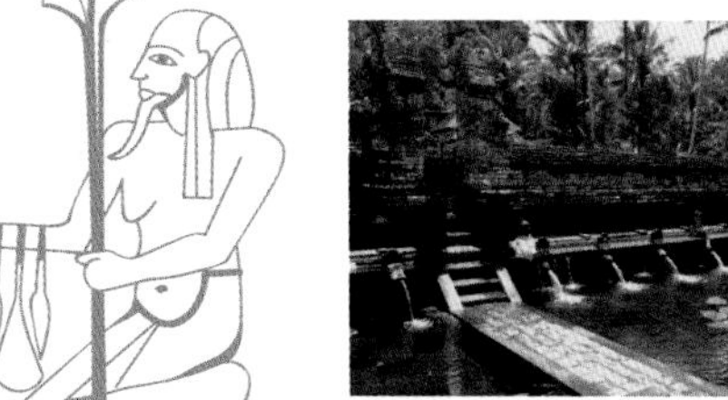

◀ **Manantiales**
Suele atribuirse a los manantiales, como este de Bali, poderes curativos o mágicos. Muchas ciudades se construían junto a ellos, lo que se refleja en sus nombres: Bath («Baño»), en Inglaterra, es un ejemplo de ciudad fundada en torno a aguas termales.

◀ **Cascadas**
Los budistas creen que las cascadas representan la «permanente impermanencia» del universo, y en parte por ello tienen un importante papel en el paisajismo chino y japonés. En el sintoísmo se consideran sagradas, y se cree que sus aguas purifican el alma humana.

LAG⊕S

Tradicionalmente, un lago representa paz y contemplación. Dada la reflexión de su superficie, también está fuertemente ligado al simbolismo del espejo: en la leyenda griega, Narciso se ahogó mientras admiraba su reflejo en un lago. En China, sugieren sabiduría, abstracción y pasividad. En el hinduismo y el budismo los lagos unidos a templos simbolizan creación y transición a la vida siguiente.

EL AGUA Y EL MAL

En siglos pasados, las mujeres sospechosas de brujería eran arrojadas en aguas profundas. Si se ahogaban, se les suponía inocentes, pero si el agua las rechazaba y flotaban, podían ser consideradas culpables.

◀ **Lago sagrado**
En la mayoría de los templos del antiguo Egipto había un lago sagrado, como este del templo de Amón, en Karnak. Junto a él, cada día, al amanecer, se practicaba un ritual durante el cual se liberaba un ganso, símbolo de Amón.

VÉASE TAMBIÉN
Deidades egipcias *pp. 138-139*
Deidades griegas y romanas *pp. 140-141*
Hinduismo *pp. 158-163*
Budismo *pp. 164-169*
Taoísmo y sintoísmo *pp. 170-171*
Brujas y *wicca pp. 192-193*

EL CLIMA

Los cambios en el clima afectan directamente a los seres humanos, y en ocasiones pueden amenazar su vida. La gente asociaba estos caprichos del tiempo con los de los dioses, y culpaba a personificaciones tradicionales (al Viento Norte del clima frío, por ejemplo). Aparte de estar ligado al castigo divino y a poderes sobrenaturales, el clima también se asocia con las fuerzas benignas y la creatividad.

◀ Raijin
Se trata del dios japonés del clima más importante. Se le suele representar como un demonio que forma nieblas y nubes de tormenta, y que bate tambores para producir truenos. También devora los ombligos de los niños.

TRUENOS, RAYOS Y TORMENTAS

Las tormentas suelen asociarse con dioses de la guerra y deidades supremas. Muchas culturas ven el trueno como poder creador y precursor de la lluvia vital y fertilizante; en la Biblia representa la voz de Dios. Los relámpagos reparten fecundidad e iluminación. El rayo era el arma preferida por Zeus y por el dios hindú de la guerra, Indra. El Pájaro del Trueno de los nativos norteamericanos representa al Espíritu Universal, y está ligado a la guerra.

Esta figurilla femenina que sostiene en equilibrio el símbolo del rayo es usada en una danza en honor a Shangó, dios del trueno y del rayo

◀ Shangó
Para el pueblo yoruba de Nigeria, Shangó es el dios del trueno y el rayo. Su símbolo es el *oshe*, un hacha de doble filo que representa las *odu ara* (piedras de rayo) que arroja desde el cielo.

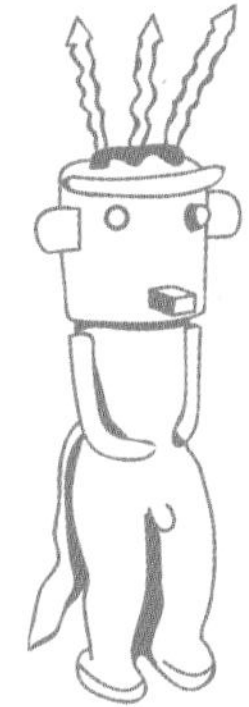

▲ Tala wipiki
Esta *kachina*, o muñeca espíritu, representa el rayo. Es obra de los nativos hopo que habitaban las tierras desérticas de Nuevo México. Debido a su asociación con la lluvia, la *kachina* tala wipiki se considera benefactora.

▲ Marduk
Marduk, dios creador babilonio, emplazó al dios Enlil en el aire y le dio el poder de provocar tormentas y brisas con su respiración.

▲ Rudra
Precursor védico del dios hindú Shiva, Rudra era un dios de la tormenta y el rayo que lanzaba flechas portadoras de enfermedad, pero también podía aportar salud y realizar buenas acciones. Su nombre significa «Aullador» o «El rojo», y personifica la naturaleza indomable.

▲ Shiva
En el hinduismo, el tercer ojo de la frente de Shiva alberga el rayo o fuego destructor. Simboliza fuerza divina, inteligencia cósmica, iluminación, así como las fuerzas de la destrucción y la regeneración. Una de sus armas es un tridente que representa al rayo.

▶ Thor
El barbudo y pelirrojo dios del trueno y de la guerra de la mitología nórdica suele representarse blandiendo un martillo o un rayo; su carro surcaba el cielo arrastrado por dos machos cabríos que llevaban los inverosímiles nombres de Triturador y Rechinador de Dientes.

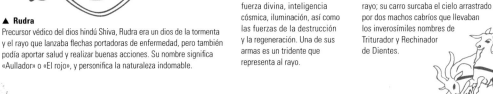

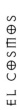

LOS VIENTOS

En la época moderna el viento se ha convertido en símbolo de cambio y libertad, pero tradicionalmente estaba vinculado con los cuatro puntos cardinales, los dioses e incluso los demonios. Su papel en la polinización lo convertía también en símbolo sexual. Los apaches creían que las espirales de las huellas dactilares mostraban la ruta del viento al entrar en el cuerpo durante su creación. En China se asocia con los rumores y asimismo con la caza.

BÓREAS (VIENTO DEL NORTE)

EURO (VIENTO DEL ESTE)

CÉFIRO (VIENTO DEL OESTE)

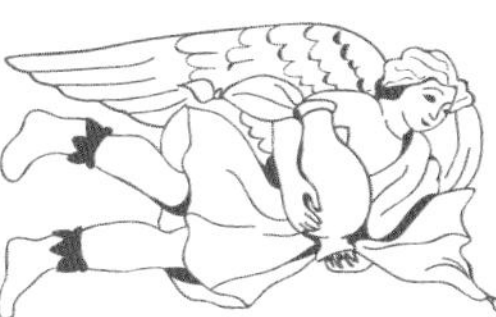

NOTO (VIENTO DEL SUR)

◀ Dioses griegos del viento
En el mito griego, Eolo, señor de los dioses del viento, los guardaba en un caverna y regía sobre ellos. Mostrados a menudo como hombres alados de mejillas hinchadas, cada viento traía distintas condiciones climáticas, desde las ligeras brisas primaverales a los fríos vientos invernales.

▲ Tornados
Simbolizan el movimiento circular, solar y creativo; suelen ser vistos como vehículos de la divinidad: en la Biblia, Dios habló a Job desde un torbellino, y en la hechicería, los espíritus malignos los cabalgan.

▲ Amorcillo
Estos seres alados (también conocidos como *putti*) se han representado a menudo como niños regordetes, y en el arte occidental solían representar al viento, a veces soplando un barco.

▲ Vayu
Dios del viento en India, su nombre en sánscrito significa «el que sopla»; como uno de los cinco elementos, es una de las deidades más importantes de los Vedas, los textos sagrados del hinduismo.

▲ Fujin
Este dios sintoísta de Japón se representaba como un ser de aspecto terrible sentado sobre las nubes o atravesándolas y transportando un saco que contiene los vientos.

NUBES Y NIEBLA

El simbolismo de estos fenómenos meteorológicos varía mucho. Las nubes de lluvia están ligadas a la fecundidad (de ahí la expresión «preñadas de lluvia»); en la tradición judeocristiana pueden indicar la presencia de Dios. En China, las nubes rosadas sugieren buena suerte y felicidad.

En algunas culturas, las nubes se asocian con la tristeza, o también con la desconexión de la realidad (de ahí «tener la cabeza en las nubes»). La niebla suele relacionarse con la intervención sobrenatural, especialmente en el paisajismo chino.

▲ Presencia divina
A menudo las nubes se han vinculado simbólicamente a la presencia divina. En la iconografía cristiana, Dios se representa a veces como una mano emergiendo de una nube.

▲ Lo indeterminado
Bruma y niebla suelen simbolizar lo indeterminado o el estado posterior a la revelación. El taoísmo liga la bruma a la etapa por la que deben pasar las personas antes de la iluminación, como la bruma mental que precede a la claridad de pensamiento.

▲ Los corceles de las valquirias
En la mitología griega las nubes representaban los rebaños de Apolo. Pero en la leyenda nórdica eran los corceles de las valquirias, sirvientas del dios Odín que sobrevolaban los campos de batalla y escoltaban a los caídos hasta el Valhalla (paraíso).

VÉASE TAMBIÉN
Fertilidad y parto *pp. 120-123*
Deidades célticas y nórdicas *pp. 142-143*
Espíritus de la naturaleza *pp. 148-149*
Relatos de la creación *pp. 156-157*
Cristianismo *pp. 176-179*
Los ángeles *pp. 188-189*

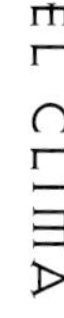

LLUVIA Y NIEVE

Toda precipitación, ya sea de lluvia, granizo, nieve o rocío, está asociada con el simbolismo del agua, y con la vida y la muerte: puede conllevar destrucción o regeneración. Como lluvia, representa la fertilidad, mientras que el rocío representa una bendición. Como hielo y nieve, su vínculo con el frío y la transitoriedad aparecen en el folclore y el mito. El arco iris combina el simbolismo del Sol y el agua. Al venir del cielo, las precipitaciones se asocian con los dioses celestiales. La supervivencia humana depende de la cooperación entre dioses y hombres para controlar el poder impredecible y a veces violento del clima.

LLUVIA

Símbolo importante de fecundidad, identificada en algunas culturas primitivas como el semen divino. También está asociada con la purificación. Durante miles de años, la gente creyó que eran los dioses del Cielo quienes regían la lluvia, y se llevaban a cabo rituales para invocar las precipitaciones. La lluvia, además, se ha asociado con ciertos animales, como los dragones, los perros e incluso los loros.

▲ **Dragón**
En China, los dragones se consideraban portadores de lluvia; algunas de las peores inundaciones del país se atribuyeron a que los humanos habían molestado a un dragón. Se creía que controlaban el agua, vital para los cultivos. Por contra, los dragones occidentales regían el fuego.

▲ **Lluvia torrencial**
Las lluvias torrenciales pueden ser tanto una calamidad como una bendición divina. Las lluvias intensas comparten con la tormenta el simbolismo relativo a la ira de los dioses.

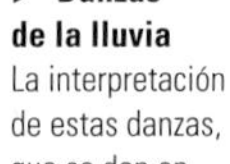

► **Danzas de la lluvia**
La interpretación de estas danzas, que se dan en culturas de todo el mundo, es variable. Los cheroqui norteamericanos, por ejemplo, realizaban danzas para invocar la lluvia y desterrar a los malos espíritus; el golpeo del suelo con los pies imitaba el repiqueteo de la lluvia sobre la tierra.

▲ **Indra**
Dios hindú del trueno, la lluvia, la fertilidad y la guerra, aparece a menudo sentado en su corte celestial, Svarga, en las nubes que adornan el sagrado monte Meru. Suele representarse blandiendo un rayo, símbolo de iluminación, destrucción y regeneración.

▲ **Zeus y Dánae**
Este cuadro ilustra el relato mitológico griego en el que Dánae, la madre del héroe Perseo, es fecundada por el dios Zeus bajo la forma de una lluvia de oro. Se trata de un símbolo erótico de la fertilidad divina de la lluvia.

◄ **Tláloc**
El dios azteca de la lluvia y la fertilidad se representaba con una corona de plumas de garza, símbolo de las aguas, blandiendo una maraca para crear el trueno y sosteniendo unos botes rebosantes de agua.

HIELO Y NIEVE

El simbolismo del hielo y la nieve está asociado casi por completo a la frialdad y la dureza, aunque también remite a la pureza y la belleza inmaculada. Emocionalmente, evocan rigidez, frigidez, fragilidad, transitoriedad o ausencia de amor; son comunes expresiones del tipo «fríamente correcto». En contraste, el hielo fundiéndose representa el ablandamiento de un corazón duro.

▶ **Glaciares**
Masa inmensa de hielo perpetuo que avanza impulsado por su propio peso, un glaciar es símbolo de cambio lento e inexorable. Como el hielo, también se asocia con las aguas impuras de la Tierra más que con las limpias aguas del Paraíso.

▲ **Copos de nieve**
La frágil belleza de los copos de nieve es símbolo de transitoriedad, sabiduría, verdad, severidad y pureza. También representan la individualidad, pues no hay dos copos iguales.

▲ **La Reina de las Nieves**
Este cuento de hadas occidental simboliza el triunfo del bien sobre el mal. Relata cómo dos niños son separados cuando la Reina de las Nieves secuestra al chico, y cómo la niña lo arriesga todo para rescatarle.

PUENTE HACIA EL CIELO

Esquivo, etéreo y fugaz, el arco iris tiene diversos significados simbólicos. Ha sido visto como signo de esperanza, paz y pacto divino, como presagio de guerra, objeto de adoración e incluso de temor. Abundan las leyendas y los ritos referentes a él. Es un puente hacia el Cielo, y se dice que en su extremo se halla la sabiduría.

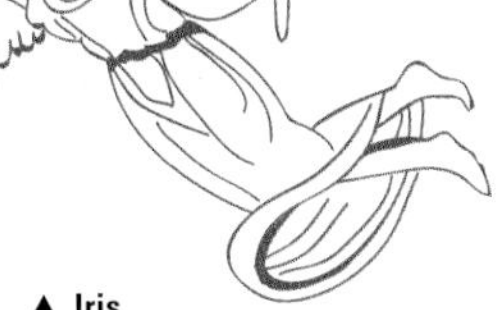

▲ **Iris**
Diosa del arco iris y mensajera de los dioses olímpicos, a menudo se representa como una joven de alas doradas con un bastón de heraldo. El arco iris representa su camino entre la Tierra y el Cielo.

▲ **Cuerpo de arco iris**
En el budismo tántrico tibetano, el cuerpo de arco iris es un estado de iluminación transitorio en el cual el cuerpo del practicante desaparece para transformarse en luz pura. Normalmente esto sucede después de la muerte.

▲ **La olla de oro**
En el folclore irlandés, un *leprechaun* (duende) guarda una olla de oro al final del arco iris. En Occidente, el extremo del arco iris se vincula al hallazgo de la fortuna.

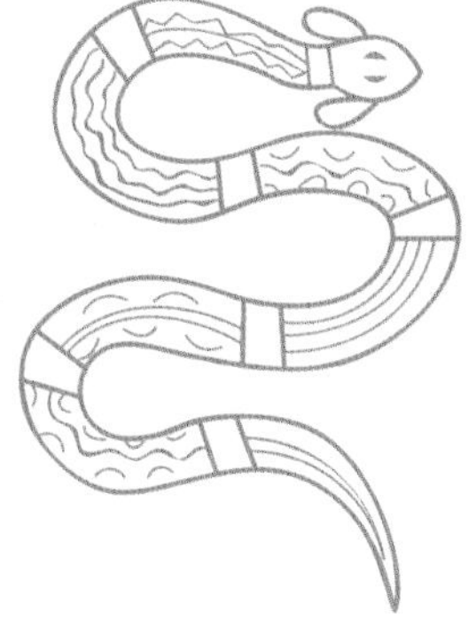

◀ **Serpiente del arco iris**
En los mitos aborígenes australianos está ligada a los cambios estacionales y a la dependencia del agua. Esta monstruosa serpiente habita las pozas de agua, y por tanto controla el más preciado recurso vital.

▲ **Kahukura**
El dios del arco iris maorí es invocado en la guerra. También es símbolo de la mortalidad humana y un camino del Cielo a la Tierra.

◀ **Signo de la alianza**
Tras el diluvio bíblico, Dios extendió un arco iris en el cielo como signo de su alianza con Noé según la cual no destruiría a la humanidad.

▲ **Arco iris navajo**
El arco iris de la bandera del pueblo navajo simboliza la soberanía y la unión de todas las tribus en la Nación del Arco Iris. El contorno de cobre representa sus fronteras, y las figuras dentadas, las montañas sagradas.

VÉASE TAMBIÉN

Mamíferos *pp. 52-55*
Dragones *pp. 78-79*
Deidades griegas y romanas *pp. 140-141*
Deidades de Mesoamérica y Sudamérica *pp. 144-145*
El Tiempo del Sueño *pp. 152-153*
Hinduismo *pp. 158-163*
Budismo *pp. 164-169*
Cuentos de hadas *pp. 272-273*
Banderas *pp. 324-329*

► El arca de Noé
El relato bíblico sobre Noé describe el diluvio como un castigo divino por el pecado humano. Noé, un hombre justo, recibió instrucciones de Dios para construir un arca, donde él, su familia y una pareja de cada especie animal se resguardaron para sobrevivir.

INUNDACIONES

La historia del Gran Diluvio enviado por Dios, o por los dioses, para destruir la civilización en un acto de castigo divino es un tema mitológico extendido en culturas de todo el mundo.

Simbólicamente, las inundaciones representan muerte y regeneración: el final de un ciclo y el inicio de otro. Se asocian con el poder lunar de las aguas, la fertilidad y la nueva vida. También están vinculados con la limpieza del pecado y la purificación de la humanidad.

TEMA UNIVERSAL

Los relatos sobre una inundación global se encuentran en casi todas las civilizaciones del mundo, de China y Rusia a Sumatra y Perú. En general, aluden al caos que sobrevino cuando los humanos perdieron la armonía con la naturaleza y los dioses.

Muchos de ellos son similares al famoso relato bíblico del arca de Noé: incluyen temas como el castigo divino, el aviso previo de una inundación, la construcción de una embarcación para alojar a un número de hombres y animales, y la liberación de aves para confirmar el retroceso de la inundación. El relato de Matsya en los *Purana* hinduistas, y el de Utnapishtim en el *Poema de Gilgamesh* babilonio, están entre los mitos más conocidos.

▲ Mito de Matsya
En este mito hindú, Manu salvó a Vishnu bajo la forma de un pez (Matsya), que luego le advertiría sobre la gran inundación; Manu construyó una barca, sobrevivió y restableció la vida en la Tierra.

ORÍGENES

Las teorías sobre los orígenes del diluvio bíblico son abundantes. Pudo originarse en Mesopotamia (hoy sur de Iraq), donde se unen los ríos Tigris y Éufrates. Esta fértil región es propensa a sufrir graves inundaciones, y existen pruebas geológicas de que estas pudieron provocar importantes trastornos en los asentamientos humanos. Para las culturas antiguas, una inundación que anegara sus tierras podía parecer universal, dando lugar a mitos explicativos.

◀ Dios creador azteca
Las creencias mesoamericanas contemplan un mundo destruido cíclicamente por desastres naturales como las inundaciones. Quetzalcóatl, dios creador y del clima, repobló el mundo tras uno de estos sucesos.

EXCEPCIONES NOTABLES

En las zonas donde los pueblos antiguos se beneficiaban de inundaciones anuales, como el Amazonas y el Nilo, no existen relatos sobre diluvios apocalípticos. En Egipto, la inundación anual del Nilo fertilizaba la tierra circundante, proporcionando alimento a las gentes: tenía tal importancia que dio lugar al culto de un dios, Hapi, figura positiva que, junto al faraón, se creía que controlaba el ascenso y la retirada de las aguas que fertilizaban la región. Sin la irrigación de las aguas del Nilo, es improbable que la civilización egipcia hubiera logrado el nivel de sofisticación que alcanzó.

◀ Inundación del Nilo
El Nilo atraía valiosas piezas de caza; este detalle de un mosaico del siglo II a. C. representa a un rinoceronte atrapado sobre una roca durante la inundación anual.

VÉASE TAMBIÉN
Agua *pp. 32-33*
Fertilidad y parto *pp. 120-123*
Deidades egipcias *pp. 138-139*
Hinduismo *pp. 158-163*
Cristianismo *pp. 176-179*

LAS ESTACIONES

Las estaciones anuales son símbolos de nacimiento, crecimiento, muerte y renacimiento y, en consecuencia, del paso del tiempo. Siempre hemos calculado el tiempo a partir del Sol y del ciclo lunar, por lo que el Sol y la Luna forman parte del simbolismo estacional. Cada estación lleva asociados sus dioses, animales, colores e incluso emociones. En algunas culturas se vinculan a determinadas flores, como el crisantemo otoñal en China.

▶ Alegoría de la primavera
En el arte occidental, la primavera se representa con un hermosa joven (símbolo de fertilidad) coronada con flores estacionales y rodeada por un suave paisaje pastoril. Puede aparecer acompañada por niños.

PRIMAVERA

Fresca, verdeante y llena de promesas, la primavera representa renacimiento y nueva vida. Es el despertar de la naturaleza. Crías de animales, niños, muchachas y flores son símbolos recurrentes de la estación, que denotan su juventud, su belleza y también su brevedad. En China y Japón, la flor del cerezo es un importante símbolo estacional. En la mitología celta, el Hombre Verde está ligado a la regeneración primaveral.

▲ Flora
Diosa romana de la primavera y las flores, sus festivales, las *Floralia*, se celebraban en abril o principios de mayo y representaban la renovación del ciclo de la vida.

◀ Cordero lechal
En el cristianismo, representa a Cristo muerto y resucitado, y por tanto, la Pascua, fiesta que coincide con el primer domingo tras la luna llena posterior al equinoccio de primavera. Es otro símbolo de la primavera.

VERANO

Es la estación de la madurez, cuando el sol está en su punto más alto. El mundo clásico asociaba el verano con el dios griego Apolo y con la diosa Deméter (llamada Ceres por los romanos). Sus animales eran el león y el dragón. En China, el verano viene simbolizado por el loto y la peonía.

▶ Ceres
Diosa romana de la agricultura y la fertilidad, se le atribuía el haber enseñado al hombre a cultivar los cereales. Aparece a menudo con guirnaldas de espigas y sosteniendo una cesta de frutas.

▲ Símbolo del verano
Esta figura clásica representa al verano; muestra a una mujer coronada con espigas de maíz, portando una gavilla y una hoz. El grano simboliza renacimiento, crecimiento y fertilidad.

OTOÑO

Tradicionalmente se representa como un niño o una mujer con una canasta de uvas, que simbolizan la abundancia y la generosidad de la estación. Su animal es la liebre. En el arte occidental, la cornucopia (cuerno de la abundancia), rebosante de frutos, flores y grano, es un símbolo típico de la dadivosidad otoñal, vinculado desde antiguo con la fertilidad.

▶ Liebre
Es un símbolo de fertilidad en muchas culturas, de ahí su vínculo con la generosidad del otoño. En la mitología grecorromana simbolizaba la abundancia de la época; también representa fertilidad en los festivales chinos de la luna de otoño.

▲ Baco
El dios romano del vino y el exceso (Dioniso en el mundo griego) se asocia con las celebraciones otoñales de la vendimia.

▲ Perséfone
Esta diosa griega se asocia al grano que surge cada año antes de regresar a la tierra en un ciclo de renovación constante.

▲ Muñeca de paja
Esta figura hecha con trigo trenzado está asociada con las costumbres de la cosecha de la Europa antigua y se usaba en ciertos ritos celtas de fertilidad.

FIESTA DE LA COSECHA

Las fiestas de gratitud por la cosecha son comunes a todas las sociedades agrícolas. Unen a la comunidad para celebrar la generosidad de la naturaleza y para recordar a los antepasados. Se consumen alimentos asociados a la cosecha, y todo el pueblo se une a los festejos.

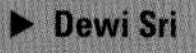

▶ Dewi Sri
La fiesta anual del arroz en Bali y Java está dedicada a la diosa Dewi Sri. Esta, tocada con una corona, a veces sujeta un loto que simboliza la resurrección.

▲ Danzante de Yaeyama
En estas islas de Japón se realizan danzas tradicionales para propiciar una cosecha exitosa. Los danzantes simulan actividades cotidianas. El de la imagen lleva un caballito de juguete y simula un combate.

▲ Pasteles de luna
Estos pasteles se toman durante una fiesta china que celebra la cosecha. Suelen ser de yema de huevo, un símbolo lunar.

INVIERNO

Es el tiempo frío en que aúllan los vientos, muchos árboles quedan desnudos y la tierra parece estéril. Cada cultura tiene sus propios relatos para explicar los cambios estacionales. En la mitología de la Grecia clásica, Perséfone fue raptada y llevada al inframundo; durante ese tiempo, la Tierra se oscureció y nada crecía. Después de liberarla, Hades la obligó no obstante a volver con él unos meses cada año, durante los cuales la tierra quedaba estéril; esta época era el invierno.

◀ Personificación del invierno
Esta antigua estatuilla romana representa al invierno como un anciano envuelto en un manto para protegerse del frío. Otras figuras semejantes aparecen encorvadas, como luchando contra las inclemencias del tiempo.

▲ Pato
Animal asociado con Isis, diosa egipcia de la muerte, y vinculado tradicionalmente al invierno. El pato salvaje es también una popular pieza de caza invernal.

▲ Bóreas
Portador del frío Viento del Norte y del invierno en la mitología clásica, Bóreas era temido por su capacidad destructora. La flota ateniense le rezaba y celebraba fiestas en su honor, las boreasmas.

▲ Salamandra
El autor latino Plinio dijo de la salamandra: «Este animal es tan intensamente frío que extingue el fuego… igual que lo hace el hielo». Símbolo de fe duradera e indestructibilidad, también se la asocia con el fuego.

VÉASE TAMBIÉN
La Luna *pp. 18-19*
Mamíferos *pp. 52-55*
Aves *pp. 58-61*
Fertilidad y parto *pp. 120-123*
Deidades egipcias *pp. 138-139*
Deidades griegas y romanas *pp. 140-141*
Cristianismo *pp. 176-179*

PIEDRAS PRECIOSAS

Las piedras preciosas y semipreciosas destellan de luz y color. Al proceder de la tierra, están vinculadas con la energía divina como símbolos de poder espiritual y pureza; a algunas se les atribuyen poderes curativos y protectores. Han sido usadas durante siglos como señal de estatus. Las transparentes están ligadas a la adivinación; las rojas indican ardor y vitalidad. Algunas se vinculan a los distintos meses del año. En definitiva, sus asociaciones son muy diversas.

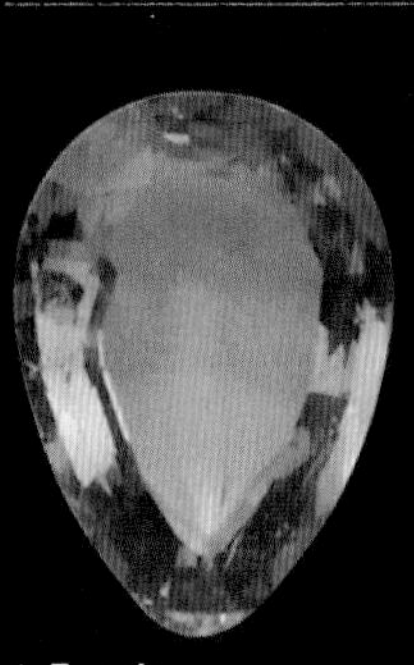

▲ **Topacio**
Famosa como piedra empática, simboliza fidelidad, bondad divina, amistad, perdón y amor. La medicina tradicional creía que hacía desaparecer la neurastenia (postración nerviosa) y estimulaba el apetito.

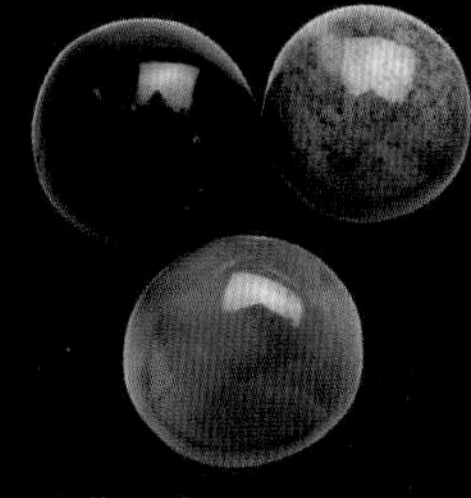

▲ **Hematites**
Considerada una piedra curativa, revitaliza las relaciones humanas y purifica. Se ha asociado a los guerreros, como ayuda para vencer obstáculos y dadora de valor. Fue usada para combatir los trastornos sanguíneos y detener las hemorragias.

▲ **Esmeralda**
Su color la asocia con fertilidad, inmortalidad, primavera y juventud. Los egipcios la enterraban con sus muertos como símbolo de la juventud eterna. Símbolo de fe en el cristianismo, también aparece en la tradición como piedra sanadora.

▲ **Dragón protector**
Esta talla china del siglo XIV representa a un dragón protegiendo un tesoro oculto. En la cultura tradicional china, los dragones de la Tierra custodiaban objetos preciosos y joyas. Estos tesoros ocultos simbolizaban el conocimiento o la verdad.

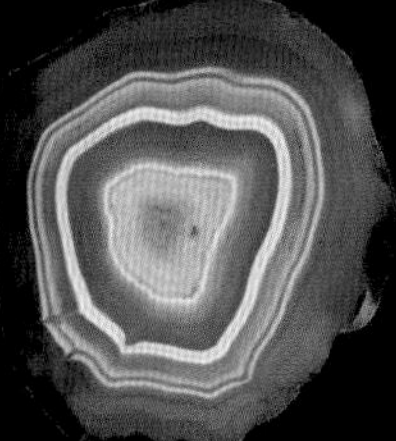

▲ **Ágata**
En las culturas antiguas, se creía que volvía invisible a su portador. Representa valor, longevidad y prosperidad. En el pasado se ataba a los cuernos de los bueyes para propiciar una buena cosecha.

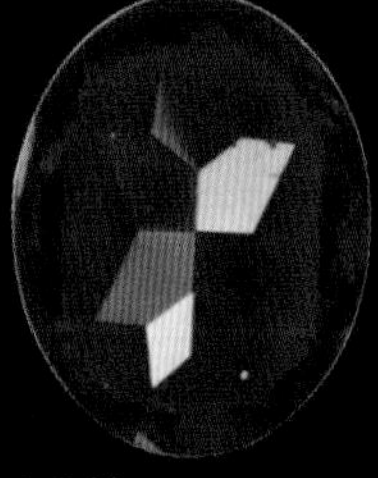

▲ **Rubí**
Es símbolo de amor, valor y vitalidad. Se ha vinculado con Saturno y con Marte, el planeta ligado a las pasiones. La realeza los lucía como una medida de prudencia, pues se creía que se oscurecían ante los peligros.

▲ **Zafiro**
Es símbolo de armonía celestial, paz y verdad. En la tradición hindú está asociado con Saturno y el autocontrol. En algunas culturas se creía que alejaba el mal.

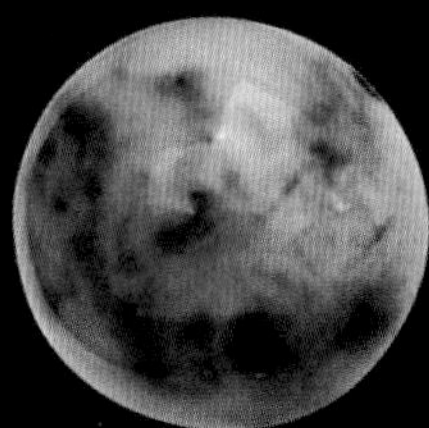

▲ **Jade**
En China es la Piedra del Cielo y representa la pureza. Emblema del Sol y del yang, también simboliza justicia, valor, armonía y pureza moral. Considerado de buen agüero, el jade pulido tiene también connotaciones sexuales.

▲ **Diamante**
Símbolo de pureza, verdad y fidelidad, es muy habitual en los anillos de compromiso. Su resplandor lo vincula con el Sol. También se creía que absorbía las emociones de su portador y limpiaba el alma.

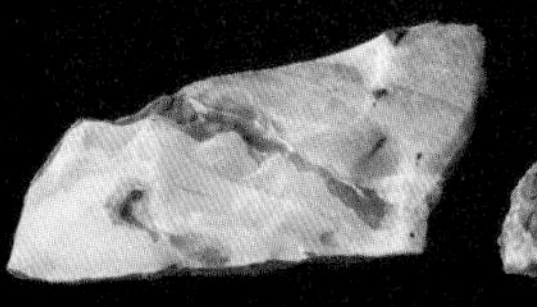

▲ Ópalo
Símbolo de comprensión divina, devoción religiosa y fidelidad. Los romanos pensaban que los ópalos caían del cielo con los relámpagos. En algunas culturas se conoce como «Piedra Ojo», en la creencia de que protege a la realeza.

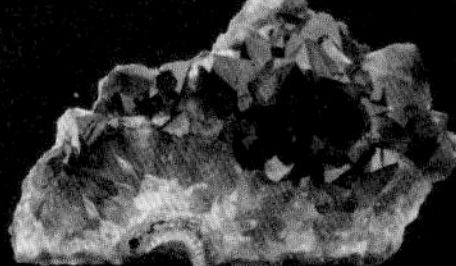

▲ Amatista
Es una piedra protectora y espiritual; los obispos de la Iglesia cristiana portan anillos de amatista. También se cree que otorga paz mental y que protege al portador contra la embriaguez.

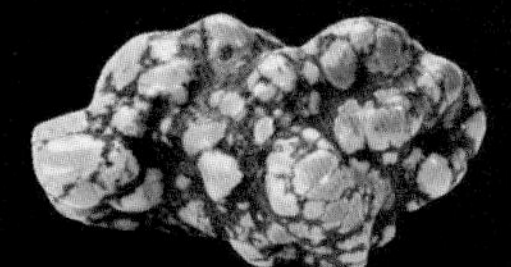

▲ Turquesa
Considerada desde antiguo como talismán contra el mal, es símbolo de valor, éxito y culminación. En México es un símbolo solar e ígneo, y los tibetanos la consideran una gema sagrada.

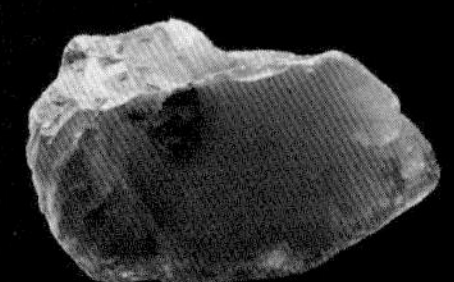

▲ Cornalina
Muy apreciada por sus cualidades curativas, espirituales y creativas, está estrechamente ligada al simbolismo religioso. El sello de Mahoma era una cornalina labrada engastada en un anillo de plata.

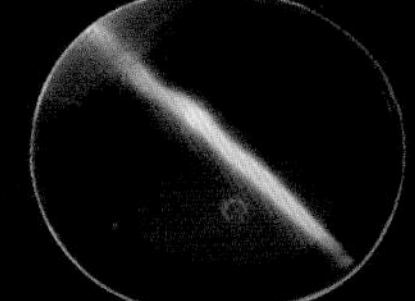

▲ Ojo de gato
El crisoberilo simboliza entendimiento y claridad mental, y por ello se asocia con la meditación. Se creía que invocaba la buena suerte y protegía al portador contra el mal.

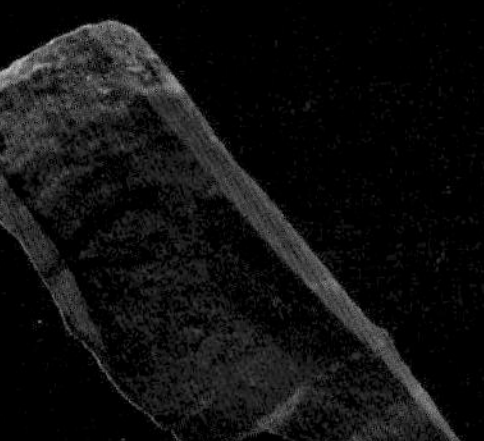

▲ Lapislázuli
Piedra azul de simbolismo celeste, representa poder, sabiduría y fuerza interior. Se creía que aumentaba las capacidades psíquicas y el entendimiento. También es una piedra de amistad.

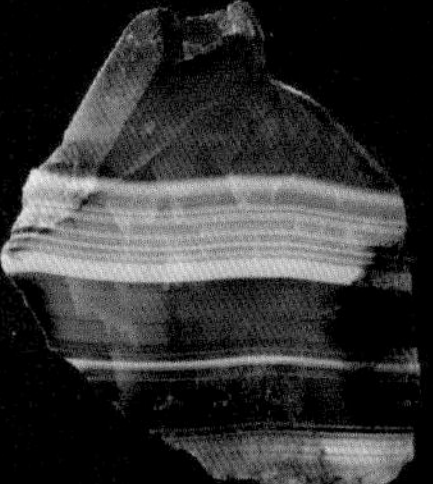

▲ Ónice
Las piedras negras tienen fama de poseer energía protectora. El ónice se llevaba para alejar lo negativo y simboliza elevación de los sentidos, autoconfianza y fuerza espiritual. También está ligado a la felicidad conyugal y a la sinceridad.

▲ Adularia
Con su pálida iridiscencia, la «piedra de luna» se asociaba con este astro y con los amantes. Vinculada también a la fertilidad, las mujeres árabes se la cosían a sus túnicas. Era famosa igualmente por regular el ciclo menstrual.

◀ Cristal de roca
Símbolo de pureza, era muy importante en la magia; de ahí las bolas de cristal y los cuentos populares sobre zapatillas de cristal mágicas. Su reputación de almacenar y transmitir energía lo convierte en instrumento de curación y meditación.

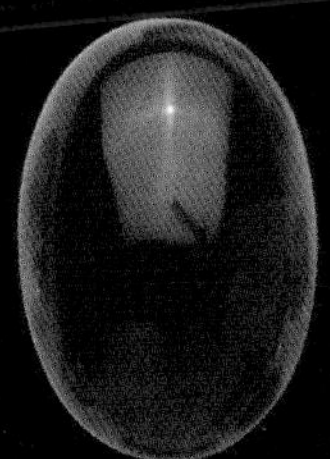

▲ Granate
Gema protectora conocida desde la Edad del Bronce, repele la negatividad, protege contra la depresión e inspira valor. Tradicionalmente simbolizaba energía, devoción y fidelidad.

▲ Aguamarina
En la antigüedad se creía que esta piedra encerraba la energía del mar; así, los marinos la llevaban para protegerse en los mares agitados. Se asocia con la creatividad, la comunicación, la autoconciencia y la confianza.

▲ Peridoto
Emblema de fama, fuerza y energía, es la piedra natalicia de los nacidos en agosto. En la mitología hawaiana representa las lágrimas de Pele, diosa de los volcanes.

PIEDRAS NATALICIAS

Los doce meses del año se han asociado a doce piedras preciosas, que se creía que aportaban suerte o influencia a quienes nacían en el mes correspondiente. Aunque la selección varía, una versión popular es esta: granate (enero), amatista (febrero), aguamarina (marzo), diamante (abril), esmeralda (mayo), adularia (junio), rubí (julio), peridoto (agosto), zafiro (septiembre), ópalo (octubre), topacio (noviembre) y turquesa (diciembre).

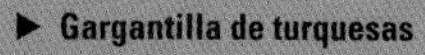

▶ Gargantilla de turquesas
La turquesa (diciembre) se asocia tradicionalmente con la buena suerte y el fomento de la amistad. También se creía que su luminoso color aumentaba la confianza en uno mismo.

▶ Brillo interior
Las piedras preciosas talladas y facetadas, como este topacio, revelan su belleza y su brillo interior. El proceso del trabajo de una piedra simboliza la perfección gradual del espíritu y el progreso hacia la sabiduría divina, y representa al alma liberada del confinamiento del cuerpo.

VÉASE TAMBIÉN
Dragones *pp. 78-79*
Amor y matrimonio *pp. 126-127*
Amuletos *pp. 194-195*
La realeza *pp. 216-217*
Joyas *pp. 254-255*

▲ **El ídolo dorado**
El becerro de oro que, según relata la Biblia, construyeron y adoraron los israelitas en el desierto, constituye un símbolo paradigmático de la idolatría y la rebelión contra Dios.

EL ORO

Tan lustroso y brillante como el resplandor del sol, el oro ha excitado la pasión humana desde tiempos antiguos, y se ha convertido en un poderoso símbolo de nobleza, iluminación y santidad.

▲ Signo de excelencia
Reconocido universalmente como símbolo de éxito, con frecuencia el oro es otorgado como premio en forma de medalla (como esta olímpica), copa, placa o estatuilla.

El oro es el metal perfecto: es brillante y duradero, maleable e inoxidable. Su glorioso color se vincula simbólicamente con el Sol, la perfección y el corazón. Por asociación, representa las más altas aspiraciones del espíritu, la incorruptibilidad y la pureza.

VALOR DESEABLE

El oro aparece tradicionalmente en las vestiduras de los soberanos de todo el mundo. En el Imperio inca los nuevos reyes eran cubiertos ceremonialmente con resinas rociadas con polvo de oro, origen histórico del mítico El Dorado (hombre de oro). Hoy, es símbolo de los más altos honores y logros. Debido a sus cualidades ha tenido un prolongado valor comercial y ha sido usado como moneda y tributo desde las épocas más antiguas.

▲ Señal de iluminación
Las imágenes de Buda suelen ser doradas como signo de iluminación. Los budistas valoran el oro por su pureza, y hacen méritos incorporándolo a los objetos sagrados.

ORO DIVINO

El oro se ha asociado simbólicamente con diversas deidades. En la mitología griega, la busca del Vellocino de Oro por parte de Jasón representa la búsqueda de la iluminación espiritual. En el cristianismo, el oro es un símbolo ambivalente: puede representar la corrupción, como en el relato del becerro de oro *(izda.)*, o la divinidad. Los reyes cristianos medievales recibían una corona dorada como símbolo de la eterna luz del Cielo y de la autoridad divina. El pan de oro típico del arte cristiano medieval y de los iconos de la Iglesia ortodoxa aluden igualmente a la divinidad.

Tanto en el budismo como en el cristianismo, el oro es un símbolo de iluminación espiritual. En el hinduismo es visto como la forma mineral de la luz, un residuo del propio Sol. Según los egipcios, formaba la carne del más poderoso de los dioses, Ra, también conocido como Montaña de Oro.

El arte antiguo que trataba de convertir un metal común en oro evolucionó como alegoría de la purificación espiritual, convirtiéndose en la Magna Obra alquímica. Los alquimistas chinos veían en el oro la esencia de los cielos, el armonioso yang.

▶ Objeto de adoración
Los aztecas, como los mayas y los incas, adoraban el oro y lo reservaban para las personas de alto rango y para el uso ritual. Para los aztecas representaba las heces del dios sol, Huitzilopochtli.

SÍMBOLO DE CORRUPCIÓN

Los nativos sioux se referían al oro como «el metal amarillo que enloquece al hombre blanco», y le atribuían cierto grado de simbolismo negativo. El oro fue despreciado en la Rusia comunista, donde un reloj de bolsillo dorado, artículo asociado a las clases más altas, simbolizaba al «enemigo del pueblo».

En algunas culturas se temía al oro, al cual se adjudicaban poderes sobrenaturales malignos. Muchos cuentos tradicionales usan el oro como símbolo de la avaricia y la tentación. Un ejemplo es el famoso mito griego del rey Midas, que llegó a lamentar el haber pedido a los dioses el don de convertir todo lo que tocaba en oro.

VÉASE TAMBIÉN
El Sol *pp. 16-17*
Materiales preciosos *pp. 46-47*
Deidades egipcias *pp. 138-139*
Budismo *pp. 164-169*
Cristianismo *pp. 176-179*
Alquimia *pp. 210-211*
Adornos de la realeza *pp. 218-219*
Joyas *pp. 254-255*
Colores *pp. 280-283*

MATERIALES PRECIOSOS

En la antigüedad se creía que los metales preciosos eran energía cósmica solidificada: se consideraban objetos terrenales con un potencial celeste. Así se desarrolló una jerarquía cósmica en la que los siete planetas conocidos se asociaron a ciertos metales. Los metales preciosos eran usados como objetos sagrados vinculados a la divinidad y como herramientas o armas. Junto con otras mercancías preciosas, como el ámbar y las perlas, los metales se valoraban por su hermosura y rareza, y solían considerarse símbolos de estatus.

▼ Perlas
Entre las piedras preciosas que adornan esta corona bizantina del siglo XII hay algunas perlas. Símbolo de majestad, justicia, sabiduría y pureza, en el pasado fueron privativas de la realeza. En las filosofías hindú e islámica representan la perfección. Tradicionalmente han sido símbolo de estatus y han adornado a monarcas de todo el mundo.

El retrato *La joven de la perla*, de Johannes Vermeer *(dcha.)*, ilustra a la perfección este luminoso símbolo de pureza. Muy apreciadas como signo de riqueza, las perlas representan también la Luna, la feminidad y el saber espiritual. En China son la combinación simbólica del fuego y el agua.

CORONA BIZANTINA

Johannes Vermeer, *La joven de la perla* (c. 1665-1666)

▲ Calamita
Sus propiedades magnéticas la vinculan con la magia. Se decía que quienes la llevaban podían acercarse sin temor a los reptiles y ver el futuro.

▲ Galena (sulfuro de plomo)
En la alquimia, el plomo representa el estado pesado, «enfermo», de la existencia o el alma. Es un atributo de Saturno, el limitador. Como metal común simboliza el nivel más bajo del desarrollo espiritual.

▲ Azabache
Esta madera fosilizada era considerada un talismán contra la enfermedad. Se usó para el tratamiento de migrañas, dolores gástricos y resfriados. Debido a su color, en Occidente se utilizó a menudo en la joyería de luto.

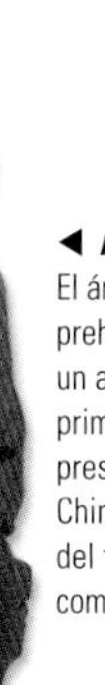

◀ Ámbar
El ámbar, resina fosilizada de árboles prehistóricos, fue tradicionalmente un amuleto para viajeros. Para los primeros cristianos representaba la presencia divina, mientras que en China simboliza el valor o el alma del tigre. También se utilizó para combatir afecciones como la artritis.

▲ Hierro
Representa fuerza y permanencia. Muchas culturas consideraban la fundición del hierro, de la que sale un objeto nuevo, como un nacimiento simbólico.

▶ Plata
Esta taza bizantina es de plata, metal que se vincula con la Luna, con diosas lunares como Diana, y con las reinas. Representa castidad, pureza, sabiduría y esperanza. En el antiguo Egipto se creía que los huesos de los dioses eran de plata. Como moneda, también simboliza riqueza.

▲ Cobre
Este incensario está hecho de cobre, metal asociado con Venus y símbolo de lo femenino. En África Occidental el cobre era símbolo de estatus, así como objeto mágico y de culto. También se vincula con la curación; incluso hoy, la gente usa pulseras de cobre para combatir la artritis.

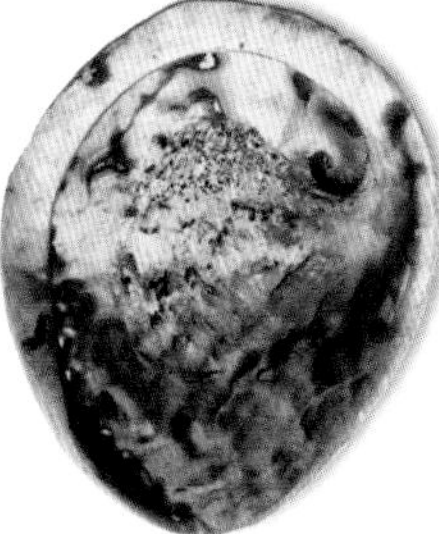

▲ Madreperla
Las sociedades antiguas valoraban la madreperla más que las perlas. Su iridiscencia simboliza fe, caridad e inocencia; también se dice que favorece la concentración.

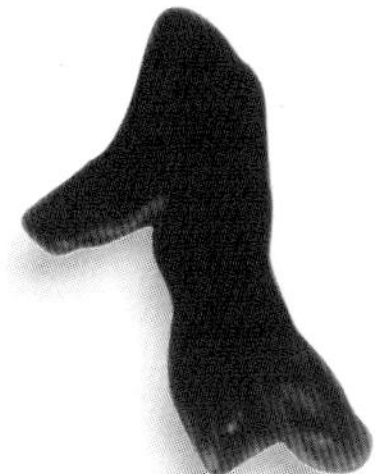

▲ Coral
Vinculado al simbolismo lunar debido a su origen acuático, los griegos lo asociaban al renacimiento; los chinos, al estatus y la suerte; y los cristianos, a la sangre de Cristo.

▲ Marfil
Su color vincula al marfil con la pureza, y su dureza representa incorruptibilidad. La torre de marfil se asocia con lo inaccesible; en el cristianismo, simboliza a la Virgen María.

VÉASE TAMBIÉN
La Luna *pp. 18-19*
Muerte y duelo *pp. 128-131*
Cristianismo *pp. 176-179*
Amuletos *pp. 194-195*
Colores *pp. 280-283*

EL MUNDO NATURAL

Desde las águilas altivas a los lóbregos pantanos, el mundo natural ha alimentado nuestra imaginación desde que vivíamos en cuevas. Tanto real como simbólicamente, plantas y animales han influido de modo crucial en nuestra visión del mundo. Siempre hemos coexistido con animales y hemos dependido de ellos para comer, vestir, trabajar, viajar y protegernos. En consecuencia, muchos aspectos de sus vidas han adquirido un significado simbólico, desde la muda de piel de la serpiente (renacimiento) hasta el hábitat acuático del pez (vida y fertilidad).

En los relatos de la creación, los animales –y algunas plantas– son figuras ancestrales o se asocian a dioses. Los monarcas usaban especies como el león para simbolizar su propia gloria. Era común la creencia de que las peculiares capacidades físicas y sensoriales de los animales los asociaban a poderes sobrenaturales que podían aprovecharse a través de los rituales chamánicos. Ideas como la de que los pájaros eran mensajeros celestiales o almas, eran tan poderosas que fueron incorporadas a las religiones principales.

La inmensa variedad de especies animales refleja los diversos tipos humanos. Como los hombres, algunos son temidos o adorados, y otros nos divierten como payasos. Hemos imaginado híbridos y monstruos, a menudo en representación de complejos retos psicológicos; así, «matar al dragón» es una metáfora del triunfo del bien sobre el mal, o de la victoria sobre nuestros demonios interiores.

Como los animales, las plantas son también fuente de alimento: se asocian a la abundancia, la fertilidad y el ciclo eterno de vida, muerte y regeneración, y aparecen a menudo en los mitos de la creación. Algunas, como el té y el café, están

EN EL MUNDO REAL Y EN EL SIMBÓLICO, PLANTAS Y ANIMALES HAN INFLUIDO EN NUESTRA VISIÓN vinculadas a la hospitalidad y al ritual. Los frutos –culminación del poder generador de la planta– se asocian con la inmortalidad porque contienen las semillas de la renovación eterna.

Muchas plantas se han usado con fines curativos; otras –alucinógenas, venenosas o estimulantes–, consideradas mágicas por las sociedades primitivas, han procurado nuestro bienestar físico y mental. Muchas plantas son fragantes o coloridas, lo que les otorga una resonancia emocional. La efímera belleza de las flores simboliza la gloria y la brevedad de la juventud; se ha desarrollado un «lenguaje de las flores» que sobrevive hasta hoy: las rosas rojas, por ejemplo, siguen siendo ampliamente reconocidas como símbolo de amor y pasión.

Como el resto del mundo vegetal, los árboles se asocian con la fertilidad y el ciclo vital, pero su tamaño y longevidad inspiran otros conceptos como permanencia, inmortalidad y refugio. Muchos eran adorados, y cundió la creencia en un vasto árbol cósmico que ligaba la Tierra, el Cielo y el inframundo; otros árboles sagrados han tenido una importancia regional, como la vital palmera datilera en Oriente Próximo.

La mayor parte del simbolismo vegetal es positivo, pero allí donde la naturaleza parece «indómita», como en bosques y selvas, entran en juego elementos psicológicos que generan un simbolismo más sombrío. El bosque, como lugar oscuro y peligroso donde es fácil perderse, sirve como poderosa metáfora de la transición a la edad adulta. Todavía hoy intentamos encontrar significados a nuestro mundo a través de signos y símbolos.

MAMÍFEROS

Humanos y animales se han relacionado desde antiguo, y esta relación ha constituido una rica mina de símbolos. Los animales se han adorado como dioses, asociados a la buena o la mala suerte, considerados como fuentes de poder y sabiduría. Muchos se ligan simbólicamente a una cualidad humana. Los cazadores-recolectores respetaban y a veces reverenciaban a los animales como parte de la naturaleza, que consideraban sagrada. Algunos fueron adoptados como tótems o ancestros para acceder a su sabiduría instintiva.

▲ **Lobo**
En la Roma clásica fue símbolo de cuidado materno, valor o victoria. Hoy en día en Occidente representa astucia, crueldad, lujuria y codicia. Los nativos norteamericanos lo invocaban danzando para que guiara a los espíritus en el más allá.

▲ **Zorro**
Zalamero, astuto y traicionero, personifica las cualidades del *trickster* (embaucador). Animal cambiante según los nativos de Norteamérica y en Oriente, también aparece disfrazado en el folclore y la literatura.

▲ **Hiena**
Como carroñera, es considerada sucia, cobarde y codiciosa. Por la antigua creencia de que podía cambiar de sexo, en algunas culturas llegó a simbolizar la desviación sexual.

▲ **Chacal**
En India, el chacal, otro carroñero, representa el carácter destructor y el mal, pero en el antiguo Egipto fue adorado como Anubis, que recibía a los muertos en su tránsito al otro mundo. En el Antiguo Testamento es símbolo de desolación.

◀ **Coyote**
Entre los nativos norteamericanos, el astuto coyote, mostrado aquí como una máscara de guerrero, es visto como *trickster*, transformista, maestro y héroe cultural. Representa a la vez la locura y la sabiduría, y el equilibrio entre ambas.

▶ **Mapache**
Favorito del folclore nativo americano, es un *trickster* que simboliza travesura, destreza y adaptabilidad. Su rostro enmascarado representa habilidad para el disfraz.

◀ **Oso**
En muchas tradiciones chamánicas se asocia con la medicina, la curación y la sabiduría. Generalmente simboliza fuerza y valor, y está vinculado con deidades guerreras.

EL PERRO

Animal de compañía desde épocas antiguas, simboliza lealtad, protección y caza. Las primeras sociedades lo asociaban con el mundo espiritual. Las culturas nativas africanas y norteamericanas lo vieron como señor del fuego y de la lluvia. Sin embargo, los musulmanes lo consideran sucio, y usan «perro» como término peyorativo para los infieles.

► Cazador
El perro ha estado ligado a la caza y a las deidades asociadas con ella desde tiempos antiguos. En el mito griego, la estrella Sirio representaba el perro de caza de Orión.

▲ Escudo de armas
Representado en un escudo, el perro simboliza valor, vigilancia y lealtad. Las razas más comúnmente representadas son el galgo y el mastín.

► Cerbero
Guardián de las puertas del inframundo, el perro de tres cabezas del mito griego es el símbolo de la custodia del conocimiento secreto de la muerte y la resurrección.

▲ Lápida sepulcral
Muchas culturas consideran al perro como un compañero fiel hasta la muerte. En muchas tumbas aparece esculpido en actitud de inmutable vigilancia.

▲ Ardilla
En la Edad Media la ardilla roja simbolizaba al diablo debido a su color y a su permanente estado de alerta. Fue emblema de la diosa irlandesa Medb.

▲ Zorro volador
En el folclore samoano este murciélago frugívoro es considerado guardián del bosque; en Nueva Guinea es un símbolo de los cazadores de cabezas, a menudo tallado en escudos de guerra.

▲ Murciélago
En Occidente se vincula con los vampiros, el diablo y la brujería. Visto como mitad pájaro, mitad rata, simboliza la duplicidad. En Norteamérica es un portador de la lluvia.

▲ Ratón
Asociado generalmente con la timidez, los cristianos lo ven como el diablo, roedor de las raíces del árbol de la vida. En otros lugares se asocia con la frugalidad.

▲ Rata
En Asia es reverenciada como símbolo de buena suerte y riqueza. Sin embargo, es más común asociarla con la muerte, la decadencia y la destrucción.

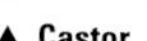

▲ Castor
Importante en los mitos nativos norteamericanos, este maestro constructor representa la diligencia y la perseverancia, así como el hogar y la familia. En el cristianismo simboliza la castidad.

► Canguro
Es el emblema de Australia; solo puede moverse hacia delante, y es así, en el escudo de este país, un símbolo de progreso. Su velocidad y su capacidad para pasar meses sin agua lo asocian también con la energía y la resistencia. En el chamanismo representa los lazos familiares, mientras que entre los aborígenes australianos es un ancestro y un animal totémico.

► Erizo
Para los nativos norteamericanos fue símbolo de supervivencia. Pero los cristianos lo asocian con el mal, y en Irlanda se creía que las brujas asumían la forma de un erizo para chupar la leche de las vacas.

▲ Conejo
Símbolo lunar, tiene vínculos con la fertilidad y el renacimiento. Su viveza, velocidad y timidez lo convierten en símbolo cristiano de la vigilancia y la huida de la tentación.

▲ Liebre
Es un *trickster*, un héroe y asimismo un símbolo de fertilidad asociado con la Luna. En Europa acompañaba a las brujas; en Oriente fue una encarnación previa de Buda.

VÉASE TAMBIÉN

Árboles sagrados *pp. 96-97*
La cabeza *pp. 106-109*
Fertilidad y parto *pp. 120-123*
Tótems, héroes y *tricksters* *pp. 150-151*
El Tiempo del Sueño *pp. 152-153*
Chamanismo *pp. 154-155*
Horóscopo chino *pp. 204-205*

▲ **Camello**
En el pasado se creía que almacenaba agua en la joroba; representa el desierto y simboliza templanza, humildad, moderación y resistencia. Asociado con la realeza y la riqueza, su costumbre de arrodillarse lo convirtió también en un símbolo de la oración.

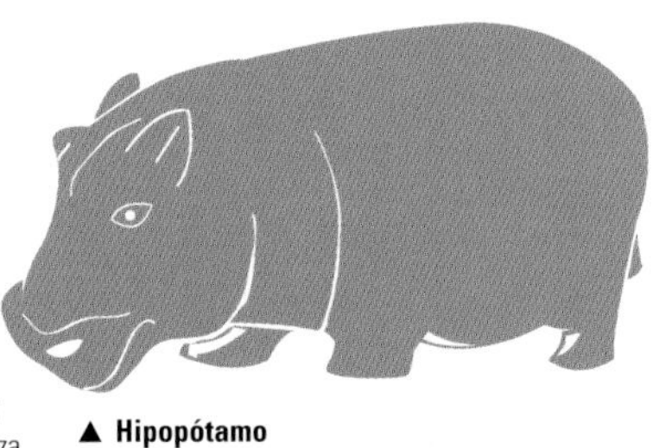

▲ **Hipopótamo**
En el antiguo Egipto, donde se revolcaba en el fértil limo del Nilo, simbolizaba renacimiento y rejuvenecimiento. Taurt, diosa de los partos y la protección, se representaba como una hembra preñada, mientras que el hipopótamo rojo se asociaba con la discordia y con el dios Seth.

▲ **Cabra**
Símbolo masculino asociado con la lujuria y la fertilidad, también representa la agilidad; trepando simboliza determinación. La cabra estaba vinculada a los dioses griegos Pan, Dioniso y Zeus.

▲ **Vaca**
Símbolo de cuidado materno, la vaca es vista como una personificación de la Madre Tierra. La media luna de sus cuernos representa el cuerpo celeste, y su leche, las estrellas de la Vía Láctea. Es el animal más sagrado del hinduismo.

▲ **Cerdo**
Asociado con la diosa madre, representa fertilidad y prosperidad, pero también se asocia con el egoísmo y la ignorancia. Judíos y musulmanes lo consideran un sucio animal carroñero. Los cristianos vinculan su glotonería con Satanás.

◄ **Buey**
El buey (en la imagen, cargando con Lao Tse, fundador del taoísmo) simboliza trabajo, fuerza y riqueza. Para los cristianos representa el yugo de Cristo; los budistas consideran al buey blanco símbolo de la sabiduría contemplativa.

EL CABALLO

Símbolo de nobleza, rapidez, libertad y belleza, el caballo está ampliamente asociado al poder conquistador, como queda patente en las estatuas ecuestres. En el mundo antiguo era emblema de energía vital, y estaba ligado al Sol y a los dioses del Cielo. Según fuera blanco, negro o dorado, se le atribuían distintas connotaciones.

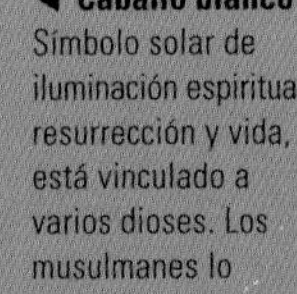

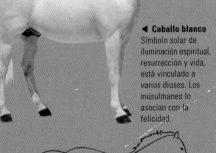

◄ **Caballo blanco**
Símbolo solar de iluminación espiritual, resurrección y vida, está vinculado a varios dioses. Los musulmanes lo asocian con la felicidad.

▲ **Arte rupestre**
En la cueva de Peche Merle (Francia), de hace 20 000 años, aparecen pintados caballos moteados. Símbolo antiquísimo, se asoció al viento, la lluvia, la tormenta, el fuego, el agua corriente y las olas.

▲ **Pegaso**
Al igual que el caballo blanco, el alado es un símbolo solar o espiritual. Pegaso era el legendario caballo alado de la mitología griega, y solía representar velocidad o inspiración.

▲ **Caballo al galope**
Tradicionalmente representa rapidez y vitalidad; su galope «más rápido que el viento» lo asocia con las fuerzas elementales y la libertad; también es visto como mensajero.

▲ Ciervo
Símbolo solar de fertilidad asociado con la caza y con la divinidad. Su cornamenta representa el árbol de la vida y la regeneración. Es frecuente como motivo heráldico.

▲ Gacela
Es símbolo de paz, velocidad y gracia; fue montura de los dioses en ciertas culturas de África e India. Huyendo de los depredadores, representa al alma alzando el vuelo sobre las pasiones humanas.

▲ Cordero
Es un símbolo universal de inocencia, bondad y mansedumbre. Es especialmente importante para el cristianismo, como símbolo de Cristo y del sacrificio.

▲ Oveja negra
La oveja simboliza mansedumbre y, dentro de un rebaño, necesidad de dirección; la oveja negra es inconformista, de ahí la expresión que la asocia con el miembro independiente de una familia.

▲ Carnero
Símbolo del fuego y emblema de energía solar, está asociado con el Sol y los dioses del Cielo, y con la virilidad masculina. La espiral de sus cuernos representa el trueno.

▲ Jabalí
El jabalí salvaje es un antiguo símbolo de fuerza, valor y ferocidad, especialmente en el norte de Europa. Los celtas lo consideraban un animal sagrado con poderes sobrenaturales; su carne se consumía ritualmente y era enterrado con los caídos. El jabalí aparece como cambiante en diversas culturas, como la druídica, y en Melanesia. En el hinduismo era una encarnación del dios Vishnú.

▲ Rinoceronte
Símbolo de poder y autoridad, en heráldica simboliza tenacidad, vigor y concordia; en África era visto como símbolo de valor y fertilidad. Su cuerno se ha usado en la medicina tradicional y como afrodisíaco. El rinoceronte negro se ha convertido, en la actualidad, en un símbolo de la conservación de la vida salvaje.

◀ Elefante
Asociado en África y Asia con el poder soberano, simboliza fuerza, estabilidad y sabiduría. Los hinduistas adoran a Ganesha, dios con cabeza de elefante.

◀ Burro
Representa fertilidad, lascivia, obstinación, humildad y paciencia. En *El sueño de una noche de verano*, Shakespeare otorgó una cabeza de burro a un personaje llamado Fondón.

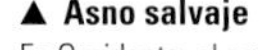

▲ Asno salvaje
En Occidente, el asno es símbolo de estupidez y obstinación, pero en Oriente simboliza inteligencia y fuerza. En Egipto, el asno africano representa soledad y aislamiento.

▲ Mono
En el cristianismo, el mono se asocia con el engaño y la vanidad, pero en el hinduismo el dios mono Hanuman era un gran guerrero, campeón de Rama, y en Japón es reverenciado: los tres monos místicos simbolizan la senda correcta, «no ver el mal, no escuchar el mal, no decir el mal».

VÉASE TAMBIÉN

El cielo nocturno *pp. 20-23*
Fertilidad y parto *pp. 120-123*
Hinduismo *pp. 158-163*
Budismo *pp. 164-169*
Taoísmo y sintoísmo *pp. 170-171*
Cristianismo *pp. 176-179*
Horóscopo chino *pp. 204-205*
Emblemas heráldicos *pp. 318-323*

▲ Los poderes del bien y del mal
Símbolo oriental de valor y fuerza, el tigre aparece a veces como montura de los dioses chinos para representar el dominio de estos sobre las pasiones animales. El tigre es un animal yang y tiene el poder de expulsar a los demonios. Aquí, el dios que lo monta realiza un exorcismo mediante el cual expulsa a cinco animales venenosos de un cuenco.

▶ **Gato egipcio**
En el antiguo Egipto el gato personificaba a la diosa Bastet.

GATOS

Adorados como dioses, perseguidos como demonios y cargados de una enorme variedad de simbolismos, tanto positivos como negativos, los gatos han captado nuestra imaginación ya desde la época del antiguo Egipto.

El simbolismo solar y lunar del gato es solo un ejemplo del contraste de sus asociaciones. El león, con su pelaje amarillo y su llameante melena, es una bestia solar; pero la leona puede vincularse a la diosa madre y con ella a la Luna. Como símbolos solares, se han tallado leones en los pilares de los templos como guardianes del espacio sagrado y en sus azoteas a modo de gárgolas, que, al expulsar el agua de la lluvia, se convierten además en un símbolo de fertilidad. El desapego y la nocturnidad del gato doméstico le asocian a la Luna y la oscuridad. Los gatos negros traen buena o mala suerte, según las culturas, y en el pasado se vincularon a la brujería.

▲ **Ojos nocturnos**
Como criaturas de la noche, los gatos se han asociado a la magia.

REY DE LAS BESTIAS

En Occidente el león se ha considerado tradicionalmente como el rey de los animales; en Oriente ese título se le ha otorgado al tigre, y en América al jaguar. Todos los grandes felinos son fieros cazadores, y son temidos y respetados por ello. En China, el tigre se ha considerado un símbolo de valor, así como de velocidad, poder y belleza. La diosa hindú Durga monta sobre un tigre, lo que simboliza su dominio sobre las pasiones animales, y Shiva viste una piel de tigre con un significado semejante. Leones y leopardos aparecen en el arte heráldico como símbolos de valor y fuerza, asociando esas cualidades a los linajes que los ostentan.

NATURALEZA SAGRADA

Los felinos tienen asociaciones sagradas en todo el mundo. El jaguar es la encarnación de la deidad suprema azteca, Tezcatlipoca, y los relieves mayas muestran a sacerdotes vestidos con pieles de jaguar para los sacrificios. En Sudamérica se asocia también con los chamanes, que pueden asumir formas animales o vestir sus pieles como símbolo de poder; se creía que después de morir, los chamanes se convertían en jaguares. En el mundo clásico el leopardo era atributo del dios romano Baco (el Dioniso griego), y se vinculaba a su culto de la fertilidad; en Egipto, era emblema de Osiris, dios del inframundo y la vegetación, por lo que su simbolismo también se ligaba a la fertilidad. Los egipcios reverenciaban a los gatos y adoraron a Bastet, la diosa gato.

◀ **Jaguar**
Señor de la noche, guardián y protector en las culturas mesoamericanas, el jaguar fue representado a menudo en la cerámica azteca.

LOS GATOS EN EL ARTE

Los felinos, y los leones en particular, abundan en el arte. En la mitología griega, uno de los diez trabajos de Hércules fue llevar una piel de león al rey Euristeo; su lucha a mano desnuda contra el león ha sido pintada muchas veces, igual que la hazaña similar del héroe bíblico Sansón. En el arte cristiano, el león es el símbolo del evangelista san Marcos, y se asocia también a san Jerónimo, que suele representarse acompañado por un león: se dice que, retirado en el desierto, sacó una espina de la pezuña del animal, y este depuso su ferocidad y vivió en paz junto al santo. Tales historias son muy preciadas como fábulas, y simbolizan nuestra capacidad para superar la naturaleza animal.

▲ **San Jerónimo y el león**
Al ayudar al león, san Jerónimo dominó su naturaleza animal y demostró la fuerza de su fe cristiana.

VÉASE TAMBIÉN
La Luna *pp. 18-19*
Agua *pp. 32-33*
Deidades egipcias *pp. 138-139*
Deidades griegas y romanas *pp. 140-141*
Chamanismo *pp. 154-155*
Taoísmo y sintoísmo *pp. 170-171*
Brujas y *wicca pp. 192-193*
Emblemas heráldicos *pp. 318-323*

AVES

Su capacidad para volar convierte a las aves en mensajeras simbólicas entre el Cielo y la Tierra. También representan a las almas, pues el vuelo implica la liberación de las restricciones físicas del mundo. En el arte egipcio, las deidades con cabeza de ave simbolizan el lado espiritual de la naturaleza humana. La tradición las ha vinculado con la sabiduría, la inteligencia y la rapidez de pensamiento; la expresión «me lo dijo un pajarito» procede de la creencia de que las aves comunican secretos.

▲ Albatros
El albatros representa los largos viajes oceánicos. Para los maoríes simboliza poder y belleza; en Occidente se han considerado como la encarnación de las almas de los marineros muertos, y matarlos trae mala suerte.

▲ Pelícano
La leyenda de que el pelícano alimenta a sus crías con la sangre que saca de su propio pecho lo convirtió en símbolo de caridad y amor, así como del sacrificio de Cristo.

▲ Garza
Esta ave solar comparte su simbolismo con la cigüeña y la grulla; representa vigilancia, serenidad y discreción. En el antiguo Egipto era símbolo del Sol naciente y de regeneración.

▲ Martín pescador
Asociado con la felicidad conyugal, la gracia y la velocidad. También con el mito griego de Alcíone, símbolo de la tranquilidad.

▲ Ibis
En el antiguo Egipto era símbolo de sabiduría y encarnación del dios Thot, que se asociaba con los escribas. Era momificado para servir de instructor en el más allá.

► Ganso
La migración del ganso salvaje lo convierte en símbolo de vigilancia, libertad y renovación. En el hinduismo es la montura de Brahma, el creador. En el folclore representa la vida familiar, la lealtad y el parloteo.

▲ Cigüeña
Sus hábitos migratorios la asocian con la primavera y la nueva vida. También es heraldo de buenas noticias. En la Grecia antigua estaba consagrada a Hera, protectora de los partos; de ahí su vínculo con ellos.

▲ Flamenco
Los egipcios lo reverenciaban como personificación de Ra, el dios Sol. Debido a sus cambios de color (relacionados con su dieta), también se le asociaba con la ilusión y el cambio de forma.

Zeus bajo la forma de cisne

▲ Cisne
Es símbolo de belleza y pureza. Ave solar, está asociado con la luz y, en Grecia, con Apolo, así como con Zeus, que sedujo a Leda bajo la forma de cisne. Su hábito de emparejarse de por vida lo convirtió también en símbolo de fidelidad.

▲ Pato
Considerado un ave creadora en los mitos de diversas culturas, es ampliamente asociado con la inmortalidad. En China el pato mandarín representa la dicha conyugal y la fidelidad, mientras que para los celtas simbolizaba ingenio y honestidad.

▲ Abubilla
En el antiguo Egipto simbolizaba dicha y afecto; también representa la devoción filial, pues se decía que cuidaba de sus padres. En China se considera de buena suerte.

▲ Avestruz
Símbolo heráldico de fe y contemplación, en el antiguo Egipto sus plumas simbolizaban la verdad. En el zoroastrismo era el ave divina de la tormenta, mientras que en las culturas semítica y babilónica era demoníaca.

▲ Grulla
En Asia, su cauto movimiento representa discreción; en China, inmortalidad. También se convirtió en símbolo de vigilancia. La grulla bicéfala de la mitología egipcia simboliza prosperidad.

▲ Codorniz
Asociada con la primavera o el verano, el erotismo y la nueva vida. Como regalo de un enamorado, una codorniz enjaulada era símbolo del alma cautiva. Para los romanos simbolizaba el valor, y se usaba como ave de pelea.

▲ Kiwi
Emblema nacional de Nueva Zelanda y apodo de los neozelandeses, el kiwi ha sido usado también como símbolo militar. Según el mito polinesio, fue creado de la güira, una planta trepadora.

▲ Gavilán
Atributo de los dioses solares, simboliza los cielos, el poder, la realeza y la sabiduría. Para los aztecas era el mensajero de los dioses; en China se asocia a la guerra, y en el antiguo Egipto representaba el alma.

▲ Halcón
Ave solar asociada al poder masculino, su elevado vuelo simboliza la libertad de espíritu. Para los nativos norteamericanos era un mensajero de los antepasados. Usado para la caza por la aristocracia, también se asocia a la nobleza. En el antiguo Egipto era símbolo de realeza divina.

La lechuza era el símbolo de la diosa griega Atenea y de su ciudad, Atenas

▲ Lechuza
Como ave de presa nocturna, está vinculada con la oscuridad, la muerte, la sabiduría y la brujería. Los aborígenes australianos creen que representa el alma de las mujeres. Muchas culturas le otorgan un simbolismo espiritual.

◀ Buitre
Al alimentarse de carne muerta, su simbolismo es mixto: por una parte es símbolo de muerte y oportunismo; por otra, simboliza la purificación. Tibetanos y parsis permiten que los buitres dispongan de sus muertos y creen que pueden liberar o transportar al espíritu de un cadáver. También simboliza la solicitud materna, pues se decía que cuando escasea la comida, alimenta a sus crías con su propia carne.

▲ Cóndor
Importante símbolo entre los nativos americanos. Considerado creador y destructor, creían que su enorme envergadura provocaba los eclipses. El cóndor de California está asociado con la curación y los poderes sobrenaturales, y era usado en sacrificios rituales.

VÉASE TAMBIÉN
El Sol *pp. 16-17*
Fertilidad y parto *pp. 120-123*
Deidades egipcias *pp. 138-139*
Deidades griegas y romanas *pp. 140-141*

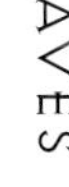

◀ **Loro**
Conocido por su burlona mímica, el loro simboliza la imitación. Era atributo de Kama, dios hindú del amor, porque los enamorados mimetizan mutuamente sus conductas. Los indios americanos lo consideran portador de la lluvia y de las plegarias, y también adivino.

▲ **Gallo**
Ave solar símbolo del amanecer, el orgullo masculino, la fertilidad y el valor. Su canto representa dominación. Fue consagrado a diversos dioses griegos y romanos, y su imagen se usaba en el sintoísmo sobre los tambores que llamaban a la oración.

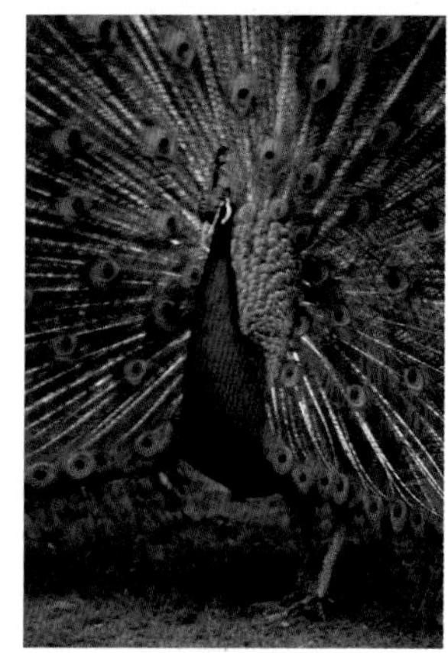

◀ **Pavo real**
El esplendor del pavo real representa divinidad, belleza, amor y realeza. En el hinduismo era la montura de Kartikeya, dios de la guerra; los budistas lo asocian a la compasión y la vigilancia. Los adornos de su cola tienen ojos, estrellas y símbolos solares. El contoneo del macho se asocia con la vanidad.

▲ **Colibrí**
Visto por los nativos norteamericanos como el alegre mensajero de los dioses, es símbolo de belleza, armonía, verdad y fuerza. Sus plumas adornaban a los dioses aztecas y mayas y se decía que poseía propiedades mágicas. También simboliza renacimiento y curación.

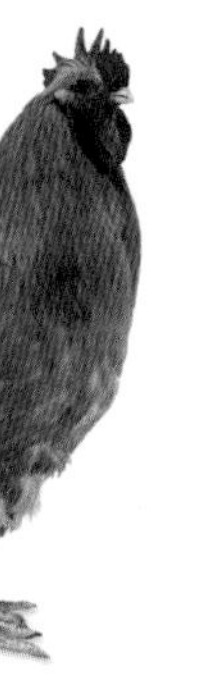

▲ **Gallina**
La imagen de una gallina oronda cobijando a sus polluelos se suele asociar al cuidado materno. También representa la procreación y la intervención divina. En la ley judía, una gallina y un gallo simbolizan la pareja nupcial.

▲ **Cuervo**
Considerado como pájaro parlante, se le asocia con la profecía. Atrae simbolismos opuestos: en algunas culturas simboliza el Sol y la sabiduría, y en otras la oscuridad y la destrucción. En la mitología nórdica, Odín iba acompañado por dos cuervos, y los nativos americanos lo consideran creador y *trickster*.

▲ **Grajo**
Como el cuervo, en Europa tiene un simbolismo negativo asociado a la muerte, la mala suerte y el mal. Por su costumbre de arrancar los ojos a los cadáveres, los cristianos lo asocian con el diablo, que ciega a los pecadores. Los indios norteamericanos, al contrario, lo consideran un ave creativa, civilizadora y solar, y en Japón simboliza el amor familiar.

▲ **Arrendajo**
Su reputación de ladrón de nidos e imitador le asocia con los problemas y la mala suerte. Los indios americanos lo consideran *trickster*, creador y guardián; su parloteo advierte de la proximidad de enemigos.

▲ **Ruiseñor**
Es famoso por su magnífico canto, que se prolonga día y noche; está asociado con la añoranza, el amor y la muerte. En la tradición cristiana su canto simboliza tanto la nostalgia del Paraíso como, al amanecer, la llegada de la luz de Cristo.

▲ **Urraca**
La parlanchina urraca es un ave oracular. En Occidente, su plumaje blanco y negro se asocia con los monjes. En China simboliza buena fortuna y amor, y en Australia se vincula con la felicidad. En el folclore europeo, sin embargo, una urraca solitaria es vista como un mal presagio.

▲ Golondrina
Anunciadora de la primavera, representa esperanza y buena suerte. Su migración anual y su costumbre de anidar siempre en los mismos lugares la asocian tanto con las partidas como con los retornos, y por extensión con la muerte y la resurrección.

▲ Cuco
Heraldo tradicional de la primavera en el norte de Europa, simboliza fertilidad. Su hábito parasitario de dejar sus huevos en los nidos de otras aves lo asocian con el egoísmo y la infidelidad. Sin embargo, los tibetanos lo consideran un pájaro sagrado y le atribuyen poderes mágicos.

▲ Ave del paraíso
Famosa por su extravagante plumaje y sus elaborados ritos de apareamiento, es el símbolo de Nueva Guinea. Aparece en el triángulo rojo de su bandera representando el triunfal acceso del país a la independencia. Las tribus locales usan sus plumas para adornarse y en sus rituales.

► Paloma
Símbolo universal de la paz y del alma. En la Biblia, al regresar al arca de Noé con una rama de olivo en el pico, reveló el fin del diluvio. En el cristianismo es símbolo del Espíritu Santo y se asocia al bautismo. En la Roma clásica estaba consagrada a Venus, y en China representaba la fertilidad. La tórtola simboliza amor y fidelidad.

► Mirlo
Su seductor canto y su lustroso plumaje negro convierten al mirlo en símbolo cristiano de la tentación sexual.

▲ Dodo
Extinguido desde el siglo XVII, el dodo simboliza algo muerto u obsoleto. Aparece en el escudo de Mauricio, isla de la que procede, y es el emblema de algunas organizaciones conservacionistas.

▲ Jilguero
En el arte cristiano, simboliza la Pasión de Cristo, por el rojo de su cara y porque está asociado con los cardos y las espinas. Asimismo, representa fertilidad y fue símbolo de protección contra la peste.

▲ Petirrojo
En Europa es un popular símbolo navideño asociado con el solsticio de invierno. Como el jilguero, se dice que arrancó una espina de la corona de Cristo, cuya sangre salpicó su pecho.

▲ Chochín
Simboliza el espíritu, y en el folclore europeo era conocido como el «rey de las aves». Para los nativos norteamericanos es símbolo de alegría. También se ha considerado símbolo del año viejo.

▲ Gorrión
El sencillo gorrión es un símbolo cristiano de la humildad; san Francisco de Asís mostró su amor por los animales dirigiendo su prédica a estos pájaros. También representa fertilidad y en Grecia era atributo de Afrodita, la diosa del amor. En Japón simboliza la lealtad.

VÉASE TAMBIÉN
El Sol *pp. 16-17*
La cabeza *pp. 106-109*
Tótems, héroes y *tricksters pp. 150-151*
Hinduismo *pp. 158-163*
Cristianismo *pp. 176-179*

ESCUDO DE ARMAS

▲ El águila bicéfala
El águila bicéfala que aparece en este detalle del escudo de armas de Carlos V, emperador del Sacro Imperio entre 1519 y 1556, representa los imperios de Roma y Bizancio: una cabeza mira a Occidente y la otra a Oriente.

ÁGUILAS

Inequívoco y universal símbolo de poder, el águila se asocia con el simbolismo solar y celeste y está vinculada a la realeza y los dioses.

Su tamaño, su fuerza y su autoridad han convertido al águila en un emblema de poder; su majestuoso vuelo, su velocidad, su destreza cazadora y su aguda vista han contribuido también a otras asociaciones simbólicas. A menudo se ha vinculado con la serpiente, el toro o el león, simbólicamente ligados a la victoria espiritual.

SIGNO DE PODER

La reina de las aves es un símbolo de estatus, victoria y omnisciencia. Asociada con el poder y el liderazgo, ha sido adoptada como símbolo de soberanía e identidad nacional en países como EE UU y Alemania, y por poderosas civilizaciones como el Imperio romano; fue emblema de los imperios ruso y austrohúngaro y lucía en el estandarte napoleónico. Los atributos físicos del águila y su gran reputación como cazadora la vinculan simbólicamente con la guerra y sus divinidades, como el escandinavo Odín. Los chinos la asocian con el valor, la tenacidad, la fuerza y el arrojo, mientras que en el cristianismo representa el poder divino.

▲ **Sello presidencial de EE UU**
La poderosa águila aparece aquí en el diseño original de 1888. La rama de olivo simboliza la paz, y las trece flechas (las trece colonias originales), la disposición a defender el país.

AVE DEL SOL

Como ave solar, simboliza a los dioses del Cielo. Fue emblema del *Deus Sol Invictus* (invencible dios Sol) romano y se usaba para representar al emperador. En Norteamérica, los sioux creían que las plumas de águila representaban los rayos del sol. Los aztecas vieron en el ave al Sol naciente, devorador de la serpiente de la oscuridad. En la tradición hebrea, simboliza el Oriente y la renovación. El águila bicéfala es un antiguo símbolo solar usado en heráldica.

MENSAJERA DIVINA

Con su elevado vuelo, el águila representa la cercanía a Dios y se asocia con la ascensión. En las iglesias, el ambón en que se lee la Biblia tiene a menudo forma de águila, en representación del poder y la inspiración de la palabra de Dios. Es, además, el símbolo del evangelista san Juan. Símbolo místico, representa la capacidad para elevarse sobre el mundo material para contemplar las verdades espirituales ocultas. En la cultura india americana simboliza revelación, y entre los celtas era símbolo de renacimiento y renovación. En el antiguo Egipto, en fin, era un símbolo de la vida eterna.

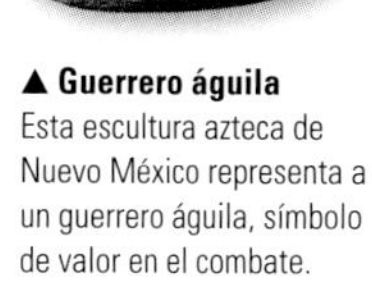

▲ **Guerrero águila**
Esta escultura azteca de Nuevo México representa a un guerrero águila, símbolo de valor en el combate.

◀ **Pájaro chapungu**
En el idioma shona este nombre designa al águila volatinera, reverenciada como protectora, guía espiritual y mensajera divina. Esta talla procede de las ruinas de la ciudad de Gran Zimbabue.

VÉASE TAMBIÉN
El Sol *pp. 16-17*
Deidades egipcias *pp. 138-139*
Deidades griegas y romanas *pp. 140-141*
Judaísmo *pp. 172-173*
Cristianismo *pp. 176-179*
Emblemas heráldicos *pp. 318-323*

REPTILES Y ANFIBIOS

Antiguos, misteriosos y a veces amenazadores, los reptiles han capturado desde siempre la imaginación humana. Se asocian con el Sol y la Luna, con el cosmos y su creación, y representan cambio y renovación debido a que muchos de ellos mudan cíclicamente su piel o cambian de color. Los anfibios y algunos reptiles pueden sobrevivir tanto en el agua como en la tierra, lo que simboliza la capacidad de moverse entre el mundo físico y el espiritual. Sus hábitos, su apariencia y sus extraños mecanismos de defensa también contribuyen a definir su simbolismo.

▲ Varano
Animal totémico asociado con la magia, representa el cambio de forma, la agilidad y el desapego. En el pasado se pensaba que los lagartos, en general, no tenían lengua, y simbolizaban el silencio, así como la sabiduría divina.

▲ Salamandra
Representada a menudo como un pequeño dragón o lagarto sin alas que salta desde las llamas, es símbolo del fuego; en heráldica se asocia con el valor. En el pasado se creía que era asexual, por lo que también simboliza la castidad.

▲ Caimán
Tótem nativo norteamericano, simboliza amor materno (pues, a diferencia de la mayoría de los reptiles, cuida su nido), cautela, agresividad, supervivencia y adaptabilidad. En Colombia, un mítico hombre-caimán lo vincula a los cambiantes.

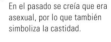

▲ Cocodrilo
Temido y reverenciado, fue adorado como el dios Sobek en el antiguo Egipto, donde era símbolo del amanecer y de las aguas fértiles, además de custodiar el umbral entre la vida y la muerte. Se decía que después de devorar a un hombre lloraba, lo que dio lugar a la expresión «lágrimas de cocodrilo».

▲ Camaleón
Famoso por su capacidad para cambiar el color de su piel, simboliza la inconstancia. Puede mover ambos ojos de forma independiente, y se decía que un ojo miraba al futuro y el otro al pasado.

▲ Clamidosaurio
En la mitología australiana representa a Gundamen y la necesidad de acatar la disciplina tribal. Gundamen era un hombre de piel tersa que fue castigado por sus fechorías y transformado en un escamoso lagarto.

▲ Monstruo de Gila
Según la leyenda de los indios navajo, fue el primer médico o chamán; su peculiar trote se asociaba con el temblor de manos que usan los chamanes para la adivinación y la curación de enfermedades graves.

RANAS Y SAPOS

Desde Egipto a Japón, ranas y sapos han sido asociados desde el pasado con gran cantidad de simbolismos, muchos relativos a la fertilidad y la magia. Su ciclo vital metamórfico los liga al simbolismo lunar y acuático; también se asocian con el nacimiento y la transformación, de ahí las fábulas sobre ranas que se convierten en príncipes. En la Europa del siglo XV, ambos estaban vinculados con la magia y la brujería.

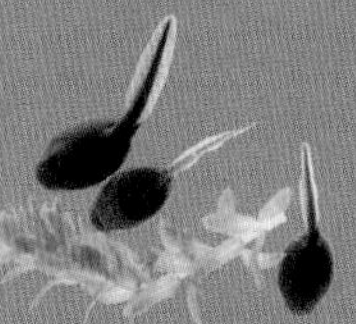

▲ **Renacuajo**
La metamorfosis del renacuajo en rana simboliza resurrección. En el antiguo Egipto la rana era un símbolo fetal, y Heket, la diosa rana del nacimiento, estaba ligada a la evolución.

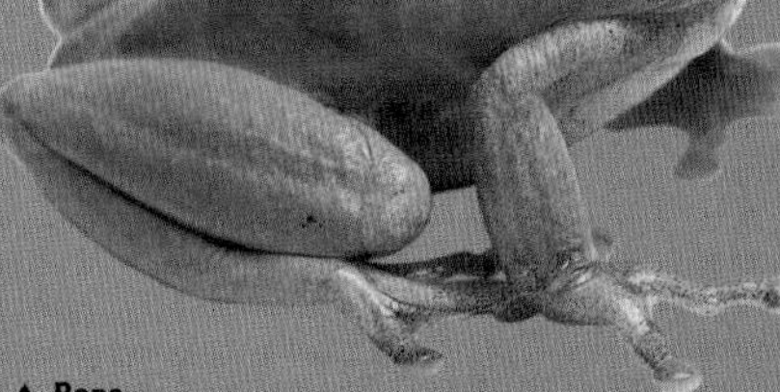

▲ **Rana**
En la mitología celta era el señor de la Tierra y de las aguas curativas, y los mayas la consideraban un dios acuático cuyo canto invocaba la lluvia. En China es un símbolo yin lunar.

▲ **Rana toro**
Agresivo anfibio de gran tamaño famoso por su poderío vocal, en India encarna el trueno, y en China se dice que causa los eclipses al tragarse la Luna. Es el emblema de los estados de Misuri y Oklahoma.

▲ **Plaga de ranas**
En la Biblia, una de las plagas enviadas por Dios a Egipto para que liberara al pueblo de Israel fue una terrible invasión de ranas.

▲ **Sapo**
En Europa, las secreciones tóxicas del sapo se vinculan con lo demoníaco. El sapo es un atributo de muerte y un espíritu familiar. En China es un portador de lluvia y representa buena suerte.

▲ **Sapo de caña**
Para los aborígenes australianos, este sapo sumamente tóxico es símbolo de la estupidez del hombre blanco, pues fue éste quien lo introdujo en el continente. Comparte simbolismo con otros sapos y, como prolífico procreador, se asocia con la fertilidad.

◀ **Salamanquesa**
Símbolo de sabiduría, agilidad y adaptabilidad, se cree que este inofensivo lagarto de jardín trae suerte; para los polinesios es sagrada. Su capacidad para deshacerse de la cola y restablecerla representa renovación.

▶ **Lagarto cornudo**
Símbolo de salud y felicidad para los nativos norteamericanos; las tribus anasazi y mimbre del suroeste de EE UU solían representarlos en cerámicas y petroglifos. También es el reptil del estado de Texas.

▲ **Tortuga terrestre**
Estrechamente ligada a los simbolismos lunar, acuático y de la Madre Tierra, la pesada tortuga terrestre suele representarse sosteniendo el mundo en el inicio de la creación. Se asocia con la longevidad, la lentitud y la tenacidad. En China le atribuyen poderes oraculares.

▲ **Tortuga marina**
En el antiguo Egipto representaba la sequía, y en las culturas nativas americanas era un cobarde fanfarrón. Entre los marinos, el tatuaje de una tortuga significa que uno ha cruzado el ecuador.

◀ **Galápago**
En los manantiales sagrados del norte de África se cree que encarnan a poderosos espíritus del agua; por ello, matarlos trae mala suerte. En la mitología nativa norteamericana se considera un *trickster*.

VÉASE TAMBIÉN
El Sol *pp. 16-17*
La Luna *pp. 18-19*
Fertilidad y parto *pp. 120-123*
Tótems, héroes y *tricksters pp. 150-151*

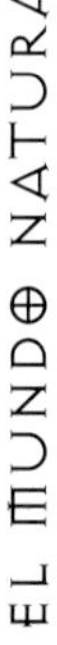

▲ La serpiente en el Paraíso
Cuenta la Biblia que la serpiente tentó a Eva a probar el fruto prohibido del árbol de la ciencia del bien y del mal, sabiendo que ello causaría su perdición. Así, representa engaño y tentación; enrollada alrededor de Eva, simboliza la relación entre hombre y mujer.

SERPIENTES

Con su aspecto y su peculiar forma de moverse, la serpiente produce tanta fascinación como repulsión. La sencillez de su forma contrasta enormemente con su complejo y poderoso simbolismo.

Independiente, misteriosa, habitante del subsuelo y de piel mudable, la serpiente es una criatura ctónica, esto es, vinculada al inframundo. Las primeras culturas del mundo asociaron su movimiento ondulante a los sinuosos ríos, las colinas, las raíces de los árboles e incluso a la espiral cósmica. Así, su polifacético simbolismo abarca temas como la dualidad, la fertilidad, la fuerza vital primigenia y la creación.

▲ Símbolo médico
El caduceo, un bastón alado con dos serpientes enrolladas, es un emblema de curación asociado a Hermes, mensajero de los dioses griegos.

PODER DUAL

En mitología y religión, la serpiente es un poder dual, de simbolismo tanto positivo como negativo: guardiana y destructora, luz y oscuridad, bien y mal. Su veneno puede matar, y engulle criaturas más grandes que ella; pero su capacidad para mudar la piel la relaciona con la resurrección y la curación. En el cristianismo corrompió a Eva, convenciéndola para probar el fruto prohibido. Dios la maldijo, y desde entonces se ha identificado con el diablo. En el budismo, en cambio, el rey de las serpientes dio cobijo a Buda, y estas se ven bajo una luz más positiva. Al tener su hogar en lugares oscuros bajo el suelo, se asocia con el inframundo y con el poder de los muertos. En contraste, también está ligada a las deidades y el poder divino.

◀ Serpientes y escaleras
Se trata de un juego de mesa hindú en el que las virtudes (escaleras) permitían al jugador alcanzar el Cielo, mientras que los vicios (serpientes) le hacían retroceder. Llegó a Occidente durante la ocupación británica.

▲ Naga
La *naga* (serpiente) hindú es una benevolente guardiana de umbrales asociada con la lluvia, la fertilidad y la renovación, representada a menudo con torso humano y cola de serpiente.

SABIDURÍA OFÍDICA

Sus asociaciones ancestrales y cosmológicas, junto a su capacidad para deslizarse en la oscuridad y a su enigmática mirada sin párpados, vinculan a las serpientes con la sabiduría. En el antiguo Egipto, la cobra representaba el saber divino y real. Los maoríes ven en las serpientes la sabiduría terrena, y en muchas culturas son las mediadoras entre el Cielo, la Tierra y el inframundo. En India están ligadas a Shivá, Vishnú y Ghanesa. En el tantrismo, la columna de energía espiritual que recorre la espalda es simbolizada por la *kundalini* o serpiente.

FERTILIDAD Y ORIGEN

Debido a su forma, su cercanía a la tierra y su capacidad de muda, la serpiente es un símbolo fálico y de fertilidad. Se asocia a la Madre Tierra y, en ciertas partes de Oceanía, al embarazo. En otros lugares es portadora de lluvia y representa una fuerza vital en armonía con los misterios de la Tierra; así, la Serpiente del arco iris del Tiempo del Sueño australiano representa fertilidad y abundancia agrícola. En la mitología hindú, Vishnú descansa sobre la serpiente que flota en el océano cósmico. En ciertas culturas se la considera un ancestro mítico.

▲ La guardiana
En esta tumba de Waset (Egipto), Meretseger («La que ama el silencio»), guardiana de las tumbas, aparece como una cobra.

VÉASE TAMBIÉN
Árboles sagrados *pp. 96-97*
Frutos *pp. 98-99*
Fertilidad y parto *pp. 120-123*
Deidades griegas y romanas *pp. 140-141*
El Tiempo del Sueño *pp. 152-153*
Relatos de la creación *pp. 156-157*
Hinduismo *pp. 158-163*
Cristianismo *pp. 176-179*
Símbolos profesionales *pp. 314-315*

CRIATURAS ACUÁTICAS

A lo largo de los tiempos, los seres acuáticos han sido adorados como dioses, temidos como monstruos de las profundidades y cazados por su carne, piel, aceite, huesos, conchas y huevos. Su simbolismo está estrechamente ligado a su comportamiento y su aspecto, al impacto que han causado en la cultura humana y a su hábitat. Así, gran parte del simbolismo asociado a ellos está relacionado con el agua, en especial con los temas del nacimiento y la creación, y con la Luna. Los peces representan sabiduría espiritual, fertilidad y regeneración, y su libertad en el agua denota a menudo armonía y dicha conyugal.

► Carpa
En China y Japón se hacen cometas con forma de carpa, que simbolizan valor y resistencia, cualidades asociadas a este pez que nada contra la corriente de los ríos. También representa éxito académico y perspicacia comercial, y es símbolo de buena suerte y longevidad.

► Cangrejo
Se le asocia con Cáncer, su signo astrológico, y su hábitat marino lo convierte en un animal lunar. Además, su cambio de caparazón recuerda a la forma cambiante de la Luna, lo cual simboliza renovación. En China, su torpe andar lateral representa falta de honradez e inestabilidad.

▲ Bogavante
Los japoneses lo asocian con la longevidad y los sucesos felices, como el Año Nuevo; para los chinos es símbolo de riqueza y armonía marital, y es un plato típico en los banquetes nupciales. Como alimento, su elevado precio lo convierte en un símbolo de extravagancia.

► Hipocampo
Popular emblema entre los navegantes y en heráldica, el caballito de mar simboliza la gracia y la confianza, el poder del océano y la seguridad en los viajes. En la mitología griega, tiraban del carro de Poseidón.

▼ Ballena
Símbolo del útero y la regeneración, como refleja el relato de Jonás en el Antiguo Testamento, este gigante oceánico representa el poder del mar. En la tradición maorí se asimila a la abundancia.

▲ Tiburón
Símbolo de poder masculino, habilidad cazadora y ferocidad, es reverenciado en ciertas culturas de África y del Pacífico, donde aparece en las ceremonias de iniciación masculina y como tótem. En Oceanía es una popular figura ancestral, considerada creadora entre los aborígenes australianos.

▲ Delfín
A menudo se ha considerado como un psicopompo, un ser que escolta a las almas al inframundo, y se ha asociado con la salvación, la transformación y el amor. También tiene vínculos lunares y solares.

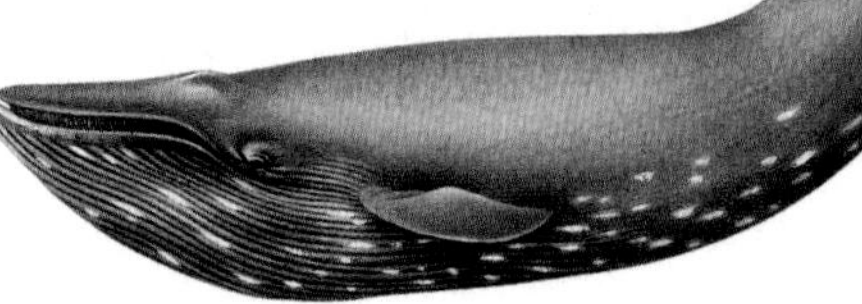

▶ **Foca**
Representa transformación: en diversos mitos griegos y nórdicos se transformaba en ninfa o nereida. En la tradición inuit es una figura ancestral y un mensajero divino.

◀ **Erizo de mar**
Símbolo de fuerza latente, se asocia con el huevo cósmico que representa la vida embrionaria y comparte aspectos simbólicos de las rocas. En las compilaciones medievales, su costumbre de anclarse a las rocas se veía como un aviso de tormenta.

▲ **Estrella de mar**
Símbolo celestial, también representa el amor divino. En el cristianismo se asocia con el Espíritu Santo. Su notable capacidad para regenerar sus extremidades la vincula con el renacimiento.

▲ **Anguila**
Vista comúnmente como símbolo fálico, los chinos la asocian con el amor carnal. En otros lugares representa a la persona poco fiable. En las culturas de Oceanía aparece como *trickster* y símbolo de fertilidad; además, asume el simbolismo de la serpiente en países que carecen de ellas, como Nueva Zelanda.

▲ **Salmón**
En la cultura celta, el salmón representaba sabiduría y conocimiento, y se asociaba con la fertilidad y la generosidad. Como tótem de los nativos de Norteamérica, es símbolo de renovación debido a su costumbre de volver desde el océano a su río natal para frezar y morir.

▼ **Pulpo**
Debido a su capacidad de transformación simboliza lo sobrenatural. Su habilidad para cambiar de color puede representar inconstancia. Algunos nativos americanos lo consideran un espíritu ayudante, y en la mitología hawaiana representa al dios creador, Kanaloa.

CONCHAS

Vinculadas al simbolismo acuático y lunar, las conchas se consideran femeninas; su forma cóncava evoca el útero y el nacimiento, y así se asocian a la creación. Varias deidades se han representado saliendo de una concha. En el cristianismo se vinculan al bautismo, en cuyo rito suelen usarse para verter el agua.

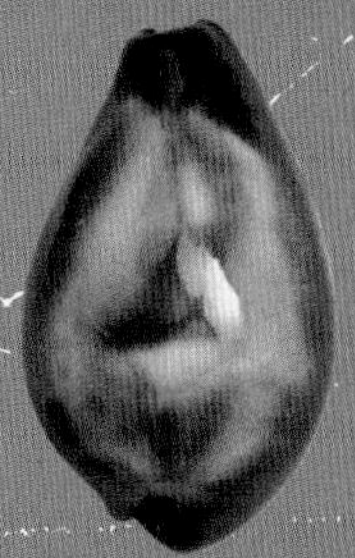

▲ **Cauri**
Símbolo de fertilidad asociado con la vulva y el acto sexual. Fue uno de los primeros símbolos de riqueza, y se usó como moneda y como instrumento de adivinación.

▲ **Carro de concha**
El carro de concha, que simboliza la travesía marina, está asociado a ciertos dioses del mar, como el griego Poseidón, aquí representado.

▶ **Caracola**
Su forma la asocia a la espiral lunar, a las aguas o al ascenso y el ocaso del sol. En el islamismo representa la oreja que escucha la palabra divina. Es uno de los ocho símbolos auspiciosos budistas.

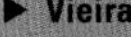

▶ **Vieira**
En el cristianismo, esta concha es la insignia de los peregrinos que acuden a Santiago de Compostela. En la Roma clásica estaba vinculada a la fertilidad y la pasión sexual.

Concha de vieira

VÉASE TAMBIÉN
Agua *pp. 32-33*
Deidades griegas y romanas *pp. 140-141*
Relatos de la creación *pp. 156-157*
Budismo *pp. 164-169*
Astrología occidental *pp. 200-201*
Emblemas heráldicos *pp. 318-323*

EL NACIMIENTO DE VENUS

Este icono del arte renacentista representa a la diosa Venus surgiendo del mar sobre una concha. Céfiro y Cloris la impulsan hacia la costa, donde Talo la cubre con un manto florido. Más allá de la mera representación del mito, Botticelli enriqueció el cuadro con numerosos detalles simbólicos.

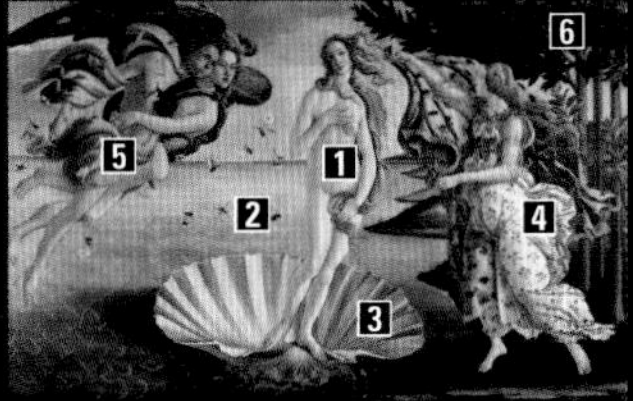

1. Venus
Tradicionalmente, era un símbolo de nacimiento y fertilidad, amor y deseo sexual. Aquí, la diosa desnuda es símbolo de amor, tanto carnal como espiritual. Hay quien compara su imagen con la de la Virgen María.

2. Rosas
Venus también era la diosa de las flores, y se asociaba en particular con la rosa de color rosado, que representa la sexualidad y el deseo humanos.

3. Concha de vieira
La vieira sobre la que se alza Venus era originalmente símbolo de los órganos sexuales femeninos, pero el cristianismo asumió el símbolo dotándolo de un significado diferente: la esperanza en la resurrección.

4. La ninfa
Las Horas eran las diosas de las estaciones; aquí, Talo, la primavera, simboliza fertilidad y nacimiento. Va adornada con flores primaverales y mirto, planta que simboliza la felicidad y se usaba a menudo en los ritos nupciales.

5. Los vientos
El dios del suave viento del oeste, Céfiro, y su amada, Cloris, simbolizan la pasión espiritual. Ambos ayudan a unir espíritu y materia.

6. Oro
Muy presente en el cuadro, acentúa su carácter de objeto precioso y remeda la naturaleza divina de Venus. El oro es, además, símbolo de perfección, calidez y amor.

El nacimiento de Venus, de Sandro Botticelli (1485)

BICHOS

Los insectos simbolizan todo lo pequeño e insignificante de nuestro mundo, pero el hecho es que, sin ellos, la vida humana se hallaría en peligro. Realizan una extraordinaria cantidad de funciones vitales para el ecosistema, como la aireación del suelo, la polinización, el control de plagas y la descomposición de la materia muerta. Estas funciones y sus diversas formas han inspirado una rica veta simbólica. Se han asociado con dioses, con espíritus y con el inframundo.

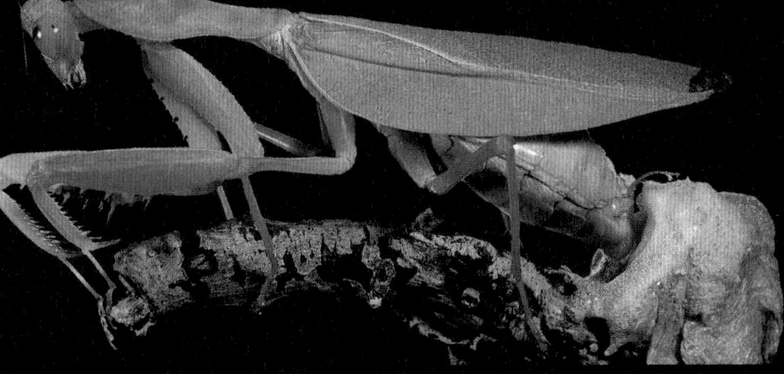

▶ Mantis religiosa
Considerada mágica y sagrada, o demoníaca y devoradora, atrae simbolismos ambivalentes. «Mantis» en griego significa «adivino», lo que asocia al insecto con los poderes místicos. En Japón es un popular emblema samurái de valor y astucia.

▲ Mosca
Es portadora de enfermedades, y simboliza la corrupción y el mal. El Baal Zabut (Belcebú) bíblico significa «Señor de las moscas» en hebreo. Entre los indios navajo, Dontso (Gran Mosca) es un espíritu mensajero vinculado a la curación.

▲ Libélula
En China, su vuelo veloz y errático representa inestabilidad, mientras que en Japón es símbolo de alegría y emblema imperial. Sus colores iridiscentes se asocian con la magia y la ilusión.

▲ Mariposa
El ciclo de su metamorfosis vincula a la mariposa con la transformación, la resurrección y el alma. También representa felicidad y belleza. En Japón es un símbolo de las geishas, pero dos mariposas juntas significan un matrimonio feliz.

▲ Polilla
Normalmente nocturnas, se asocian con la oscuridad. En Bosnia se creía que las brujas podían adoptar forma de polilla. Su costumbre de revolotear alrededor de la llama atrae simbolismos opuestos: el del alma que busca a Dios y el de la locura que se aboca a la perdición.

▲ Avispa
Desde Egipto hasta Polonia, ha sido considerada como maligna, símbolo inverso de la abeja, que tradicionalmente representa la bondad. En la tradición hindú es la más innoble de las criaturas vivientes.

◀ Escarabajo
Sagrado para los antiguos egipcios y asociado con Jepri, dios del Sol naciente, representa regeneración, inmortalidad y sabiduría divina.

▲ Mariquita
Su inmenso apetito por los insectos nocivos quizá explique por qué se convirtió en símbolo de buena suerte. También se ha asociado tradicionalmente a la fertilidad y la maternidad.

▲ Saltamontes
Su gran fertilidad lo convirtió en símbolo de abundancia en la Grecia clásica, donde la nobleza llevaba saltamontes de oro en el pelo. En Asia, su canto representa los cánticos de los monjes budistas, y en China es símbolo de buena suerte.

LA ABEJA

Popular símbolo de orden, diligencia, inmortalidad y colaboración, sus cualidades contribuyeron a su prolífico uso en el simbolismo cristiano; asimismo la miel, que representa dulzura, y la cera, usada para hacer velas, que se asocia a la luz. También se vincula a la realeza y a la divinidad.

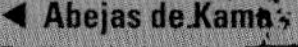

◄ Abejas de Kama El dios hindú del amor va acompañado de abejas melíferas, que simbolizan el dolor y la dulzura del amor. Kama es representado como un joven alado armado con arco y flechas, como Cupido, y montado sobre un loro; la cuerda de su arco es en realidad una fila de abejas.

◄ Colmena Símbolo importante en la masonería y en heráldica, indica laboriosidad y cooperación. En el cristianismo representa a la Iglesia, y en Grecia, donde las colmenas tradicionales tenían forma de tumba, puede significar inmortalidad. También se han identificado con una comunidad bien organizada.

▲ Reina La vida de la colmena gira en torno a la abeja reina, emblema de soberanía. Más recientemente, ha venido a representar a la mujer con mando. También simboliza a la Virgen María, a la madre suprema.

◄ Escudo de armas La abeja es un símbolo muy común en el cristianismo y representa, entre otras cosas, al siervo de Dios. El escudo del papa Urbano VIII (1623-1644) muestra tres abejas de oro, elegidas por su asociación con la lealtad y la diligencia.

► Langosta Su capacidad para destruir cultivos asocia a la langosta con la calamidad y la destrucción. En el Antiguo Testamento, Dios envió una plaga de langostas para castigar a Egipto. En los bestiarios medievales simbolizan tormento espiritual, indecisión y ruina.

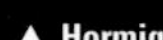

▲ Hormiga Su simbolismo refleja su ordenada y laboriosa conducta. En Mali representan fertilidad, y se suelen cavar pozos junto a los hormigueros, según la creencia de que las hormigas conocen la localización del agua.

▲ Termita Su simbolismo se entrelaza con el de la hormiga en cuanto a la fertilidad y la laboriosidad. En India, los termiteros, protegidos por *nagas* (serpientes divinas) y decorados con ofrendas, son un símbolo de la entrada al más allá.

▲ Araña Vista como la Gran Madre, la tejedora del destino, símbolo solar y depredador, tanto la araña como su tela son simbólicas. En Camerún representa diligencia y sabiduría. En China, una araña en su hebra es símbolo de buena suerte.

◄ Lombriz Símbolo de la Tierra, de muerte y disolución, a veces se ha usado en el arte para representar la mortalidad. Culturas como la irlandesa y la china vinculan la lombriz a los mitos de los ancestros y la creación.

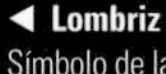

▲ Escorpión Como signo astrológico, Escorpión se asocia con Plutón, señor del inframundo. En general, su letal aguijón simboliza muerte y destrucción. Los cristianos lo asocian con la traición, y en muchos pueblos de África para nombrarlo se usa un eufemismo, en la creencia de que pronunciar su nombre puede invocar el mal. Los ashanti de África occidental llevan talismanes de escorpión como protección contra su picadura.

▲ Caracol En heráldica significa ponderación y firmeza, pero comúnmente se asocia con la lentitud. Símbolo lunar y femenino, su caparazón espiral representa el infinito y el laberinto, así como el útero.

VÉASE TAMBIÉN

El Sol *pp. 16-17*
Fertilidad y parto *pp. 120-123*
Astrología occidental *pp. 200-201*
Masonería *pp. 260-261*
Formas *pp. 284-289*
Emblemas heráldicos *pp. 318-323*

ANIMALES FABULOSOS

Vistos como símbolos de poder sobrenatural o de aspectos diversos de la psique humana, los animales imaginarios han desempeñado desde antiguo un papel importante en el folclore, la mitología y la imaginería religiosa. A veces actúan como mensajeros o maestros, o representan las oscuras e indómitas fuerzas naturales que deben ser doblegadas. Como tales, pueden ser combatidos por una figura heroica, como el caballero que mata al dragón: el bien triunfa sobre el mal, el orden sobre el caos. A menudo se asocian a deidades, a veces como su vehículo o montura. Los híbridos –mezcla de dos o más animales o animales semihumanos– reúnen varios símbolos para crear un nuevo significado.

▲ Fénix
Legendaria ave de fuego que resucita de las llamas, surgió como mito explicativo del ciclo de la salida y la puesta del sol; más tarde evolucionó para ser emblema de resurrección.

▲ Pájaro del trueno
Para los nativos norteamericanos es un poderoso dios pájaro que al batir sus alas crea el trueno y arroja relámpagos. Representa las imponentes fuerzas de la naturaleza, el cielo, la guerra y la transformación.

▲ Grifo
En parte águila y en parte león, es un símbolo frecuente en el mundo clásico, en el cristianismo medieval y en heráldica. Al principio fue emblema del Sol, la fuerza y la venganza, pero evolucionó para convertirse en símbolo de protección vigilante. En los jeroglíficos simboliza la retribución divina.

▲ Basilisco
Con cuerpo de reptil y alas, cresta y garras de gallo, el temible basilisco (o régulo) se convirtió en un símbolo cristiano del diablo; en la época medieval se asoció con la lujuria y la enfermedad.

▲ Simurgh
En parte ave y en parte mamífero, el gigantesco Simurgh es de origen persa. Guardián con poderes sanadores, simboliza la unión de Cielo y Tierra y la fertilidad.

◄ Kinnara y kinnari
Emblema familiar en Asia, el fabuloso kinnara surgió en India. Este híbrido de humano y ave es un músico celestial mitológico asociado con el amor eterno; su versión femenina, la kinnari (en la imagen), simboliza belleza, gracia y realización. En algunas tradiciones budistas representa cuatro de las encarnaciones animales de Buda.

◄ *Tengu*
Hombres de aspecto terrible, con garras, alas y cabeza de ave, los *tengus* japoneses son figuras mitológicas de origen sintoísta que se oponen al culto budista, que creen que deberían recibir ellos. Estos duendes sobrenaturales son *tricksters* asociados con las artes marciales; castigan la hipocresía y la arrogancia.

GARUDA Y NAGA

El pájaro Sol, Garuda, es la montura *(vahana)* del dios hindú Vishnú; las *naga* son serpientes mitológicas asociadas con las aguas vivificadoras y la fertilidad. Estas criaturas aparecen también en la mitología budista como deidades menores. En Occidente, Garuda representa el espíritu sin trabas, y las *naga*, las raíces de la Madre Tierra.

▲ Garuda
Hombre-águila en la mitología hindú y budista, es además el emblema nacional de Tailandia y el símbolo de su familia real. Esta versión se llama Krut Pha, esto es, «Garuda como vehículo (de Vishnú)».

◀ Naga
Las *naga* custodiaban tesoros. En India eran reverenciadas como espíritus de la naturaleza, protectoras de pozos, manantiales y ríos, y se asociaban a la lluvia y la fertilidad. En el budismo a menudo son una figura intercambiable con el dragón y la serpiente.

▲ Combate eterno
En el *Mahabarata*, poema épico hindú, Garuda es el azote de las *naga*. Debido a una apuesta, Garuda es obligado a cumplir los caprichos de las *naga*. En su eterno combate, estas criaturas simbolizan la oposición entre el Sol y el agua; triunfa Garuda, como el Sol evapora la humedad.

▶ Serpiente de dos cabezas
En la cultura mesoamericana, esta inmensa serpiente mitológica sostiene el Sol mientras viaja por el cielo. Así, el cetro con la serpiente bicéfala actúa como símbolo del Cielo y emblema de poder. Representa el control sobre la Tierra y el cosmos.

▲ Hidra
Este monstruo de nueve cabezas de la mitología griega es descrito como una serpiente. Si perdía una de sus cabezas, crecía otra en su lugar. Su capacidad de regeneración hizo que se asociara con la fertilidad.

◀ Gorgona
En la Grecia clásica, el emblema de la Gorgona se usaba para alejar el mal. Esta mujer monstruosa con retorcidas serpientes venenosas por cabellos se asociaba con el océano, con el inframundo y con Atenea en su destructivo aspecto solar.

▶ Makara
Dragón acuático de la mitología hindú, mezcla de reptil, pez y mamífero. Simboliza el signo astrológico de Capricornio (Makara en el calendario hindú). También se asocia con Kamadeva, dios del amor, con el agua, fuente de vida y fertilidad, y con Varuna, de quien es su *vahana* (montura).

VÉASE TAMBIÉN
Árboles sagrados *pp. 96-97*
Deidades griegas y romanas *pp. 140-141*
Budismo *pp. 164-169*
Astrología occidental *pp. 200-201*
Emblemas heráldicos *pp. 318-323*

▲ Qitou
El mítico Qitou chino es un guardián de tumbas y protector de los muertos. Es un espíritu de la Tierra con cuerpo de león, cara de ogro, orejas de elefante, alas y el lomo adornado con un penacho.

▲ Kirttimukha
Según el mito hindú, el Kirttimukha o «Rostro de Gloria» es un demonio que se devora a sí mismo cuando lo ordena Shiva; su imagen se ponía sobre las entradas de los templos como símbolo de devoción y protección.

▲ Chinthe
Representado a menudo en parejas para alejar el mal de las entradas de los templos, es un símbolo birmano favorable de poder omnisciente y protección. En parte león y en parte dragón, también se asocia con el signo astrológico de Leo.

▲ Quimera
Monstruo que vomitaba fuego, híbrido de macho cabrío, león y serpiente. La quimera de la mitología griega aparece aquí con las cabezas de los tres animales. Generalmente representa la furia elemental y el peligro; pero, como figura fantástica, también es símbolo de lo imaginario y lo inexistente.

▲ Esfinge
La esfinge egipcia es un león con cabeza humana que simboliza el poder del Sol y al faraón regente. Se usaba para proteger tumbas, palacios y caminos sagrados.

▲ Ku-lin
Figura guardiana conocida como el unicornio chino: es una criatura híbrida con un cuerpo escamoso, cascos y un cuerno en la cabeza. Símbolo yin-yang, representa fertilidad, bondad y pureza.

◄ Pegaso
El blanco caballo alado del mito griego simboliza la dualidad de la naturaleza humana: el instinto animal y la aspiración espiritual. El héroe Belerofonte mató a la monstruosa quimera montado sobre Pegaso, en una representación del triunfo de la luz sobre la oscuridad.

▲ Unicornio
El mágico y preciado unicornio blanco es un caballo mítico con un cuerno en la frente, y es símbolo de la pureza, el valor y el amor cortés; se creía que solo una virgen podía atraparlo. En el arte cristiano se asocia con la Virgen María y es atributo de santa Justina. Se pensaba que su cuerno era un antídoto contra los venenos.

SIRENAS

Nereidas, sirenas y tritones son criaturas marinas semihumanas, simbólicamente ambivalentes, estrechamente ligadas al agua, la Luna y la fertilidad. El agua es fuente de vida, pero también causa de muerte por ahogamiento, y encarna deseos inconscientes: de ahí los relatos de atracción hacia sus profundidades.

▶ Nereida
Esta ninfa, hermoso híbrido marino, es símbolo de seducción. Representa amor, esperanza, transformación, travesía segura y atracción, pero también pérdida del alma y traición. En la Iglesia medieval encarnaba los bajos deseos antinaturales que tientan al hombre, alejándole de la salvación.

▲ Tritón
Este dios, hijo de Poseidón, tenía el torso de un hombre y la cola de un pez. Se le suele representar sujetando o soplando un cuerno o una caracola, y controla el poder de las aguas.

◀ Sirenas
Peligrosas criaturas que atraían a los marinos hacia la muerte con sus encantadoras voces, liras y flautas. Representan la ilusión y el poder de seducción de los sentidos. Originalmente eran aves con cabeza de mujer, asociadas con la captura de almas; más tarde llegaron a ser identificadas con las nereidas.

▲ Sleipnir
El caballo de ocho patas Sleipnir («El resbaladizo») es la montura que transporta al dios nórdico Odín entre el mundo físico y el divino. Sus ocho patas simbolizan las direcciones de la brújula y su capacidad para moverse sobre el suelo y por el aire, así como la rueda solar de ocho radios.

▶ Capricornio
Las culturas antiguas equiparaban el cielo al océano, e idearon relatos sobre criaturas maravillosas que comprendían ambos elementos, aire y agua; de ahí el híbrido de cabra y pez, Capricornio, una constelación invernal asociada con el solsticio. También se vinculó al dios babilonio Ea-Oannes («Antílope de los Mares»).

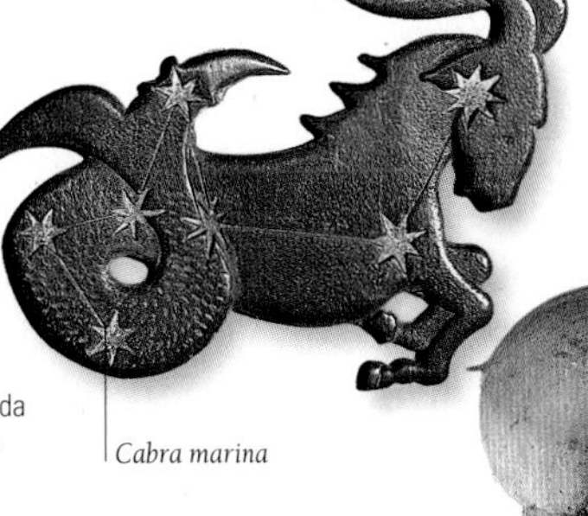

Cabra marina

Parte humano, parte caballo

▲ Centauro
En la mitología griega, los centauros tienen simbolismos contrapuestos; algunos, como Quirón, eran nobles y afables; otros eran salvajes, adúlteros y belicosos. Simbolizan la mezcla del instinto animal y el intelecto humano.

▲ Arpía
Estas terribles mujeres-pájaro con cuerpo de buitre, garras y cara horrenda se asociaban con la muerte, el hado y el castigo divino. A veces se han considerado como demonios que secuestran las almas de los muertos.

▶ Minotauro
Mitad toro, mitad hombre, el minotauro de la leyenda griega era hijo de la mítica reina cretense Pasífae y de un toro blanco. Prisionero en el laberinto de Minos, simboliza la brutalidad.

VÉASE TAMBIÉN

Mamíferos *pp. 52-55*
Deidades celtas y nórdicas *pp. 142-143*
Hinduismo *pp. 158-163*
Astrología occidental *pp. 200-201*

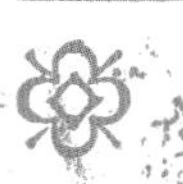

▶ Dragón chino con perla
El dragón chino se representa a menudo con una perla rodeada de llamas ramificadas (centro de la imagen). La perla y el dragón pueden representar el retumbar del trueno, la Luna como portadora de lluvia o la «perla de la perfección», vinculada con la filosofía taoísta. El dragón de cinco garras representa el poder del Sol y era emblema imperial.

DRAGONES

Fusión simbólica de serpiente y ave, el poderoso dragón es una compleja representación del poder imponente, y aparece en mitos y leyendas de todo el mundo.

El dragón, nombre que procede del griego *drakon* (serpiente), empezó siendo un símbolo benigno que representaba las aguas fertilizantes de la serpiente y el «soplo de vida» del ave; este último referente también lo asociaba con las deidades del Cielo y los soberanos. Más tarde adquirió un simbolismo ambivalente, como creador y como destructor.

▲ **San Jorge**
Su épica victoria contra el dragón que amenazaba a su pueblo y el rescate de la princesa representan los valores cristianos y el triunfo del bien sobre el mal.

CREADOR DESTRUCTIVO

La mitología presenta al dragón como creador y destructor, y lo asocia a temas épicos de caos cósmico, creación y renacimiento. En referencia a la naturaleza, el dragón simboliza la lluvia vivificante que sigue al trueno, así como las fuerzas destructivas del rayo y la inundación.

El mito dragontino más antiguo conocido habla del dragón sumerio Zu, que robó las Tablillas del Destino que aseguraban la armonía cósmica, y que fue aniquilado por el dios Sol Ninurta para evitar la oscuridad y el caos.

DRAGONES DE OCCIDENTE

El dragón medieval combina el simbolismo de los cuatro elementos, aire, agua, fuego y tierra; es descrito como un monstruo cornudo que escupe fuego, con cuerpo escamoso, alas, garras y una cola serpentina con púas. También se asoció con caballeros y guerreros. El mito del combate con el dragón simboliza la lucha entre el bien y el mal, el dominio sobre la naturaleza perversa del hombre, tema propio de la moral cristiana. El rescate de la doncella de las garras del dragón representa la liberación de las fuerzas puras tras la victoria sobre el mal. El dragón guardián de tesoros se vincula a la búsqueda del conocimiento interior.

◀ **Dragón galés**
El dragón rojo, emblema de Gales, procede de una leyenda que narraba la lucha entre este y el dragón blanco, que representaba a los invasores sajones.

DRAGONES ORIENTALES

En Oriente los dragones se consideran favorables, benévolos y sabios, son símbolos de poder espiritual y temporal, y se asocian con la sabiduría, el vigor y las fuerzas creadoras de la naturaleza. Son reverenciados en templos dedicados a ellos.

El dragón aparece bajo muchas formas, cada una con su propio simbolismo. Plasmado como el fénix, por ejemplo, representa la unión de Cielo y Tierra. Más importante aún, el celestial dragón de cinco garras, Lung, simboliza el Sol, poder celeste e imperial, fertilidad, alegría, conocimiento espiritual e inmortalidad. El dragón de cuatro garras representa el poder terrenal, y el de tres garras es símbolo de la lluvia.

Los chinos creían ser descendientes de dragones, y los nacidos en el año chino del Dragón gozan de una especial bendición, y se piensa que disfrutarán de salud, riqueza y larga vida.

▲ **Dragón vikingo**
El dragón de la proa de los barcos vikingos era un símbolo guardián y de buena fortuna que protegía la nave cuando de hallaba lejos del puerto.

VÉASE TAMBIÉN
Piedras preciosas *pp. 42-43*
Animales fabulosos *pp. 74-77*
Taoísmo y sintoísmo *pp. 170-171*
Horóscopo chino *pp. 204-205*
Emblemas heráldicos *pp. 318-323*
Banderas *pp. 324-329*

PLANTAS

Asociadas con la Madre Tierra y el ciclo de la vida, muchas plantas son atributos de deidades de la fertilidad, y su savia representa las aguas fecundantes y la maternidad. Algunas plantas se consideran ancestros míticos, y otras como procedentes de la sangre de un dios o figura heroica, en referencia a la muerte y la resurrección. Según el pensamiento antiguo plasmado en la «doctrina de las signaturas», las plantas que se parecen a partes del cuerpo pueden ser usadas para curar afecciones de esas mismas partes.

▲ Helecho
Símbolo de soledad, es una antigua figura heráldica asociada con la fecundidad y la lealtad. El helecho plateado *(ponga)*, emblema nacional de Nueva Zelanda, representa perseverancia; el *koru maorí*, la fronda del helecho, es símbolo de nueva vida, ideas y potencial.

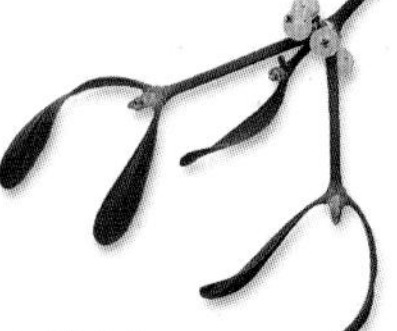

▲ Muérdago
Esta planta perenne simboliza la inmortalidad y el nuevo nacimiento del solsticio de invierno. Los druidas lo consideraban sagrado y lo asociaban con la protección, la fertilidad, el amor y la salud.

◄ Bambú
Vital en Oriente como material de construcción y fuente de alimento, el robusto pero maleable bambú ha tenido un papel fundamental en las filosofías zen y budista. Representa fertilidad, valor y modestia. En China, su esbeltez y flexibilidad simbolizan el camino hacia la iluminación.

▲ Caña
Debido a su hábitat se asocia con la purificación en la tradición céltica, que además creía que repelía a las brujas. Los egipcios la vincularon con la realeza y el Nilo. También se asocia con Pan, el dios músico griego.

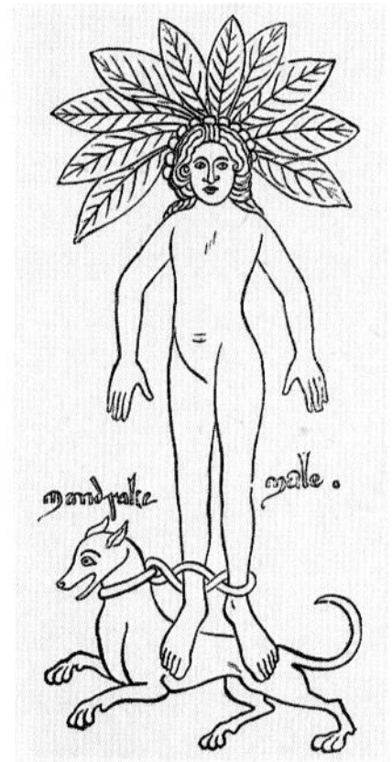

▲ Mandrágora
Está asociada con la magia; su raíz recuerda a la figura humana, y se decía que chillaba al ser arrancada. En hebreo significa «planta del amor». Algunas culturas creen que asegura la concepción.

▲ Trébol
El *shamrock* (trébol blanco) es el símbolo popular de Irlanda. Para los cristianos representa la Trinidad. Tradicionalmente se ha usado en la adivinación, en inciensos, en el tratamiento de problemas de la piel y como afrodisíaco.

▲ Trébol de cuatro hojas
Su rareza lo asoció con la buena suerte, y en el pasado se creía que quien lo encontraba era capaz de ver a las hadas. Sus cuatro hojas representan fe, esperanza, amor y suerte.

▲ Belladona
Es símbolo de falsedad, peligro y muerte, pues sus frutos tienen un aspecto tentador pero es muy venenosa. En la época medieval, las brujas usaban esta potente planta alucinógena, mezclada con acónito, como ungüento.

▲ Dedalera
Su nombre deriva de la forma de sus inflorescencias, similares a dedos, que se pensaba que eran guantes de hadas. Sus flores, parecidas a una garganta, se usaban para el tratamiento de afecciones de boca y garganta.

▲ Cardo
Emblema heráldico, es un símbolo cristiano del sufrimiento de Cristo y del pecado. También representa la austeridad y el carácter vengativo. Emblema de Escocia, se le asocia con la protección contra los enemigos.

▲ Acanto
De hojas similares a las del cardo, fue un motivo muy usado en la arquitectura y el diseño clásicos. Sus hojas simbolizan la sabiduría y las artes. Sus espinas y su vigor significan el triunfo sobre los obstáculos de la vida. También es un antiguo adorno funerario asociado a la inmortalidad.

▲ Hiedra
Asociada sobre todo con la inmortalidad, en el caso del dios egipcio Osiris, que portaba un báculo con hiedra, era emblema de virtud. En Esparta simbolizaba la fama y coronaba a los atletas. En la época victoriana se equiparó a la fidelidad. En otras tradiciones, su porte colgante indica dependencia.

► Tabaco
Los nativos americanos lo consideraban sagrado y lo fumaban ceremonialmente para comunicarse con los espíritus; se ha asociado con la paz. Los indios pueblo lo vincularon con la purificación.

► Cannabis
El cannabis o cáñamo se ha usado como afrodisíaco durante milenios. También está presente en los ritos religiosos sintoístas de Japón y en el rastafarismo, diversamente asociado con la pureza, la fertilidad y la santidad. En Occidente, sus hojas inconfundibles han venido a simbolizar la rebeldía juvenil.

▲ Acónito
Según la mitología griega, el acónito procede de la saliva de Cerbero, el perro tricéfalo. También se ha llamado matalobos, nombre que refleja su uso original como cebo envenenado para lobos; se usó para envenenar personas, y está asociado con la brujería.

▲ Mirto
Esta planta perenne representa la inmortalidad; se solían enterrar ramitas de mirto con los muertos para ayudar a sus almas en su viaje. Asociado con Venus, diosa del amor, significa fertilidad y armonía conyugal. En China simboliza éxito.

HONGOS

Su extraño aspecto y sus propiedades, ocasionalmente tóxicas o alucinógenas, han asociado a los hongos con la magia y, en el folclore europeo, con los hechizos de las hadas. Los arunta australianos creían que eran estrellas caídas, y en China se asocian con la inmortalidad.

ENOKI

AMANITA MUSCARIA

FALO HEDIONDO

▲ Espino
Asociado con la curación, la fertilidad, los casamientos, la protección, la castidad y las hadas, y asimismo con dioses como Flora, diosa romana de las flores, e Himeneo, dios griego del matrimonio; fue, por tanto, una flor nupcial muy popular.

VÉASE TAMBIÉN
Amor y matrimonio *pp. 126-127*
Deidades griegas y romanas *pp. 140-141*
Taoísmo y sintoísmo *pp. 170-171*
Cristianismo *pp. 176-179*
Brujas y *wicca pp. 192-193*
Emblemas heráldicos *pp. 318-323*

FLORES

En plena floración son símbolo de la naturaleza en su cénit. Reflejan todo lo que es pasivo y femenino, y se asocian con la belleza, la juventud y la primavera, así como con la perfección y la paz espirituales. Gran parte del simbolismo floral está ligado a su color, aroma y aspecto; en la época victoriana se desarrolló un «lenguaje de las flores» usado para enviar mensajes secretos. También se han usado con fines curativos y rituales desde tiempos antiguos.

◄ **Crisantemo**
En Occidente su floración tardía lo asocia con el otoño y en el arte significa decadencia y muerte, mientras que en Oriente, dado que florece en invierno, es un símbolo de longevidad, riqueza y felicidad. Sus pétalos radiales lo vinculan con el simbolismo solar y, en Japón, con la familia imperial.

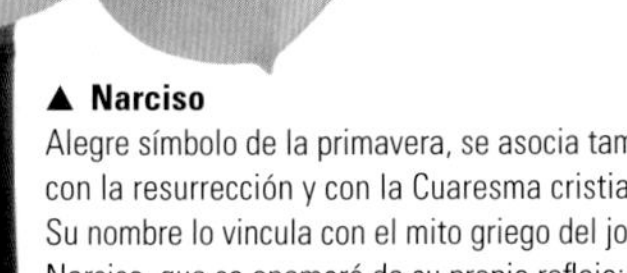

▲ **Narciso**
Alegre símbolo de la primavera, se asocia también con la resurrección y con la Cuaresma cristiana. Su nombre lo vincula con el mito griego del joven Narciso, que se enamoró de su propio reflejo; por ello vino además a representar la vanidad.

▲ **Azucena**
Asociada con la pureza y la paz, se vincula tanto a las diosas vírgenes como a la fertilidad. En China se creía que la azucena amarilla aliviaba las penas; entre los aborígenes australianos, la gigantesca *Gymea* simboliza la resistencia.

▲ **Tulipán**
Símbolo persa de amor perfecto, más tarde se asoció con Alá y se convirtió en emblema de los regentes otomanos. Muy propio de Países Bajos, es el símbolo de Ámsterdam, y de riqueza, belleza y primavera.

▲ **Jacinto**
Cuando su amado Jacinto murió accidentalmente por el golpe de un disco, el dios Apolo dio su nombre a la flor que creció de su sangre. Tal vez debido a esta leyenda es un símbolo cristiano de prudencia.

▲ **Prímula**
Su nombre procede del latín *prima* (primera), por lo temprano de su floración; representa el primer amor, la juventud y la pureza. Vinculada a Freya, diosa nórdica del amor, los celtas la consideraban flor de las hadas. Se usó en medicina tradicional.

▲ **Azafrán *(Crocus)***
Asociado tradicionalmente con la primavera, la alegría juvenil, la felicidad y la fertilidad. Se creía que las guirnaldas de *Crocus* evitaban la embriaguez. La variedad de color azafrán se usaba para el tinte de prendas.

▲ Orquídea
En Oriente se asocia con belleza, pasión y fecundidad. También simboliza la gracia femenina. En Occidente representa lujuria, belleza y refinamiento, y es símbolo de perfección. Se creía que las manchas de la flor representaban la sangre de Cristo.

▲ Campanilla de invierno
La prístina belleza de esta flor que anuncia la primavera la convierte en símbolo de belleza y esperanza. Dado su porte bajo, los victorianos la asociaban con los sepultados. También es un emblema de la Virgen María y de la Candelaria cristiana.

▲ Ciclamen
Debido al rojo profundo de su centro, se asociaba con la pasión, y su raíz se usaba en pócimas de amor. Sus manchas rojas simbolizaban el corazón sangrante de la Virgen María. También se asocia con la resignación y la despedida.

▲ Pasionaria
Los misioneros cristianos en el Nuevo Mundo la adoptaron como símbolo de la crucifixión: su corona, por ejemplo, representa la corona de espinas, y los tres estigmas superiores los clavos de la cruz. En Israel, su apariencia motivó el apodo de «flor reloj».

◀ Violeta
Por su forma de pegarse al suelo, casi oculta entre las hojas, esta flor es símbolo de timidez y modestia. En las pinturas de la adoración de Cristo, las violetas representan la castidad de María y la mansedumbre del Cristo niño. Durante la época medieval simbolizaban la constancia.

▲ Pensamiento
Esta violácea conocida también como trinitaria es asociada con la reflexión, el amor y los problemas del corazón. La tradición afirmaba que cualquiera que buscara asegurar el afecto de su amante debía portar un pensamiento.

▲ Madreselva
Sus zarcillos trepadores simbolizan el abrazo del amante, y se creía que su aroma invocaba sueños apasionados. Según la tradición, si se llevaba madreselva a una casa, se produciría una boda en ella en el plazo de un año.

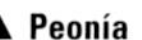

▲ Iris (lirio)
Representa la esperanza y el poder de la luz, y está vinculada a Iris, la diosa griega del arco iris. En China es señal de belleza y soledad; los tres pétalos de la *fleur de lys* francesa representan fe, sabiduría y valor.

▲ Peonía
Flor imperial de China, donde es la flor de la primavera, también se asocia con la belleza y la feminidad. Los japoneses la consideran símbolo de fertilidad y la vinculan con la dicha conyugal. Se usó ampliamente en la medicina tradicional.

VÉASE TAMBIÉN
Amor y matrimonio *pp. 126-127*
Muerte y duelo *pp. 128-131*
Deidades griegas y romanas *pp. 140-141*
Deidades célticas y nórdicas *pp. 142-143*

ROSAS

La compleja y fragante rosa es símbolo de perfección y pasión. Se asocia universalmente con el amor, terrenal y divino; atribuida a las diosas, significa fertilidad, virginidad o belleza. Desplegada desde un brote, representa el secreto y el misterio de la vida. En el cristianismo, con el que se asocian sobre todo las rojas y las blancas, su simbolismo es similar al del loto en Oriente. Sus espinas simbolizan la corona de espinas y el martirio de Cristo. Sus diferentes colores tienen significados diversos en distintos lugares.

▲ Rosa blanca
Es símbolo de pureza, agua, veneración, de la Luna y la Virgen María. En la tradición arquitectónica, las rosas en los techos denotan confidencialidad respecto a lo que se diga o haga bajo ellas, de ahí la expresión latina *sub rosa* (en secreto).

▲ Rosa amarilla
Está vinculada al Sol, lo que hace de ella símbolo de cálida amistad y alegría. Tradicionalmente se asociaba también con los celos y la extinción del amor. Hoy, es símbolo del estado de Texas. En el catolicismo, la rosa dorada es un emblema papal.

▲ Rosa roja
Atributo de Venus, diosa griega del amor, la rosa roja denota belleza, amor, pasión y consumación, y se asocia con el elemento fuego. En la tradición cristiana representa la sangre de los mártires y la resurrección. En el islamismo, la sangre del Profeta y de sus dos hijos.

▲ Rosetón
Las vidrieras de colores basadas en el diseño de la rosa están especialmente asociadas con la arquitectura gótica, y abundan en simbolismo, a menudo concerniente a la Virgen y el Niño. Este ejemplar está en la catedral de Chartres, en Francia.

▲ Rosa Tudor
La guerra de las Dos Rosas (1455-1485) es el nombre de una serie de guerras civiles por el trono inglés entre las casas reales de Lancaster y York. Cada una tenía su propio emblema: la rosa roja de Lancaster y la blanca de York. Ambas se fundieron en la rosa Tudor como símbolo de unidad después de las guerras.

▲ Nomeolvides
Según la leyenda europea, «no me olvides» fueron las últimas palabras de un joven que se ahogó mientras cogía estas flores azules para su amada. Son símbolo de recuerdo, amistad y fidelidad, así como de amor desesperado. Se asocian con varias instituciones benéficas.

◀ Ranúnculo
El dorado ranúnculo representa riqueza, y es emblema de Marte, originalmente un dios romano de la fertilidad. Su simplicidad y porte bajo simbolizan humildad y limpieza. En el pasado se creía que curaba la locura, se asociaba con la burla y la infancia, y se usaba en broma para adivinar la afición por la manteca.

▲ Margarita
También llamada chiribita o maya, es un símbolo perfecto de modestia y sencillez cuyo nombre procede de la palabra griega para «perla». También se asocia con la inocencia y el amor fiel. Tradicionalmente, la chicas decidían si su pretendiente era sincero deshojando una margarita y canturreando «me ama, no me ama» hasta que solo quedaba un pétalo.

▲ Girasol
Su enorme inflorescencia, siempre inclinada hacia el sol, representa adoración servil; para algunos, sin embargo, esa posición en cambio constante significa falta de formalidad. Pertenece al género *Helianthus*, que lo asocia con Helios, el dios Sol. Los chinos creen que está vinculado con la inmortalidad.

▲ Amapola
En Occidente, su color rojo sangre conmemora a los caídos en guerra, ya que crecía en los campos de batalla de la Primera Guerra Mundial. En China se asocia con los males del opio obtenido de sus semillas, mientras que en la Grecia clásica se vinculaba a los dioses del sueño Hipnos y Morfeo. También simboliza a la Gran Madre, la muerte del invierno y la fertilidad que la sigue.

▲ Lavanda
Usada desde la antigüedad para perfume, limpieza y curación, la fragante lavanda tiene muchas asociaciones simbólicas. Ha sido considerada amuleto, prueba de afecto y ayuda para el sueño. Se usaba en popurrí para alejar el mal, y también se asoció con el amor.

◄ Clavel
El clavel rosa simboliza maternidad, y el blanco amor puro. El rojo, al que se atribuían propiedades afrodisíacas, es un extendido símbolo de amor y fertilidad, asociado con el matrimonio. En las pinturas de la Virgen con el Niño representa el amor materno.

▲ Diente de león
Asociado con la curación y la adivinación, su plumosa infrutescencia se usaba tradicionalmente como oráculo amoroso; se decía que el té de diente de león aumentaba las capacidades físicas. Sus dorados pétalos radiados representan el Sol. En otros lugares simboliza amargura, debido al sabor de sus hojas.

▲ Caléndula
Emblema solar llamado en algunos sitios «hierba del sol», es símbolo de pasión y creatividad. En China se asocia con la longevidad, y en India con el dios Krishna. Los primeros cristianos hacían ofrendas de caléndulas.

▲ Anémona
Su nombre deriva de la palabra griega *anemos* (viento); la anémona escarlata o flor del viento representa lo efímero de la vida –ya que son flores de corta duración– y se asocia con el duelo.

VÉASE TAMBIÉN
El loto *pp. 86-87*
Muerte y duelo *pp. 128-131*
Hinduismo *pp. 158-163*
Cristianismo *pp. 176-179*

▲ Loto de los mil pétalos

En la cosmología budista, Buda es representado a menudo como la joya en el loto, sentado en un trono de flores de loto, pináculo de la perfección. Un loto de mil pétalos es un poderoso símbolo de iluminación espiritual, sobre todo en conjunción con Buda sentado en la posición del loto.

EL LOTO

▲ Una flor preciosa
El loto, que abre sus radiantes pétalos con el sol, dio origen a muchos mitos de la creación.

Antiguo símbolo de creación y fertilidad, es ampliamente reverenciado en India, Egipto, China y Japón. También simboliza la pureza, pues emerge inmaculado de las aguas turbias.

El largo y sinuoso tallo del loto simboliza el cordón umbilical que une al hombre con sus raíces; y el capullo de su flor, el potencial humano. Los radiantes pétalos del loto se abren al amanecer y se cierran de nuevo en el ocaso, lo que es visto como símbolo del Sol surgiendo del océano cósmico.

EL SOL Y LA CREACIÓN

El loto, uno de los más extendidos símbolos de la cultura india, representa el Sol y la creación, la pureza y la perfección; es frecuente en la arquitectura y la escultura. En el mito hindú de la creación, Brahma, el creador, surge del ombligo del gran dios Vishnú sobre un loto de mil pétalos, mientras este duerme en el océano lácteo y crea el universo de nuevo. El dios Sol, Surya, es descrito portando dos flores de loto abiertas, símbolo de iluminación.

La flor de loto que adorna los dinteles de las puertas de los templos concede buena fortuna a todo el que entra. Los pétalos en la base de las columnas indican que el templo se alza sobre una flor de loto abierta, representación de la Tierra y el océano cósmico.

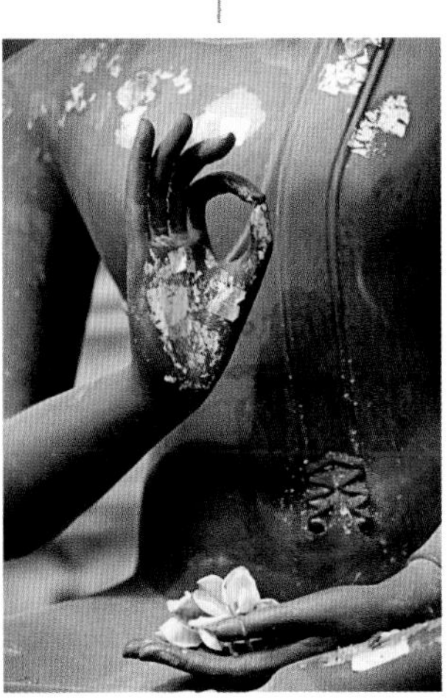

▲ El loto dorado
Un buda sostiene el símbolo de iluminación y pureza en su mano izquierda.

ILUMINACIÓN

El loto es central en la filosofía budista: las aguas cenagosas de las que surge representan ignorancia y la agotadora rueda de nacimiento y renacimiento (*samsara*), mientras que el tallo de la planta, alzándose sobre las aguas, simboliza la doctrina nuclear budista de que el hombre es capaz de elevarse por sí mismo sobre su innoble naturaleza. El brote, abriéndose en la superficie del agua, es considerado una imagen de pureza. Y la flor abierta representa iluminación.

El loto es además parte importante de la iconografía budista: las imágenes de Buda se sientan a menudo en un estilizado trono de loto en *padmasana*, o postura del loto (*padma* significa «loto» en sánscrito).

Padmapani, una deidad budista, sujeta un loto. El popular mantra *om mani padme hum* significa «la joya en el loto»; en el budismo esotérico esto se considera la unión del órgano sexual masculino (la joya) con el femenino (el loto), simbolizando el poder de la fuerza creadora.

◀ Capiteles egipcios
A menudo las columnas egipcias tienen capiteles labrados con la forma de yemas o flores de loto.

NACER Y RENACER

En el antiguo Egipto el loto, abriéndose y cerrándose con el movimiento del Sol, era símbolo de nacimiento y renacimiento. Se asociaba con el dios Nefertum y con el dios Sol Ra, descrito a veces como un niño o un joven dorado tendido sobre un loto. La asociación de agua y sol hacen de la flor una poderosa imagen. Según un mito egipcio de la creación, un loto gigante emergió de las aguas primigenias al principio del tiempo, y el mismo Sol se alzó de su centro en el primer amanecer.

El loto fue también emblema de la Iglesia cristiana primitiva, aunque luego fue reemplazado por el nenúfar. Según la leyenda budista, a los pies del recién nacido príncipe Siddhartha, el futuro Buda, florecieron lotos.

VÉASE TAMBIÉN
El Sol *pp. 16-17*
Plantas *pp. 80-81*
Flores *pp. 82-85*
Deidades egipcias *pp. 138-139*
Relatos de la creación *pp. 156-157*
Budismo *pp. 164-169*

HIERBAS Y ESPECIAS

El gusto y el aroma distintivos de hierbas y especias se ha asociado siempre al arte culinario, pero durante miles de años también se han usado en la curación y el ritual religioso. Muchas son fragantes, por lo que tienen connotaciones emocionales; otras se consideran sagradas. Han podido vincularse con la magia o el mal, pues muchas tienen el poder de causar daño o sanar. En el saber popular europeo, el simbolismo de las hierbas, como el de otras plantas, se relaciona con su aspecto.

◄ Albahaca
Desde Congo hasta la Inglaterra de los Tudor se ha considerado talismán contra el mal. En el mito griego era un antídoto contra el veneno del monstruoso basilisco. También se ha vinculado con el amor y la riqueza, y se empleó en ritos funerarios.

▲ Hinojo
Es una de las plantas cultivadas desde más antiguo, y simbolizó el valor. Los gladiadores comían sus semillas para aumentar su coraje, y los anglosajones lo usaban como talismán. También se asocia con la percepción, la purificación y la Virgen María, y se usa en medicina natural.

▲ Perejil
Según la tradición, sus largas raíces alcanzaban el infierno; así, representaba el mal. En la Grecia clásica, donde era símbolo de olvido y muerte, se convirtió en hierba funeraria. Sin embargo, en la tradición judía se usa como emblema de renovación en la Pésaj.

▲ Romero
Plantado a menudo en las tumbas como símbolo de inmortalidad, está asociado al recuerdo. En Europa era emblema de fidelidad, y en el pasado se incluía en los ramos de novia. Los estudiantes de la antigua Roma lo usaban para mejorar su concentración.

▲ Salvia
Muy apreciada por sus poderes curativos, su nombre deriva del latín *salvare* (salvar). Asociada con la inmortalidad, la protección y la sabiduría, fue símbolo de la Virgen María. Los nativos americanos quemaban salvia apiana en sus rituales de curación.

▲ Tomillo
Asociado con el valor, las damas inglesas del siglo XV bordaban tomillo en sus ofrendas a los caballeros. Los soldados romanos se bañaban en tomillo para aumentar su valor. También se vincula a la curación, la purificación, el sueño, el amor y los poderes psíquicos.

▲ Menta
Los árabes consideran afrodisíaca la menta verde, pero servida como té es símbolo tradicional de hospitalidad. En el mito griego, Hades transformó a la ninfa Minta en un arbusto de menta para salvarla de su celosa esposa. Se ha usado ritualmente como protección, en adivinación y en exorcismos.

▲ Jengibre
En Hawái el jengibre florecido se asocia con el *kahili*, emblema de realeza portado por sus caciques. Su raíz comestible es muy picante, ligada a la pasión y el éxito. Durante mucho tiempo fue objeto de comercio, y su alto valor lo asoció con la riqueza y el poder.

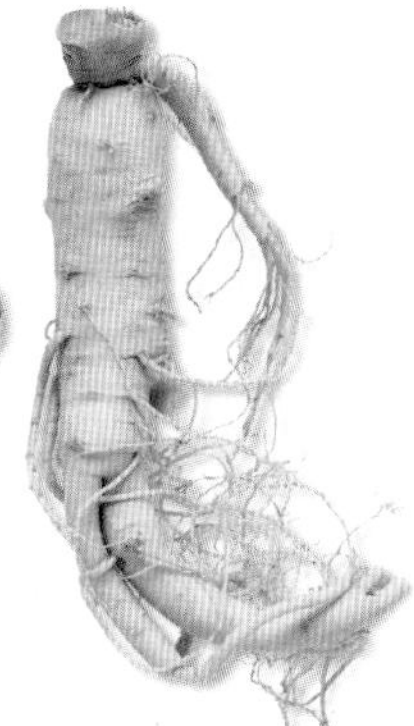

▲ Ginseng
En su búsqueda del elixir de la vida eterna, los chamanes experimentaron con el ginseng; de ahí su vínculo con la inmortalidad y la longevidad. Hierba yang, masculina, ligada a la virilidad, su nombre significa «hombre-raíz»; según la leyenda, el «niño ginseng» que vive dentro sirve a quien lo consume.

▲ Canela
Se decía que el fénix se prendía fuego a sí mismo en una pira que incluía canela: una leyenda que llevó a esta especia a convertirse en símbolo de renovación. Muy apreciada y costosa, ha sido usada como afrodisíaco. En China es un incienso purificador.

▲ Nuez moscada
Originaria de Indonesia, es muy cultivada hoy en la isla de Granada, en cuya bandera aparece. Ampliamente usada como afrodisíaco, se convirtió en símbolo de riqueza en Europa en los siglos XVIII-XIX, cuando quienes podían permitírselo la importaban para rallar en las comidas.

▲ Clavo
Símbolo de amor y protección, tradicionalmente el clavero se plantaba para conmemorar un nacimiento; también encarnaba al nacido, y si el árbol era derribado, anunciaba la muerte del niño. Especia codiciada y costosa, se convirtió también en símbolo de riqueza.

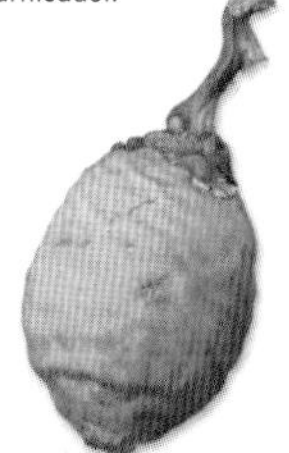

▲ Nuez de areca (betel)
Su efecto euforizante hace que masticarla sea costumbre en muchas culturas de Asia y el Pacífico. Asociada con la hospitalidad, la reciprocidad y la fertilidad, la nuez es femenina y las hojas masculinas. Los vietnamitas la ven como símbolo de amor y matrimonio.

◀ Mirra
Usada como incienso en ritos religiosos, simboliza el ascenso de la oración al Cielo. También se asocia con la pureza y la dulzura. En el antiguo Egipto se usaba en la momificación, y se vinculó a la muerte. Su nombre en árabe significa «amargo», y vino a simbolizar sufrimiento, arrepentimiento y la Pasión de Cristo.

▲ Ajo
La antigua superstición sobre el poder protector del ajo contra los vampiros persiste aún hoy. Los griegos hacían ofrendas de ajo a Hécate, diosa del inframundo, en los cruces de caminos, y lo asociaban con la fuerza. En China es amuleto de buena suerte, y se vincula a la fertilidad.

▶ Azafrán
Obtenido a partir de los estigmas secos de *Crocus sativus*, su color se asocia con el Sol. Se usaba para teñir las túnicas de los monjes budistas, y por ello es símbolo de humildad. También se vincula con el amor y la magia.

VÉASE TAMBIÉN
Plantas *pp. 80-81*
Flores *pp. 82-85*
Amor y matrimonio *pp. 126-127*
Deidades griegas y romanas *pp. 140-141*
Judaísmo *pp. 172-173*
Amuletos *pp. 194-195*

▲ Símbolo psicológico
En el cuento de los hermanos Grimm *Los dos hermanos*, el bosque representa las tenebrosas sombras de los miedos interiores que deben ser encarados y resueltos. De esta forma desaparece el miedo, lo que conduce finalmente a la iluminación simbólica del descubrimiento de uno mismo.

EL BOSQUE

Considerado a la vez lugar temible y retiro espiritual, el sombrío bosque ha atraído desde siempre simbolismos mezclados, y tiene una importancia psicológica y espiritual de hondas raíces en muchas culturas.

Los bosques han fascinado siempre la psique humana. Se alzan vastos y misteriosos, llenos de vida oculta; barreras entre lo conocido y lo desconocido –simbólicamente oscuras, misteriosas y femeninas– asociadas con la germinación y el útero, la iniciación y lo sobrenatural.

PARAJE ESPIRITUAL

Los bosques, donde se colgaban ofrendas en los árboles, estuvieron entre los primeros lugares del mundo natural asociados con espíritus y deidades. En muchas culturas se cree que los árboles albergan espíritus o almas; en Australia, los warlpiri creen que las almas se reúnen en los árboles y la presencia de muchos, posiblemente malignos, que dejan filtrar poca luz simboliza lo desconocido y la muerte.

Los troncos han sido comparados con las columnas de templos e iglesias, y el dosel del bosque con la imponente arquitectura interior de las catedrales; de hecho muchos lugares de culto se construyeron sobre arboledas sagradas, como la catedral de Chartres, en Francia.

En el cristianismo, el bosque es «naturaleza indómita» que se asocia con el paganismo y símbolo de humanidad perdida en la oscuridad espiritual. En Asia, sin embargo, es lugar de desarrollo espiritual y meditación; en la tradición hinduista, un habitante del bosque es quien se ha retirado a una vida de contemplación.

▲ **Símbolo moderno**
El bosque tropical es hoy la «frontera final» simbólica de la naturaleza salvaje que afronta la aniquilación por el hombre.

PARAJE DE PELIGRO

En el bosque se confunden la vista y el sonido, lo real y lo irreal, la luz y la oscuridad. El dosel elimina la luz, haciendo al bosque simbólicamente opuesto al poder del Sol: de ahí el miedo y la frialdad. Plagado de posibles animales peligrosos, representa además la naturaleza indomable.

Los cuentos de hadas europeos como *Hansel y Gretel* están llenos de simbolismo forestal y conectan con el antiguo miedo occidental al bosque como reino de peligro donde es fácil perderse.

UMBRAL

El bosque es el lugar donde se afrontan simbólicamente los miedos y aflora una comprensión auténtica del yo. Esta idea resuena en la psicología jungiana, en la que el bosque es un símbolo umbral para el miedo inconsciente que oscurece la razón. Sirve además como metáfora de la superación de la inexperiencia y entrada en la madurez: un terreno de pruebas o lugar de iniciación.

Hoy, la deforestación global aporta un nuevo campo de pruebas y un nuevo umbral simbólico: el bosque tropical se ha convertido en símbolo moderno de la naturaleza amenazada.

◄ **Bosques espirituales**
En el arte chino y japonés es habitual la representación de pinares; se creía que eran hogar de espíritus. El pino sagrado representa la inmortalidad.

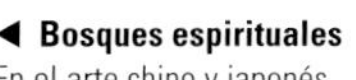

VÉASE TAMBIÉN
Los árboles *pp. 94-95*
Espíritus de la naturaleza *pp. 148-149*
Hinduismo *pp. 158-163*
Cristianismo *pp. 176-179*
Cuentos de hadas *pp. 272-273*

RADHA Y KRISHNA

El dios hindú Krishna en un bosquecillo junto a su *gopi* (pastora) favorita, Radha, es un motivo frecuente en las pinturas cortesanas indias de los siglos XVI a XIX.

Los artistas indios usaban símbolos poéticos para cargar a sus sujetos de ardor romántico. Las flores nunca eran simplemente flores, ni las nubes solo nubes; todo contenía un simbolismo más profundo.

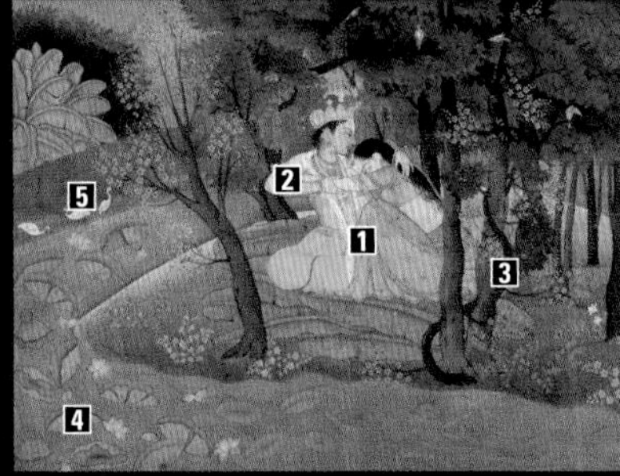

1. Radha
Su pasión por Krishna simboliza el intenso anhelo y la disposición del alma por la unión última con Dios. Su abrazo representa el *shiva* y la *shakti*; los aspectos masculino y femenino en cada uno de nosotros, anhelantes de reunirse el uno con el otro.

2. Krishna
Símbolo del estadista capaz, Krishna es un guerrero, un gran filósofo y un maestro. Aquí aparece como un hermoso joven, símbolo de amor, devoción y alegría.

3. Planta trepadora
La trepadora florecida que abraza un tronco sugiere pasión e idilio, y reproduce simbólicamente el abrazo de Radha y Krishna.

4. Lotos
La flor de loto representa belleza y desapego. Crece desde las aguas cenagosas sin ensuciarse. Esto simboliza la creencia hinduista de que uno debe vivir en el mundo sin apego por lo que le rodea.

5. Garzas
Hay varias garzas blancas en el río, símbolos de vigilancia, longevidad y felicidad.

LOS ÁRBOLES

Fuentes de subsistencia, refugio, material de construcción y leña, se han asociado con fertilidad, longevidad y fuerza. Representan vida en movimiento, muerte y nuevo crecimiento, y vinculan simbólicamente Cielo, Tierra e inframundo. Muchos son sagrados y se asocian con deidades o espíritus concretos, mientras que los frutales, como la datilera, se ligan a menudo al árbol de la vida. Los perennes denotan inmortalidad; los caducos, renacimiento; otros sirven como punto focal para la comunidad.

▲ **Roble**
Representa fuerza masculina y valor. Para los druidas era un árbol sagrado ligado a la adivinación; reverenciado por los celtas, se asoció a diversos dioses del trueno, el cielo y la fertilidad. Para los judíos representa la Presencia Divina.

▲ **Haya**
Muy apreciada en Siberia, simboliza estabilidad, prosperidad y adivinación. En la mitología céltica, Fagus (su nombre de género) era el dios de las hayas. Emblema de Dinamarca, también representa la resistencia.

▲ **Sauce**
En Occidente, el sauce llorón simboliza duelo y se asocia con el diablo. En Oriente representa la primavera y la gracia femenina; los ainu de Japón creían que la columna vertebral de los primeros hombres era de sauce; por eso se encorva al envejecer.

▲ **Tilo**
Símbolo de felicidad y belleza en Europa, representa también la amistad. Atributo de la diosa Freya y tradicionalmente considerado a prueba de rayos, se convirtió en «guardián» simbólico de las aldeas.

▲ **Laurel**
En África del Norte se cree que repele el mal, mientras que en la tradición grecorromana representa victoria, paz, purificación y adivinación. También es atributo del dios Apolo y símbolo de eternidad.

▲ **Acebo**
Símbolo de esperanza y alegría asociado con la diosa germana Holda; sus bayas representan la sangre de la diosa, vertida para concederle la inmortalidad. Fue consagrado al dios Saturno, y a veces se consideró un árbol cristiano de la cruz.

▲ **Tejo**
Emblema de inmortalidad que crecía en las arboledas célticas, algunas de las cuales serían ocupadas luego por iglesias cristianas. Los celtas creían que tenía poderes mágicos, y lo usaron para hacer sus bastones y arcos.

▲ **Pino**
Simboliza la fuerza de carácter y la virilidad. Árbol perenne, se vincula también a la inmortalidad y se asoció al dios romano Baco. El pino blanco es el árbol de la paz para los nativos iroqueses.

▲ **Árbol de Navidad**
Como perenne, este árbol (suele ser un abeto) representa el solsticio de invierno. La costumbre de adornarlo se remonta a la Alemania del siglo XVI. Las luces simbolizan las estrellas, el Sol y la Luna iluminando el árbol de la vida.

▲ **Ciprés**
En Occidente es símbolo de muerte y duelo; asociado con los dioses del inframundo, se creía que preservaba los cuerpos; de ahí su uso en los cementerios. En Oriente, el ciprés fálico representa resistencia e inmortalidad.

▲ **Baniano**
Sagrado para los hindúes, simboliza la eternidad debido a su vasto dosel, y sus raíces aéreas representan el mundo espiritual. En la mitología filipina, los banianos albergan espíritus maliciosos y demonios; también aparece en el escudo de Indonesia, donde simboliza la unidad nacional.

▲ **Baobab**
Su majestuoso tamaño, longevidad y resistencia hacen de él un reverenciado árbol de la vida en la cultura africana. Es símbolo de resistencia, conservación y creatividad. A menudo son lugares de reunión de las aldeas.

▲ **Ginkgo**
Descrito por Darwin como un «fósil viviente», es usado en la medicina china para aumentar la longevidad. Simboliza esperanza y amor. Su hoja es un emblema popular en Japón; tradicionalmente, era un símbolo samurái de lealtad.

▲ **Tamarisco**
Reverenciado como árbol de la vida en los desiertos de Oriente Próximo, exuda una dulce resina que pudo ser el «maná» bíblico: un símbolo judío de gracia divina. Estaba consagrado al dios egipcio Osiris.

▲ **Acacia**
En el simbolismo judeocristiano representa la inmortalidad, y con su madera sagrada (*shitta* en hebreo) se construyó el arca de la alianza. En otros lugares, sus flores rojas y blancas indican vida y muerte. Varias partes del árbol se usan para hacer incienso.

▲ **Palmera**
Árbol de la vida en las culturas árabe y egipcia, es un emblema solar ligado a la fertilidad y la victoria. En la tradición griega y romana sus hojas se usaban para aclamar a los vencedores en combate o en competiciones, símbolo que evolucionó en el cristianismo al de victoria sobre la muerte.

▲ **Olivo**
Símbolo antiguo de paz, gloria e inmortalidad, es sagrado en las simbologías clásica y judeocristiana: sus hojas coronaban a los atletas triunfantes, y la rama llevada por la paloma a Noé tras el Diluvio significaba la paz.

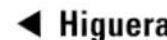

◀ **Higuera**
Fuente de alimento desde épocas remotas, era considerada árbol de la vida en zonas de Asia, Oceanía y Egipto. Es símbolo de fecundidad, prosperidad y paz. En el budismo representa instrucción moral. Sus hojas se asocian con los genitales masculinos.

▲ **Morera**
Los chinos creían que este árbol de la vida tenía el poder de alejar el mal; también asociaban la morera con la devoción filial y la laboriosidad. Su conexión con la seda (los gusanos se alimentan de sus hojas) denota riqueza y sensualidad.

▲ **Ciruelo**
En la cultura japonesa sus flores simbolizan felicidad y buena suerte. También representan primavera, valor y virtud para vencer las dificultades, y fue emblema de samuráis. En China significa virginidad, belleza y longevidad.

▲ **Cerezo**
Emblema nacional en China y Japón, la flor del cerezo simboliza la efímera dulzura de la juventud que, como la flor, se pierde con rapidez. Su hábito de florecer antes de echar hojas indica la desnudez del hombre al llegar al mundo.

▲ **Almendro**
Era el árbol del Cielo para los persas, y representaba gracia divina, verdad oculta y virginidad. En la cultura china simboliza la belleza femenina y la elasticidad. Al ser la primera flor que «despierta» del año, también se asocia con la vigilancia.

▲ **Melocotonero**
Es uno de los tres frutos santos del budismo, y símbolo sumamente favorable en las culturas china y japonesa. Significa alegría, inmortalidad y encanto femenino. Se creía que su madera repelía a los demonios, y sus flores caídas representaban la feminidad y a las prostitutas.

VÉASE TAMBIÉN
Árboles sagrados *pp. 96-97*
Budismo *pp. 164-169*
Cristianismo *pp. 176-179*

▲ Yggdrasil
El árbol de la vida en la mitología nórdica era Yggdrasil, un gigantesco fresno que unía los reinos de los dioses, los hombres y el inframundo; de sus raíces brotaba una fuente a partir de la cual fluían los ríos.

▲ **Árbol Bodhi**
Higuera sagrada bajo la que Buda obtuvo Iluminación, el Bodhi o Bo es asociado con la sabiduría y la conciencia plena.

ÁRBOLES SAGRADOS

Los árboles han sido vistos siempre como poderosos símbolos de vida, muerte y renovación, y algunos como sagrados. Se asociaban con la fertilidad, el conocimiento, la protección y la creación.

Los árboles han sido reverenciados desde tiempos antiguos. Nutricios y protectores, representan a la Gran Madre. Permanecen como monumentos naturales al ciclo eterno de la vida, la muerte y el tiempo mismo, cuyo paso marcan los anillos de su tronco. Arraigados al suelo pero alzados hasta el cielo, vinculan Cielo, Tierra y aguas fertilizantes como símbolos del universo y la creación.

ÁRBOLES CÓSMICOS

El árbol cósmico o árbol mundo aparece en la mitología de muchas culturas como dinámica fuerza vital. Suele ser un árbol especialmente importante en la región, que sirve como eje de conexión entre inframundo, Tierra y Cielo. En muchas culturas, crece en el Paraíso o en la cima de una montaña sagrada. Sus ramas superiores pueden contener aves, representación de mensajeros divinos, mientras que una serpiente enroscada en su base suele significar energía creativa, extraída de la Tierra. El árbol cósmico puede simbolizar los medios por los cuales los humanos pueden vencer su naturaleza inferior y ascender hacia la iluminación espiritual. A menudo se vincula con mitos sobre el origen humano.

▲ **Árbol de la vida egipcio**
El sicómoro, uno de los árboles sagrados egipcios, fue árbol de la vida. En el umbral entre la vida y la muerte, creció sobre un montículo sagrado que simbolizaba el inicio de la creación.

◄ **Árbol del conocimiento**
El Árbol de la Ciencia del bien y del mal bíblico representa dualidad y separación entre lo humano y lo divino. La serpiente es tentación, y el fruto representa el conocimiento prohibido.

VIDA Y CONOCIMIENTO

El árbol de la vida del Paraíso representa la inmortalidad y el principio y fin de un ciclo, y es otro aspecto del árbol cósmico. Con sus raíces en el húmedo inframundo, su tronco en el mundo mortal y sus hojas tocando los cielos, simboliza crecimiento, muerte y regeneración, y por tanto inmortalidad. Aunque la forma del árbol sugiere asociaciones fálicas, masculinas, también se asocia con la Madre Tierra y los ritos de fertilidad, pues a menudo es portador de frutos. El árbol de la vida es conocido en muchas culturas antiguas, como las de Sumeria, India, China y Japón. El Árbol de la Ciencia de la tradición judeocristiana es dualista, combinación del bien y el mal, y representa el estado paradisíaco del que el hombre puede caer. Los árboles emparejados o de tronco hendido también representan dualidad.

MISTICISMO Y MEDITACIÓN

El árbol invertido es un árbol cósmico cuyas raíces reciben sustento espiritual del Cielo, que se expande a través de sus ramas hasta la Tierra. Es un símbolo cabalístico judío, vinculado a menudo con el misticismo. En la cábala, el árbol sefirótico invertido puede mostrarse como diez esferas, símbolos de las etapas de la revelación. Para los budistas hay un árbol concreto con importancia religiosa: se creía que el árbol Bodhi era descendiente de la higuera sagrada bajo la cual Buda halló la Iluminación mientras meditaba, hace 2500 años. El enclave del árbol original y de otros que crecieron de sus brotes se consideran lugares sagrados.

VÉASE TAMBIÉN
Los árboles *pp. 94-95*
Relatos de la creación *pp. 156-157*
Budismo *pp. 164-169*
La cábala *pp. 174-175*

FRUTOS DE LA TIERRA

Símbolos de fertilidad e inmortalidad, la fruta es un glorioso producto que contiene la semilla de la próxima generación. Se la asocia con el árbol de la vida, que proporciona alimento a los dioses. También se vinculó al Árbol de la Ciencia del bien y del mal judeocristiano como emblema de la caída del hombre. El olor y el gusto de la fruta, repleta de semillas y derramando su jugo, está ligado a la sensualidad. Muchas son también atributos de los dioses y tienen significado religioso.

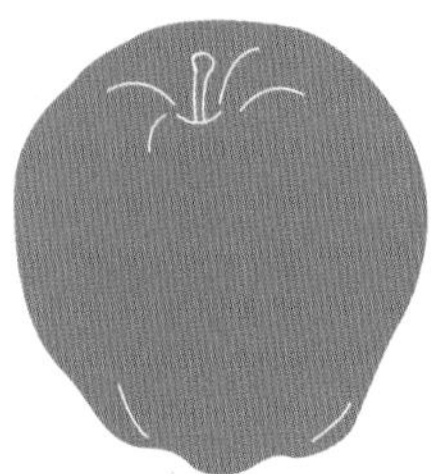

▲ **Manzana**
En Europa simboliza amor, fertilidad, juventud e inmortalidad; su forma circular indica eternidad. Ha sido ampliamente asociada con el Árbol de la Ciencia. Para los celtas era símbolo del más allá y la fertilidad. En China denota paz. En la Biblia, es el fruto prohibido comido por Eva y simboliza tentación y pecado.

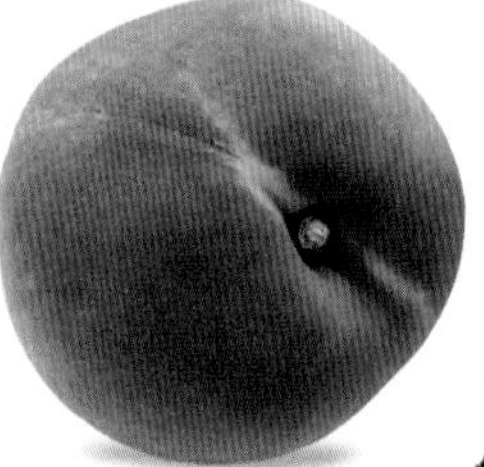

▲ **Melocotón**
En China y Japón se asocia con la inmortalidad, y su flor con la primavera. Taoístas y europeos lo vinculan con la virginidad, y fue consagrado al dios griego del matrimonio, Himeneo. En el arte occidental, cuando se muestra con la Virgen y el Niño, simboliza la salvación.

▲ **Limón**
Su sabor ácido lo vincula con la amargura y la decepción. Sin embargo, en la tradición hebrea simboliza el corazón.

▲ **Naranja**
La aparición simultánea de flores y frutos asocia la naranja con la virginidad y la fertilidad, y sus fragantes flores aparecen tradicionalmente en las bodas. Los chinos comen naranjas el segundo día del Año Nuevo para atraer la buena suerte; también la vinculan con la inmortalidad.

▲ **Pera**
Su túrgida sensualidad vincula la pera al amor y al simbolismo materno; la diosa Atenea era madre de los perales en la antigua Grecia. Los chinos asociaban este árbol con la longevidad, y los cristianos lo ven como un emblema del amor de Cristo por la humanidad.

▲ **Higo**
Es símbolo casi universal de fertilidad. Tradicionalmente, la higuera representa al árbol de la vida y simboliza tanto lo masculino (la hoja) como lo femenino (el fruto). En la tradición hebrea el higo representa paz y prosperidad. Los kokoto de Chad lo asocian con la maternidad.

▶ **Piña**
En las Antillas era un símbolo dual de disuasión y hospitalidad; en Estados Unidos es conocido como emblema de hospitalidad.

▲ **Melón**
Representa fertilidad, dulzura, humedad y vitalidad. Su sensual abundancia lo vincula también con la lujuria y la gula, y su rápido crecimiento significa poder creativo. En China se asociaba tradicionalmente con la fertilidad, y sus semillas podían verse a veces en las bodas. En el norte de Europa, su escasez sugirió riqueza en el pasado.

▲ **Calabaza**
Ha sido usada como cantimplora, máscara ritual, instrumento musical e incluso como funda para el pene. Aparece en mitos de creación y fertilidad de muchas culturas; los maoríes la usan en los rituales del parto. En otros lugares se vincula a la sanación y lo sobrenatural.

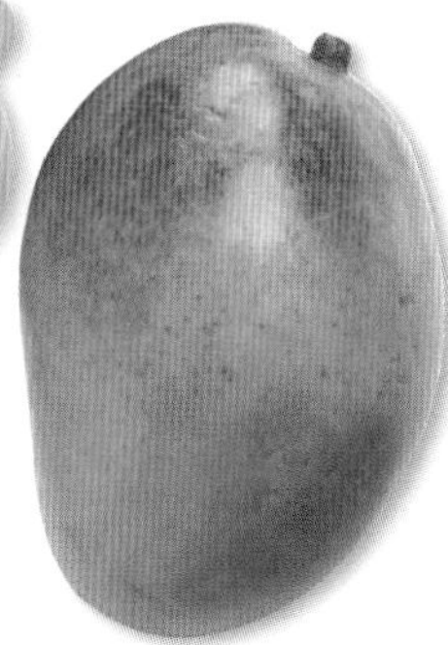

▲ **Mango**
Descrito a veces como la comida de los dioses, es un símbolo hindú de amor y fertilidad. Sus hojas significan vida, y se usan para invocar la buena fortuna. El estampado de cachemir es un motivo de mangos copiado de los chales de Cachemira del siglo xv.

▲ **Granada**
Esta fruta, mostrada aquí en un mosaico romano, está repleta de brillantes semillas. Es un emblema solar que representa fertilidad (el útero) e impulso vital. En China este tema evolucionó para significar la bendición de muchos niños virtuosos. En el mito griego se asocia con el rejuvenecimiento.

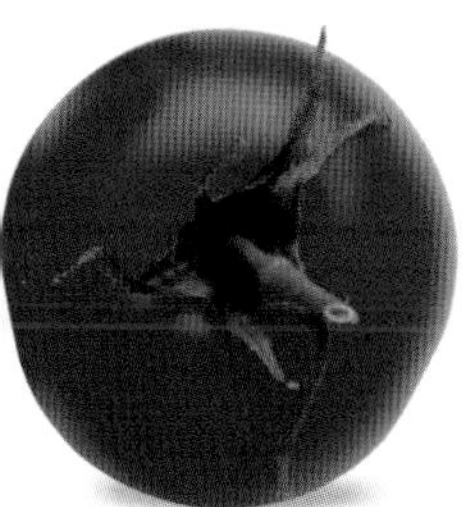

▲ **Tomate**
Conocido como «manzana del amor», cuando se introdujo en Europa fue considerado afrodisíaco, quizás por la gran cantidad de semillas que contiene. La Iglesia no tardó en vincularlo con el diablo.

▲ **Caqui**
Perteneciente al género *Diospyros*, que significa «fruta de los dioses», en China es símbolo de alegría. Usado en la medicina tradicional, se creía que regulaba el *chi*, o energía. En Japón representaba la victoria.

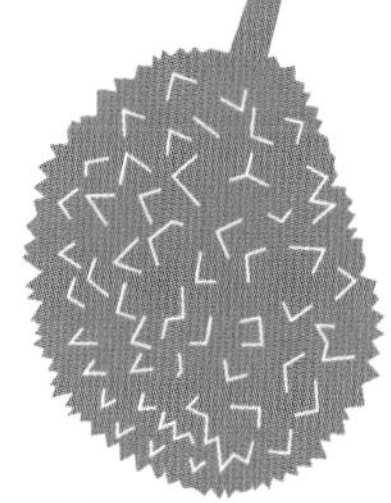

▲ **Durián**
Se dice que tiene el sabor del Cielo y el hedor del Infierno; simboliza lo desagradable que obstruye el camino hacia la verdad y la belleza interiores. Los malayos lo consideran afrodisíaco, mientras que en Hong Kong es reflejo de estatus por su alto precio.

▲ **Dátil**
La palmera datilera es un árbol de la vida árabe que también representa resistencia, pues proporciona comida en el duro hábitat desértico. Su fruto simbolizaba fertilidad en el antiguo Egipto y en Oriente Próximo, y su distintiva fronda era un antiguo emblema de las tribus de Judea.

◀ **Almendra**
Su asociación con la pureza procede del mito frigio del nacimiento de virgen del dios Atis; en China representa la belleza femenina. En las bodas se entrega un número impar de almendras para que den suerte. También es símbolo bíblico de vejez anticipada.

▲ **Uva**
Su asociación con el vino vincula las uvas con el dios romano Baco y con sus temas relacionados de disfrute, placer y fertilidad. En la tradición cristiana el vino simboliza la sangre de Cristo. Las uvas también se asocian tradicionalmente con la cosecha de otoño y con los dioses agrícolas.

VÉASE TAMBIÉN
Los árboles *pp. 94-95*
Árboles sagrados *pp. 96-97*
Amor y matrimonio pp. *126-127*
Deidades griegas y romanas *pp. 140-141*

ALIMENTOS DE LA TIERRA

Desde el inicio de la agricultura, los cultivos básicos han sido símbolos de fertilidad y renovación. Los cereales, que maduran y secan antes de reaparecer mágicamente en primavera, se convirtieron en poderoso símbolo de resurrección. Ciertos «alimentos de la tierra» se asocian con la abundancia; otros, como la miel, eran la comida de los dioses. Muchos representan hospitalidad o tienen una especial importancia religiosa.

▲ Trigo
En el antiguo Egipto se asociaba con la inmortalidad. En otros lugares está vinculado al verano, la fertilidad y a una cosecha abundante.

▲ Arroz
Cereal principal en toda Asia, el arroz es símbolo de abundancia y de inmortalidad, alimento espiritual, pureza y conocimiento. La costumbre de lanzar arroz en las bodas surgió en India, y representa fecundidad y felicidad. En Japón se creía que alejaba el mal.

◄ Maíz
Cultivo históricamente vital en América, donde se consideraba símbolo de vida, comparte gran parte del simbolismo de otros cereales, y se asocia en general con la fertilidad y la plenitud. Desempeña un papel central en muchos mitos de la creación y tuvo uso ritual.

▲ Sagú
En Nueva Guinea, donde es cultivo principal, simboliza vida. Entre los asmat de Papúa, la planta representa el cuerpo humano; su fruto es la cabeza.

▲ Ñame
Algunas culturas comparan su tubérculo en tres partes con el cuerpo humano. Es importante en África, el Pacífico y Nueva Guinea, y existen gran cantidad de rituales relacionados con su cultivo y cosecha. También se asocia con la virilidad, la sensualidad y el estatus.

◄ Pan
Representa comida para cuerpo y alma, y unidad. En la Pésaj judía el pan ácimo (sin levadura) significa humildad y sacrificio. La fracción del pan se asocia con la acción de compartir, y con la comunión en la Eucaristía cristiana, donde simboliza el cuerpo de Cristo.

▲ **Puerro**
Este emblema galés se asocia con la victoria; los galeses llevaron un puerro en el casco para distinguirse de los sajones en una batalla que ganaron. Su nombre en hebreo *(karti)* es similar a «destruir»: se come en Año Nuevo *(Rosh Hashanah)* para «destruir» a los enemigos.

▲ **Cebolla**
Sus anillos concéntricos se asocian con la eternidad. Pelar sus capas significa revelación. En el antiguo Egipto era una ofrenda funeraria que simbolizaba inmortalidad, mientras que en la Europa medieval se usaba como pago por alquiler.

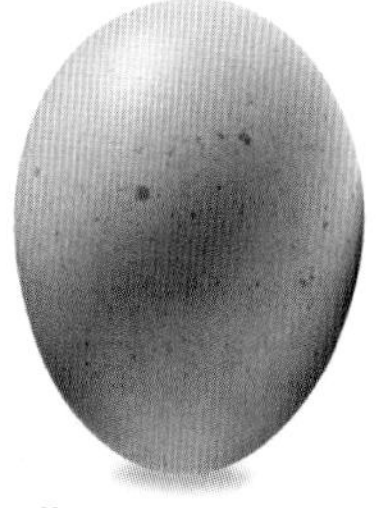

▲ **Huevo**
Símbolo universal de fertilidad y del potencial de la vida, el huevo cósmico es central en muchos mitos de la creación. En el budismo, atravesar el «cascarón de la ignorancia» significa alcanzar la iluminación. En el cristianismo simboliza resurrección.

▲ **Leche**
Símbolo de maternidad, es un alimento vivo asociado con la fertilidad, la abundancia y la nutrición espiritual. Faraones y héroes accedían a la esfera divina mamando del pecho de una diosa. En las ceremonias de iniciación indica renacimiento.

▶ **Miel**
La dorada miel representa inmortalidad, y era alimento de los dioses. Asociada con la fertilidad, se consideraba afrodisíaca. En el cristianismo simboliza la dulzura de la palabra divina; combinada con aceite, los chinos la equiparan con la falsa amistad.

▲ **Chocolate**
Considerado afrodisíaco, simboliza sensualidad y decadencia. Era sagrado entre mayas y aztecas, y las bebidas de chocolate tenían un papel importante en los rituales mayas de compromiso y matrimonio. Los aztecas usaban semillas de cacao como moneda, y su bebida estaba reservada a la élite; esta imagen de prestigio aún perdura.

▲ **Café**
Cuenta la leyenda que fue descubierto por los pastores etíopes que observaron cómo sus cabras se excitaban tras comer bayas de café. A medida que su popularidad se extendía y proliferaban las cafeterías, pasó a simbolizar sociabilidad y hospitalidad.

◀ **Sal**
Artículo de lujo en el pasado, en la antigua Roma se pagaba con sal a los soldados. Su asociación con la conservación de la comida llevó a un simbolismo de pureza e incorruptibilidad espiritual. En el cristianismo representa sabiduría divina. En la tradición, arrojar sal por encima del hombro izquierdo aleja la mala suerte.

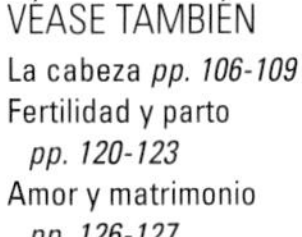

▶ **Té**
Símbolo de familia, hospitalidad y armonía, tiene gran importancia ritual en Oriente. En China se obsequiaba a los diplomáticos con la parafernalia propia de la preparación del té en señal de acuerdo pacífico; en Japón, la ceremonia del té es un arte de influencia zen que significa disciplina, respeto y tranquilidad.

VÉASE TAMBIÉN
La cabeza *pp. 106-109*
Fertilidad y parto *pp. 120-123*
Amor y matrimonio *pp. 126-127*
Relatos de la creación *pp. 156-157*
Judaísmo *pp. 172-173*
Cristianismo *pp. 176-179*

VIDA
HUMANA

Nos distinguimos de los animales por la capacidad de razonar, inventar y crear, como manifiestan nuestros mitos, símbolos y signos. Los filósofos han debatido durante milenios sobre el lugar del hombre en el cosmos, sobre temas fundamentales como el nacimiento, la vida y la muerte. Para ordenar y dar significado a nuestras vidas hemos construido rituales y simbolismos diversos que acompañan hitos de la vida como el nacimiento, la pubertad, el matrimonio y la muerte.

En la antigüedad el cuerpo humano era visto a menudo como un microcosmos; los chinos creían que un cuerpo sano representaba el equilibrio perfecto de yin y yang, y muchas religiones lo atribuían al poder divino; de ahí que los dioses aparecieran bajo forma humana. Cada parte del cuerpo tiene su propio simbolismo, inspirado por su función o su forma. La cabeza puede representar la fuerza vital, el asiento de la razón y la espiritualidad; su importancia se refleja en que a menudo nos referimos a las personas con autoridad como «cabeza», o en el hecho de que la realeza es coronada. El ojo es omnividente y «ventana del alma», mientras que la nariz suele considerarse fálica y el cabello es signo de fuerza. Simbólicamente, lo masculino se asocia al fuego y es fálico; lo femenino se relaciona con el agua y es receptivo. Juntos forman un todo y, como el Sol y las aguas, simbolizan creatividad.

Las primeras sociedades observaron un paralelismo entre el ciclo vital humano, en particular el de la mujer, y el ritmo cambiante de las estaciones. Dioses y símbolos estaban estrechamente ligados a la fertilidad del suelo y a los patrones estacionales de crecimiento, muerte y regeneración. Una dorada gavilla de trigo, por ejemplo, simboliza fertilidad y abundancia. Muchas culturas enfatizan el principio masculino

LAS PRIMERAS SOCIEDADES ESTABLECIERON PARALELISMOS ENTRE EL CICLO VITAL HUMANO, EN PARTICULAR EL DE LA MUJER, Y EL RITMO DE LAS ESTACIONES

en la fertilidad y veneran el falo, representado en columnas, obeliscos y palos de mayo, como símbolo de fertilidad masculina. Sin embargo, en las primeras comunidades agrícolas se valoraba ante todo el principio femenino, encarnado por una diosa madre, fuente de toda vida.

Deidades y símbolos del nacimiento y la fertilidad ayudaron a estimular la concepción, a facilitar el doloroso parto o a asegurar la salud del niño; la concha de cauri, con su forma de vulva, es uno de esos talismanes simbólicos. También se desarrollaron diversos rituales sociales y religiosos, como la imposición de nombre al niño o las ceremonias de iniciación y matrimonio. Estos rituales no solo marcaban importantes transiciones, sino que además servían para regular y unificar la sociedad.

Cada cultura afronta la muerte de forma distinta, y ello se refleja en las formas de inhumación, luto y rememoración del muerto. Se suele prestar una gran atención a la seguridad del tránsito del difunto al más allá, y existen numerosos mitos sobre la vida después de la muerte. Algunos ultramundos son lugares de gozo; otros, de incertidumbre o terror. A menudo son vistos como recompensa o castigo por la conducta del individuo en la vida terrena.

Los rituales de muerte y duelo están cargados de simbolismo, desde la ubicación de la tumba hasta el color del luto. Se han desarrollado abundantes símbolos para referirse a la muerte, como la Señora de la Guadaña o la fruta podrida, que sirven como recordatorio de la brevedad de la vida en la Tierra.

LA CABEZA

En muchas culturas la cabeza se considera la parte más importante del cuerpo, pues contiene el cerebro, símbolo de la fuerza vital interior. La cabeza es la sede de la razón, la sabiduría, el intelecto y la espiritualidad. Su importancia como símbolo de vida es tal que inclinamos la cabeza en señal de respeto, coronamos las cabezas de los reyes y los vencedores, y nos referimos a las personas con autoridad como «cabeza».

CABEZAS MÚLTIPLES

La mitología está llena de criaturas –ya sean hombres, espíritus o dioses– con varias cabezas, cada una de las cuales representa un aspecto de su poseedor. Hécate fue representada por primera vez como deidad tricéfala en el siglo v a. C.; sus cabezas eran reemplazadas a veces por las de un perro, un caballo y una serpiente. Los seres con múltiples cabezas, como Brahma, son más comunes en Oriente, especialmente en el hinduismo y el budismo.

▼ Shivá
Representado normalmente con una sola cabeza, aquí presenta tres: la del centro es la del propio Shivá; la de la derecha representa a su consorte, Parvati, y la de la izquierda a Bhairava, fiero avatar de Shivá.

▲ Hécate
Los griegos erigían estatuas de Hécate en los cruces de caminos para invocar su protección en el viaje. Sus tres cabezas simbolizan su capacidad para ver en todas direcciones simultáneamente.

◀ Jano
Como dios romano de los comienzos y los finales, se representa con dos caras que pueden mirar en direcciones opuestas al mismo tiempo, así como al pasado y al futuro. Estas dos cabezas protegían las puertas.

▲ Brahma
En el arte hindú suele presentar cuatro cabezas, las cuales se considera que representan varios aspectos del hinduismo, como los cuatro Vedas (textos sagrados del hinduismo), los cuatro *varnas* (del sistema de castas) y los cuatro *yugas* (divisiones del tiempo).

LAS OREJAS

Simbólicamente, la forma de la oreja se asocia con la espiral y con la concha, símbolo de nacimiento vinculado a la vulva; ello explica el mito hindú del nacimiento de Karma, que nació de la oreja de su madre. También se vincula al aliento vital: en el simbolismo egipcio, la oreja derecha recibe el «soplo de vida» y la izquierda el «soplo de muerte». En África son símbolo de la naturaleza sexual, mientras que en el budismo y el jainismo las orejas grandes se asocian con la sabiduría.

▶ Sátiro
Los caprinos sátiros, cortejo de Dioniso, se representan con orejas puntiagudas. El macho cabrío representa la sexualidad masculina, y esas orejas destacan el espíritu salvaje e incontrolable del sátiro, así como su inclinación a los placeres sensuales.

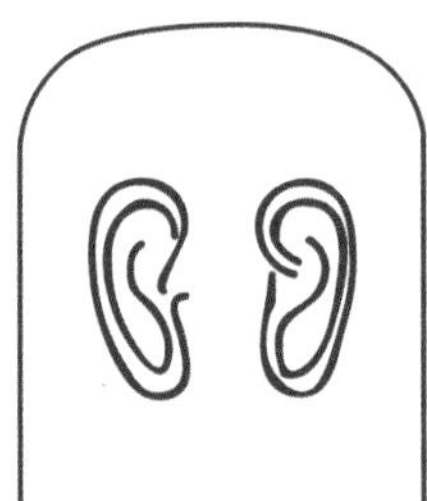

▲ Estela con orejas
En el arte funerario egipcio las orejas ayudaban a los dioses a escuchar las plegarias. Eran un motivo relativamente común, en especial en ciertas estelas dedicadas a los dioses para agradecer su atención.

▲ Orejas de Buda
Sus lóbulos alargados son símbolo de sabiduría, y recuerdan además que una vez fue un príncipe que portó pesados pendientes: tiempo después de dejarlas, sus lóbulos constituían la señal de sus antiguas posesiones materiales.

LOS OJOS

Símbolo de los dioses, en especial de los solares, como seres omnividentes, los ojos evocan percepción e iluminación espiritual. Dos ojos suelen corresponder al Sol y la Luna; un tercer ojo puede simbolizar el fuego. Aunque puede ser destructor, en Egipto se usaba como talismán protector y en el budismo simboliza sabiduría. En ciertos lugares se cree en el mal de ojo, la maldición con la mirada. Las representaciones artísticas han omitido a menudo los ojos por miedo a su poder.

▲ **Ojo de la Providencia**
En el cristianismo representa la omnisciencia y la omnipresencia de Dios. Al final del Renacimiento fue reproducido a menudo dentro de un triángulo que simboliza la Santísima Trinidad.

▲ **Ojo derecho de Horus**
Parecido a un ojo de halcón, se suele decir que este símbolo, el *udjat*, representa el ojo derecho del dios halcón egipcio, Horus, y como tal está asociado con el Sol.

▲ **Ojo izquierdo de Horus**
Imagen especular del anterior, representa la Luna; juntos, los dos ojos simbolizan el universo. El Ojo de Horus es un símbolo sagrado presente en casi todas las obras del arte egipcio.

▲ **Osiris**
El jeroglífico egipcio para el dios Osiris es un ojo sobre un trono, lo que significa «el lugar del ojo». Según el mito, el ojo fue un regalo de Horus a Osiris para ayudarle a gobernar el inframundo.

▲ **Iluminación**
En el hinduismo y el budismo, el tercer ojo u Ojo de la Sabiduría, ubicado sobre el sexto chakra *(ajna)*, entre las cejas de la deidad, significa iluminación.

▲ **Cíclopes**
En la mitología griega, los cíclopes eran una raza de gigantes brutales con un solo ojo en el centro de la frente, rasgo que se ha considerado como una señal de condición infrahumana y de conciencia reducida.

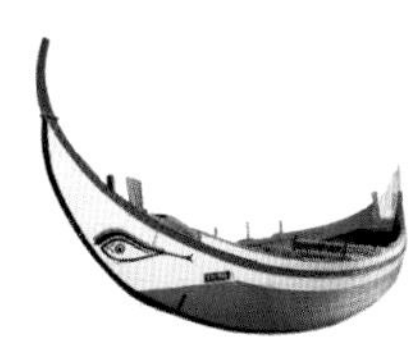

▲ **Proa de bote**
El mal de ojo es una de las supersticiones más extendidas, y para protegerse contra él se usan talismanes con forma de ojo. En el Mediterráneo, a veces se pintaban ojos en la proa de los botes para alejar los maleficios.

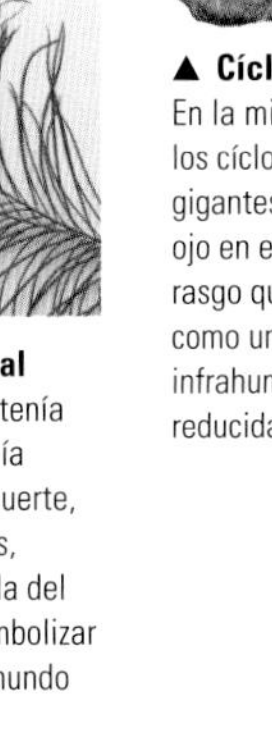

▲ **Plumas de pavo real**
El gigante griego Argos tenía cien ojos, y siempre había alguno vigilante. A su muerte, Hera, reina de los dioses, colocó sus ojos en la cola del pavo real, que vino a simbolizar la preocupación por el mundo exterior.

◀ **Retratos etíopes**
El arte etíope se distingue del de muchos otros pueblos africanos por los grandes ojos de sus figuras humanas, detalle significativo que enfatiza los ojos como ventanas del alma.

LA NARIZ

Considerada como símbolo de agudeza, representa discernimiento y percepción. También es símbolo de fisgoneo o entrometimiento. Como órgano del olfato, es muy valorada por los grupos de cazadores-recolectores, que coleccionan los hocicos de los animales que matan. Por su extendido simbolismo fálico, los hombres prefieren las narices grandes, mientras que las mujeres prefieren las pequeñas, signo de feminidad y conciencia sexual.

▲ **Tengu**
En Japón, los monjes que buscan la fama y hacen un mal uso de los textos budistas se convierten en *tengu* al morir, demonios de la montaña con largas narices, aspecto y nombre que se aplica también a la persona soberbia.

▲ **Pinocho**
En la novela italiana *Pinocho*, de Carlo Collodi, la nariz de este muñeco crecía cada vez que mentía. Hoy, para sugerir que alguien está mintiendo se hace un gesto con la mano estirando la nariz.

◀ **Nariz alzada o arrugada**
En Europa, una nariz alzada o arrugada transmite arrogancia o disgusto, como en la expresión «arrugar la nariz». En japonés, *hanataka* («nariz alta») significa arrogancia.

VÉASE TAMBIÉN
Deidades egipcias *pp. 138-139*
Deidades griegas y romanas *pp. 140-141*
Hinduismo *pp. 158-163*
Budismo *pp. 164-169*
Amuletos *pp. 194-195*
Escritura pictográfica *pp. 300-305*

EL CABELLO

Símbolo desde antiguo de fuerza interior y poder que perdura aun después de la muerte, el pelo cortado puede significar rendición o sacrificio. El pelo radiante desde la cabeza simboliza los rayos del sol; también se asocia con la Tierra, cuyo «cabello» es la hierba. En las sociedades agrícolas se comparaba el crecimiento del pelo con el de los cultivos, por lo que cuidaban sus cabellos para asegurar cosechas abundantes.

▲ **Zeus**
Varios héroes de la antigua Grecia tenían largos cabellos, y los soldados los dejaban crecer para el combate como signo de aristocracia. Aquí, los frondosos mechones de Zeus simbolizan poder divino y virilidad.

▲ **Shivá**
Mostrado a menudo con una abundante maraña de pelo que recuerda a una corona, Shivá no cortó nunca su cabello, pues constituía una fuente mágica de poder y energía. Su cabello suele adornarse con una media luna.

▲ **Sansón y Dalila**
En el Antiguo Testamento, la abundante cabellera de Sansón, famoso por sus gestas y su extraordinaria fuerza, simboliza poder y virilidad. Su nombre significa «como el Sol», y el cabello largo era símbolo del poder solar. Dalila le traicionó cortándole el pelo, lo que le dejó débil y vulnerable.

▲ **María Magdalena**
En el arte medieval solía mostrarse a la Magdalena con una larga cabellera suelta rubia o roja. Este rasgo solía considerarse como un signo de indecencia sexual entre las mujeres de la época, o bien como una señal de penitencia.

▲ **Moño budista**
El Buda suele representarse con un *ushnisha*, una protuberancia sobre la cabeza que indica conocimiento espiritual. Esto puede derivar del moño portado por Buda antes de dejar su vida principesca.

▲ **Dioses egipcios**
El jeroglífico egipcio para representar a un dios es una figura barbada, pues la barba era un atributo de la divinidad. Los reyes egipcios, llevaran barba o no, aparecían con ella en sus imágenes oficiales.

LA LENGUA

Como órgano del habla, la lengua puede destruir o crear. A menudo se asocia a una llama debido a su rápido movimiento y a su color rojo. En el antiguo Egipto era la manifestación visible de la palabra hablada, a través de la cual el dios Ptah creó el universo. En muchas culturas se usaba la imagen de una cara con la lengua saliente para alejar a los espíritus dañinos.

▲ **Dios egipcio Bes**
Dios menor del antiguo Egipto representado como un enano de gran cabeza y lengua saliente, Bes era un protector del hogar que combatía el mal. Se asoció con los alumbramientos porque se creía que rechazaba a los espíritus nocivos durante el parto.

▲ **Grito de guerra maorí**
Antes del combate, los maoríes de Nueva Zelanda realizaban una danza *haka* para invocar a Tumatauenga, dios de la guerra, y advertir al enemigo de su destino. La danza incluía fieras expresiones faciales, como sacar exageradamente la lengua como símbolo de agresión y desafío.

▲ **Diosa Kali**
Las estatuas de Kali, diosa hindú de la destrucción, suelen ser aterradoras por su enloquecida mirada y su lengua proyectada a modo de llama. Su expresión facial muestra la magnitud de su poder destructor, y su lengua llameante simboliza la burla de la ignorancia humana.

◀ **Gorgona**
La imagen más ampliamente usada en la antigua Grecia para alejar el mal era el *Gorgoneion*, la cabeza de la Gorgona. Esta temible imagen de ojos saltones, serpientes por cabellos y lengua saliente se ponía sobre puertas, muros y tumbas como protección contra el mal.

LOS DIENTES

Usados para desgarrar comida y masticar, los dientes simbolizan fuerza animal y agresión. Los que sobresalen son típicos en las deidades budistas bajo su aspecto colérico. Pero su simbolismo varía de un lugar a otro. En algunas culturas, los dientes limados son un signo de belleza presente en ritos de paso a la edad adulta; en otras, los dientes largos son símbolo de ambición.

◀ **Cadmo**
En la antigua Grecia los dientes eran símbolo de fertilidad. Los fieros guerreros llamados *spartoi* («hombres sembrados») crecieron del suelo donde Cadmo plantó los dientes de un dragón, y allí se fundó la ciudad de Tebas.

▲ **Deidad colérica**
Deidades shivaístas y budistas como Kali y Yama muestran a menudo dientes protuberantes en su aspecto colérico. Los dientes prominentes y afilados denotan poder y fuerza, y se ven en estatuas de deidades protectoras. Los dientes como colmillos son una característica de los demonios asiáticos.

▲ **Falta de dientes**
La ausencia de dientes es un signo de juventud perdida, así como de merma de la capacidad de luchar y defenderse; también indica frustración y debilidad, mientras que una dentadura sana denota vigor y confianza. La palabra «desdentado» se ha convertido en sinónimo de todo lo carente de fuerza.

▲ **Drácula**
Los colmillos simbolizan a los vampiros. Abundantes en el folclore, el más famoso es el conde Drácula de Bram Stoker, que perforaba con los colmillos la carne de su víctima antes de chupar su sangre. Hay un simbolismo sexual implícito en los dientes afilados penetrando en la carne humana.

LA BOCA

Es el canal por el que hablamos, comemos y respiramos. Se considera un símbolo de fuerza creativa. Pero nuestra capacidad para razonar y expresar el pensamiento puede ser socavada por lo que decimos. Las palabras pueden llevarnos a un mundo más elevado o a uno inferior, envilecido. Así, la boca se ha representado como los labios de un ángel o como las fauces de un monstruo.

◀ **Boca del Infierno**
En el arte cristiano medieval, la entrada del Infierno se representaba como la feroz boca abierta del Leviatán, inmenso monstruo reptiliano. En este Juicio Final, los demonios arrastran a los indignos del Cielo a la boca del Infierno, en cuyo interior les aguarda el tormento eterno.

LOS LABIOS

Los labios plenos y enrojecidos de una mujer se consideran atractivos porque sugieren la hinchazón de sus genitales, porque se asocian a la abundancia de estrógenos y, por tanto, a la fertilidad. El lápiz de labios subraya estas asociaciones y resalta su sensualidad.

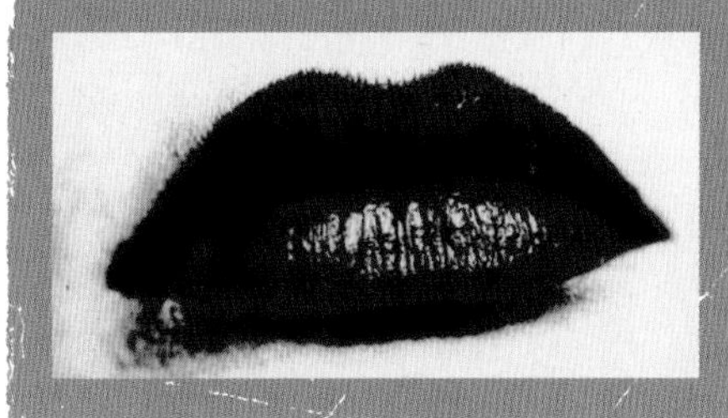

VÉASE TAMBIÉN
Deidades egipcias *pp. 138-139*
Deidades griegas y romanas *pp. 140-141*
Hinduismo *pp. 158-163*
Budismo *pp. 164-169*
Cristianismo *pp. 176-179*
Escritura pictográfica *pp. 300-305*

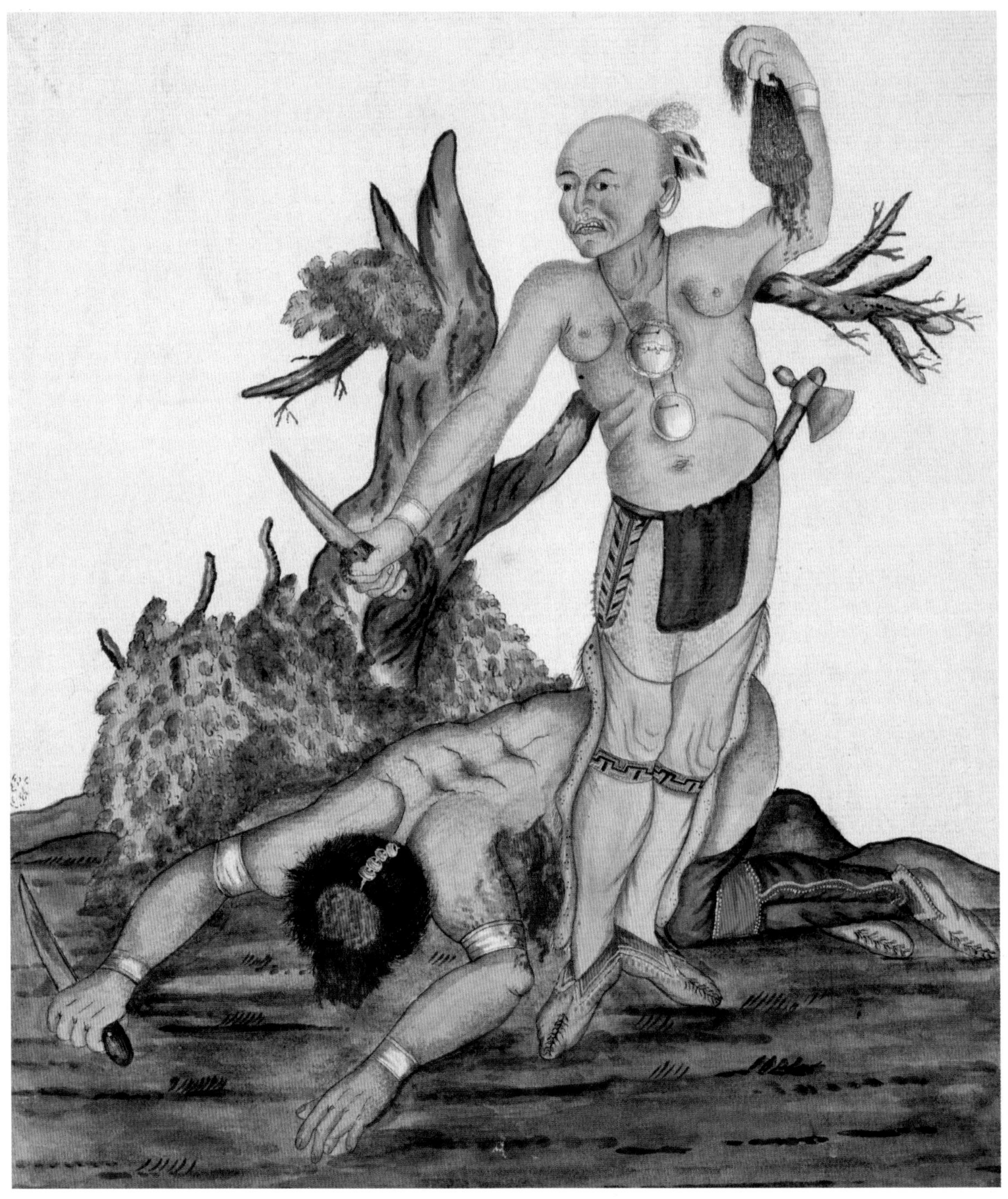

▲ Escalpación

Para los nativos norteamericanos, la cabellera de un hombre simbolizaba su fuerza vital. Así, se le despojaba de ella no solo como trofeo de guerra, sino para acreditar el valor del guerrero vencedor. En ocasiones la víctima sobrevivía. El secado y la decoración de las cabelleras de guerra constituían un verdadero ritual.

▲ **Kapala**
Usado en el budismo tibetano, el *kapala* es una copa o cuenco hecho con un cráneo humano. Representa la temporalidad.

TROFEOS DE CABEZAS

La calavera es uno de los símbolos más notables. La extendida creencia de que el poder del alma residía en la cabeza convirtió cráneos y cabezas en preciados trofeos en muchas culturas.

La imagen de la calavera es una metáfora visual de la mortalidad, sobre todo en Occidente: aparece como aviso en productos tóxicos, o como icono macabro en columnas conmemorativas. Pero en otras culturas la percepción es muy distinta, y la gente honra el cráneo como poderosa fuente de vida y fertilidad en vez de temerlo como terrorífico símbolo de muerte.

CRÁNEOS SAGRADOS

Debido a su asociación con el alma y el más allá, el cráneo tiene fuertes connotaciones religiosas. El culto al cráneo como objeto sagrado fue habitual entre los pueblos antiguos. En la mitología nórdica, el cráneo del gigante Ymir se convirtió en la bóveda celeste tras su muerte; en la América precolombina el cráneo fue honrado por aztecas y otros pueblos. También aparece en la iconografía de muchas deidades budistas e hinduistas, a menudo en guirnaldas o sobre un cetro. Como emblema cristiano, se asocia con la penitencia y es recordatorio de la transitoriedad de la vida.

▲ **El lugar de la calavera**
La crucifixión tuvo lugar en el Gólgota, donde se decía que yacía enterrada la calavera de Adán. Se supone que la sangre de Cristo limpió al hombre del pecado original.

CAZA DE CABEZAS

Hasta época reciente era habitual entre ciertos pueblos del Sureste Asiático, Oceanía y Sudamérica cobrarse cabezas humanas como símbolo de poder, en la creencia de que el alma reside en la cabeza; mediante la decapitación, el guerrero pretendía adueñarse del alma o fuerza vital de su víctima para sí mismo, su tierra y su comunidad. La caza de cabezas era un importante símbolo de la renovación de la fertilidad y el poder espiritual después de una muerte en la comunidad o de una mala cosecha. En algunas culturas los trofeos de cabezas eran señales de madurez, y los hombres jóvenes solo podían casarse después de haberse cobrado su primera cabeza. En el Sureste Asiático y Melanesia, en tribus como los iban, los ilongot y los dayak, la caza de cabezas era un ritual a la vez que un acto de guerra. Los maoríes conservaban las cabezas de sus enemigos ahumándolas después de extraerles el cráneo. En China, los soldados qin, en su mayoría esclavos, también coleccionaban cabezas de enemigos: obtenían la libertad volviendo de la guerra con esos trofeos.

◀ **Casa ceremonial en Nueva Guinea**
Enorme casa ceremonial *(dubu)* en Nueva Guinea, al norte de Australia, en la que se exhiben los cráneos procedentes de expediciones de caza de cabezas.

REDUCCIÓN

De las muchas culturas cazadoras de cabezas, solo los jíbaros de los bosques amazónicos de Ecuador y Perú son conocidos por practicar la reducción de cabezas o *tsantsa*. Al cobrarse una cabeza en combate, el guerrero aumenta su poder personal o *arutam*; pero el alma del muerto sigue siendo peligrosa. Al reducir la cabeza, se destruye su poder y se impide el regreso del espíritu vengador. Las cabezas también se asociaban al crecimiento de los cultivos.

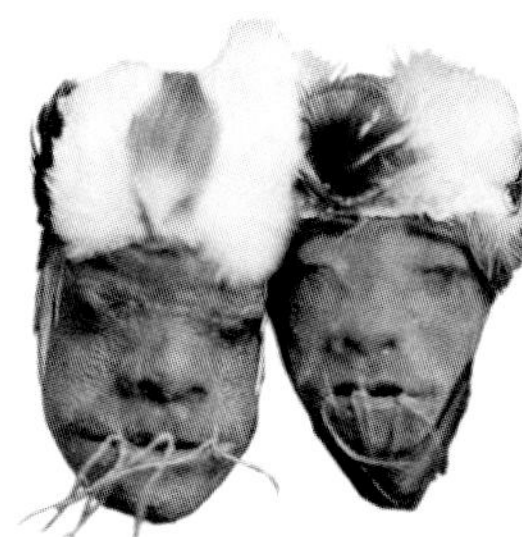

▲ **Reducir cabezas**
Para reducir una cabeza, se extraía el cráneo y la piel se rellenaba con arena o guijarros calientes. Luego se amasaba hasta que encogía.

VÉASE TAMBIÉN
Muerte y duelo *pp. 128-131*
Hinduismo *pp. 158-163*

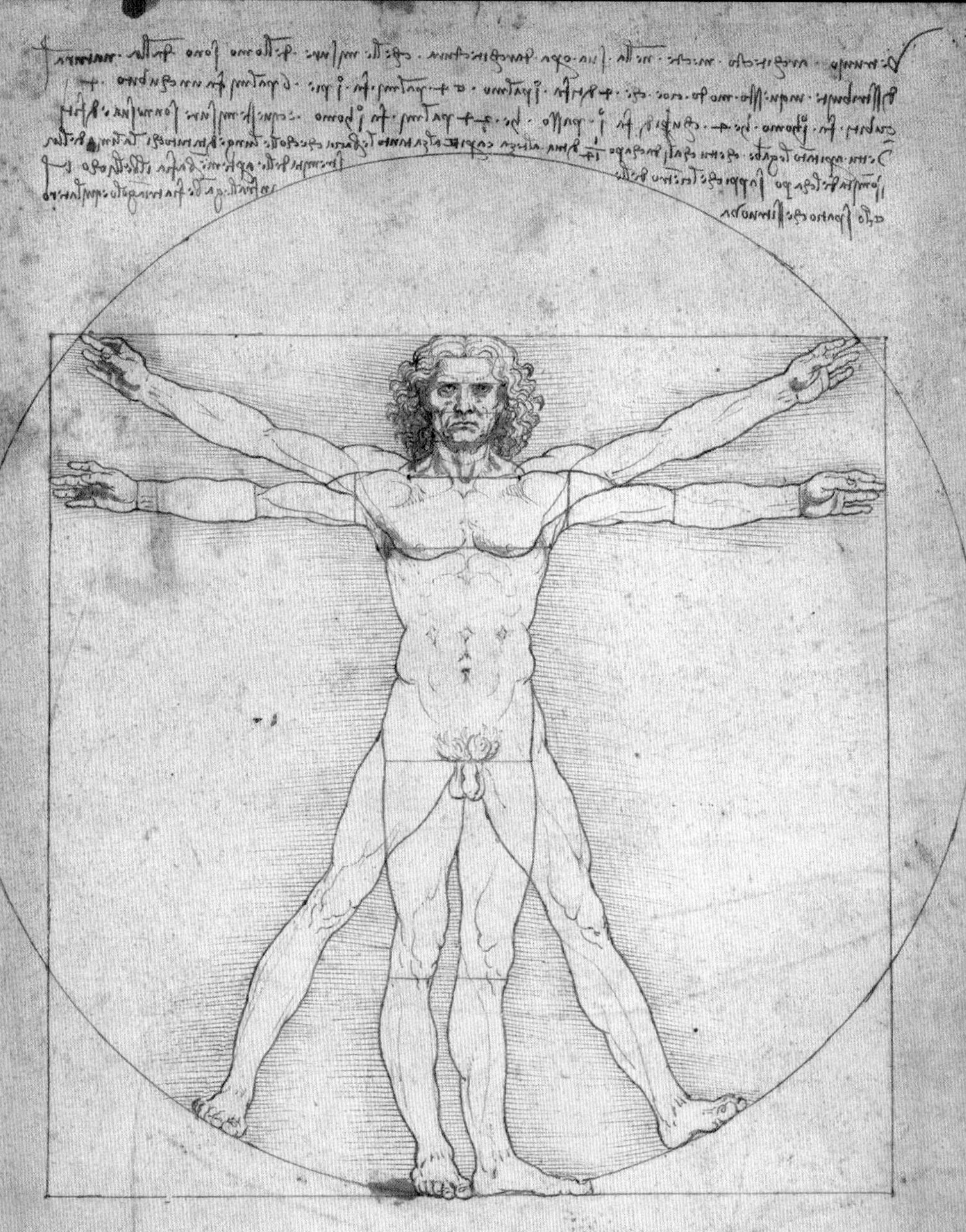

EL HOMBRE Y EL UNIVERSO

La relación entre el hombre y el universo fue un tema importante en el pensamiento renacentista. El famoso dibujo del Hombre de Vitruvio, de Leonardo da Vinci, se basó en una idea del arquitecto romano Vitruvio, y puede ser interpretado como una analogía entre la estructura del cuerpo humano y la del universo. Para el alquimista y escritor Agrippa von Nettesheim, el cuerpo era el microcosmos que contenía el macrocosmos, esto es, el universo.

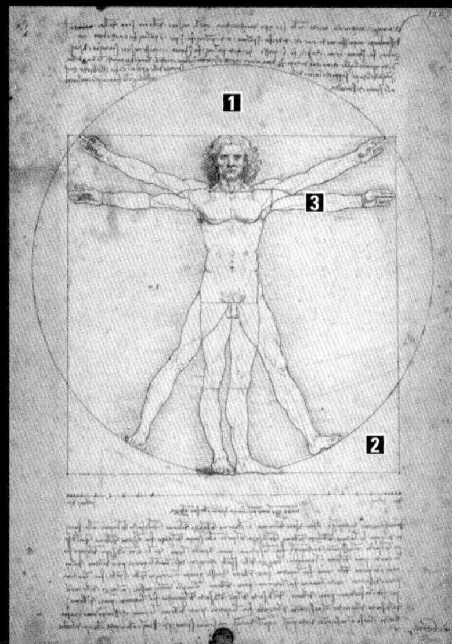

1. El círculo
En el Renacimiento, los humanistas compararon la perfección del círculo con Dios. Creían que la persona, representada aquí por la imagen de Leonardo, formaba el círculo o mundo espiritual mediante el movimiento circular de su cuerpo, simbolizando el espíritu creativo que eleva al individuo por encima de las limitaciones del mundo físico, el cuadrado.

2. El cuadrado
La figura permanece dentro del cuadrado que se superpone al círculo. Hay quien cree que Leonardo no realizó aquí un simple ejercicio de proporción, sino que además representó simbólicamente el estatus humano, entre el mundo natural y el espiritual.

3. La proporción áurea
Siguiendo los principios de Vitruvio, la intención principal de Leonardo fue ilustrar el concepto de lo que se conoce como proporción áurea o divina. Según esta, cada parte del cuerpo es una fracción del todo. Así, por ejemplo, la cabeza, medida desde la frente a la barbilla, es exactamente la décima parte de la altura total del cuerpo, y la envergadura (la longitud de los brazos extendidos) es igual a la altura. Esta proporción, a su vez, es reflejo de la simetría del universo.

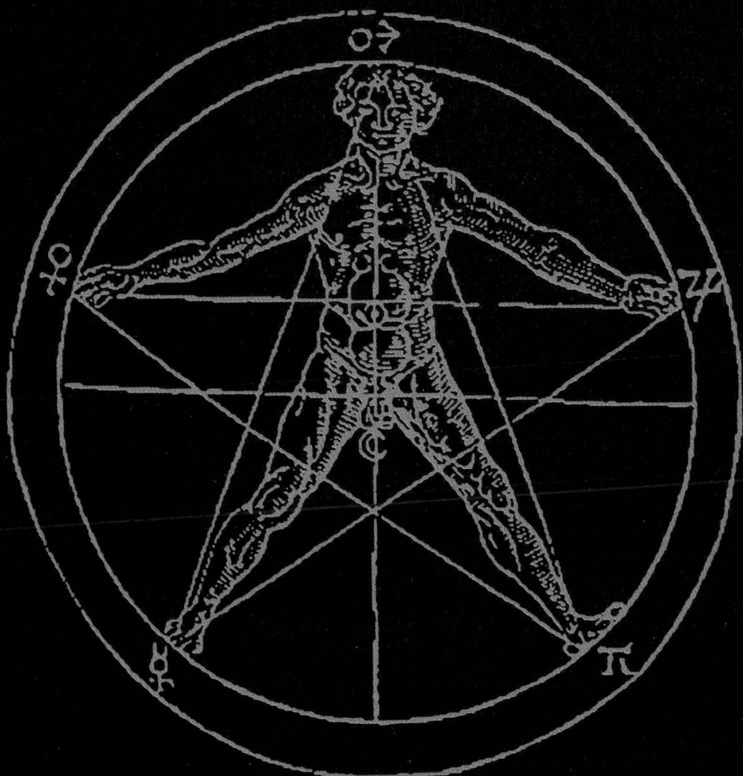

El hombre como microcosmos
Agrippa von Nettesheim (1486-1535) fue el principal autor del Renacimiento sobre temas de magia, astrología y esoterismo. En su obra más conocida, la tercera parte de su *De occulta philosophia libri*, examina la idea –muy extendida en su época– de que el universo está construido según el modelo del hombre y que tiene alma. Agrippa representó al hombre, o microcosmos, insertándolo en el pentagrama que representaba al universo o macrocosmos. En este dibujo, las cinco puntas del pentagrama simbolizan conjuntamente las partes del cuerpo y los planetas (mostrados como símbolos) conocidos por los astrólogos de la época. En la cima están la cabeza y el planeta Marte; los brazos corresponden a Venus (izquierdo) y Júpiter (derecho); y las piernas se relacionan con Mercurio (izquierda) y Saturno (derecha). La Luna aparece en el centro del pentagrama, junto a los genitales.

Leonardo da Vinci, *El hombre de Vitruvio* (1492)

EL CUERPO HUMANO

En muchas tradiciones el cuerpo humano se ha considerado como un microcosmos: todo lo que existe fuera de la persona está representado en ella. La mayoría de las culturas han asignado un simbolismo a cada parte del cuerpo, otorgándoles significados más allá de sus funciones biológicas. En muchas religiones, la figura humana representa el poder divino y es símbolo de lo sagrado. Los dioses se han representado bajo forma humana, y el Antiguo Testamento afirma que «Dios hizo al hombre a su imagen y semejanza».

EL ESQUELETO

La lúgubre imagen de un esqueleto humano es la personificación de la Muerte. En épocas antiguas los esqueletos estaban presentes en los banquetes para recordar el fugaz placer de la vida. A menudo eran representados junto a sacerdotes y campesinos como aviso de que la Muerte trata a todos por igual.

◀ **La Muerte en el tarot**
La carta de la Muerte muestra a un esqueleto segando el campo de la vida, donde crecen brazos y cabezas. La carta representa la muerte, pero también cambio y transformación.

ESQUELETO HUMANO

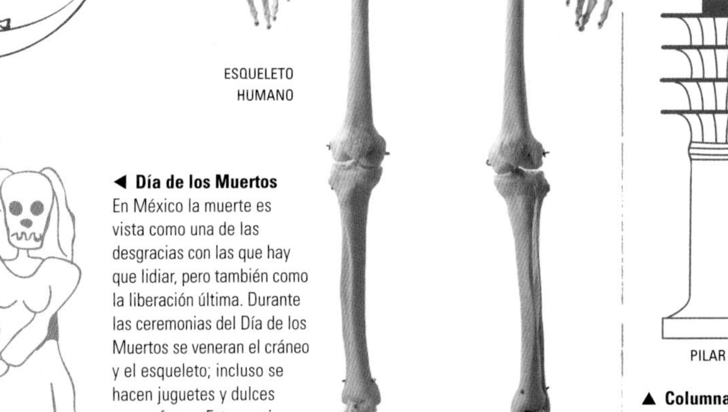

◀ **Día de los Muertos**
En México la muerte es vista como una de las desgracias con las que hay que lidiar, pero también como la liberación última. Durante las ceremonias del Día de los Muertos se veneran el cráneo y el esqueleto; incluso se hacen juguetes y dulces con su forma. Esta pareja macabra adornaba una tarta nupcial.

LOS HUESOS

Como armazón del cuerpo, representan fuerza, estabilidad y determinación. Los yanomami del Amazonas creen que el alma reside en la médula ósea, por lo que se comen la médula de los huesos de sus muertos para asegurar la subsistencia de su espíritu. En este caso, la médula simboliza inmortalidad y resurrección.

◀ **Costillas**
El Génesis bíblico relata cómo Dios tomó una costilla de Adán para hacer a Eva. Así, la costilla pasó a simbolizar a la mujer, nacida del hombre.

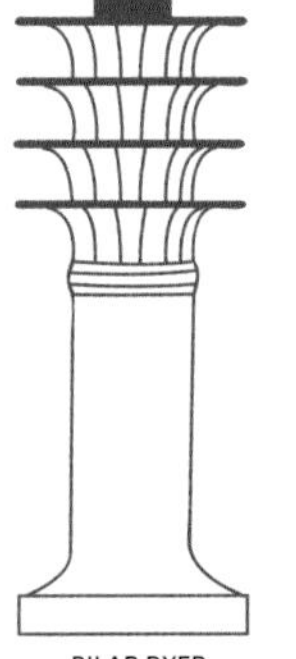

PILAR DYED

CHAKRAS BÁSICOS

▲ **Columna vertebral**
El *dyed* representa la espina dorsal del dios egipcio Osiris. En el budismo tántrico, los *chakras* básicos (centros de energía del cuerpo) recorren la columna vertebral y se abren durante la meditación para liberar energía

LOS ÓRGANOS

Durante la momificación, los egipcios colocaban el hígado, los pulmones, el estómago y los intestinos del muerto en cuatro vasos canopes; cada uno era protegido por uno de los hijos de Horus y asociado a un punto cardinal. En China los órganos estaban vinculados con los siete orificios corporales.

NUDO SIN FIN

HUMBABA

▲ Intestinos
El nudo sin fin, símbolo de longevidad y eternidad, es al parecer una imagen estilizada del intestino. Asimismo, algunos relatos de la mitología asiria comparan la cara del gigante Humbaba con las entrañas enrolladas de hombres y bestias.

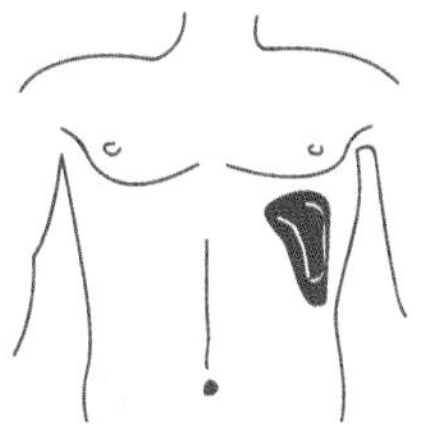

▲ Bazo
Se ha considerado la sede de los humores: risa y melancolía. En Oriente solo se asocia a la alegría, y en China es uno de los Ocho Tesoros ligados a la energía yin.

▲ Hígado
Para los antiguos romanos era la sede de la pasión. En China es uno de los Ocho Órganos Preciosos de Buda, y es representado por la flor de loto.

EL CORAZÓN

Desde antiguo se ha considerado el núcleo espiritual y emocional del ser humano y se ha asociado con el amor; la palabra «corazón» es un sinónimo poético del alma. Para representar el amor se usan imágenes estilizadas del corazón; el Sagrado Corazón, a menudo envuelto por una corona de espinas y situado en el pecho de Cristo, es un motivo muy habitual en el arte cristiano.

▲ Pesaje del corazón
El corazón era fundamental en las creencias del antiguo Egipto. En el juicio de Osiris, el corazón del muerto era pesado contra una pluma de avestruz de Maat, diosa de la verdad y la justicia.

▲ Sacrificio humano
Para los aztecas, el corazón era el centro de la fuerza vital y la religión. Miles de corazones humanos, a menudo aún palpitantes, fueron ofrecidos al dios Sol para asegurar la renovación de las cosechas y la regeneración del suelo.

▲ Corazón alado
Significa ascensión y es un símbolo del movimiento sufí, vertiente mística del islamismo. Representa al corazón entre el alma y el cuerpo, como vehículo entre el espíritu y la materia.

▼ Brazos
Levantados en combate eran signo de rendición, y se alzaban en oración de súplica a Dios. En el hinduismo, los múltiples brazos de deidades como Vishnú *(abajo)* simbolizan sus muchas personificaciones.

EL DIOS VISHNÚ EN SU FORMA CÓSMICA (*c.* 1800)

BRAZOS ALZADOS EN UN MURAL DE AL-SAYDEH

SIGNO JEROGLÍFICO EGIPCIO PARA BRAZO

LAS EXTREMIDADES

Las piernas y los brazos se consideran las partes más activas del cuerpo. La piernas son signo de equilibrio y avance; simbolizan buena suerte y aparecen cuadruplicadas en la esvástica y triplicadas en ciertos signos, figurando fertilidad y regeneración. El brazo simboliza fuerza, poder y protección, y es el instrumento de la justicia.

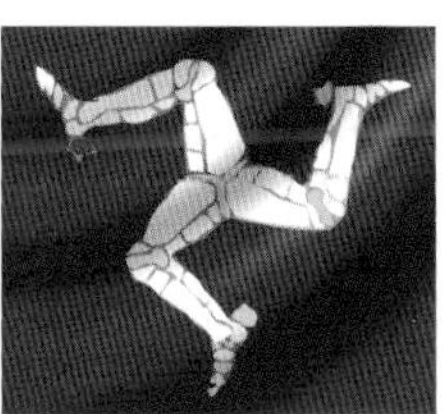

◀ Piernas
Tal vez el símbolo trimembre más famoso sea el trisquel, visible en las banderas de la isla de Man *(izda.)* y de Sicilia. Imagen del movimiento constante, significa buena suerte, fertilidad y regeneración.

VÉASE TAMBIÉN
El loto *pp. 86-87*
Muerte y duelo *pp. 128-131*
Hinduismo *pp. 158-163*
Budismo *pp. 164-169*
Taoísmo y sintoísmo *pp. 170-171*
Cristianismo *pp. 176-179*
Islamismo *pp. 180-183*

MANOS Y PIES

Las huellas de manos y pies son, a menudo, las señales que marcan lugares especiales. En el budismo se reverencian las huellas pretendidamente dejadas por Buda. Los gestos de la mano están llenos de simbolismo, y en muchas culturas se usan determinadas posturas para resaltar la meditación y el ritual religioso. Los pies representan el equilibrio, la Tierra y el viaje; marcan el rumbo tomado y, por tanto, simbolizan el libre albedrío.

LAS MANOS

Las manos son enormemente expresivas y pueden mostrar una amplia variedad de gestos con significados precisos. Pueden dar órdenes de mando, así como manifestar protección, creación, bendición, poder, plegaria, fuerza o enseñanza. Los sanadores actúan mediante la imposición de manos; nos cogemos las manos en señal de amor y afecto; nos damos la mano para saludarnos, y «echamos una mano» a quien lo necesita.

▶ **La mano de Dios**
A menudo se representa como una mano extendida desde el Cielo. Tradicionalmente, su mano izquierda tiene que ver con la justicia, y la derecha con la misericordia. La mano de Dios crea y protege, pero si sus leyes no son obedecidas, también castiga.

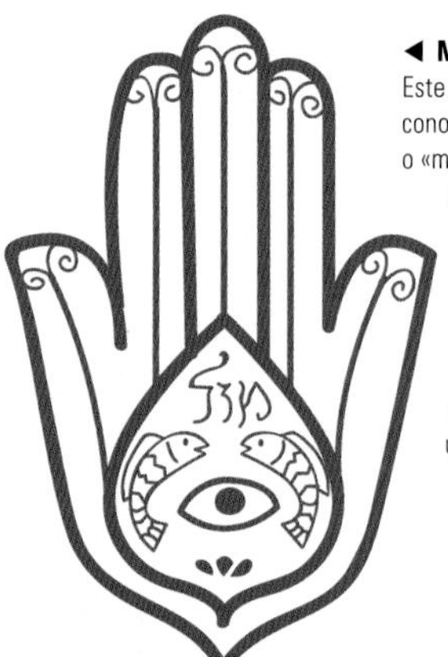

◀ **Mano jamsa**
Este antiguo símbolo, conocido como *jamsa* o «mano de Fátima», es un amuleto protector usado por musulmanes y judíos para alejar el mal de ojo. En ocasiones en la palma de la mano aparece un ojo estilizado.

▲ **Dioses creadores**
Las manos de los dioses creadores egipcios Ptah y Jnum eran símbolos de poder creador. Ptah creó los Cielos y la Tierra; Jnum (mostrado aquí) creó al hombre.

▲ **Fe y justicia**
En heráldica, una mano representa fe, sinceridad y justicia; dos manos derechas unidas representan unión y alianza; la mano abierta, liberalidad y largueza.

▲ **Lavado de manos**
Entre los romanos era un gesto que significaba inocencia (de ahí el gesto de Poncio Pilatos en el juicio de Cristo). Las manos limpias implican un alma pura y libre de pecado.

▶ **Lápidas sepulcrales**
Las manos en las tumbas tienen múltiples significados: las que se saludan son un adiós a la Tierra; un índice levantado es la esperanza del Cielo; sujetando una flecha indica mortalidad; y las manos estrechándose sobre una cadena rota aluden a la pérdida de un miembro de la familia.

SALUDO

ÍNDICE LEVANTADO

FLECHA DETENIDA

MANOS SOBRE CADENA ROTA

▲ Manos juntas y ocultas
En China, aferrarse las propias manos, a menudo ocultas bajo largas mangas, denota respeto y afabilidad, pues esas manos no pueden ser usadas para agredir. Las manos alzadas con las palmas unidas constituyen un gesto de agradecimiento y también son una demostración de respeto.

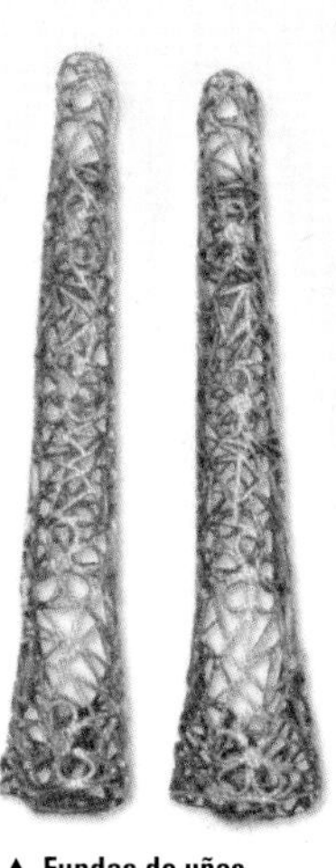

▲ Fundas de uñas
En Asia, las uñas largas se consideraban un signo de riqueza, dado que solo los ricos, inactivos, pueden conservar sus uñas. Estas intrincadas fundas de oro proceden de China, y pudieron usarse para proteger uñas largas.

▲ Unidad de medida
La mano como unidad de medida data de la época egipcia. Hoy se usa sobre todo para determinar la altura de los caballos. En Bali, los hombres construyen sus casas de acuerdo con sus propias medidas, basándose en el ancho de su mano y en la longitud de su brazo.

LOS PIES

Simbolizan la facultad de movimiento y un «fundamento sólido». En el hinduismo se consideran un punto de contacto divino entre los seres humanos y la Tierra. En Oriente Próximo se honraba al visitante o al amigo lavándole los pies, mientras que en Asia se consideran sucios, por lo que es tabú mostrar las plantas de los pies a otra persona.

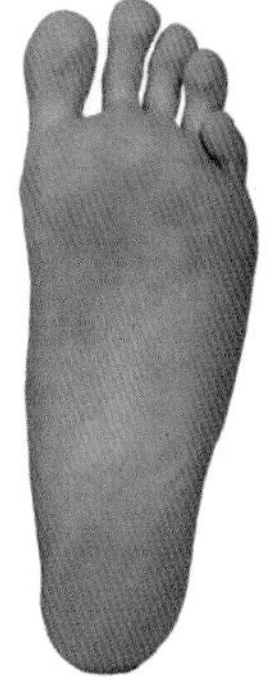

▲ Pies descalzos
En Occidente, un pie desnudo es signo de humildad y pobreza; en el arte, Cristo y los apóstoles, los frailes franciscanos y los santos se muestran descalzos. En Oriente es costumbre realizar los actos religiosos con los pies descalzos. En la antigüedad los pies descalzos eran también un signo de duelo.

▲ Lavatorio de pies
Lavar los pies del peregrino es el primer acto simbólico de hospitalidad realizado en los monasterios a lo largo de las rutas de peregrinación. Recuerda el gesto del propio Cristo en la Última Cena, que lavó los pies de sus discípulos como expresión de su amor y su entrega. La humildad queda implícita debido a la consideración de los pies como partes sucias del cuerpo.

▲ Pasos gigantes de Vishnú
Los pies y huellas de Vishnú son adorados a raíz de un mito que relata cómo, en su encarnación como enano, pidió al rey Bali que le diera tanta tierra como pudiera cubrir en tres pasos; recuperando su tamaño, puso un pie sobre la Tierra, otro en el aire y otro sobre la cabeza del rey.

▲ Pies demoníacos
Se dice que los pies sustentan el alma, ya que sirven para mantener el cuerpo erguido. Por ello, los seres demoníacos se representan a menudo con pies deformes, ya sean peludos para enfatizar su naturaleza animal, o girados de forma grotesca.

VÉASE TAMBIÉN
Muerte y duelo *pp. 128-131*
Hinduismo *pp. 158-163*
Satanás y los demonios *pp. 190-191*
Amuletos *pp. 194-195*
Emblemas heráldicos *pp. 318-323*
Simbolismo de los gestos *pp. 334-337*

HUELLAS DE BUDA

Las huellas de Buda, o *Buddhapada*, se hallan en muchos templos budistas, y se consideran signos de su presencia. Se cree que las dejó para guiar a sus discípulos hacia la iluminación. Muchas están decoradas con imágenes simbólicas, como los 32, 108 o 132 signos distintivos de Buda. Las aquí mostradas, de la estupa india de Amaravati, están rodeadas de motivos simbólicos.

1. Plantas de los pies
En el centro de cada planta hay una rueda de mil radios *(dharmachakra)*, bordeada por una banda de flores de cuatro pétalos. La rueda es símbolo de las enseñanzas de Buda, y es uno de los Ocho Símbolos Auspiciosos.

2. Esvástica
Significa «lo auspicioso» y es un antiguo símbolo indio.

3. Triratna
La marca triratna, en la que un elemento triple corona un motivo floral, simboliza las tres joyas del budismo: el mismo Buda, la ley budista *(dharma)* y la comunidad de monjes *(sangha)*.

4. Flores de loto
Los pies están rodeados por flores de loto entrelazadas. El loto es otro de los Ocho Símbolos Auspiciosos. La planta se enraíza en el fango, el tallo se prolonga a través del agua, y la flor se tiende a la luz del sol, símbolo de pureza e iluminación.

5. Dedos de los pies
Los dedos largos y rectos, todos de la misma longitud, son uno de los 32 signos de Buda.

6. Nudo
La forma anudada simboliza la sabiduría infinita de Buda.

7. Figurilla
Un espíritu benevolente, o *yaksha*, se asienta en la zona que rodea los dedos. Su cordón umbilical es una enredadera en la que crecen joyas en forma de frutos.

FERTILIDAD Y PARTO

A través de la historia, los pueblos han reverenciado símbolos de fertilidad y parto, desde los falos a los santos patrones. Las civilizaciones antiguas tuvieron importantes rituales centrados en la creación de nueva vida y la abundancia de las cosechas. Se cree que en Mesopotamia se usaban figurillas para los ritos de fertilidad, y en Egipto se recurría a incontables dioses. Los principales rituales paganos de renacimiento y fertilidad se realizaban en primavera. La llegada del cristianismo no acabó con estos símbolos; de hecho, están tan profundamente arraigados en nuestra cultura que muchos se siguen usando hoy.

DIOSES DE LA FERTILIDAD

Desde las épocas más tempranas y en todas las culturas, el nacimiento regular de niños ha asegurado la supervivencia. Así, los pueblos desarrollaron deidades para proteger y auspiciar la fertilidad; al rendirles tributo, los adoradores invocaban una energía que los ayudara en su empeño. Estos dioses representaban la fertilidad de la gente y de la tierra que habitaban.

◀ **Min**
Era el dios egipcio de la fertilidad de los animales y los cultivos y, como tal, gobernaba la lluvia. En épocas de cosecha se le rezaba a la espera de que bendijera los campos con su favor. Min es representado siempre con el pene erecto.

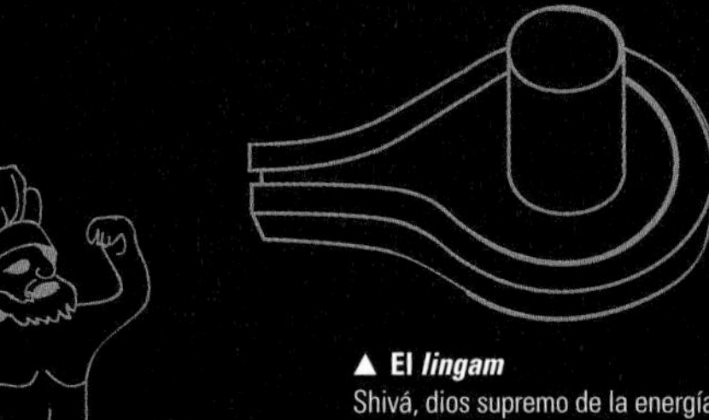

▲ **El *lingam***
Shivá, dios supremo de la energía creadora en India, era representado y adorado a menudo bajo la forma de un símbolo fálico llamado *lingam*, poderosa descripción de la presencia invisible del dios en el núcleo de la creación.

▲ **Príapo**
Era el dios griego de la fertilidad, simbolizada por su exagerado falo. Hijo de Afrodita y de Dioniso o Hermes, era el protector del ganado, los frutales, los jardines y los genitales masculinos.

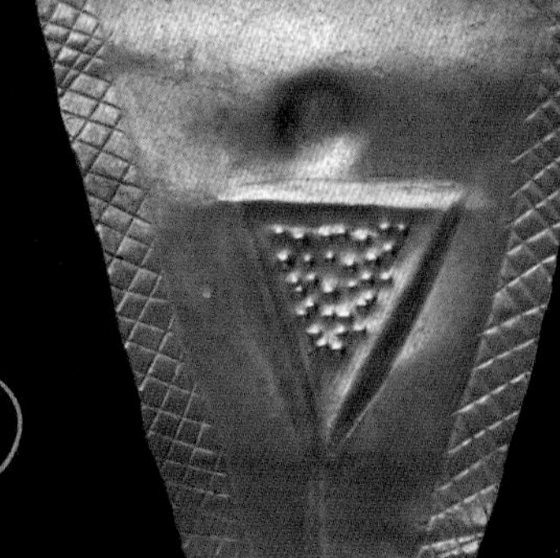

▶ **Astarté**
Esta curiosa figura de oro representa a Astarté, o Ashtart, diosa semítica del amor sexual, la maternidad y la fertilidad. Data del siglo XVI a. C.

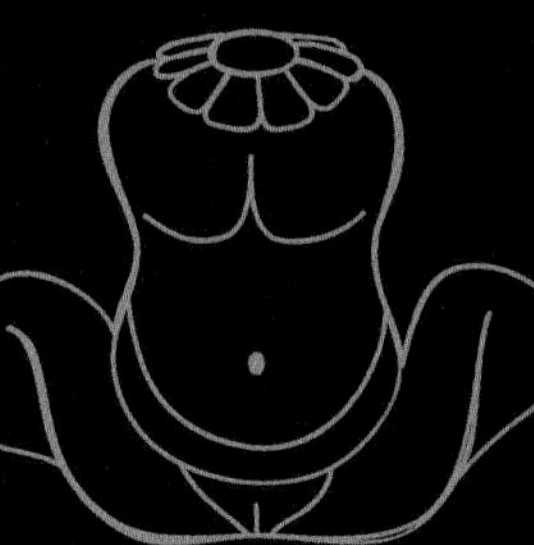

▶ **Diosa con cabeza de loto**
La misteriosa diosa Lajja Gauri se representa con un loto por cabeza y las piernas abiertas y alzadas, lo que sugiere alumbramiento o disponibilidad sexual. Es la fuerza elemental de toda vida.

SÍMBOLOS DE FERTILIDAD

Ciertos animales y plantas se han asociado con la fertilidad por sus hábitos reproductivos o su aspecto, y su imagen se ha usado en ocasiones como talismán de fertilidad. Es el caso, por ejemplo, del toro, el gallo y el conejo, así como de la granada.

◄ Pavo real
Se ha asociado a la fertilidad desde antiguo, ya que se pensaba que bailaba antes de la lluvia. Su cola en forma de abanico se ha comparado con el Sol, así como con la bóveda del cielo, siendo los «ojos» las estrellas.

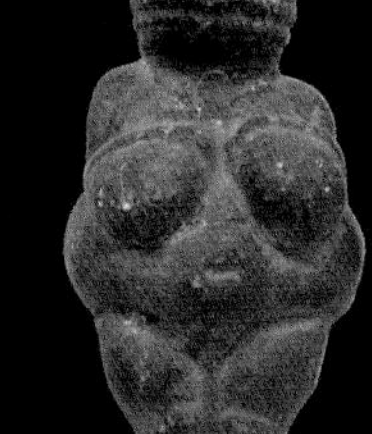

▲ Venus de Willendorf
Las venus son estatuillas antiguas que idealizan la figura femenina. Esta fue descubierta en 1908 en un yacimiento paleolítico cerca de Willendorf (Austria). Lo pronunciado de su vulva, sus pechos y su vientre sugieren una fuerte conexión con la fertilidad.

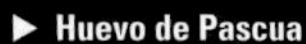

► Huevo de Pascua
Parte del simbolismo de las celebraciones de Pascua es ajeno al cristianismo. El conejo y los huevos de chocolate son ecos de antiguos ritos primaverales de fertilidad. En inglés, el nombre de Easter («Pascua») procede de Eostre, diosa anglosajona de la fertilidad.

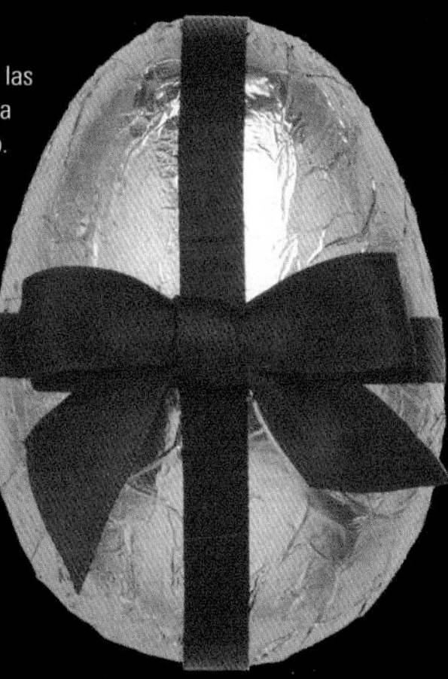

▲ Piña piñonera
Los pinos son potentes símbolos de fertilidad en muchas culturas. Los celtas reunían piñas como amuletos de fertilidad para las mujeres que querían concebir. A menudo se ponían bajo la almohada.

▲ Bellota
Como el roble, la bellota se ha considerado un poderoso símbolo de fertilidad desde los tiempos precristianos. Las más eficaces portadoras de fertilidad eran las bellotas recogidas por la noche.

▲ Avellanas
Con su nutritivo fruto y su tendencia a crecer cerca del agua, el avellano era un símbolo tradicional de fertilidad y sabiduría femenina. En las estancias se colgaban sartas de avellanas para propiciar la fertilidad de sus ocupantes.

▲ Granada
Su uso como símbolo de fertilidad, nacimiento y vida eterna deriva de la abundancia de sus semillas. Es un motivo decorativo frecuente en objetos rituales como jarras, colgantes o cetros.

▲ Concha de cauri
Estas conchas fueron un símbolo común de fertilidad, nacimiento y feminidad por su parecido con una vulva. A las recién casadas se las obsequiaba con cauris para garantizar su descendencia y un parto seguro.

▲ Pez
Usado en todo el mundo durante milenios como símbolo religioso asociado a la Diosa Madre, el símbolo del pez se dibujaba a menudo superponiendo dos medias lunas muy finas.

▲ Cornucopia
En latín significa literalmente «cuerno de la abundancia» *(cornu copiæ)*. En el arte de la Grecia y la Roma clásicas la cornucopia simbolizaba la abundancia, y a menudo aparecía rebosante de fruta, trigo y flores.

◄ Gavilla de trigo
Representa la buena cosecha, la fertilidad y la cercanía a la Tierra y sus recursos. Para los primeros pueblos agrícolas, una buena cosecha de trigo aseguraba la abundancia de pan que podría mantener a la comunidad a lo largo del invierno.

◄ Sheela na Gig
En las iglesias irlandesas de la época medieval es fácil encontrar tallas de mujeres con vulvas exageradas. Se consideraban símbolos protectores de fertilidad.

VÉASE TAMBIÉN

Criaturas acuáticas *pp. 68-71*
Frutos de la tierra *pp. 98-99*
Hinduismo *pp. 158-163*
Cristianismo *pp. 176-179*

SÍMBOLOS FÁLICOS

El órgano sexual masculino erecto es un símbolo de fertilidad y fuerza. Entre los objetos más antiguos excavados en Asia y Europa se hallan símbolos fálicos, lo que indica una temprana inquietud por la fertilidad. El falo puede verse en deidades como el dios grecorromano Príapo, o en objetos como el *lingam* de Shivá en India. También fue glorificado en los ritos de fertilidad celebrados en torno al palo de mayo y el pilar.

◄ Colgante con cuerno de toro
El toro es un potente símbolo del principio masculino en la naturaleza, cargado de poder procreador. Fue adorado en el Mediterráneo, Egipto e India. Los actuales colgantes con un cuerno de toro recogen ese simbolismo.

► Herma
En la Atenas clásica había una herma en la esquina de cada calle. Era una columna cuadrada, coronada con la cabeza del dios Hermes, en cuyo fuste había esculpido un pene erecto que los transeúntes tocaban para atraer la buena suerte.

► Cerne Abbas
El gigante de Cerne Abbas, en Gran Bretaña, es una enorme figura labrada en la ladera de una colina; representa a un cavernícola y mide 55 m. Su monstruoso falo y su enorme garrote simbolizan fertilidad y renovación.

◄ Ménade y tirso
Consagrado al dios griego Dioniso, el tirso era una vara trenzada de hiedra y coronada por una piña de evidente simbolismo fálico. El dios iba acompañado por bandas de ménades y sátiros, que en las fiestas de fertilidad vestían pieles de animales y portaban un tirso.

SÍMBOLOS FÁLICOS MODERNOS

El simbolismo fálico es tan frecuente en la cultura actual como lo fue en la antigüedad, aunque en Occidente ha disminuido su asociación con la regeneración. Los objetos con forma fálica tienden a vincularse con el poder. En el siglo xx, las teorías de Sigmund Freud tuvieron un enorme impacto en la cultura occidental; Freud creía que todos los objetos alargados representaban, en nuestro subconsciente, el órgano masculino.

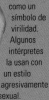

▲ Cohete
Es una forma fálica clásica, y puede ser interpretado como un símbolo del deseo masculino de conquista, en este caso, del espacio exterior.

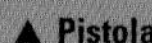

▲ Pistola
Es uno de los más reconocibles símbolos fálicos modernos. Se ha llegado a decir que, en el cine, las escenas «de tiros» a cámara lenta simbolizan la eyaculación, mientras que la pérdida del arma es la castración.

▲ Coches deportivos
Los psicólogos afirman que cualquier vehículo –ya sea un coche, una moto o un monopatín– es potencialmente un símbolo fálico, y, para muchos, el coche deportivo es la máxima expresión: su precio, su forma y su motor representan potencia sexual y poder generador.

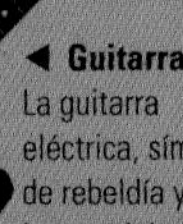

◄ Guitarra
La guitarra eléctrica, símbolo de rebeldía y juventud desde la llegada del rock and roll en los años cincuenta, puede verse también como un símbolo de virilidad. Algunos intérpretes la usan con un estilo agresivamente sexual.

SÍMBOLOS DE NACIMIENTO

Traer un bebé al mundo es el acto sumo de procreación y regeneración, y como tal ha sido reverenciado y mitificado a lo largo de la historia. El parto va acompañado de muchos símbolos y rituales diseñados para proteger a la madre, asegurar la salud del hijo o simplemente celebrar el milagro del nacimiento. Uno de los símbolos más potentes del nacimiento es el agua, asociada con el principio femenino y el útero universal.

▲ **Escorpión**
Este signo zodiacal rige sobre los órganos sexuales masculinos y femeninos, y guarda un estrecho vínculo con la reproducción. Los signos zodiacales que tienen una flecha se vinculan a lo masculino.

◀ **Hipopótamo**
La diosa egipcia Taurt, en parte hipopótamo, gobernaba todas las cosas temidas por el hombre; pero cuando se comprobó que las agresivas hembras protegían a sus crías, Taurt se convirtió en supervisora de los partos.

◀ **Ka**
El jeroglífico egipcio *ka* suele traducirse como «alma» o «espíritu». El *ka* surgía al nacer el individuo, y actuaba como un doble invisible, representando la energía vital de esa persona.

▲ **Cigüeña**
Largo tiempo asociada con el parto, es un símbolo de fertilidad ligada además al nacimiento y a la primavera. La imagen de la cigüeña que lleva a los recién nacidos a sus madres sigue vigente en Europa y Norteamérica.

GUARDIANES DEL PARTO

Dado que el parto ha sido siempre un acontecimiento arriesgado e importante, no nos sorprende que se haya invocado la ayuda de tantos guardianes y diosas. La mayoría de las culturas tienen algún tipo de protector de este evento, ya sean diosas del parto, como la romana Lucina, la griega Juno y las egipcias Isis y Hathor, o santos, como en el caso del catolicismo.

◀ **Frigga**
Diosa nórdica de las mujeres, la maternidad y los asuntos domésticos, Frigga, esposa de Odín y patrona del parto, prestaba ayuda a las mujeres durante los dolores del alumbramiento. Los escandinavos usaban el galio o cuajaleche *(Galium verum)*, apodado «hierba de Frigga», como sedante en los partos difíciles.

▲ **Ixchel**
En la cultura maya era la diosa del embarazo y el parto. También se consideró la diosa del devenir. Como deidad de la fertilidad, hacía fecundas a las mujeres y enviaba lluvias fertilizantes a la tierra.

▲ **San Gerardo Majilla**
Muchos hospitales dedican sus salas de maternidad al santo patrón del embarazo y las mujeres encintas. Este santo se dedicó a las embarazadas después de ser acusado falsamente de la paternidad de un niño.

▲ **Hécate**
Además de su papel de protectora de los viajeros en las encrucijadas, Hécate era la diosa del parto. Como tal era invocada a menudo para aliviar los dolores del alumbramiento y para proteger la salud del niño, y se la representaba con un cuchillo sagrado para cortar el cordón umbilical.

◀ **Santa Ana**
Según la tradición cristiana, santa Ana fue la madre de la Virgen María. Es la santa a la que rezan las gestantes para tener un embarazo y un parto seguros, y leche suficiente para amamantar al recién nacido. Con el paso de los siglos, se ha convertido en una de las santas más populares.

VÉASE TAMBIÉN
Aves *pp. 58-61*
Deidades griegas y romanas *pp. 140-141*
Deidades célticas y nórdicas *pp. 142-143*
Deidades de Mesoamérica y Sudamérica *pp. 144-145*
Astrología occidental *pp. 200-203*
Escritura pictográfica *pp. 300-305*

▲ Circuncisión
El ritual de la circuncisión tiene una larga historia, y ha sido practicado en muchas culturas tradicionales. Los antiguos egipcios, como los representados en este relieve, veían en el pene circuncidado un símbolo de fertilidad.

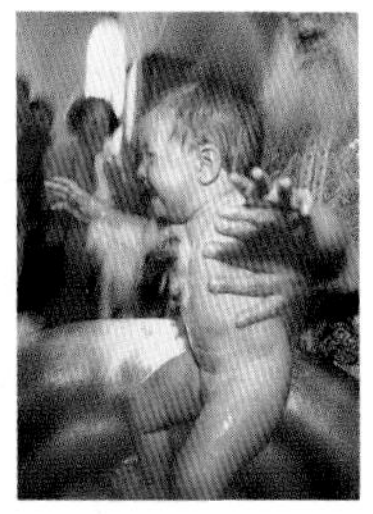

▲ **Bautismo**
El rito de purificación con agua supone la recepción de la persona en la Iglesia cristiana.

RITOS DE INICIACIÓN

Entre los grandes hitos del nacimiento y la muerte, los humanos pasamos por cambios importantes. Tránsitos vitales como la entrada en el mundo adulto a menudo van acompañados por ritos simbólicos.

Entre los sucesos más importantes del ciclo vital humano se halla el tránsito del individuo de un estatus a otro. Eventos como la imposición de nombre al niño o el paso a la edad adulta suelen señalarse con ceremonias que introducen a la persona en su nuevo estatus y le desean el bien.

CEREMONIAS DEL NOMBRE

Casi todas las culturas tienen una ceremonia de imposición de nombre. Los cristianos imponen el nombre a sus hijos en la ceremonia del Bautismo, rito de purificación que les incorpora a la Iglesia. En Grecia, los bebés recibían el nombre en una ceremonia que tenía lugar cinco o siete días después del nacimiento; al nacer un varón la familia colgaba una corona de hojas de olivo sobre la puerta de su casa para simbolizar la fortuna. En algunas ceremonias islámicas se sacrifica un animal como señal de agradecimiento a Alá por el don del hijo.

▲ **Transición vital**
Tras una temporada de aprendizaje en el monte, estos chicos aborígenes australianos, con el cuerpo pintado, esperan la circuncisión.

CORTE DE PELO RITUAL

Los ritos de iniciación varían según las distintas creencias y culturas. Pero algunos, como el corte de pelo, son comunes a sociedades y religiones diversas. Los varones judíos, por ejemplo, reciben su primer corte de pelo a los tres años como signo de que ya están listos para aprender. A los bebés hindúes les afeitan la cabeza, pues se cree que el pelo con el que nacen trae influencias negativas de una vida anterior. El afeitado simboliza el corte con el pasado y la preparación del niño para el futuro.

◀ ***Bar mitzvah***
El *bar mitzvah* (literalmente, «hijo del precepto») marca la iniciación del niño judío de trece años en la observancia de la Torá; la ceremonia para las chicas *(bat mitzvah)* tiene lugar a los doce años. Este niño está siendo iniciado ante el muro occidental de Jerusalén.

ADOLESCENCIA

A menudo los hitos vitales se enmarcan en una ceremonia religiosa, como el *bar mitzvah* judío. En algunas sociedades, los jóvenes al borde de la madurez se someten a ritos de paso durante los que experimentan una «muerte» simbólica para resurgir como adultos. Los ritos suelen incluir un período de prueba y aprendizaje en el cual el iniciado es separado de la comunidad. Para los varones, la circuncisión o eliminación del prepucio es con frecuencia la etapa final de tales ceremonias. Este doloroso rito es símbolo de la entrada del niño en la edad viril; en algunas culturas representa la eliminación de los aspectos «femeninos» del varón. La circuncisión femenina es menos común, siendo más habitual la celebración del inicio de la menstruación. En Ghana, la chica se baña ritualmente y recibe ropa nueva; en Nepal, un rito budista la aleja de la luz del sol y de todo hombre durante doce días; las zulúes embadurnan su cuerpo con arcilla para representar el retorno a la inocencia de la infancia, tras lo cual emergen como adultas.

▲ **Rito de pubertad**
En el rito de pubertad llamado *dipo* del pueblo krobo (Ghana), las chicas pasan un tiempo aisladas antes de aparecer en una ceremonia pública vestidas con prendas y joyas tradicionales.

VÉASE TAMBIÉN
Hinduismo *pp. 158-163*
Budismo *pp.164-169*
Judaísmo *pp. 172-173*
Cristianismo *pp. 176-179*

AMOR Y MATRIMONIO

Los lazos sociales más antiguos, y tal vez los más fuertes, son los familiares. Por ello, el matrimonio desempeña un papel vital en la sociedad, como factor de orden y estabilidad. En Occidente se dice que el amor hace girar el mundo, y es realmente crucial en la vida y el bienestar de mucha gente. En todas partes se han desarrollado símbolos del amor: desde la rosa roja inglesa a la hoja de arce de Japón y China.

PRENDAS DE AMOR

Con el fin de atraer a la mujer siempre se han usado prendas de amor, consideradas como auténticas muestras de afecto. Muchos símbolos y prendas de amor tienen su origen en la antigüedad –como la Luna y las estrellas, emblemas de pasión, seducción y fidelidad–, pero, a lo largo del tiempo, los amantes han recurrido también a flores, perfumes, joyas, animales, imágenes del tarot y colores como vehículos para expresar su amor.

▲ **Corazón atravesado**
Muchas culturas creen que el corazón es la sede de las emociones. Cuando Cupido (Eros) lanza una flecha al corazón, hace que la víctima caiga enamorada. Por eso se dice que el amor es tan placentero como doloroso.

▲ **Tórtolas**
Las tórtolas se emparejan de por vida, y por ello son vistas como símbolo de amor, fidelidad y paz. La paloma se asocia con Venus como signo de primavera y sensualidad; con una rama de olivo, es signo de paz y vida renovada.

▲ **Muérdago**
Es sagrado en algunos lugares, y se ha asociado ampliamente con el misterio, la magia y la sabiduría. La gente se besa bajo el muérdago porque este no es ni un árbol ni un arbusto, y ello lo asocia con la ausencia de restricciones.

▲ **Hoja de arce**
En China y Japón es un emblema para los amantes. Los colonos de Norteamérica solían poner hojas de arce a los pies de sus camas para alejar a los demonios, aumentar el placer sexual y tener un sueño placentero.

▲ **Rosa roja**
Representa todo lo que es sensual, puro y romántico. En las antiguas Grecia y Roma estaba consagrada a Afrodita (Venus) y era emblema de belleza. En Occidente simboliza pasión, deseo y amor.

▲ **La Luna y la estrella**
Este símbolo adinkra (África occidental) de Luna y estrella se conoce como *Osram ne nsoromma* y significa armonía y amor. Se basa en el relato del profundo amor de la estrella polar por su marido, la Luna, y de la espera de su regreso.

▲ **Cucharas del amor**
Suntuosamente labradas, eran un obsequio típico de los jóvenes pretendientes galeses como prenda de afecto. Hecha de una sola pieza de madera, la cuchara podía incorporar diversos símbolos románticos, como los corazones.

POSTALES DE SAN VALENTÍN

La postal de este tipo más antigua que conocemos es un verso que el duque Carlos de Orleans envió a su esposa, en Francia, mientras estaba cautivo en la Torre de Londres tras su derrota en Agincourt (1415). Hoy, estas postales se envían el 14 de febrero, día de san Valentín. Es probable que el vínculo literario entre este día y el amor provenga del *Parlamento de las aves* (1382) de Geoffrey Chaucer.

◀ **Postal de san Valentín**
Los victorianos llevaron las postales de san Valentín a su máxima expresión, incluyendo abundantes símbolos asociados con el amor y los amantes: tórtolas, nudos del amor en oro o plata, flechas, anillos, rosas rojas, cupidos, manos, nomeolvides y corazones heridos.

MATRIMONIO

El matrimonio es una de las primeras instituciones sociales creadas por el hombre, y sus ritos constan en casi todas las sociedades conocidas. Formado con el propósito de procrear, representa la unión de los opuestos –masculino-femenino, yin-yang, dios-diosa– para formar un todo. La gente puede casarse dentro de su grupo o fuera de él. Así se forman alianzas familiares y fuertes lazos sociales. Los ritos nupciales varían desde lo sumamente elaborado a lo más discreto y sencillo, y pueden ser actos civiles o ceremonias religiosas.

▲ **Anillo de oro**
La alianza simboliza eternidad, pues no tiene principio ni fin. Los desposados la portan en el dedo anular o corazón; es tradición llevarla en la mano izquierda por la creencia de que su vena va directa al corazón, ligando así los destinos de la pareja.

▲ **Anillo de boda ruso**
Estos anillos entrelazan bandas de oro de tres colores: rosa, amarillo y blanco; se considera que representan a la Trinidad, y siguen siendo muy populares. Los isabelinos llevaban una versión llamada «anillo de cadena».

▲ **Anillo turco**
En Oriente Próximo las esposas llevaban este anillo como muestra de fidelidad a sus maridos. Está formado por varios anillos que, correctamente montados, forman uno solo; la complejidad de su diseño implicaba que raramente se sacaban del dedo.

◀ **Nudo del amor**
Según la cultura popular romana, este nudo simbolizaba la legendaria fertilidad de Hércules. Llamado también «nudo del matrimonio», es símbolo de amor eterno y se incorporaba al cinturón de la novia para ser desatado por el marido.

▲ **Kiddush**
En las bodas judías, la novia y el novio beben de una *kiddush* (una copa) para simbolizar su amor. Tradicionalmente, además, durante la boda se rompe una copa de cristal para representar el fin de su soltería y el inicio de la unión.

▲ **Copa nupcial**
Su uso es una tradición antigua que hunde sus raíces en las culturas céltica y judía. Los novios comparten en ella su primer trago como esposos, demostrando así la unión de las dos familias.

▲ **Henna en las manos**
En el Día Mehndi, las manos y los pies de las novias hindúes son decorados con intrincados dibujos hechos con henna que simbolizan la fuerza del amor en el matrimonio. Un coloreado intenso es signo de buena suerte. A menudo el diseño incluye, escondidos, los nombres de los desposados.

▲ **Kimono shiro-muku**
El kimono nupcial japonés, o *shiro-muku*, de color blanco, toma su nombre de las palabras para «blanco» y «puro», que denotan inocencia. La novia viste también un *obi* (faja ancha) blanco que representa la virtud femenina.

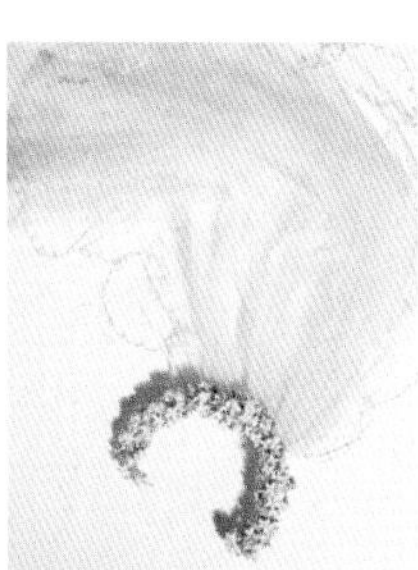

▲ **Velo**
Usado en muchas culturas, se creía que el velo ocultaba a la novia de los espíritus malévolos y alejaba el mal; asimismo, simboliza la inocencia. La retirada ceremonial del velo representa revelación y luz.

▲ **Muñecas atadas**
La antigua tradición de unir las muñecas de los recién casados atándolas con una cinta o cordón pretende unirlos con el símbolo del infinito. Se dice que el término «enlace», referido al matrimonio, procede de este ritual.

▲ **Arroz y confeti**
Arrojar objetos a los recién casados es una tradición muy antigua que procede de la antigua Roma o de Egipto. Con el arroz, símbolo de abundancia, se desea a la pareja prosperidad y fertilidad en su matrimonio.

▲ **Ramo de novia**
En el pasado se creía que la novia traía buena suerte; los invitados intentarían tocarla, y ella, en su empeño por escapar, tiraría su ramo. Se dice que la soltera que lo atrapa será la próxima en casarse.

▲ **Tarta nupcial**
Es un símbolo central en las bodas occidentales. Los recién casados hacen juntos el primer corte para simbolizar el futuro que van a compatir. En Gran Bretaña, la tarta contiene fruta y frutos secos, símbolos de fertilidad.

VÉASE TAMBIÉN
Flores *pp. 82-85*
El cuerpo humano *pp. 112-115*
Deidades griegas y romanas *pp. 140-141*
Cristianismo *pp. 176-179*

MUERTE Y DUELO

Vivimos bajo la sombra de la muerte. La forma en que cada cultura afronta el miedo a la muerte depende de sus creencias, mitos y prácticas. Algunas han desarrollado la creencia en un más allá; otras, en la inmortalidad o el renacimiento. En consecuencia, los rituales funerarios –el cuidado del cadáver, su deposición, el duelo y las ceremonias conmemorativas– tienen gran importancia. La muerte está rodeada de símbolos que reflejan el dolor de la pérdida, el tránsito a la otra vida y el gozo que en ella aguarda.

SÍMBOLOS DE MUERTE

Las imágenes de la muerte van desde la cruda descripción de la Señora de la Guadaña a las más sutiles sobre la fragilidad de la vida. La calavera es un símbolo mortuorio presente en muchas culturas y tradiciones religiosas. El paso del tiempo es representado por velas y por relojes de arena o de sol. También algunos animales –gatos, grajos, búhos, buitres, murciélagos– se asocian con la muerte, unos porque son carroñeros, otros por su color oscuro o porque son nocturnos.

▲ Cuervo
A pesar de considerarse en muchas culturas como símbolo de sabiduría, esperanza y fertilidad, para los cristianos es la antítesis de la inocente paloma blanca. Como carroñero, era portador de la muerte, la peste y la guerra, y se asoció a Satanás.

▲ Buitre
Su reputación de carroñero hizo del buitre un símbolo de la muerte. En el Tíbet se usan para el «entierro celestial», en el que se alimentan de los muertos.

▲ Señora de la Guadaña
En la cultura occidental, esta es una personificación típica de la muerte. Se representa como una figura esquelética vestida con un manto negro con capucha que blande la larga guadaña con la que se siegan los campos.

◄ Búho
Como criatura nocturna, puede representar infortunio y oscuridad espiritual. Algunas culturas creen que los búhos se abalanzan sobre la Tierra para comerse las almas de los muertos. Su estridente ulular y su vidriosa mirada se consideraban augurios de muerte y desastre.

▲ Ángeles
En la tradición cristiana son los mensajeros entre Dios y los hombres, y simbolizan la transición entre el Cielo y la Tierra. Esta imagen representa al arcángel san Miguel: se dice que defiende a las almas de los fieles frente a Satán, en especial en el momento de la muerte.

▲ Banderas a media asta
Es un signo de duelo de origen naval: la bandera se baja hasta la mitad del mástil de forma lenta y ceremoniosa. En algunos países se baja solo el ancho de una bandera, dejando el hueco para la invisible «bandera de la muerte».

▲ Amapolas
Ya antes de la Primera Guerra Mundial, la amapola roja era ya símbolo de sueño, de muerte y de la sangre de Cristo. Se dice que, en el Día del Recuerdo, cada amapola representa el alma de un soldado caído.

ENTERRAMIENTOS

En todas las sociedades humanas, la deposición de los muertos ha ido acompañada de un ritual simbólico. Los ritos funerarios no afrontan solo el tratamiento del muerto, sino también el bienestar de los supervivientes. Los distintos métodos están vinculados a las creencias, el clima y el estatus social. Así, el enterramiento está ligado a la creencia en el más allá, y la cremación es vista en ocasiones como la liberación del espíritu del muerto.

▲ Cipreses
En los países mediterráneos se consideran árboles funerarios debido a su estrecha asociación con el dios romano Plutón, señor del inframundo. Pero vinculados a Zeus, Venus o Apolo, también significan vida.

▲ Campanas
Las campanas doblando a difunto anuncian una muerte y dirigen la atención hacia un alma que está pasando al otro mundo y pide nuestra plegaria. Se creía que las campanas ahuyentaban a los espíritus malignos.

▲ Danza macabra
La primera aparición de esta alegoría data del tiempo de la peste negra. La «danza de la muerte» presenta a la Muerte bailando con personajes de distinta condición, símbolo de un final inevitable e igualador.

▲ Vela
Representa el paso del tiempo y la brevedad de la vida, que finalmente se consumirá como la cera. Es un motivo recurrente en las *vanitas*, subgénero de la naturaleza muerta cargado de simbolismo.

▲ Ataúd judío
Entre los judíos, el difunto es enterrado en una caja de madera sin pulir, sin asas ni acolchado. Esto alude a la igualdad de todos ante la muerte, cuando no importa la riqueza personal. El funeral es siempre sencillo.

▲ Momificación
Los egipcios practicaron la momificación para conservar el cuerpo y asegurar la inmortalidad en la próxima vida. La momia se alojaba luego en una serie de ataúdes de madera dorada.

▲ Tribu ga de Ghana
Esta tribu de la costa tiene la costumbre de hacer ataúdes que representan la vida del difunto; este pez-féretro es para alguien cuya vida estuvo estrechamente ligada al mar.

▲ Funeral de jazz
Esta tradición funeraria única, surgida de las prácticas espirituales africanas en EE UU, se ha convertido en un símbolo de Nueva Orleans. Incluye cantos fúnebres, pero acaba con una música y un baile alegres que celebran la vida.

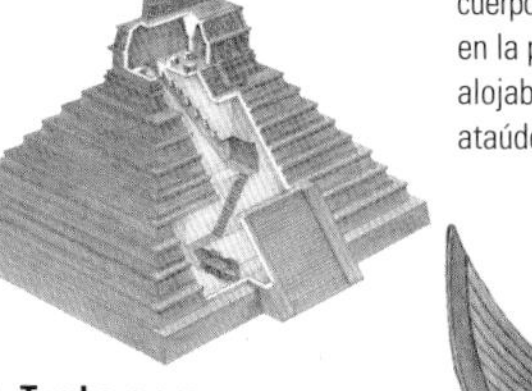

▲ Tumba maya
Las tumbas mayas estaban orientadas al norte o al oeste, hacia los cielos de los mayas, para facilitar el acceso del muerto al otro mundo. Tenían nueve plataformas escalonadas que representaban los nueve niveles del inframundo.

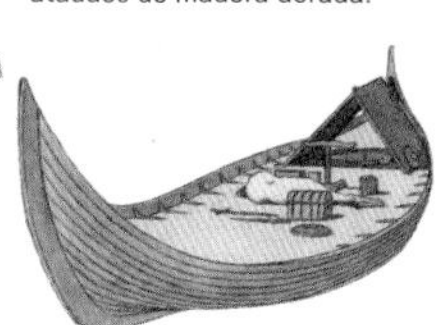

▲ Barcas funerarias
Para los funerales reales los anglosajones usaban una barca, pues la nave, acuática y con forma de útero, simbolizaba el renacimiento del rey. A menudo la barca se cargaba de artículos para uso del difunto en el más allá.

◀ Monedas
En la mitología griega, el río Éstige era la frontera entre la Tierra y el Hades. El barquero Caronte conducía a los muertos a cambio de un óbolo, por lo que para asegurar un paso seguro al más allá, se ponía una moneda bajo la lengua del muerto. En otros ritos se ponía una sobre cada ojo.

CREMACIÓN

Los ritos funerarios por cremación fueron muy practicados en las civilizaciones antiguas, y la pira funeraria formó parte del ritual de enterramiento en las antiguas Grecia y Roma. Los judíos fueron de los pocos pueblos que la prohibieron, pues constituía una profanación del cuerpo. Los hinduistas la han usado siempre; la pira ayuda a liberar el alma, lista para la reencarnación.

◀ El río Ganges
Es el río sagrado de los hinduistas. Lavarse en sus aguas supone limpiar el alma, y liberar las cenizas de una persona en él asegura una reencarnación favorable.

▲ Cremación balinesa
La cremación es un ritual importante en el hinduismo balinés, un ritual tan caro como elaborado. La forma del sarcófago simboliza la casta de la familia.

VÉASE TAMBIÉN
Aves *pp. 58-61*
Flores *pp. 82-85*
Árboles *pp. 94-95*
Deidades griegas y romanas *pp. 140-141*
Hinduismo *pp. 158-163*
El hogar *pp. 238-241*

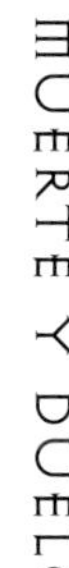

DUELO

La muerte une a todos en el dolor, pero la expresión de este depende de aspectos culturales. En algunas sociedades el período de luto puede durar años, mientras que otras carecen de rituales de duelo. En general, se trata de honrar al muerto y confortar a los vivos. En Occidente se usan símbolos como las placas conmemorativas en lápidas y jardines; también se manifiesta en la ropa, habitualmente negra en señal de aflicción. En algunas culturas, como la hindú y la budista, el color del luto es el blanco, que refleja la luz alcanzada por el fallecido.

▶ Brazalete negro
En la época victoriana los hombres de luto portaban brazaletes negros, que fueron comunes hasta la década de 1940. A pesar de caer en desuso, siguen siendo usados por los equipos deportivos tras la muerte de un compañero o miembro de la comunidad.

▲ Toca de viuda
En la Inglaterra del siglo XIX, las viudas vestían una toca negra y un «velo de luto» sin adornos. Se esperaba que guardaran luto durante dos años; una viuda de edad avanzada podía llevar luto durante el resto de su vida.

▲ La reina Victoria
Tras la muerte de su marido, el príncipe Alberto, la reina cayó en una profunda aflicción. Vistió su atuendo de viuda durante el resto de su larga vida, e influyó mucho en las costumbres de duelo del siglo XIX.

◀ Prendas de luto
En el pasado, el blanco fue el color del luto entre la realeza europea; aunque en Occidente acabó siendo reemplazado por el negro, en muchas culturas el blanco sigue representando el duelo. Aquí, un grupo de mujeres de Macao –de población mayoritariamente budista– visten prendas de luto blancas.

JOYERÍA FUNERARIA

La joyería funeraria o conmemorativa se usó desde la época medieval: se llevaba en memoria de los ausentes y tenía un alto valor sentimental. Muchas piezas tenían inscripciones o contenían un mechón de cabello del ser amado. Los símbolos preferidos por la joyería victoriana incluían flores como el nomeolvides, corazones, cruces y hojas de hiedra. Estos motivos devinieron más habituales que los macabros signos de calaveras, ataúdes y lápidas diseñados para alejar la muerte y los sucesos ominosos.

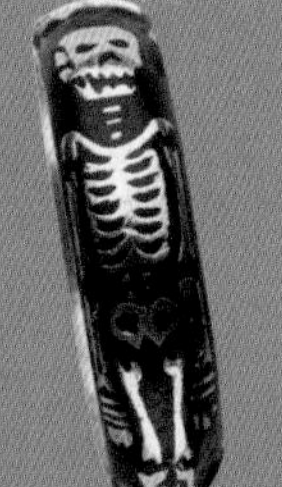

▲ Anillos
Los anillos de duelo eran un símbolo de estatus en los siglos XVII y XVIII. A menudo de oro esmaltado en negro, sus esqueletos y calaveras eran un recordatorio de la muerte.

▲ Relicarios
Era frecuente guardar un mechón de cabello del difunto en anillos o guardapelos. El cabello es símbolo de vida, y su corte se vincula con los funerales en muchas culturas.

▲ Broches
La joyería funeraria más común era negra y de acabado mate. El azabache, carbón de gran negrura, fue muy hosado en la fabricación de adornos funerarios.

MONUMENTOS CONMEMORATIVOS

Todas las culturas honran y recuerdan a sus muertos. Así, se demarcan los lugares de enterramiento –ya sea con simples fosas o con elaboradas tumbas y pirámides– y se celebran fiestas anuales. Estas pueden ser acontecimientos alegres, como el Día de los Muertos en México, o más bien sombríos, como el Día del Recuerdo. Muchas de estas festividades tienen profundas raíces religiosas: apaciguan los espíritus de los ancestros, aseguran el bienestar del ser amado en el más allá y dan consuelo a los familiares y amigos.

▲ Pirámides egipcias
Según una teoría, estas pirámides representaban la Tierra original elevándose de las aguas primigenias; la cima de la pirámide estaba ligada al Sol. Como cámara funeraria, aseguraba el éxito del viaje del faraón a una vida próspera en el más allá.

▲ Taj Mahal
Este mausoleo es uno de los monumentos más famosos del mundo: es un símbolo de India, pero ante todo es un símbolo de duelo. Abrumado por la muerte de su tercera esposa, Mumtaz Mahal, muerta al nacer su decimocuarto hijo, el sha Jahan inició su construcción en 1631, que acabó hacia 1648.

▲ Cenotafio
Cenotafio significa «tumba vacía» en griego. El cenotafio del centro de Londres fue inicialmente una construcción de madera y yeso para conmemorar el primer aniversario del armisticio de 1919. El entusiasmo popular hizo que se decidiera convertirlo en un monumento permanente, símbolo de los caídos.

▲ Día de los Muertos
Se celebra en México cada 1 de noviembre, y coincide con la festividad católica de Todos los Santos. Es una celebración mexicana en la que se honra a los espíritus de los fallecidos, que son invitados a regresar a la Tierra para unirse a la fiesta.

▲ Obon
Entre los budistas japoneses, Obon es el tiempo en que las almas de los difuntos vuelven al mundo de los vivos. Las familias encienden faroles de papel y los cuelgan frente a sus casas para ayudar a los espíritus a encontrar el camino al hogar.

LÁPIDAS SEPULCRALES

Miles de símbolos y emblemas, religiosos y profanos, han adornado las tumbas a lo largo de los tiempos, indicando las distintas actitudes hacia la muerte y el más allá, la pertenencia a una comunidad o el oficio del difunto. En el cristianismo, ángeles alados representan el ascenso del alma al Cielo, calaveras y relojes de arena recuerdan la brevedad de la vida, y las escenas bíblicas expresan ideas diversas como la resurrección, la observancia estricta de la palabra de Dios o la maldad humana.

▲ Lámpara
Las lámparas, como esta de aceite, simbolizan la inmortalidad, la fe, la luz de la sabiduría y el conocimiento de Dios.

▲ León
Su mirada custodia la tumba ante los malos espíritus y significa valor, fuerza y resurrección. Era común colocar la estatua de un león sobre la lápida de un protector o héroe caído.

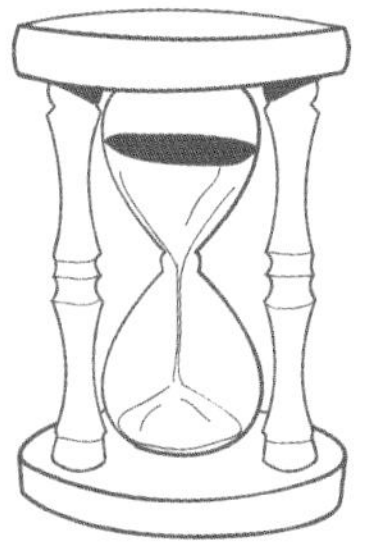

▲ Reloj de arena
Símbolo tradicional del Tiempo, representa su paso del mismo; un reloj alado es un recordatorio de que el tiempo vuela, y un reloj de arena volcado significa que el tiempo se ha detenido para el finado.

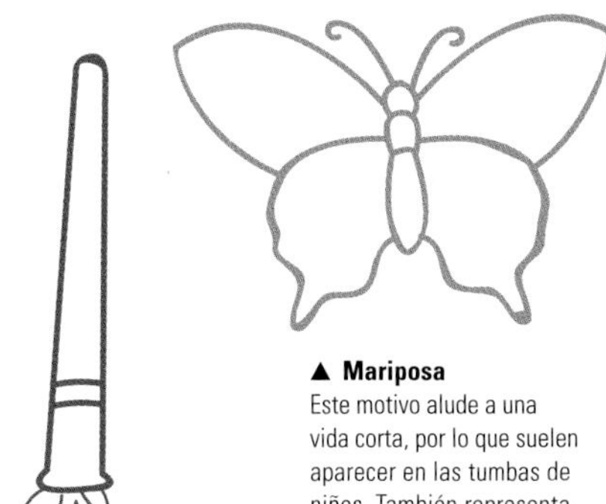

▲ Mariposa
Este motivo alude a una vida corta, por lo que suelen aparecer en las tumbas de niños. También representa la metamorfosis cristiana: oruga, crisálida y mariposa son símbolos de vida, muerte y resurrección.

▲ Antorcha
La antorcha triunfal significa inmortalidad y vida frente a la muerte. Cuando aparece invertida, no obstante, sugiere que la vida se ha apagado.

▲ Estrella de cinco puntas
Simboliza la Estrella de Belén, que ofrece guía y protección divinas a los muertos. También puede representar las cinco llagas de Cristo.

◄ Hoja de roble
Motivo frecuente en las tumbas de militares, puede significar poder, autoridad y victoria. El roble simboliza fuerza, gloria y permanencia, mientras que su fruto, la bellota, simboliza la promesa de maduración y fuerza.

VÉASE TAMBIÉN
Los árboles *pp. 94-95*
Manos y pies *pp. 116-119*
Lugares sagrados *pp. 232-233*
Colores *pp. 280-283*
Formas *pp. 284-289*

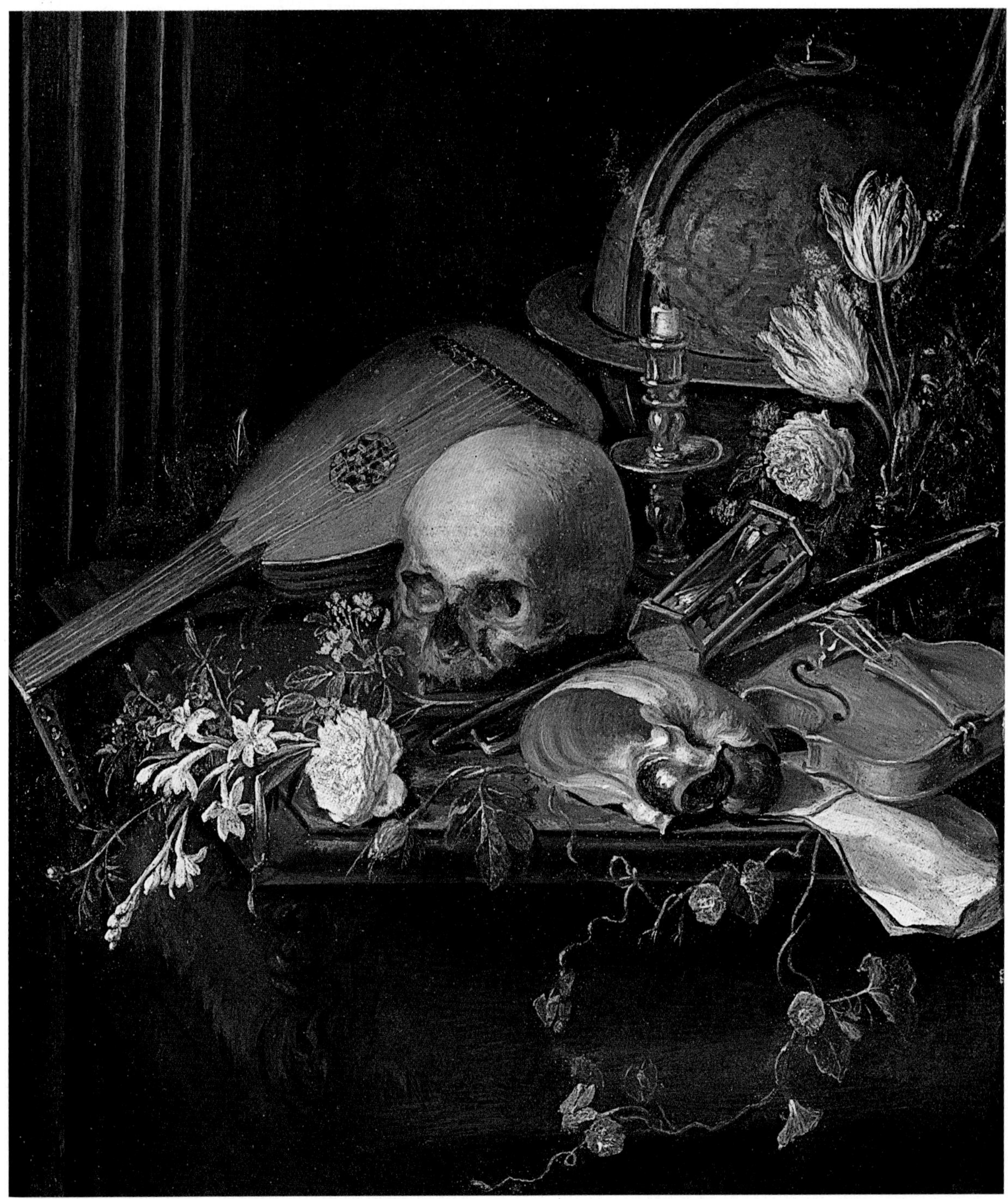

▲ ***Vanitas* con nautilo y laúd**

Esta pintura de Matthijs Naiveau contiene referencias a la perfección (concha de nautilo), el paso del tiempo (reloj de arena), la vanidad de nuestra existencia (globo terráqueo), la brevedad de la vida (instrumentos musicales, flores marchitas) y la inevitabilidad de la muerte (vela consumida y cráneo).

VANITAS

Los bodegones llamados *vanitas* sirven como recordatorio de que el poder, los placeres e incluso la belleza de la vida terrena son efímeros, y de que, finalmente, todo pasa.

Como género pictórico, las *vanitas* proliferaron en los siglos XVI y XVII, principalmente en Países Bajos, Flandes y Francia. El término *vanitas* («vanidad» en latín) se refiere a la fugacidad de todas las cosas mundanas, como la riqueza, la belleza, las diversiones y el conocimiento. La raíz última del género toma su inspiración en una sentencia del Eclesiastés (1:2), que dice: «Vanidad de vanidades, todo es vanidad».

▲ ***Vanitas* con reloj de sol (escuela francesa)**
Los relojes simbolizan el paso del tiempo y a menudo lucen lemas como *ultima forsan* («tal vez la última [hora]»).

MENSAJE MORAL

Concebidas con una finalidad moral, y no solo para ser admiradas como exquisitas obras de arte, las pinturas de *vanitas* están cargadas de un simbolismo que invita al espectador a reflexionar sobre la inevitabilidad de la muerte y la consecuente necedad de toda ambición humana. Así, servían como recordatorio –como advertencia, incluso– de que no debemos dar demasiada importancia a las cosas de este mundo. Tradicionalmente, los atributos que simbolizan riqueza material, conocimiento, naturaleza y temporalidad tendían a yuxtaponerse a objetos que representan la esperanza en la resurrección de Cristo y la vida eterna.

▲ **Joven con calavera**
En esta obra de Frans Hals, el cráneo expresa una advertencia, instando al espectador a pensar en la muerte, incluso en la juventud.

MORTALIDAD

Algunos motivos comunes eran la fruta podrida, que simboliza vejez; burbujas, que sugieren lo repentino de la muerte; y velas apagadas y relojes, que recuerdan la brevedad de la vida. Sin embargo, el macabro símbolo de muerte más usado en las *vanitas* era la calavera. En el *Hamlet* de Shakespeare, el príncipe sostiene el cráneo de Yorick, antiguo sirviente, mientras lamenta la inutilidad y fugacidad de los asuntos del mundo. La muerte es inevitable, y las cosas de esta vida, por tanto, intrascendentes.

SÍMBOLOS DE VANITAS

En este género artístico los objetos raramente son lo que aparentan. Una copa de vino puede ser un simple recipiente del jugo fermentado de la uva, pero también puede representar la sangre de Cristo (en especial si está junto a una hogaza de pan), o puede referirse al sentido del gusto, o incluso al libertinaje. Los elementos de las *vanitas* suelen pertenecer a una de estas tres categorías: accesorios de la vida mortal, como libros, herramientas, bolsos o escrituras; objetos que reflejan la temporalidad de la vida, como cráneos o relojes de arena; y objetos que sugieren la promesa de salvación y vida eterna, como mazorcas, ramos de laurel o marfil.

Entre los símbolos de riqueza se encuentran conchas marinas y prendas de púrpura. Un montón de platos en desorden puede sugerir la insensatez de una vida centrada en las inquietudes terrenas como opuesta a una vida centrada en la salvación del alma. Un espejo refleja sabiduría y conocimiento, aunque cubierto de polvo adopta el significado de un espíritu nublado por la ignorancia.

▲ **Tres monos**
El mono simboliza la avaricia y la lujuria. En esta pintura de Frans Snyders, su actitud hacia la comida avisa contra el abandono a los instintos animales.

VÉASE TAMBIÉN
Trofeos de cabezas *pp. 110-111*
Muerte y duelo *pp. 128-131*
Colores *pp. 280-283*

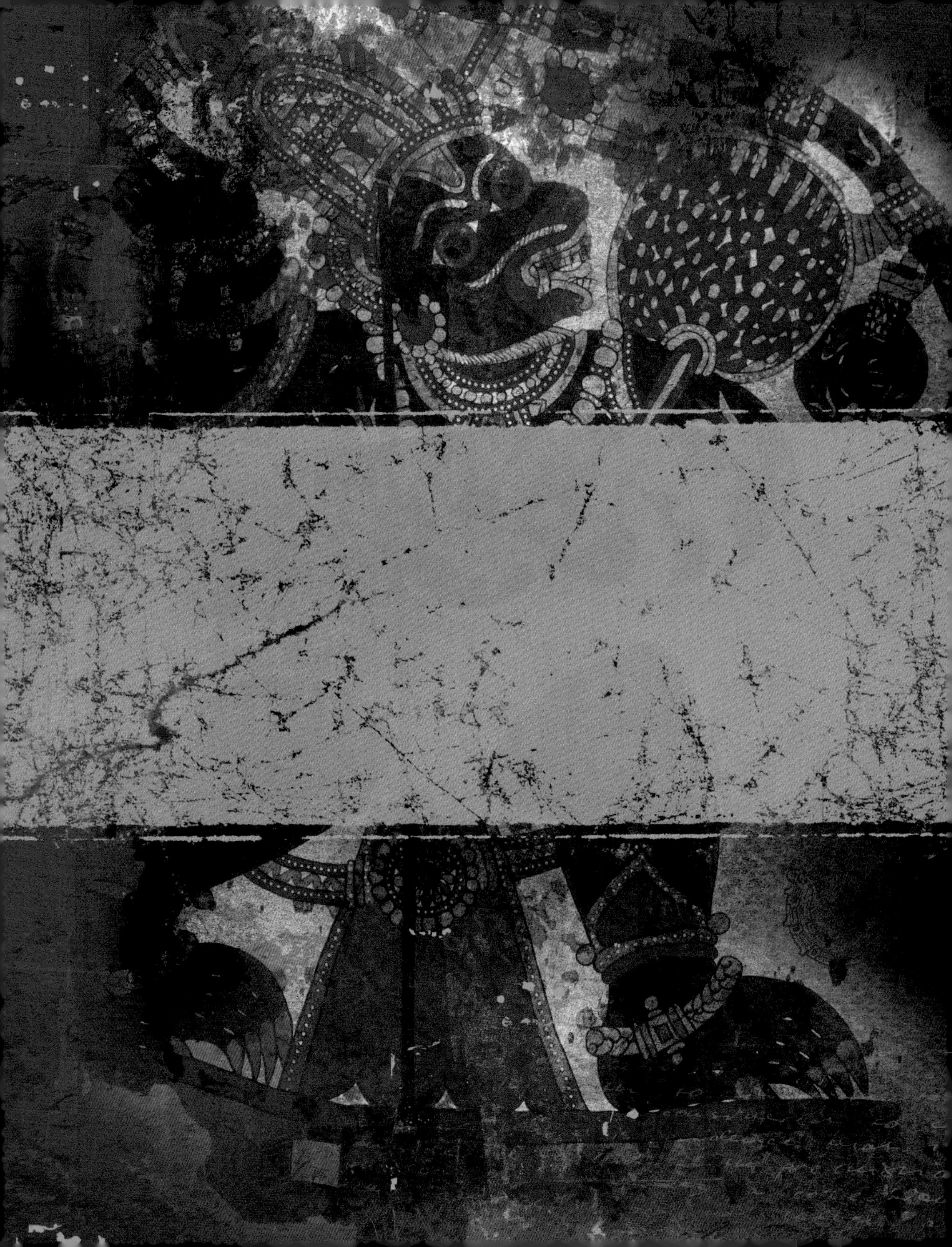

MITOS Y
RELIGIONES

Temerosos de lo desconocido, hemos creado religiones y poblado el cosmos con deidades que nos guían en nuestro viaje por la vida y el más allá. Cada cultura tiene sus propios símbolos, relatos de la creación e historias de los antepasados, elementos que constituyen sus raíces y refuerzan su sentido de identidad.

Desde la antigüedad, las diversas culturas han concebido deidades para representar distintos conceptos, como Eros, el dios griego del amor. Asimismo, todas las culturas tienen personajes mitológicos simbólicos, entre ellos héroes y *tricksters*, presentes en los relatos sobre la creación. La adivinación –el intento de ver el pasado y el futuro– ha sido practicada durante milenios, y ha usado desde las bolas de cristal hasta la astrología. A lo largo de los siglos, unos pocos sistemas de creencias se han extendido más allá de su lugar de origen para convertirse, en algunos casos, en religiones mundiales. El hinduismo es una religión desarrollada a partir de la amalgama de varias creencias, pero casi todas las grandes religiones tienen un fundador, un profeta o maestro –como Buda, Cristo, Mahoma o el Gurú Nanak Dev del sijismo– que reveló la doctrina y cuyas enseñanzas fueron luego recogidas en un texto sagrado.

En algunas culturas, el sistema de creencias y símbolos se ha desarrollado en un aislamiento que puede hacerlo confuso para el extraño; el Tiempo del Sueño de los aborígenes australianos o la simbología de algunos grupos de nativos norteamericanos son ejemplos de ello. Pero, a pesar de las diferencias de creencias, rituales y tradiciones, todas las culturas muestran la misma preocupación por la vida, la muerte y el más allá.

En muchas sociedades, como la china, el culto a los antepasados tiene una gran

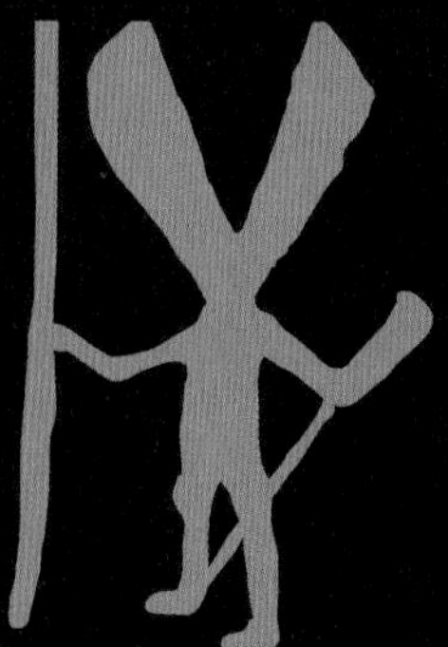

CADA CULTURA TIENE SUS SÍMBOLOS, RELATOS DE LA CREACIÓN E HISTORIAS DE LOS ANCESTROS, ELEMENTOS QUE CONSTITUYEN SUS RAÍCES

relevancia social. Al morir, la persona se une a los ancestros, los cuales velan por sus descendientes y son honrados por ellos, y cuyo espíritu está presente en ceremonias, batallas y festividades. Su presencia es evidente en la vida diaria a través de sus imágenes y símbolos tallados en armas y viviendas, y así continúan de algún modo presentes en la sociedad.

En algunas culturas la influencia de los espíritus sigue siendo poderosa a pesar de las creencias religiosas oficiales. Se cree que habitan montañas, árboles, aguas, rocas y campos, y que para mantener la armonía deben ser apaciguados con ofrendas; incluso los hogares tienen sus propios espíritus domésticos. La realización de ofrendas simbólicas a los espíritus surge del mismo instinto que lleva a realizar sacrificios rituales para complacer a los dioses.

Cada cultura tiene sus mediadores: sacerdotes o chamanes que, gracias a su elevada conciencia espiritual, se comunican con deidades y espíritus, a menudo a través de símbolos. Algunos, como los curas católicos, dirigen los ritos y enseñan la palabra de Dios; otros, como los chamanes, se comunican con los espíritus y usan poderes «mágicos». La mayoría de ellos trabaja por el bien de la comunidad, pero algunos practican la magia negra y apelan al terror de sus seguidores. Estos mediadores suelen ser respetados, pues todos los pueblos siguen sintiendo la necesidad de contar con unos intermediarios entre ellos y la divinidad, con alguien que asuma el liderazgo espiritual de la comunidad.

DEIDADES EGIPCIAS

Los dioses egipcios surgieron de la mezcla de dos culturas previas: una adoraba a dioses con forma humana, la otra tenía dioses con forma animal. De ellas emergió gradualmente una religión centrada en el culto a los muertos y muy orientada hacia el simbolismo. Los dioses egipcios solían representarse con símbolos de poder, como la corona, el báculo o el azote; algunos portaban además el *anj*, símbolo de la vida eterna. Estos símbolos religiosos no son los mismos que se encuentran en la escritura jeroglífica egipcia.

▲ **Osiris**
Símbolo de renacimiento y fertilidad, el papel de Osiris se relaciona con el inframundo. Su cuerpo fue arrojado al Nilo, desmembrado y luego hundido en la tierra por su celoso hermano Seth; pero se regeneró. Este renacimiento se consideraba como un símbolo del enterramiento, la germinación y el crecimiento del trigo en los fértiles suelos del valle del Nilo. Como juez de los muertos, Osiris porta báculo y azote, signos de su poder y soberanía.

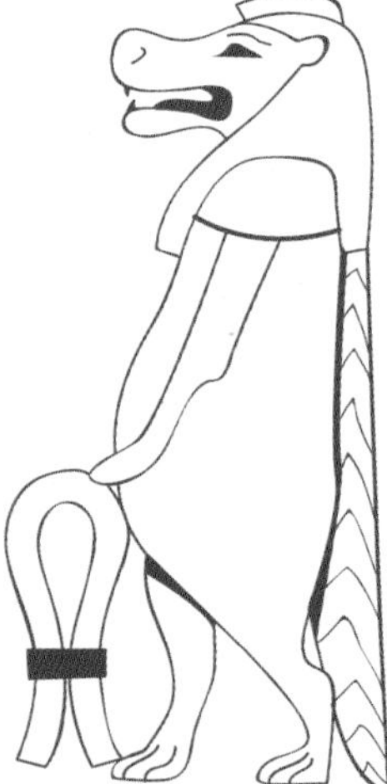

▲ **Taurt**
Es una de las varias deidades hipopótamo, representada normalmente de pie. Su vientre y pechos inflamados son símbolo de su papel como protectora de las mujeres y el parto. El *anj* significa vida e inmortalidad.

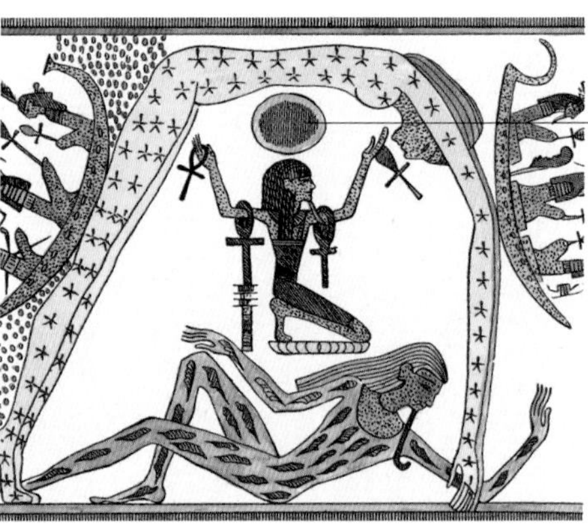

El disco representa el Sol

▲ **Nut y Geb**
Nut, diosa creadora, personificaba la bóveda del cielo y era símbolo de resurrección. Cada noche se tragaba el Sol y lo paría por la mañana. Aquí se curva sobre el dios de la Tierra, Geb, quien se apoya sobre un codo y levanta las rodillas en representación de los valles y las montañas. Ambos están separados por Shu, dios del aire, que porta varios *anjs*, símbolos de vida eterna. Dos barcas solares, una para la noche y otra para el día, cruzan simbólicamente los cielos.

▲ **Amón**
Invisible para los humanos pero considerado la esencia de toda materia, Amón era el dios creador que luego se uniría al dios Sol, Ra, para hacerse visible a los mortales como Amón-Ra. Cuando se representa bajo forma humana luce un tocado con plumas, símbolo del Cielo y de su asociación con el viento. También puede aparecer como un ganso del Nilo o una serpiente, símbolos de las aguas de la renovación, o, en este caso, como un carnero de curvos cuernos protectores, símbolo de fertilidad.

▲ **Horus**
Símbolo de realeza representado por el halcón, era el «Señor del Cielo». El Ojo de Horus *(ujdat)* se llevaba como amuleto contra el mal.

▲ **Seth**
El dios del caos y las tinieblas aparece aquí representado como un animal mítico con un *anj* y un cetro *uas*, símbolo de poder.

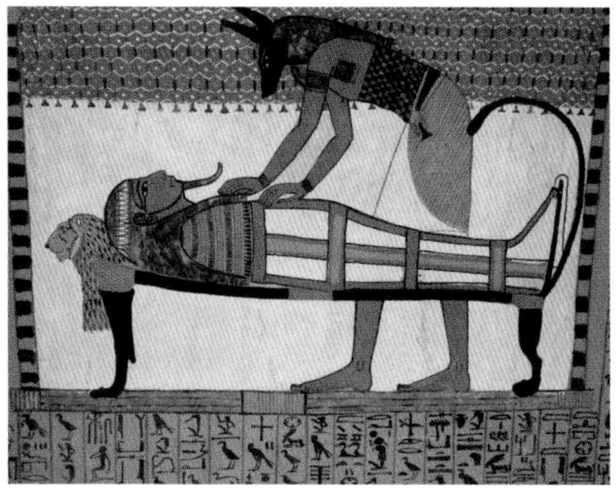

▲ **Anubis**
El dios funerario con cabeza de chacal supervisaba los embalsamamientos. Su simbolismo puede provenir del hecho de que los chacales husmeaban por las tumbas, especialmente de noche. Siempre se representaba de color negro, que no es el color de los chacales sino el de la carne momificada.

▲ **Sobek**
El dios del Nilo solía representarse con cabeza de cocodrilo y una corona con dos plumas de avestruz y un disco solar con cuernos.

▲ **Sejmet**
Diosa de la guerra y el terror, pero también protectora y sanadora, su cabeza de leona simboliza su fiereza. Su naturaleza cuidadora queda representada por los escalpelos de caña que sostiene.

▲ **Bastet**
Era una diosa lunar, representada aquí con cabeza de gato. Porta un pequeño escudo, signo de su fiereza y símbolo de su estrecha afinidad con Sejmet.

▲ **Isis**
La corona en forma de trono de Isis recuerda que inicialmente personificó el trono de los faraones. Ella rescató a Osiris y le devolvió la vida en un acto simbólico de resurrección.

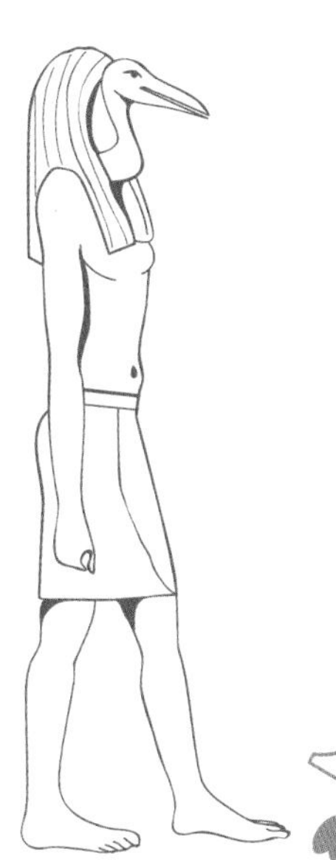

▲ **Thoth**
El dios Luna enseñó al pueblo el arte de la escritura, y se asocia con la sabiduría y la magia. A menudo se representa con cabeza de ibis, como aquí, o bien como un babuino.

▲ **Re (Ra)**
Es uno de los dioses creadores, representado como el halcón solar (con el disco sobre su cabeza). Porta un *anj* y otros símbolos de poder: un báculo, un azote y un cetro *uas*.

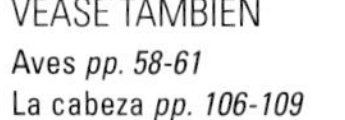

► **Maat**
Símbolo de protección divina cuando se la representa con alas, a veces lleva una pluma en su diadema que simboliza la verdad. Cuando alguien moría, su corazón se pesaba contra la pluma de Maat: sólo los que eran más ligeros que ella podían entrar en el más allá.

VÉASE TAMBIÉN
Aves *pp. 58-61*
La cabeza *pp. 106-109*
Amuletos *pp. 194-195*
Escritura pictográfica *pp. 300-303*

DEIDADES GRIEGAS Y ROMANAS

La civilización griega concibió una multitud de dioses que disputaban, odiaban y amaban de forma muy similar a la humana. Estos dioses serían adoptados por los romanos, que les dieron sus propios nombres –Zeus sería Júpiter, por ejemplo– y en algunos casos cambiaron sus atributos: Crono, por ejemplo, cambió su hoz por una guadaña al convertirse en Saturno. Las principales deidades grecorromanas son bien conocidas gracias a la literatura clásica y a las abundantes representaciones pictóricas y escultóricas del mundo occidental.

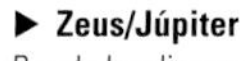

▶ **Zeus/Júpiter**
Rey de los dioses y señor de los Cielos, sus abundantes victorias amorosas reflejan las conquistas griegas de las regiones vecinas y la absorción de los cultos de las diosas madre. Entre sus símbolos está el águila, que representa su realeza y su poder.

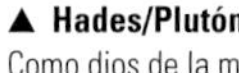

▲ **Hades/Plutón**
Como dios de la muerte y señor del inframundo, a menudo se le representa con corona y un cetro con dos púas, que simbolizan la vida y la muerte. Va acompañado por Cerbero, el perro tricéfalo que guardaba las puertas del Hades (el inframundo).

▲ **Niké/Victoria**
Para los griegos era un símbolo de superioridad y victoria en el combate. Se la representaba con alas, símbolo de la naturaleza fugaz de la victoria. Una de esas alas, estilizada, es hoy el logotipo de una conocida marca deportiva.

▲ **Afrodita/Venus**
Personificación de la primavera, era la diosa del amor, la belleza, el sexo y la fertilidad. A menudo se la representaba desnuda, provocando a los dioses. Entre sus símbolos o atributos están el cisne, la concha de vieira, los delfines y el corazón en llamas.

▲ **Eros/Cupido**
El dios del amor portaba un arco y un carcaj con flechas, con las que atravesaba el pecho de sus víctimas: las de oro significaban el amor verdadero, y las de plomo, la pasión. A veces aparece con los ojos vendados en alusión a la ceguera del amor.

▲ **Dioniso/Baco**
Dios de la viticultura y el vino, y para los griegos también de la fertilidad, a menudo se le representa con una corona de uvas o de hiedra, símbolos de la vida eterna.

▲ **Hera/Juno**
Poderosa diosa entre cuyos símbolos se hallan el pavo real (mostrado aquí), al cual supuestamente creó, y el loto, ligado a su papel de diosa del matrimonio.

▲ **Poseidón/Neptuno**
Simboliza el poder incontrolable del mar. Se le representa como un anciano barbado, y entre sus atributos se hallan el tridente, símbolo del rayo, y el delfín, que representa el mar en calma y la salvación de los náufragos.

► **Ares/Marte**
Dios de la guerra, sus atributos son el escudo y la lanza. En la guerra de Troya fue simbólicamente derrotado por Atenea: la sabiduría venció a la violencia. A veces va acompañado por una loba, aquella que según el mito crió a sus hijos gemelos.

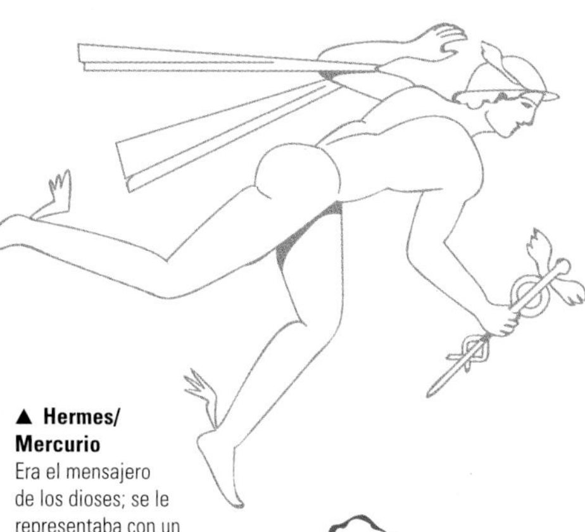

▲ **Hermes/ Mercurio**
Era el mensajero de los dioses; se le representaba con un gorro y unas sandalias alados, en alusión a su rapidez, y con una vara igualmente alada, el caduceo, símbolo de equilibrio y armonía.

▲ **Crono/Saturno**
Señor de los titanes y dios cosechador, su símbolo era la hoz. El Saturno de los romanos, en cambio, llevaba una guadaña, símbolo de la muerte y la destrucción que preceden al renacimiento.

► **Apolo**
Dios de la luz y de las artes, es la encarnación de la belleza masculina. Sus atributos son la lira, el arco y las flechas, y en ocasiones una serpiente o un lobo, símbolos de su origen pastoril y su poder sobre los depredadores del ganado. Era señor del oráculo de Delfos.

▲ **Atenea/Minerva**
En origen fue la diosa del saber y la enseñanza, pero en la época micénica asumió atributos guerreros. Se la suele representar con casco de guerra y escudo o lanza. Era la patrona de Atenas, y su símbolo es la lechuza.

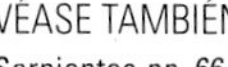

► **Pan**
Era el dios de los pastores y los cazadores. Sus cuernos, sus pezuñas y su rabo reflejaban su instinto animal. Representado a menudo tocando su dulce siringa, también podía inspirar un miedo incontrolable (de ahí la palabra «pánico»).

VÉASE TAMBIÉN
Serpientes ***pp. 66-67***
Criaturas acuáticas ***pp. 68-71***
Relatos de la creación ***pp. 156-157***
Símbolos profesionales ***pp. 314-315***

DEIDADES CÉLTICAS Y NÓRDICAS

Las deidades prerromanas de los pueblos célticos y nórdicos eran diosas madre creadoras, o dioses de la naturaleza que representaban la fertilidad, la guerra o el amor. Símbolos de los poderes sobrehumanos, se les atribuía el dominio de todo lo incontrolable o incomprensible, como los rayos, que se creía que los provocaba Mjolnir, el martillo mágico del dios Thor. Las deidades célticas eran inmortales, pero las nórdicas no: se mantenían con vida comiendo las manzanas custodiadas por Idun, diosa de la juventud.

▲ **Thor**
Dios nórdico de la guerra, señor de los Cielos, que surca en un carro tirado por dos machos cabríos. Asociado con la esvástica, símbolo que acaso deriva de su martillo, su emblema es el avellano, símbolo de fertilidad, adivinación y sabiduría.

Rueda de plata

◀ **Arianrhod**
Diosa ctónica galesa, deidad de la Luna y las estrellas, se la llama «Rueda de Plata» debido a que transporta a las almas al más allá sobre su rueda plateada, símbolo de nacimiento y renacimiento.

▲ **Cernunnos**
Llamado «el Cornudo», era un dios ctónico, con poderes sobre el inframundo. Se le representaba a menudo en postura yóguica y sosteniendo un torque, collar en forma de herradura, y una serpiente, símbolos de lo masculino y lo femenino; la serpiente es también símbolo de resurrección. Cernunnos representa al ciervo sacrificial, símbolo a su vez de sexualidad, cuya sangre debe ser derramada para mantener la armonía.

▲ **Brigid**
Diosa solar céltica, patrona de los herreros, entre sus atributos típicos se halla el fuego. También está vinculada con las propiedades sanadoras de los manantiales sagrados.

▲ **Morrigan**
Diosa céltica de la guerra, la fertilidad y la vegetación, está ligada simbólicamente al caballo. También se la asocia con el grajo, pues adopta su forma para vaticinar las batallas.

▲ **Rhianon**
La diosa céltica de los caballos y el inframundo cabalga una yegua blanca que simboliza el poder de la naturaleza. Vinculada con la Tierra, está asociada a la fertilidad y la regeneración.

▲ **Cocidius**
Dios britano guerrero y cazador, el Rey del Bosque es mostrado aquí con un escudo en una mano y una lanza en la otra. Los pequeños cuernos de su cabeza son un símbolo de virilidad y fertilidad.

ODÍN

Dios del Cielo, la guerra y la victoria en el combate, Odín convocaba a los caídos al Valhalla, el Salón de los Muertos de Asgard. Conocido en los mitos nórdicos, islandeses y germánicos, se le asocia con los lobos y los cuervos, que, como carroñeros, simbolizan la muerte. Los capturados en combate eran sacrificados a Odín a imitación de su propia inmolación en el árbol-mundo, Yggdrasil. Odín era también el dios de la riqueza.

▲ **El caballo de Odín**
Odín montaba un caballo mágico de ocho patas llamado Sleipnir, el más veloz de todos los caballos. El número de sus patas representaba que podía galopar sobre la tierra, el agua y el aire.

▲ **El cuerpo de Odín**
El símbolo del triple cuerno está asociado a Odín: evoca la fuerza y la potencia y recuerda los tres tragos de hidromiel mágica logrados por Odín tras una larga búsqueda.

◀ **Freya**
Diosa del amor, la fertilidad, la vegetación, la guerra y la muerte, Freya monta un carro tirado por gatos. A veces toma la forma de una cabra, símbolo de fertilidad.

▶ **Frigga**
Esta diosa madre vikinga de la fertilidad protege a los niños. Son atributos suyos la cigüeña, portadora simbólica de los bebés, y la rueca con la que hila las nubes.

◀ **Tyr**
Dios nórdico de la guerra, la justicia y la autoinmolación. Aquí aparece con una sola mano, pues sacrificó la derecha a Fenris, lobo encarnación del mal, para distraerle y permitir que los demás dioses lo encadenaran.

◀ **Frey**
Gemelo de Freya, es el dios nórdico de la fertilidad, la prosperidad y la paz. Como dios de la fertilidad se representa a menudo junto a un robusto jabalí y con una espada mágica tan poderosa que podía combatir y matar por sí sola a los gigantes devoradores de hombres.

▲ **Balder**
Inmune a todo excepto al muérdago, fue asesinado por su hermano, a quien el *trickster* Loki persuadió para hacer una lanza con esa planta. La muerte de Balder simboliza la mortalidad de los dioses nórdicos, pero su emblema, el siempreverde, alude a su regeneración.

▲ **Dagr**
Dios nórdico del día, señor de la luz, cabalga por los cielos en su reluciente caballo blanco, Skinfaxi, cuyas brillantes crines iluminan la Tierra. El ciclo del día y de la noche queda simbolizado por su nacimiento de la diosa de la noche, Nott.

VÉASE TAMBIÉN
El clima *pp. 34-35*
Árboles sagrados *pp. 96-97*
Tótems, héroes y *tricksters* *pp. 150-151*
Satanás y los demonios *pp. 190-191*

DEIDADES DE MESOAMÉRICA Y SUDAMÉRICA

El vasto continente americano, con su gran riqueza geográfica y climática, ha engendrado numerosas culturas y dioses. Los imperios maya, azteca e inca fueron opulentos reinos sumamente estructurados cuyas pirámides y templos presentan un rico despliegue de símbolos. Estas culturas estuvieron dominadas por cultos en los que los dioses eran aplacados a través del sacrificio animal y humano, pues el derramamiento de sangre se creía necesario para regenerar y mantener el orden natural.

DEIDADES MAYAS

La gran civilización maya floreció en América Central entre el 2000 y el 900 a. C. Los mayas desarrollaron un sistema de escritura con símbolos, complejos mapas astrológicos y calendarios. Ciudades como Teotihuacán fueron construidas como microcosmos, con pirámides que representaban el Sol y la Luna. Su panteón incluía dioses de los elementos, los cultivos, el nacimiento y la muerte, todos ellos reconocibles por sus atributos.

▲ Mujer araña
La diosa maya del inframundo lleva un elaborado tocado y a veces también una placa que cubre su nariz y su boca, simbolizando su transformación en arácnido. El agua que chorrea de sus manos se asocia con el diluvio y la regeneración.

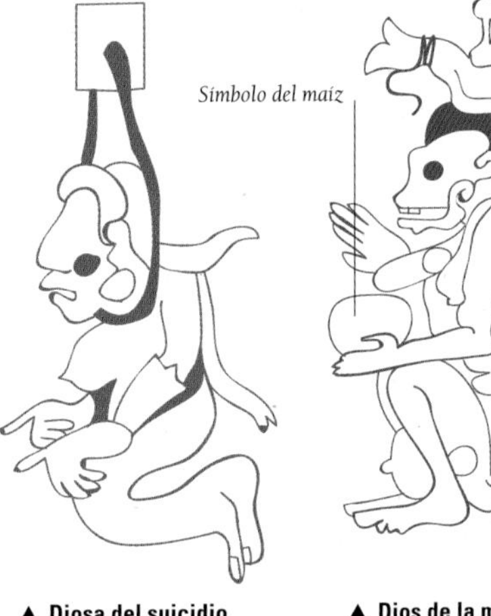

▲ Diosa del suicidio
Conocida como Ixtab, se representa siempre colgando de una soga ceñida a su cuello. Los mayas consideraban el suicidio como una ruta hacia el Paraíso, y por eso la adoraban.

▲ Dios de la muerte
La figura esquelética de Yum Cimil (Ah Puch) sugiere su vinculación con la muerte. Las manchas negras representan la descomposición. Sus adornos son de hueso, y el maíz simboliza regeneración y renacimiento.

► Kukulcán
Conocido como «la serpiente emplumada» debido a que era mitad crótalo y mitad quetzal, es el dios creador que restaura el mundo después de su destrucción. La serpiente simboliza la Tierra, y el pájaro el Cielo y la divinidad. Los aztecas lo llamaron Quetzalcóatl.

DEIDADES AZTECAS

Tras la caída de los mayas, los aztecas dominaron Mesoamérica. Su imperio era jerárquico y estaba dominado por la clase guerrera. Así, entre sus deidades sobresalían las de la guerra, la muerte y el fuego. Igual que los dioses mayas anteriores, tenían atributos físicos y adornos claramente alusivos a su papel.

▲ Huehuetéotl
Llamado también «el Viejo», este dios del fuego solía representarse como un anciano barbado con un quemador de incienso sobre la cabeza, símbolo de las ceremonias sacrificiales del fuego que presidía.

▲ Huitzilopochtli
Dios del Sol y de la guerra, es representado como un guerrero. Lleva un tocado de plumas de colibrí, símbolo de los guerreros caídos; en una mano sostiene un escudo de plumas de águila que simboliza el Espíritu Universal y la luz, y en la otra, una vara serpentiforme que representa la fertilidad de la tierra. Su templo estaba pintado de rojo, el color de la guerra.

▲ Mictlantecuhtli
El dios azteca de la muerte se representa habitualmente como un esqueleto de mirada fija y dientes prominentes. Como regente del inframundo, sus figuras se pintaban de blanco, color asociado al sol agonizante y la noche.

DEIDADES INCAS

Los incas dominaron Perú entre el 1100 y la conquista española, en la década de 1530. Era un pueblo belicoso y tenía dioses crueles, como Inti, que exigía abundantes sacrificios animales y humanos. El Inca (el emperador) se consideraba la reencarnación del dios Sol. Se servían de sus deidades para aterrorizar y controlar a los pueblos conquistados, aunque ellos también adoptaron dioses de los vencidos, como Pachacámac.

▲ Inti
Como dios del Sol, su representación era un disco solar con rostro humano y rodeado de rayos. Era temido por su gran poder: se pensaba que los eclipses solares simbolizaban su cólera; el oro se consideraba su sudor.

▲ Viracocha
Dios preincaico de la creación, del Sol y las tormentas, Viracocha es, al parecer, la versión inca de Kukulcán. Solía representarse como un hombrecillo con una aureola alrededor de la cabeza, símbolo del Sol, y con rayos en las manos, alusivos a su papel como dios de las tormentas.

▲ Pachacámac
Dios preincaico de los terremotos y del fuego, su vínculo con la agricultura queda representado por las mazorcas de maíz.

VÉASE TAMBIÉN
Fuego *pp. 30-31*
Animales fabulosos *pp. 74-77*
Escritura pictográfica *pp. 300-305*

ANTEPASADOS

En muchas partes del mundo los ancestros son reverenciados e incluso deificados. Se cree que protegen y guían a sus descendientes, a quienes legan un sentido de identidad y unidad.

◀ Momia chimú
Los restos de los difuntos constituyen poderosos símbolos de parentesco. Los chimú de Perú conservaban las momias de sus antepasados en estancias sagradas y las sacaban en las fiestas y ceremonias.

Por ello, muchos pueblos hacen ofrendas a sus antepasados e incorporan sus imágenes a objetos rituales como las máscaras para dotarlas de fuerza protectora. En algunos países son momificados, y en otros sus nombres se transmiten de generación en generación. A menudo representan el poder; los faraones egipcios, por ejemplo, afirmaban descender de los dioses.

HONRAR A LOS ANTEPASADOS

Para muchos pueblos, el respeto por los antepasados forma parte de la aceptación de las tradiciones y la estructura de su sociedad. Son símbolos de la antigüedad y la historia del grupo y, al honrarlos, sus descendientes reafirman su lugar en la sociedad y la creencia en los valores transmitidos por aquellos.

◀ Máscara de Zaire
Entre los kuba de Zaire, las máscaras orladas de hierba son representaciones simbólicas de sus ancestros espirituales. En el pasado, en los ritos de iniciación los chicos eran presentados a sus antepasados; al gatear entre las piernas de los danzantes, los iniciados quedaban vinculados como adultos a sus orígenes tribales.

Tjemen

◀ Poste *bisj*
Los asmat de Nueva Guinea erigen postes tallados con figuras de sus antepasados. La proyección frontal, llamada *tjemen* (pene), simboliza la fertilidad. Estos postes tienen un poderoso simbolismo protector, y se usaban en rituales asociados con la caza de cabezas y la fertilidad de los cultivos.

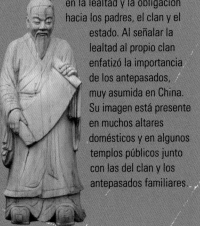

CONFUCIO

Confucio, que vivió en el siglo VI a. C., sigue siendo para muchos chinos el símbolo de los valores clásicos de su país. Insigne maestro, propuso una doctrina basada en la lealtad y la obligación hacia los padres, el clan y el estado. Al señalar la lealtad al propio clan enfatizó la importancia de los antepasados, muy asumida en China. Su imagen está presente en muchos altares domésticos y en algunos templos públicos junto con las del clan y los antepasados familiares.

DESCENDIENTES DE ANIMALES

Algunos grupos humanos creen descender de ancestros animales o semianimales. De este modo, se sienten especialmente vinculados con el mundo animal. Las cualidades de las criaturas ancestrales son importantes simbólicamente; así, un pájaro puede significar cercanía a los dioses o agudeza visual, así como otros animales pueden representar valor, fuerza o cautela.

► **Oso**
Los micmac de Norteamérica se consideran descendientes de un oso, animal que simboliza la fuerza, el valor y la renovación. El mito cuenta cómo una joven desposada descubrió, al llegar a la aldea de su marido, que estaba poblada por osos; y dio a luz a osos gemelos que podían cambiar de forma.

▲ **Dhakhan**
Los aborígenes kabi de Australia creen descender de Dhakhan, serpiente gigante símbolo de la creación. Dhakhan se representa a menudo como un arco iris, forma que adopta cuando viaja de un cubil a otro.

▲ **Tortuga**
El pueblo elema cree descender de una tortuga gigante que llegó por mar a Papúa hace muchos años. Esta máscara ceremonial, llamada *semese*, muestra el espíritu de un monstruo marino que representa ese viaje.

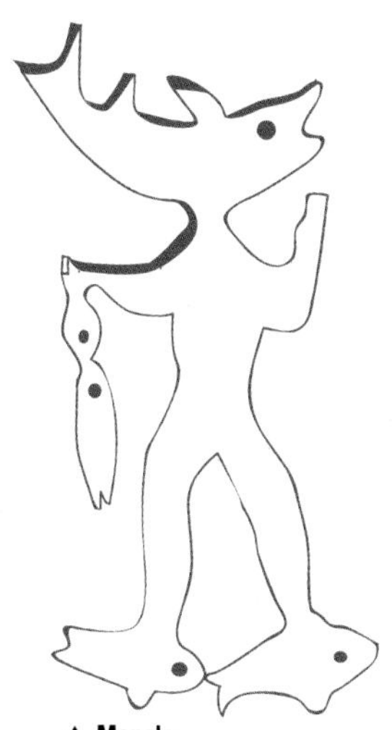

▲ **Menolo**
Algunos habitantes de las islas Salomón veneran al dios tiburón Menolo, del que se consideran descendientes. Simboliza el mar, del cual dependen, así como la rapidez, la ferocidad y la belleza. Como descendientes de Menolo, no pescan tiburones.

DESCENDIENTES DE LOS DIOSES

Las antiguas dinastías vincularon a menudo sus nombres a los de una deidad, y algunas afirmaban descender directamente de los dioses, lo cual reforzaba su legitimidad, disuadía a los posibles pretendientes y consolidaba al soberano como intermediario entre el Cielo y la Tierra, entre los dioses y los hombres: él y sus sacerdotes interpretaban la voluntad de los dioses.

▲ **Amaterasu**
Los emperadores japoneses trazaban su descendencia hasta Amaterasu, diosa del Sol; de ella recibían el simbolismo dador de luz del astro. Incluso hoy, el emperador es tratado con la reverencia normalmente reservada a una deidad.

▲ ***Moai***
Encarados hacia la tierra firme para proteger a su pueblo, las gigantescas figuras de piedra de la isla de Pascua son representaciones simbólicas de los jefes ancestrales, que se suponen descendientes directos de los dioses. Hay unos 900 *moai* en la isla; algunos de ellos tienen una piedra roja sobre la cabeza a modo de tocado.

▲ **Isis y Osiris**
Los faraones egipcios se consideraban descendientes de Isis y Osiris. Como dioses del renacimiento y la renovación, tal vinculación reforzaba la creencia de que los faraones podían reinar para siempre. Isis era además la madre simbólica del faraón; aquí porta un disco solar, símbolo del Sol.

VÉASE TAMBIÉN
El Sol *pp. 16-17*
Mamíferos *pp. 52-55*
Reptiles y anfibios *pp. 64-65*
Trofeos de cabezas *pp. 110-111*
Deidades egipcias *pp. 138-139*
El Tiempo del Sueño *pp. 152-153*

ESPÍRITUS DE LA NATURALEZA

Casi todos los pueblos han venerado a espíritus de la naturaleza, símbolos de la esencia de ríos, mares, montañas, árboles y animales, invocados en busca de protección y fortuna. Su ira se apaciguaba mediante el culto. En África, estos espíritus pueden ser invocados con máscaras en danzas ceremoniales; en América, a través de muñecas o figuras de cerámica. En muchos lugares la reverencia a los espíritus de la naturaleza es cosa del pasado, pero en otros sigue estando muy viva, y aún pueden verse altares al borde de los caminos; los espíritus naturales tienen un papel central, por ejemplo, en el sintoísmo japonés.

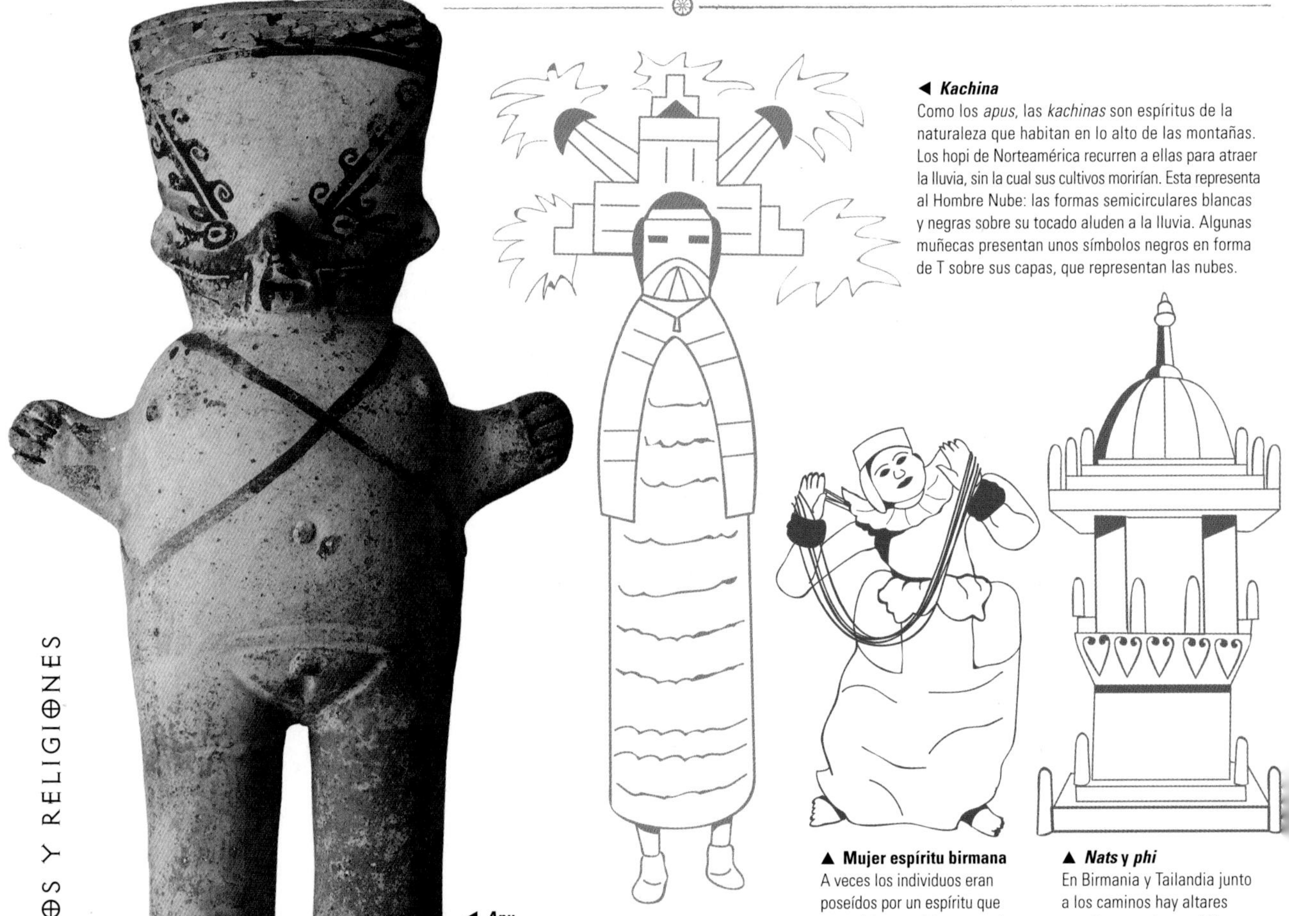

◄ ***Kachina***
Como los *apus*, las *kachinas* son espíritus de la naturaleza que habitan en lo alto de las montañas. Los hopi de Norteamérica recurren a ellas para atraer la lluvia, sin la cual sus cultivos morirían. Esta representa al Hombre Nube: las formas semicirculares blancas y negras sobre su tocado aluden a la lluvia. Algunas muñecas presentan unos símbolos negros en forma de T sobre sus capas, que representan las nubes.

◄ ***Apu***
Los *apus* (señores) eran deidades guardianas que habitaban las cumbres de los Andes. Por lo general eran divinidades masculinas, y recibían ofrendas de objetos naturales envueltos en papel blanco, los llamados «despachos», como símbolo de amor y de la vinculación del hombre a todas las criaturas.

▲ **Mujer espíritu birmana**
A veces los individuos eran poseídos por un espíritu que controlaba sus vidas y con el cual se «casaban». El espíritu les obligaba a actuar de forma lasciva o en todo caso inaceptable, y a bailar locamente, manifestando a la sociedad el lado salvaje de su propia naturaleza.

▲ ***Nats* y *phi***
En Birmania y Tailandia junto a los caminos hay altares para honrar a los espíritus, conocidos respectivamente como *nats* y *phi*. Suelen situarse en lugares especialmente peligrosos; mediante las ofrendas simbólicas, los transeúntes imploran un viaje seguro.

▲ **Espíritu volador *bwa***
Esta máscara de Burkina Faso se usa para invocar la protección del gavilán, ave solar y celestial. Las líneas en zigzag simbolizan la ruta de los ancestros, y los patrones cuadriculados representan el conocimiento y la ignorancia, la luz y la oscuridad.

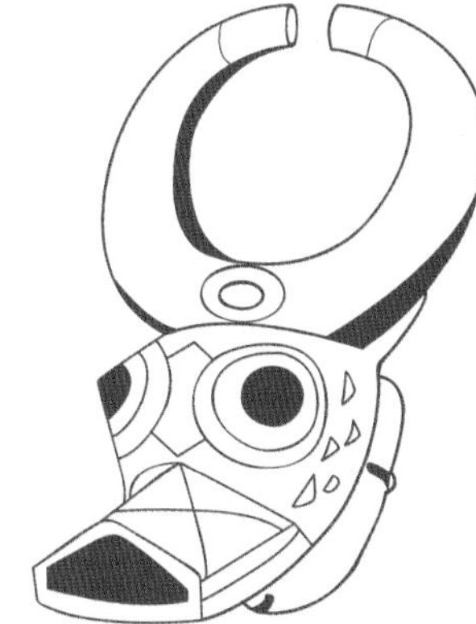

▲ **Espíritu del búfalo**
Entre los nuna de Burkina Faso, el búfalo simboliza el poder y la resistencia. El espíritu protector y la bendición del animal, invocado mediante danzas rituales, entraba en la persona que llevaba la máscara.

▲ **Espíritu del elefante**
Cuando se usan en danzas sagradas, las máscaras personifican al espíritu. Aunque en Nigeria ya no hay elefantes, siguen elaborándose máscaras rituales como esta, que captan los poderes del espíritu del animal. La que se muestra aquí se usa como un símbolo de la fealdad.

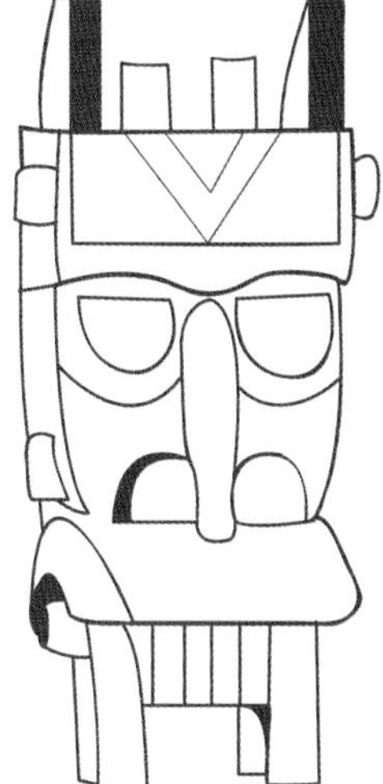

◀ **Espíritu del agua**
Esta máscara de hipopótamo procede de la región de Degema, en Nigeria. Simboliza el espíritu del agua y representaba la rectitud. Se usa en danzas rituales durante los festivales anuales para invocar la fertilidad del poblado.

▶ **Ondinas**
Espíritus acuáticos de la tradición europea, similares a las nereidas pero con forma humana. Se imaginaban extraordinariamente hermosas, discurriendo por las corrientes como símbolos recordatorios de la fuerza creadora del agua.

▲ **Gnomos**
Es probable que «gnomo» derive del griego *genomos* (morador de la tierra). Se decía que guardaban tesoros, por lo que eran símbolos de fertilidad, protección y buena suerte.

▲ **Elfos**
Espíritus de la naturaleza en leyendas germánicas y nórdicas, habitaban fuentes, manantiales y bosques, y eran descritos de formas diversas. En la mitología nórdica eran luminosos y angélicos, o bien de piel oscura como los enanos. La cruz élfica *(Alfkors)* protege contra los elfos malignos.

VÉASE TAMBIÉN
El clima *pp. 34-35*
Tótems, héroes y *tricksters pp. 150-151*
Taoísmo y sintoísmo *pp. 170-171*
Amuletos *pp. 194-195*
Máscaras *pp. 270-271*

TÓTEMS, HÉROES Y TRICKSTERS

En la mitología de cada cultura existen personajes a los que se atribuye un beneficio particular, ya sea como figura ancestral, como rescatador de la comunidad o como dador de dones. Esos personajes pueden combinar varios de estos roles, y a menudo han venido a representar el origen de una cultura. Los relatos simbólicos sobre ellos instruyen al pueblo sobre la creación del mundo y los primeros representantes de su cultura.

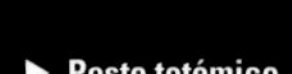

TÓTEMS TRIBALES

La forma más común de tótem es el ancestro animal, pero también hay plantas sagradas. Propios de las sociedades cazadoras, son símbolos de las diversas comunidades, que los veneran con temor reverencial. En muchas culturas los tótems adoptan la forma de un poste de madera tallada, que encarna el origen y la esencia de la comunidad. Matar a un animal totémico se considera tabú, debido al vínculo que lo une con el pueblo.

▶ Poste totémico
Todas las figuras de un poste totémico son simbólicas. Este poste *kwakwaka'wakw*, de Canadá, ostenta un pájaro del trueno, símbolo de poder, un oso polar y una orca, símbolos de fuerza, y una rana, signo de prosperidad. Bukwas es un espíritu ligado a los muertos, especialmente a los ahogados, y Dzunukwa simboliza los espíritus de esos ahogados o de los perdidos en el bosque.

▶ Oso
Símbolo de fuerza, protección y verdad, es un animal sagrado para muchos pueblos. En Norteamérica es el Guardián del Oeste, y diversos pueblos nativos, como los ouataouak, tienen un tótem oso.

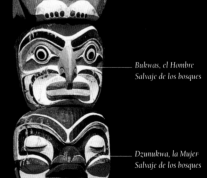

HÉROES CULTURALES Y TRICKSTERS

Los héroes culturales son figuras míticas, a veces animales, que ayudaron a crear a los humanos o que les otorgaron habilidades como el control del fuego o el cultivo. Permanecen en la conciencia colectiva como símbolos de la sociedad y su valor, y representan el ejemplo último del bien para la comunidad. Un *trickster* (embaucador) es un personaje malicioso, astuto, a menudo divertido, que subvierte el orden natural, ya sea para ayudar a los humanos o por maldad. Los *tricksters* son sobrenaturales, pero reflejan la naturaleza humana, pues son amorales y quebrantan las reglas de los dioses o de la naturaleza; pueden ser graciosos o absurdos, pero sus actos acaban ayudando a los humanos y así se ganan la gratitud.

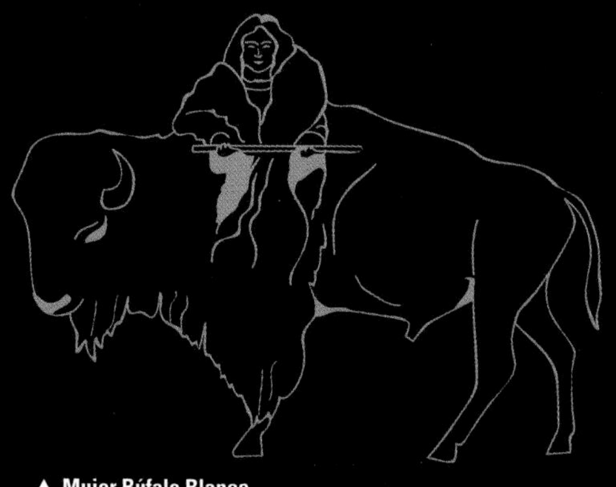

▲ **Mujer Búfalo Blanco**
El búfalo fue un animal importante en la cultura nativa norteamericana, un símbolo de fuerza y poder, que además proporcionaba comida y pieles. El búfalo blanco se consideraba sagrado y representaba las plegarias atendidas. La Mujer Búfalo Blanco, héroe cultural del pueblo lakota, les llevó la pipa sagrada ritual, un símbolo importante en su cultura.

▲ **Chi Wara**
El antílope Chi Wara descubrió la agricultura a los bambara de Mali. El retumbar de sus pezuñas anuncia la lluvia, y por ello simboliza fertilidad.

▲ **Cuervo**
Conocido *trickster* norteamericano, es símbolo de los orígenes. El cuervo encontró a los humanos dentro de una almeja y usó sus engaños para ayudarles a encontrar comida.

▲ **Anansi**
Este signo de África occidental simboliza una tela de araña y representa a la araña Anansi, *trickster* y héroe que ayudó a crear al hombre.

▲ **Coyote**
Importante *trickster* americano, es signo de que algo está a punto de suceder. Según los hopi, creó la Vía Láctea al abrir la tapa de una marmita sellada y dejar escapar las estrellas. También dio a los humanos el fuego, las inundaciones y la noche.

▲ **Los *mimi***
Son espíritus *tricksters* que habitan en las cuevas y grietas de la Tierra de Arnhem, en Australia. Se representan con unas figuras finas como palillos. Enseñaron al hombre a cazar y recolectar, así como los rituales y el correcto comportamiento social.

▲ **Loki**
Loki, «el Astuto», es un dios *trickster* islandés, símbolo de astucia. Conocido como el «origen de todo fraude», era muy próximo al dios Odín, pero sus engaños provocaron la muerte del hijo de este, Balder, encarnación de la inocencia, la paz y la belleza.

◄ **Hermano conejo**
En África occidental el conejo es un artero *trickster* que ganó la partida a la mentirosa hiena y, como el coyote, robó el fuego para dárselo a los humanos; no obstante, también simboliza el miedo y rompe amistades. Migró a Jamaica y Estados Unidos con los esclavos, donde se le conoce como Hermano Conejo.

▲ **Ardilla**
En Escandinavia es un *trickster* que simboliza la mala conducta; provocó la discordia entre el águila y la serpiente en las ramas de Yggdrasil, el Árbol Mundo.

▲ **Renart el zorro**
Trickster propio de Francia y Bélgica, simboliza las malas artes. Las principales víctimas de sus bromas eran la aristocracia y el clero, y así se convirtió en un héroe popular.

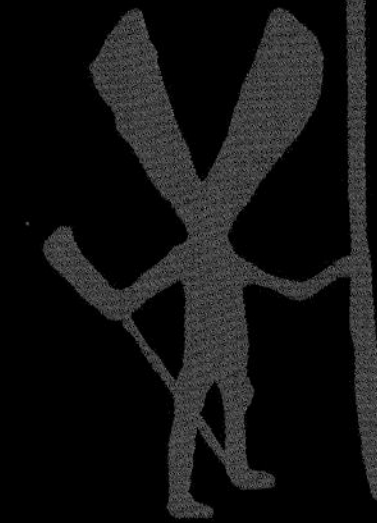

◄ **Nanabush**
Héroe cultural y *trickster* del pueblo ojiwa de la región de los Grandes Lagos, en Norteamérica, y símbolo de su cultura, Nanabush recreó el mundo tras una inundación. Se le representa con unas largas orejas similares a las del conejo.

VÉASE TAMBIÉN
Fuego *pp. 30-31*
Mamíferos *pp. 52-55*
Aves *pp. 58-61*
Árboles sagrados *pp. 96-97*
Deidades célticas y nórdicas *pp. 142-143*

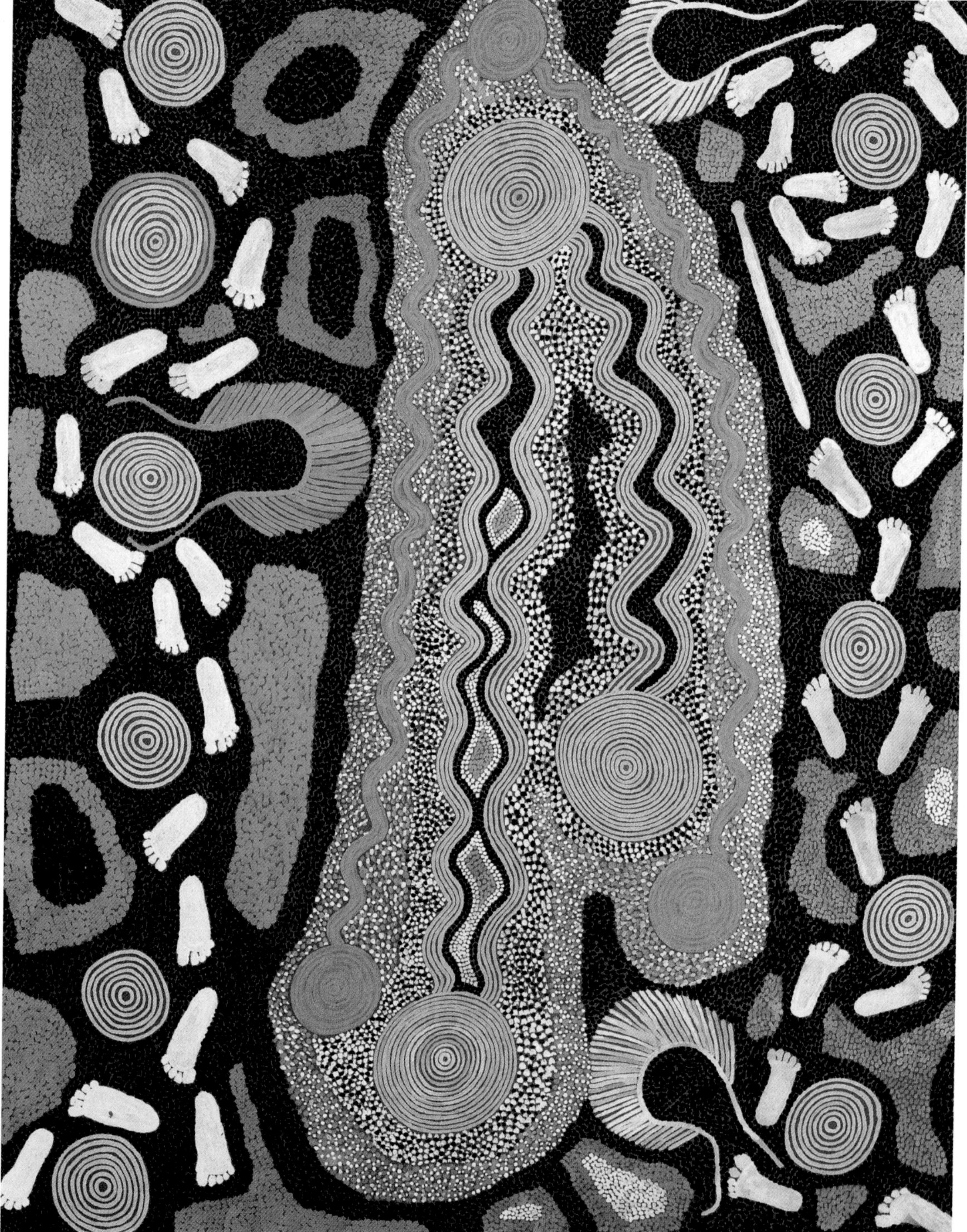

▲ **El Sueño del Hombre**
Incomprensibles para los no iniciados, las pinturas aborígenes están llenas de simbolismo. Aquí, las líneas onduladas representan el agua corriente; las pisadas, el viaje del artista a través del Sueño; y los círculos concéntricos, las aguas remansadas o los campamentos.

▲ **Pintura en corteza**
Los espíritus wandjina simbolizan la lluvia y las tormentas. Sus halos son símbolos de nubes y claros.

EL TIEMPO DEL SUEÑO

Los aborígenes australianos comparten una relación única con la Tierra, a la que se sienten vinculados natural, moral y espiritualmente por el simbolismo que ellos llaman el Sueño.

Al describir el cosmos y los mitos relacionados con él, el Tiempo del Sueño, cargado de un rico simbolismo propio, proporciona todo un entramado ideológico para vivir en armonía con la naturaleza. No hay un único Sueño, sino una intrincada red de Sueños que pertenecen a lugares, grupos e individuos.

ORÍGENES ANCESTRALES

Según la leyenda aborigen, el Sueño es símbolo del Tiempo en que los primeros seres ancestrales crearon la Tierra. Surgidos de un terreno sin rasgos distintivos, viajaron por todas partes moldeando el paisaje y dándole sus características. Eran capaces de cambiar de forma, y algunos se convirtieron en humanos; otros, en animales, árboles y demás. Una vez concluida su labor, estos seres regresaron a la Tierra –como nubes y océanos– o simplemente descansaron, durmientes, bajo su superficie. Los rasgos naturales del terreno actual son símbolos de esa actividad ancestral: la entrada de una cueva representa el hueco por el que emergió un ser ancestral; las montañas y los ríos fueron formados a medida que los ancestros se desplazaban. La Tierra, o «país», permanece como el ser central de los aborígenes; puede sentir, oír, oler y temer, y es un recordatorio constante de sus orígenes. El corazón simbólico de su paisaje mitológico es Uluru (Ayers Rock).

◀ **Pintura corporal**
Esencial en las ceremonias aborígenes, la pintura corporal representa a menudo símbolos relacionados con los diversos seres ancestrales. También puede manifestar el estatus de una persona, su posición en la comunidad o sus orígenes.

▲ **Pintura rupestre**
En rocas y cuevas se da una larga tradición de pinturas «radiográficas», pinturas que describen la estructura interna de hombres y animales. Probablemente tuvieron un significado ritual.

UN RICO LEGADO

Al tiempo que los ancestros viajaban, tocaban instrumentos musicales, cantaban, danzaban y contaban historias, pintaban y grababan las rocas y las paredes de las cuevas, y todas esas tradiciones se han convertido en algo esencial para la religión aborigen. Entre los restos antiguos hay pinturas rupestres y grabados que se consideran obra de los propios seres ancestrales, o al menos representaciones de ellos. La energía de estas pinturas es tal que se repintan ritualmente, liberando así simbólicamente su poder espiritual.

Estas imágenes no solo simbolizan la creación de la Tierra, sino que además son un código moral y social fundado en un profundo respeto por el suelo. El arte antiguo subsiste hoy en los grabados y en la pintura de cortezas, rocas y cuerpos, aunque los diferentes clanes han desarrollado interpretaciones propias del Tiempo del Sueño.

CONEXIÓN SIMBÓLICA

Casi todo el arte del Tiempo del Sueño representa a la Tierra y contiene símbolos que representan formas naturales: líneas quebradas para la lluvia, curvas para el arco iris, pisadas humanas para el viaje, huellas diversas para animales diversos, círculos concéntricos para los campamentos y pozos de agua, o elipses para los escudos. Este arte ha sido durante miles de años la manifestación exterior de la conexión del artista con su Sueño individual y con la Tierra, y refleja el fuerte vínculo del aborigen con su historia ancestral.

VÉASE TAMBIÉN
Tótems, héroes y *tricksters pp. 150-151*
Formas *pp. 284-289*

CHAMANISMO

Un chamán es un sanador o líder espiritual que puede controlar los espíritus, hacer viajes extracorpóreos y realizar curas mediante la magia, así como adivinar el futuro a través del sacrificio o de otros métodos que implican el uso de símbolos. Dentro de su comunidad, el chamán es un poderoso puente entre el mundo natural y el espiritual; su función es a menudo hereditaria, y suele vestir ropas distintivas. Aunque el chamanismo es de origen ártico o siberiano, existen intermediarios similares en todos los continentes.

Medallón metálico

Maraca

Tambor

Asta

ATRIBUTOS ESENCIALES

Una vez que un niño es reconocido como posible chamán, es consagrado e inicia su formación. El proceso dura varios años, durante los cuales recibe objetos rituales y simbólicos tales como un tambor, maracas, huesos y dientes. Todos estos atributos le otorgan los poderes asociados a los materiales usados para hacer los instrumentos o con los animales cuyos huesos y dientes ha recibido.

◄ **Chamán mongol**
Como representante espiritual de la comunidad, el chamán es el vínculo entre su pueblo y sus dioses. El tambor simboliza el ritmo del universo y tiene poderes de encantamiento, pues los espíritus moran en el compás del tambor.

▲ **Cascabeles**
El asta, símbolo de defensa, se adorna con cascabeles y plumas para incrementar su simbolismo y su poder. Los objetos de metal se consideraban energía cósmica solidificada y representaban el poder de la Tierra. Las plumas simbolizan el vuelo espiritual y se asocian con los cielos.

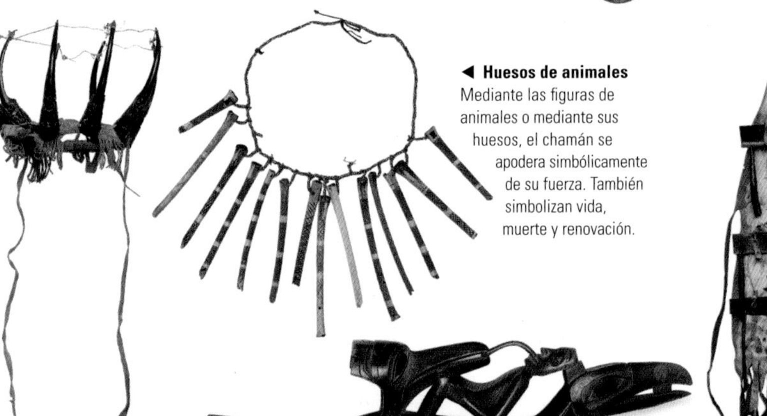

◄ **Huesos de animales**
Mediante las figuras de animales o mediante sus huesos, el chamán se apodera simbólicamente de su fuerza. También simbolizan vida, muerte y renovación.

▲ **Tocado**
Usado únicamente durante los ritos chamánicos, de los que constituye un símbolo, el tocado del chamán puede contener plumas o alas, que representan su viaje espiritual, o garras de animal, cuyo poder pasa al chamán.

▲ **Maraca**
Es un instrumento sagrado que se usa para desviar el mal. Se creía que su traqueteo ahuyentaba a los espíritus malignos, y también se usaba para imitar el sonido del agua en los rituales de invocación de la lluvia. A menudo se tallaban con imágenes de animales simbólicos, como el cuervo de este ejemplar, para aumentar su fuerza.

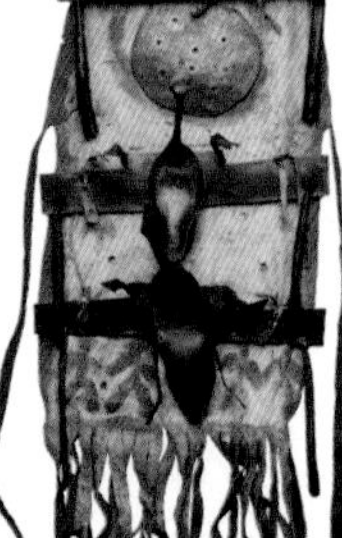

▲ **Mandil**
Los talismanes animales y ancestrales en el mandil del chamán le confieren autoridad y le protegen durante los rituales y viajes espirituales peligrosos. Para algunos pueblos estos objetos son símbolos de espíritus ayudantes.

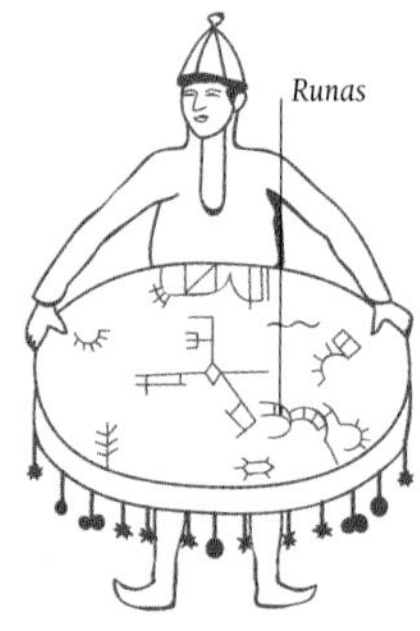

▲ **Tambor *sami***
Usado en diversos rituales de predicción del futuro, el tambor *sami* está hecho de piel animal y marcado con runas simbólicas. El chamán sacude un anillo sobre el tambor y realiza su predicción en función de la runa sobre la que se detiene.

ESPÍRITUS AYUDANTES

Muchos chamanes tienen espíritus ayudantes que, entre otras cosas, les guían y protegen durante sus viajes al mundo espiritual. Estos espíritus pueden ser animales, plantas o ancestros tribales. Uno de los espíritus ayudantes más comunes es el oso, probablemente por ser un símbolo de poder y fuerza. La clase de oso varía según la localización geográfica; los chamanes inuit, por ejemplo, tienen al oso polar, cuya piel blanca ostenta un simbolismo adicional, pues es signo de pureza.

▲ **Espíritu ayudante nenet**
Cuando viajan al mundo espiritual, los chamanes nenet de Siberia suelen ir acompañados por un jabalí, símbolo de fuerza y fiereza.

▲ **Espíritu ayudante inuit**
Entre los inuit, el espíritu ayudante es el oso polar, símbolo de poder y asimismo de resurrección, debido a su costumbre de hibernar y resurgir en primavera con sus cachorros. Es una figura ancestral y una encarnación del ser supremo. En épocas prehistóricas sus huesos eran enterrados ritualmente con los cadáveres humanos.

MUNDO NATURAL

Los chamanes son un símbolo de la vida espiritual para sus comunidades. Poseen una profunda comprensión del mundo natural y saben usar las plantas y los animales de muchos modos. Algunos chamanes inducen experiencias extracorpóreas mediante el uso de alucinógenos, como el polvo de yopo, que posibilitan el viaje al mundo espiritual. Para hacer esos viajes algunos se visten con pieles animales o llevan adornados bastones mágicos como signos tangibles de su poder.

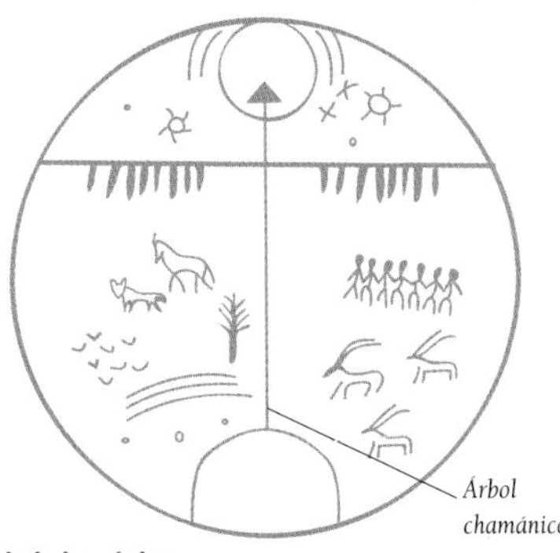

▲ **El árbol chamánico**
Los chamanes yakutos y evenkos tienen un árbol como símbolo de meditación. Representado aquí sobre un tambor, tiene la forma de un árbol mundo. Las raíces, el tronco y las ramas representan respectivamente y unen los mundos inferior, medio y superior.

◀ **Pieles de animal**
Algunos chamanes, como el «pies negros» mostrado aquí, se vestían a menudo con pieles de animales, normalmente de oso, lobo o búfalo. La piel permite al chamán asumir el poder y la protección del animal; también sirve como signo visible de los atributos de este para cualquiera que vea al chamán.

▲ **Bastón mágico**
El bastón tallado del chamán no simboliza solo su poder: también representa la frontera entre los mundos natural y espiritual. Los chamanes batak de Sumatra, conocidos como *datus*, llevan unos bastones que contienen una poderosa sustancia mágica, el *pukpuk*.

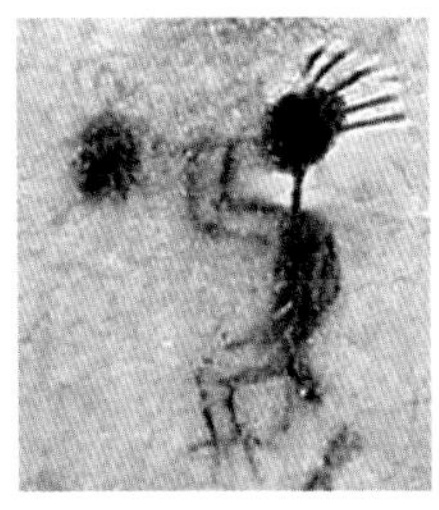

▲ **Polvo de yopo**
Los chamanes caribeños inhalan polvo de yopo (o cohoba) para entrar en trance y volar al mundo espiritual con los pájaros míticos ayudantes. Una vez allí, inducen a los espíritus causantes de la enfermedad a curar a sus víctimas. Su regreso a la normalidad, sin ayuda, manifiesta su poder.

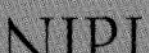

INIPI

Entre los indios de las llanuras norteamericanas, la ceremonia del *inipi* (tienda de sudación) es un importante ritual de purificación y renacimiento. Un *inipi* es un pequeño recinto hecho con madera de árboles caducos, símbolo de muerte y resurrección, que acoge los elementos del fuego, el aire, el agua y la tierra: en su interior se rocían rocas calientes con agua para crear una atmósfera vaporosa que reproduce las condiciones del útero materno, por lo que al salir de ella se renace simbólicamente.

▲ **Renacimiento ritual**
La persona que entra en un *inipi* muere simbólicamente y abandona el mundo mortal. Tras pasar unas horas dentro, en la oscuridad y el calor, sale de nuevo, renacida.

VÉASE TAMBIÉN
Mamíferos *pp. 52-55*
Plantas *pp. 80-81*
Árboles sagrados *pp. 96-97*
Ritos de iniciación *pp. 124-125*

▶ **La Creación**
Esta miniatura del siglo XII muestra a Dios creando el mundo en seis días. Primero creó el Cielo y la Tierra, luego las aguas, las plantas, los astros, los peces, las aves, los animales terrestres, y finalmente al hombre.

RELATOS DE LA CREACIÓN

Cada cultura tiene su propia narración para explicar el origen de la creación. Por lo general no se trata de relatos estrictamente históricos, sino de alegorías de unas verdades más profundas.

Aunque el origen de muchos relatos se ha perdido en el tiempo, se observan ciertos motivos comunes. Así, es frecuente el de una gran inundación que barrió un mundo previo, y tras la cual surgió el nuevo. La mayoría de los relatos contemplan la acción de dioses, semidioses o animales, cada uno con sus propias connotaciones simbólicas.

LAS UNIONES Y EL HUEVO

El concepto de «nacimiento» aparece en diversos relatos de la creación, a menudo junto a las figuras simbólicas de un padre y una madre. En la mitología griega, la unión de la diosa Tierra, Gea, con el dios de los Cielos, Urano, constituye el universo; sus hijos, a su vez, crearían las plantas y los animales.

Otro motivo es el de la eclosión de un huevo cósmico, símbolo del universo. El creador chino, P'an Ku, que fue incubado en uno de esos huevos, organizó la materia en yin y yang, Luna y Sol, agua y tierra; al abrirse el huevo, murió. Un mito fiyiano cuenta cómo Turukawa, el halcón, puso dos huevos, de los que surgieron un niño y una niña; la serpiente Degei les enseñó a hablar, hacer fuego y cocinar, y creó comida para ellos.

▲ Gea
La diosa griega Gea, símbolo de la Madre Tierra, se representa con frecuencia semidesnuda, rodeada de naturaleza o incluso surgiendo de la tierra.

ORDEN A PARTIR DEL CAOS

◀ P'an Ku
Incubado en un huevo cósmico durante 18 000 años, P'an Ku creó el universo. Murió al eclosionar el huevo, y sus extremidades formaron los rasgos naturales de la Tierra.

Diversos relatos de la creación explican la instauración de la armonía por parte de un poder inmenso a partir de un estado original de caos. En la mitología babilónica este caos era representado por Tiamat, madre de los dioses y los monstruos, y símbolo de las aguas subterráneas. Tiamat fue asesinada por el dios Marduk, que con la parte superior de su cuerpo hizo el cielo y con la inferior, la tierra. Las lágrimas de Tiamat son las aguas de los ríos Tigris y Éufrates.

Entre los mitos hindúes de la creación hay uno en que Vishnú se reclina sobre la serpiente Ananta, símbolo de la eternidad, mientras flota en un vasto océano. Vishnú da origen a Brahma, quien creará el universo a partir de las aguas primordiales. Periódicamente el océano es restaurado, cuando Rudra, aspecto destructor de Vishnú, aparece y lo devora todo; a continuación, Vishnú el creador (Vishnú Anantasayana) despierta y el ciclo se repite.

CREACIÓN POR UN DIOS

En la base de varias religiones se encuentra la idea de un ser todopoderoso que creó el mundo de la nada. En el Antiguo Testamento, la creación del mundo en seis días por Dios simboliza su dominio sobre todo; los judíos observan el *Shabat* en recuerdo del séptimo día, cuando Dios descansó. Los relatos de la creación musulmán, sij y maya también hablan de uno o más seres supremos que crean el universo a partir de la nada.

▲ Tiamat
Esta escena del Poema de la Creación asirio representa la lucha de Marduk con Tiamat, alegoría de la victoria del orden sobre el caos que dio lugar a la creación de la Tierra y el cielo.

VÉASE TAMBIÉN

La Tierra *pp. 24-25*
Inundaciones *pp. 38-39*
Dragones *pp. 78-79*
Hinduismo *pp. 158-161*

HINDUISMO

Debido a la mezcla de culturas diferentes, el panteón del hinduismo es muy numeroso. Cada una de las deidades representa un aspecto de Brahman, el ser universal. Vishnú, por ejemplo, es su encarnación preservadora, y Brahma, la creadora. Algunos dioses se representan en posturas significativas, como la danza de Shivá (Shivá Nataraja), y todos llevan objetos simbólicos. Cada dios monta un animal *vahana* (vehículo), que significa la unión con la naturaleza y el dominio sobre las pasiones animales.

▲ Boda de Shivá y Parvati
Shivá y su consorte Parvati son de naturaleza feroz, pero aquí aparecen como una amorosa pareja atendida por sirvientes y montada sobre el toro blanco de Shivá, Nandi, «el feliz», símbolo de fertilidad. La mano inferior izquierda de Shivá adopta el gesto de la donación, y la inferior derecha dispersa el miedo.

SHIVÁ

Shivá el destructor se asocia también con la creatividad y la fertilidad, y a menudo es adorado bajo la forma de un pilar fálico o *lingam*. Aparece bajo diversos aspectos, como asceta errante, maestro o danzante. Sus atributos incluyen un tridente, símbolo de su triple papel de destructor, creador y preservador.

◄ Shivá
Adornada con guirnaldas de jazmines y caléndulas, esta estatua sedente ha sido además ungida con una marca de *tilak* rojo. Las flores simbolizan respeto y honor; el *tilak* es un signo de bendición y buenos auspicios.

▲ Shivá Nataraja
Aquí, en la rueda de fuego, Shivá adopta la postura danzante de Nataraja. Parte de su deber divino es interpretar la danza del círculo del nacimiento, la muerte y el renacimiento. Su ondeante cabello representa el Ganges, y sus pies pisotean a un enano que simboliza la ignorancia.

◄ Shivá Bhairava
En su manifestación como destructor de enemigos, Shivá es asociado con la aniquilación. Bajo esta forma se le representa a menudo acompañado por un perro (un animal considerado sucio tradicionalmente) y portando un cuenco petitorio hecho con un cráneo, símbolo de la muerte.

VISHNÚ

Originariamente un dios menor, Vishnú fue elevando su estatus gradualmente y asumió diversas encarnaciones. Es el preservador del universo y del orden existente. Reconocible por sus atributos (caracola, maza, disco y loto), Vishnú el de cuatro brazos se representa a menudo montado sobre el hombre-pájaro Garuda.

AVATARES DE VISHNÚ

Con el fin de impedir el mal, Vishnú ha descendido a la Tierra bajo varias encarnaciones o «avatares», nueve en total, para aniquilar demonios y restaurar el orden: como Matsya el pez, Kurma la tortuga, Varaha el jabalí, Narasimha el hombre-león, Vamana el enano, Parashurama el sacerdote guerrero, Rama el príncipe, Krishna el pastor de vacas y Buda el sabio. Aún no ha aparecido bajo su reencarnación final como Kalki el caballo.

▲ **Vamana**
Bajo su encarnación como enano, Vishnú confundió al todopoderoso rey Bali al reclamarle toda la tierra que pudiera cubrir con tres pasos: con ellos cubrió toda la Tierra, afirmando su dominio sobre el mundo entero.

▲ **Rama**
Representado normalmente con la piel azul y con un arco, Rama venció al mal, personificado por el rey demonio Ravanna y su ejército. Rama es ampliamente reverenciado, y su nombre en hindi, Ram, se ha convortido en sinónimo de Dios.

▲ **Krishna**
Es la deidad más venerada por muchos hindúes. Representado habitualmente con la piel azul, puede aparecer como un niño, un pastor o una deidad pastoril. También es un gran sabio, que en el *Bhagavad Gita* instruye acerca de la naturaleza del amor y el deber.

▲ **Narasimha**
Como hombre-león, Vishnú frustró una profecía defendiendo a un devoto frente a su arrogante padre, Hiranyakasipu.

▲ **Kurma**
Como tortuga, Vishnú sustentó el monte Meru cuando los dioses y los demonios batieron el Océano de Leche para obtener *amritsa*, el elixir de la vida.

◀ **Vishnú**
Representado a menudo con la piel oscura y vestido de amarillo, Vishnú porta un objeto en cada una de sus manos. La caracola simboliza creación; el loto es creación y pureza; la maza es un signo de autoridad, y el disco es la rueda de la existencia o la rapidez del pensamiento. Ananta, la serpiente cósmica que simboliza el infinito, está estrechamente asociada con Vishnú.

▲ **Vishnú Anantasayana**
Cuando descansa sobre la serpiente Ananta, Vishnú es llamado Anantasayana. Flotando en el Océano de Leche al principio del tiempo, el dios Brahma emerge del ombligo de Vishnú sentado sobre un loto y crea el mundo de la nada cada *kalpa* (4320 millones de años).

BRAHMA

Aunque es el dios creador, Brahma no es tan adorado como Vishnú o Shivá. Sus cuatro cabezas miran en las cuatro direcciones y simbolizan los cuatro *vedas* o libros sagrados; su quinta cabeza fue cortada por Vairaba, una forma de Shivá.

▶ **Brahma**
A diferencia de otros dioses, Brahma no lleva armas. Sostiene un texto sagrado, un jarro que representa las aguas de la vida, un rosario, símbolo del ciclo eterno del tiempo, y una cuchara para la purificación ritual. Su montura es Hamsa, un ganso o cisne.

VÉASE TAMBIÉN
Mamíferos *pp. 52-55*
Animales fabulosos *pp. 174-77*
Fertilidad y parto *pp. 120-123*
Amor y matrimonio *pp. 126-127*
Relatos de creación *pp. 156-157*
Kali y Shivá *pp. 162-163*
Budismo *pp. 164-167*

DIOSES Y DIOSAS

Junto a Vishnú, Shivá y Brahma, hay otros muchos dioses que son invocados en diferentes momentos y por distintas razones. Ganesha, por ejemplo, es el que remueve los obstáculos. Cada dios tiene un aspecto característico, bien reconocible, así como unos atributos que simbolizan sus poderes. A la diosa Lakshmi, por ejemplo, se la representa con flores de loto y monedas, y el dios guerrero Hanuman sostiene armas.

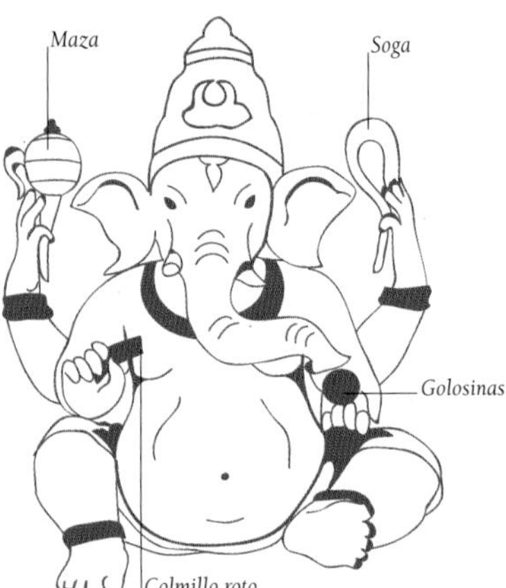

▲ **Ganesha**
El dios con cabeza de elefante suele sostener en sus manos inferiores su propio colmillo partido, con el que escribe, y un cuenco con dulces; con las superiores sujeta una soga, que simboliza el deseo terrenal, y una maza o garrocha de elefante con la que empuja a los hombres por la senda de la vida.

▲ **Karttikeya**
El dios de la guerra –aquí bajo su forma de seis cabezas– es un dios niño conocido como Karttikeya, Skanda, Kumara, Subrahmanya o Murugan. Monta un pavo real, símbolo de realeza e inmortalidad, y lleva, entre otras armas, un hacha, una lanza y una espada, con las que combate a los poderes del mal.

▲ **Hanuman**
Símbolo de lealtad y heroísmo, es reverenciado en todo el subcontinente indio. Viste de rojo y azafrán, colores simbólicos de fuerza y sacrificio. El mono guerrero es representado con armas muy diversas, como el arco, la porra, el bastón o la roca; aquí porta su favorita, la *gada* o maza, arma divina que destruye el mal.

▲ **Apsaras**
Estas sensuales ninfas surgieron de las aguas durante la agitación del Océano de Leche. Sus voluptuosos cuerpos acentúan su vínculo con la fertilidad. Personifican las nubes de lluvia y la niebla, y aparecen en los pórticos de los templos como signos de abundancia.

▲ **Kali**
Esta diosa simboliza tanto la desesperación como la esperanza. En sus manos izquierdas sostiene una espada para combatir la ignorancia y una cabeza cortada, que simboliza la muerte; con sus manos derechas hace los gestos de disipar el miedo y otorgar dones. Los cráneos simbolizan la fugacidad.

▲ **Lakshmi**
Forma benigna de la Diosa Madre asociada a la riqueza y la generosidad. Sentada sobre un loto que surge de un lago, es purificada por elefantes blancos, símbolos de buena fortuna y abundancia. La cascada de monedas de oro representa la prosperidad, igual que los bordados dorados de su atuendo.

▲ **Durga**
Diosa hermosa pero feroz, aquí aparece montada sobre su tigre, símbolo de poder ilimitado, derrotando al búfalo Titán y expulsando a Mahisha, el demonio que lo habitaba; tal representación simboliza su dominio sobre los instintos animales y acaso también la fuerza del culto de esta diosa.

EL CULTO

La adoración *(puja)* se considera un deber sagrado, e incluye la oración, el canto de mantras simbólicos, la realización de ofrendas en el hogar y en el templo, y la *darsana*: mirar a la deidad. Las imágenes de los dioses se engalanan a menudo con guirnaldas de flores como signo de respeto, y se hacen peregrinaciones a lugares como Varanasi, donde un vado del Ganges se considera el cruce simbólico de un mundo a otro.

◄ **Diwali**
El festival de la luz celebra el retorno del exilio de Rama *(centro, izda.)* y Sita *(centro, dcha.)*, encarnaciones de Vishnú y Lakshmi. Durante cinco noches, la gente enciende lámparas, símbolos de sabiduría y conocimiento, para recibir en sus hogares a Lakshmi, uno de cuyos atributos es la buena fortuna.

▲ **Altar**
El centro sagrado de cada hogar es el altar doméstico, donde se ofrece a los dioses fruta fresca, incienso y flores, todos ellos símbolos de abundancia, cuyas esencias se elevan al Cielo en el humo del incienso quemado.

▲ **Templo**
La arquitectura de los templos hindúes es simbólica. Así, la torre central representa la montaña sagrada, hogar de los dioses, cuyas imágenes se ubican en el santuario interior, el *garbhagriha*, de simbolismo materno. El propio templo puede quedar empequeñecido por los pórticos que lo rodean, que acentúan la importancia del umbral como vínculo entre el mundo profano y el sagrado.

▲ ***Sadhu***
La vida ascética forma parte de la cultura hinduista. Este *sadhu* es un seguidor de Shivá, como muestran las tres líneas de su frente y los cuernos de búfalo sobre su vara. Uno de los ideales del hinduismo es vivir la próxima vida como un *sadhu*.

▲ ***Om (Aum)***
El símbolo *a-u-m* representa las tres gunas –esencia, actividad e inercia– y el Trimurti, que comprende las tres deidades principales: Brahma, Shivá y Vishnú. *Om* es la semilla de todos los mantras divinos, poderosas palabras o sonidos.

▲ **El Ganges**
El más sagrado de los ríos de India nace en el Himalaya, hogar de los dioses, y es personificado por la diosa Ganga. Los peregrinos acuden a Varanasi para lavar sus pecados y depositar las cenizas de sus parientes muertos en las aguas sagradas, las cuales se cree que se mezclan con el océano cósmico.

VÉASE TAMBIÉN
Muerte y duelo *pp. 128-131*
Arquitectura religiosa *pp. 228-231*

KALI Y SHIVÁ

Esta pintura india del siglo XIX muestra a la diosa Kali sentada sobre el cuerpo inerte de Shivá. Se hallan sobre un túmulo crematorio y aparecen rodeados por chacales y aves carroñeras. Kali recibe la ofrenda de sangre sacrificial por parte de sus adoradores mientras Brahma y Vishnú contemplan la escena.

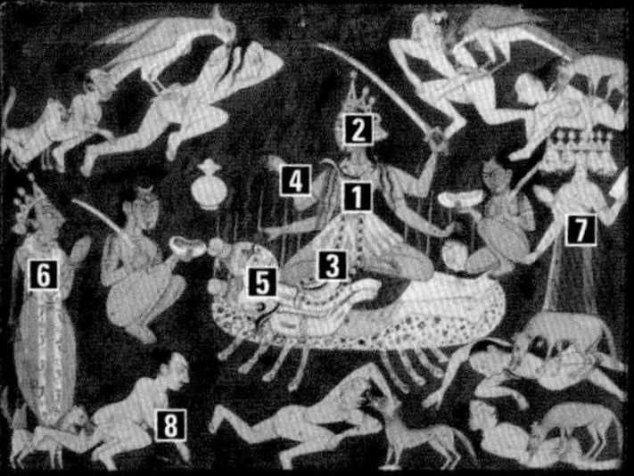

1. La Diosa Negra
Kali es conocida como la Diosa Negra. La ausencia de color simboliza su trascendencia sobre toda forma. Su desnudez sugiere que está libre de cualquier ilusión.

2. Los tres ojos y los dientes de Kali
Los tres ojos de Kali representan el Sol, la Luna y el fuego: puede ver el pasado, el presente y el futuro. Sus caninos, semejantes a los de un animal o un demonio, y su larga lengua representan su naturaleza devoradora.

3. Cráneos humanos
El collar de Kali está hecho con cráneos: simboliza la certeza de la muerte y, en consecuencia, del renacimiento.

4. Los cuatro brazos de Kali
Como casi todas las deidades hindúes, Kali tiene cuatro brazos, signo de su naturaleza divina y de sus muchos atributos. Aferra una espada, símbolo de la destrucción de la ignorancia, y una cabeza cortada, símbolo de la muerte. Su falda está hecha con brazos cortados.

5. Shivá y Parvati yacentes
Shivá, bajo los pies de Kali, representa el potencial creador que solo puede ser liberado por esta, su *shakti* o principio creador femenino universal. Kali es la acción encarnada en el ser trascendente de Shivá. Junto a él está Parvati, otro aspecto de la Diosa Madre, que atrae a Shivá hacia el mundo doméstico.

6 y 7. Vishnú y Brahma
En la cosmología hindú, Brahma creó el mundo. Él y Vishnú (el Preservador), uno a cada lado, veneran a Kali.

8. Diseño armonioso
El tema de la pintura resulta terrible, pero su composición es muy armoniosa; tal contraste refleja la concepción de la vida y la muerte como caras de la misma moneda.

BUDISMO

En el siglo VI a. C., Siddhartha, un príncipe de India, renunció a su vida mundana para buscar una existencia libre del sufrimiento y del *samsara*, la rueda sin fin del nacimiento y el renacimiento. Cuando, a través de la meditación y el ascetismo, logró su objetivo, se convirtió en el Buda, el Iluminado. El arte budista abunda en escenas que simbolizan sus enseñanzas y que condensan visualmente los aspectos de la compleja doctrina del budismo.

▲ **Buda reciclado**
Tras una vida de enseñanza, Buda murió a la edad de 80 años, para no renacer nunca. Esto es representado por la postura paranirvana, en la que Buda aparece reclinado sobre el costado derecho.

ASANAS

Buda aparece en cuatro posturas diferentes –sentado, erguido, caminando o reclinado–, que son conocidas como *asanas*. Cada una alude a un episodio distinto de su vida, siendo la más común la del Buda sedente, que le muestra en el momento de la Iluminación, mientras estaba meditando. Todo lo relativo al Buda es simbólico, desde su aspecto físico hasta su sonrisa y los gestos de sus manos.

► **Buda sentado**
El Buda meditante, sentado bajo el árbol Bodhi, apunta con su mano derecha al suelo, simbolizando su invocación a la Diosa Tierra durante su lucha contra Mara el Maligno.

▲ **Buda erguido**
Representado aquí con la mano derecha alzada en un gesto de confianza, el Buda erguido exhibe también los lóbulos de las orejas alargados que simbolizan su Iluminación.

◄ **Buda caminando**
Mostrado aquí con forma femenina, tal vez para indicar sus cualidades espirituales, el Buda caminante lleva un *ushnisha* (protuberancia) en forma de llama sobre la cabeza, símbolo del conocimiento espiritual, y unos aros en el cuello que simbolizan su voz divina. Su sonrisa refleja su apacible naturaleza, y su mano izquierda muestra el gesto de la enseñanza.

GESTOS DE LA MANO

Las manos de Buda siempre dibujan alguno de los gestos llamados *mudras*. Algunos, como el mudra *bhumisparsa*, son exclusivos de él; otros son de uso más amplio, como el *mudra dhyana*, propio de la meditación. Los *mudras* son recordatorios de las enseñanzas de Buda.

▶ *Mudra dhyana*
Gesto de meditación en el que la mano derecha se coloca sobre la izquierda con ambas palmas hacia arriba. Este *mudra*, muy típico en Buda, puede incluir además un cuenco para limosnas.

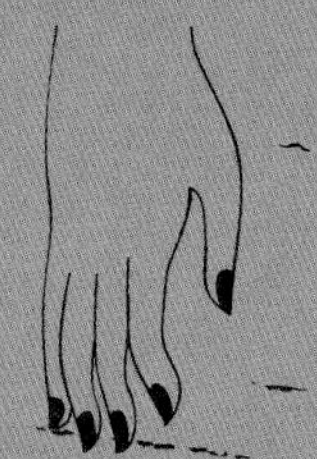

▲ *Mudra bhumisparsa*
Esta posición de la mano, llamada «gesto de tocar la tierra», se considera simbólica de la Iluminación de Buda.

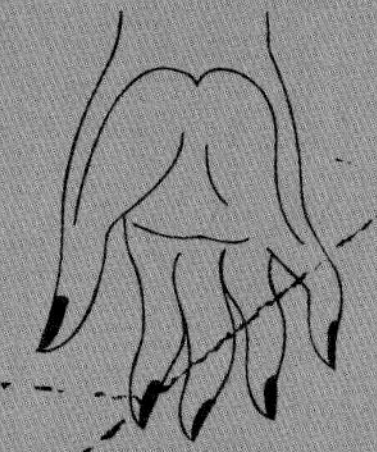

▲ *Mudra varada*
Este gesto, que puede hacerse con ambas manos, simboliza el otorgamiento de conocimiento, la concesión de un deseo o la bendición a un creyente.

▲ *Mudra dharmachakra*
Después de alcanzar la Iluminación, Buda dio su primer sermón, en Benarés. Este gesto significa la «puesta en movimiento de la Rueda del Dharma» durante ese sermón.

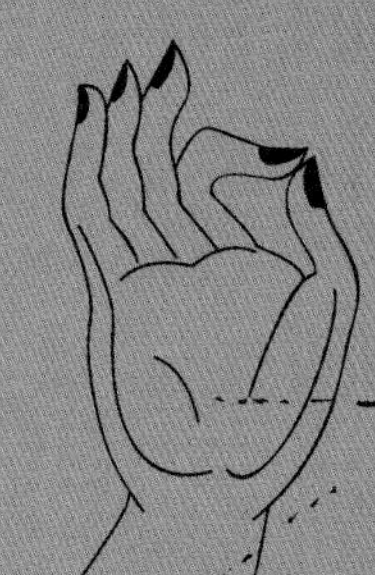

▲ *Mudra vitarka*
Este gesto, en el cual el índice y el pulgar se tocan, es un gesto de enseñanza. Puede ser realizado con ambas manos, y es el símbolo de la enseñanza de Buda.

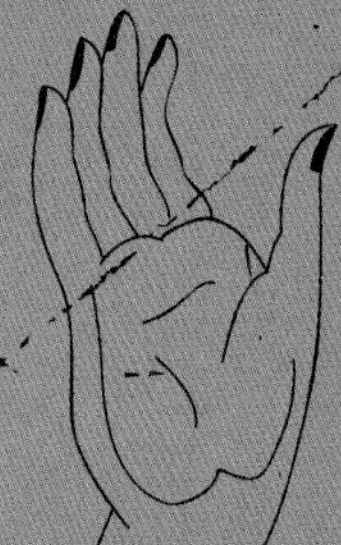

▲ *Mudra abhaya*
La mano alzada con la palma hacia fuera es un gesto para disipar el miedo. Significa la confianza para aquellos que siguen la senda de Buda.

LOS OCHO SÍMBOLOS AUSPICIOSOS

Los ocho símbolos auspiciosos del budismo, muy antiguos, derivan de la iconografía india. Cada uno significa un aspecto de la enseñanza budista, pero su significado puede variar de un país a otro. Son especialmente populares en Tíbet, Nepal y China, donde aparecen a menudo en pinturas, cerámicas y lacados. También están presentes en los rituales, en cuyo contexto constituyen símbolos de protección y buena voluntad.

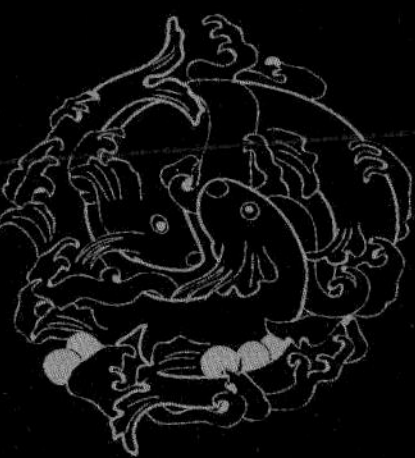

▲ Peces dorados
Símbolo de la habilidad de la persona iluminada para moverse libremente y sin miedo, también representan los dos ríos sagrados de India, el Ganges y el Yamuna.

▲ Sombrilla preciosa
Símbolo de poder espiritual, protege a las imágenes de los dioses y a las personalidades importantes durante los rituales.

▲ Caracola blanca
La caracola blanca significa poder y autoridad; es el poder de la enseñanza, y expresa la verdad del *dharma*.

▲ Rueda del Dharma
Durante su primer sermón, Buda puso a girar la Rueda del Dharma.

▲ Loto
La flor de loto es un símbolo de pureza, y su florecimiento representa las acciones puras.

▲ Nudo magnífico
Estas líneas en ángulo recto forman un nudo sin fin, símbolo del conocimiento infinito de Buda y de la unión de la compasión y la sabiduría.

▲ Estandarte de la victoria
Representa la victoria de la mente sobre las fuerzas negativas interiores, así como la victoria de la doctrina budista sobre las influencias dañinas.

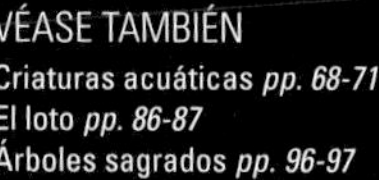

▲ Jarrón precioso
Este símbolo representa la abundancia, y más precisamente, la sabiduría infinita y la riqueza espiritual de Buda.

VÉASE TAMBIÉN
Criaturas acuáticas *pp. 68-71*
El loto *pp. 86-87*
Árboles sagrados *pp. 96-97*

BODHISATTVAS

Hay dos tipos de *bodhisattvas*, ambos relacionados con la iluminación. El primero es Gautama Buda hasta el momento de la Iluminación y en todas sus vidas anteriores. El segundo es el que, habiendo obtenido la iluminación, aplaza el acceso al nirvana hasta que todos los seres vivos hayan sido iluminados. Los *bodhisattvas* suelen ser representados con ropas y joyas suntuosas, y llevan diversos atributos simbólicos.

▲ **Maitreya**
El Buda de la época futura suele representarse gordo y sonriente. Su gordura simboliza la felicidad, y su barriga sostiene la sabiduría del universo. Lleva un monedero, signo de abundancia.

▲ **Avalokiteshvara**
Bodhisattva muy extendido que simboliza la compasión suprema. Los *mudras* de sus manos y los objetos que sostiene representan sus muchos poderes. El rosario, por ejemplo, representa el ciclo de la vida.

▲ **Tara**
Aspecto femenino de Avalokiteshvara. Aquí, el *mudra* de su mano derecha simboliza el don de la sabiduría, y el de la izquierda, la enseñanza. Conduce a la gente a la iluminación disipando la ignorancia.

▲ **Kuan Yin**
En China, Avalokiteshvara es femenino. Como *bodhisattva* de misericordia y compasión tiene muchas formas. Aquí aparece vestida con blancas prendas flotantes, símbolo de pureza y feminidad. Su mano derecha dibuja el *mudra vitarka*, gesto de enseñanza símbolo de la doctrina de Buda.

▲ **Manjusri**
El juvenil Manjusri, la sabiduría encarnada, suele llevar un ornado cinturón y un collar de garras de tigre. En la mano derecha sostiene un loto, símbolo de pureza, encima del cual hay un libro de sutras (escrituras), símbolo de sabiduría. El *mudra* de su mano izquierda, con la palma abierta hacia delante, significa compasión y caridad.

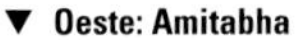

LOS CINCO BUDAS

Conocidos también como los Grandes Budas de la Sabiduría, los Cinco Budas son muy importantes en el budismo tibetano. Estos budas *dhyani* –uno por cada punto cardinal y un quinto central– son seres trascendentes que simbolizan las fuerzas divinas y pueden ser objeto de la concentración durante la meditación. Cada uno está asociado simbólicamente con una dirección, un elemento, un color y una postura, y simboliza una virtud. Amoghasiddha, por ejemplo, combate la envidia y los celos; Vairocana, la ignorancia, y Aksobya, la ira y el odio.

▼ **Oeste: Amitabha**
Su nombre significa «luz infinita» y sabiduría discerniente. Entre sus atributos se hallan el elemento fuego; el color rojo, que evoca el Sol poniente; el pavo real, símbolo de compasión; y el loto, signo de pureza.

◀ **Norte: Amoghasiddhi**
Su nombre significa «conquistador todopoderoso», y su sabiduría lo abarca todo. Sus atributos son el elemento aire; el color verde, signo de sabiduría; y la criatura mítica Garuda.

▶ **Centro: Vairocana**
Su sabiduría reúne la de los cuatro budas que lo circundan. Se asocia con el color blanco, que significa pureza; con la rueda, que simboliza la Rueda del Dharma; y con el espacio. Su animal es el león, signo de fuerza y bravura.

▲ **Este: Aksobya**
Su sabiduría, como un espejo, se complementa con su símbolo, el rayo, y con su elemento, el agua. Otros atributos suyos son el color azul y el elefante, que sustenta su trono y es símbolo de resolución y fuerza.

▶ **Sur: Ratnasambhava**
Buda con la sabiduría de la igualdad, controla el elemento tierra. Su color es el dorado, símbolo de la luz del Sol, y sostiene una gema que simboliza la mente liberada.

SÍMBOLOS DE BUDAS

Al inicio del desarrollo del budismo, el arte representaba la presencia de Buda mediante objetos asociados con episodios de su vida. Así, a menudo era simbolizado por un árbol Bodhi, una huella o un cuenco petitorio. Otros símbolos, como la Rueda del Dharma, representan tanto a Buda como sus enseñanzas.

▲ Cuenco de limosnas
Después de su Iluminación, Buda renunció a los bienes materiales, conformándose con una sencilla túnica y un cuenco petitorio. Para los monjes, el cuenco es un recordatorio de humildad, y para los donantes representa el buen karma que obtendrán por sus actos de caridad.

▲ Hojas de Bodhi
Buda alcanzó la Iluminación bajo el árbol Bodhi, por lo que este árbol y sus hojas se convirtieron en signos de devoción. Estos árboles se cultivan en centros budistas de todo el mundo como recordatorio simbólico.

▲ León
Símbolo de Buda, es el emblema de su clan, los Sakya, y su rugido representa la fuerza de sus palabras. Estos leones se hallan en Sarnath, en el lugar donde Buda predicó por primera vez; fueron erigidos por el rey Ashoka, que también tenía el león como símbolo.

▲ Trono vacío
Además de ser un signo de la ascendencia real de Buda, el trono vacío simboliza su liderazgo espiritual. Alrededor de la base de este monumento hay unos relieves de ciervos, que también tienen un significado simbólico *(véase abajo)*.

▲ La Rueda del Dharma
Icono de gran importancia, simboliza la enseñanza de Buda; sus partes representan distintos aspectos de la budeidad: el aro significa la concentración, los radios, la sabiduría, y el eje, la disciplina. Los radios son también un símbolo del Noble Sendero Óctuple hacia el nirvana: recta comprensión, recto pensamiento, rectas palabras, recta acción, recto sustento, recto esfuerzo, recta atención, recta concentración. Los ciervos recuerdan el primer sermón de Buda en el Parque de los Ciervos.

EL MONACATO

Al acceder al monacato, los niños emprenden un viaje simbólico que imita el del príncipe Siddhartha. Cuando entran en el monasterio, los iniciados adoptan la misma apariencia que los demás monjes, lo que constituye un símbolo de su llamada ante los demás. El monacato, o *sangha*, es una de las tres gemas centrales del budismo; las otras son Buda y el *dharma* (sus enseñanzas).

▲ La Gran Partida
Este friso muestra al príncipe Siddhartha dejando su palacio tras renunciar a la vida mundana. Conocida como la «Gran Partida», los niños budistas representan simbólicamente esta escena antes de vestir la túnica de monje y entrar en el monasterio como novicios.

◀ Aspecto
Reconocibles por sus túnicas de color azafrán o rojo y sus cabezas afeitadas, los monjes no son sacerdotes, y no están obligados a conducir oficios religiosos. La túnica simboliza su sencillez de vida, siguiendo las enseñanzas de Buda, y la cabeza afeitada, la renuncia a las cosas mundanas. Pasan la mayor parte del tiempo en contemplación.

◀ Manikor
Propias de la tradición tibetana, las «ruedas de oración» simbolizan las plegarias de la gente. En las paredes del cilindro (y en los papeles que se introducen dentro) hay inscripciones de versos sagrados, o mantras; cada rotación del *manikor* representa la recitación del mantra.

VÉASE TAMBIÉN
Árboles sagrados *pp. 96-97*
El hogar *pp. 238-239*

RUEDA DE LA VIDA BUDISTA

La Rueda de la Vida simboliza el ciclo constante de acción y cambio al que todos estamos sujetos. Representa la ley del karma, según la cual las falsas ilusiones y los deseos nos llevan a cometer actos que nos mantienen atados a su giro infinito, incapaces de desligarnos y de alcanzar la iluminación.

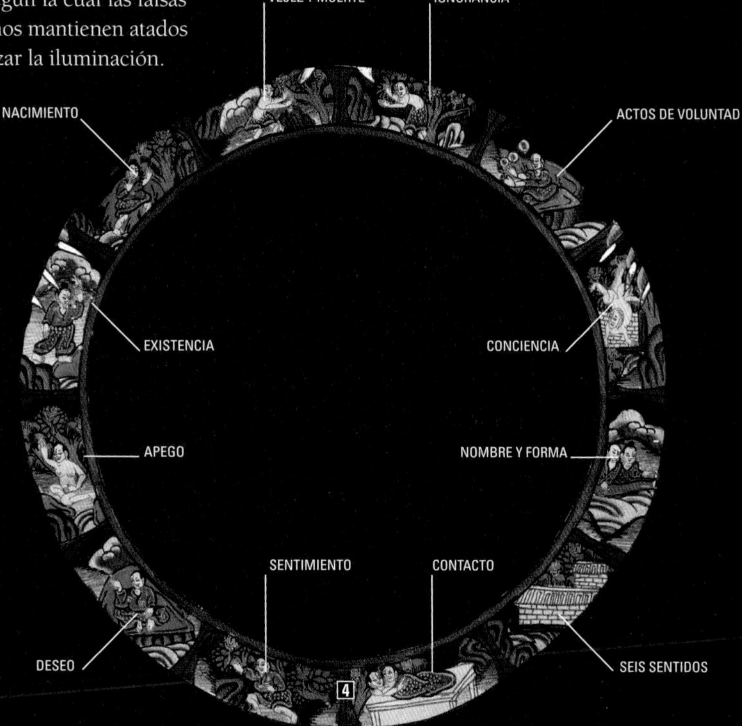

1. Centro de la Rueda
En el corazón, el auténtico centro de la Rueda, hay un gallo (la avaricia), una serpiente (el odio) y un cerdo (la ignorancia). Cada animal persigue y muerde la cola del otro, dando origen al ciclo sin fin de los renacimientos. Representan los tres venenos o falsas ilusiones que nos impiden alcanzar el nirvana.

2. Anillo interior
Alrededor del círculo interior hay otro con un fondo blanco y negro. Representa a los seres elevándose y cayendo en función de sus actos: los que han llevado una vida buena ascienden, mientras que los que han llevado una mala vida descienden hacia la ignorancia y la oscuridad.

3. Anillo central
Las áreas interradiales forman el anillo central de la Rueda, y simbolizan las distintas esferas de la existencia. La mitad superior presenta las esferas más altas: humanos, dioses y semidioses; la mitad inferior muestra las más bajas: animales, demonios y espíritus hambrientos. En cada esfera, un Buda promete la liberación.

4. Anillo exterior
Las ilustraciones del círculo externo representan los doce vínculos de la cadena de la dependencia. Esta esfera compendia los grandes temas de la vida humana: nacimiento, vida religiosa, vejez, enfermedad y muerte. Empezando por arriba, los doce vínculos son: ignorancia (una persona ciega), actos de voluntad (un alfarero en su torno), conciencia (un mono en un árbol), nombre y forma (un hombre en una barca), los seis sentidos (cinco más la mente, una casa con las ventanas vacías), contacto (una pareja abrazada), sentimiento (un hombre con una flecha en el ojo), deseo (una persona bebiendo alcohol), apego (una mujer recogiendo fruta), existencia (una mujer embarazada), nacimiento (una mujer dando a luz), y vejez y muerte (un anciano cargando con un muerto).

5 y 6. Yama y Buda
Girando la Rueda está Yama, señor de la muerte, que representa la certeza de la muerte para todos. En la parte superior derecha, Buda señala el camino a la iluminación que alcanzan quienes siguen su doctrina, situada fuera de la Rueda de la Vida.

TAOÍSMO Y SINTOÍSMO

Estas religiones de China y Japón enfatizan la vida en armonía con la naturaleza. El paisaje que nos rodea, océanos, montañas, flores y lagos…, todo es parte de un ordenado equilibrio vital. Esta armonía es la clave de ambas religiones, y sus seguidores se esfuerzan por mantenerla. Los dioses taoístas controlan las fuerzas naturales y otros aspectos de la vida; los espíritus sintoístas están por todas partes y habitan lugares como cuevas y manantiales.

TAOÍSMO

El taoísmo filosófico es un antiguo sistema de pensamiento surgido de las enseñanzas de Lao Tse, de quien se dice que escribió el *Tao Te Ching* entre los siglos VI y IV a. C. Lao Tse sostenía que todo en la naturaleza es símbolo del orden natural de las cosas, desde las montañas y las rocas a los árboles y las venas de sus hojas. El taoísmo habla de la no-acción (*wu-wei*), entendida como abstención de todo aquello contrario a la naturaleza. Los términos yin y yang representan «fuerzas» opuestas pero equilibradas, como lo masculino y lo femenino.

▲ Bloque sin pulir
Lao Tse habló del bloque sin pulir, de la masa del cambio incesante. El arte suele representar esta masa como una roca cuyas formas nunca se repiten. Tales rocas se instalan en los jardines como símbolo del universo en miniatura.

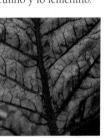

▲ Venas de la naturaleza
En el taoísmo es de gran importancia la comprensión de las líneas y venas que recorren los objetos naturales, como los árboles y las hojas, y de las venas metálicas del dragón que recorren la Tierra. Todo ello es simbólico de la unidad de la vida y del equilibrio natural de yin y yang.

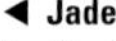

◀ Jade
En el taoísmo es la esencia del Cielo, y se decía que estaba hecho de semen de dragón. Simboliza nobleza, perfección e inmortalidad.

▲ Pintura taoísta
Tierra, madera, fuego, metal y agua se usan en el arte para representar simbólicamente la esencia de los diversos objetos. La tierra es la arcilla, el fuego se halla de algún modo en el hollín, y el agua está mezclada con los materiales de pintura.

◀ Lao Tse
Aunque sus enseñanzas son fundamentales en el taoísmo, se sabe poco de él. Supuestamente nació viejo; tenía la barba gris y los lóbulos alargados, signo de sabiduría. Aquí aparece con un abanico, símbolo de la difusión del taoísmo y la búsqueda de la salvación; también puede simbolizar la perfección del universo. Lao Tse fue deificado por los taoístas, y el aura de su cabeza representa su santidad.

▲ Yin y yang
El mundo natural es visto en términos de las fuerzas complementarias pero opuestas del yin y el yang. Este signo las representa simbólicamente como las dos mitades del Tao. El yin es femenino, oscuro, maleable, bajo y nocturno. El yang es masculino, luminoso, duro, alto y diurno. El yin podría ser representado por los valles, y el yang, por las montañas.

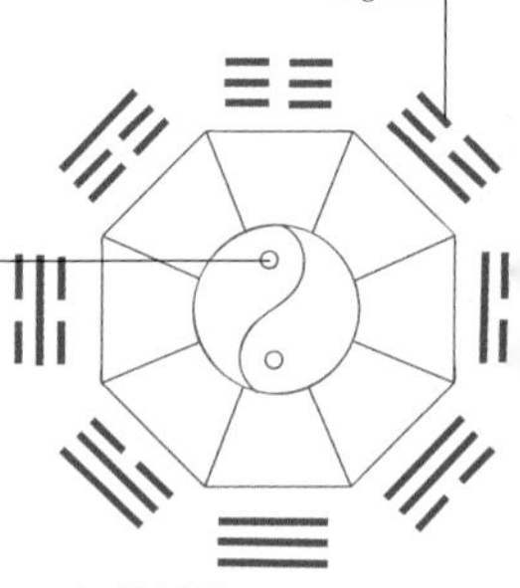

▲ El *I Ching*
El *Libro de los cambios*, o *I Ching*, es la obra clásica del taoísmo. Sus trigramas y hexagramas (compuestos por ocho trigramas) representan propiedades yin y yang que aún se usan con fines adivinatorios, en el supuesto de que indican cuándo se debe actuar y cuándo no con el fin de seguir la senda de la naturaleza.

SINTOÍSMO

Sus antiguos orígenes están íntimamente conectados con la mitología japonesa. La religión sintoísta gira en torno a sus numerosos espíritus (*kami*), que representan los distintos elementos y fuerzas del mundo natural. Cualquier desequilibrio –causado, por ejemplo, al talar un árbol o matar un animal– es restaurado simbólicamente a través del ritual y la purificación.

◀ **El santuario sintoísta**
El foco del culto del sintoísmo es el santuario. El *torii*, el portal sagrado a través del cual todos deben pasar para acceder al santuario, es un signo perfectamente reconocible que marca el paso a la esfera sagrada. Este portal vincula agua, cielo y tierra, por lo que representa el equilibrio de la naturaleza.

◀ **Daikoku**
Los dioses japoneses de la riqueza se asocian con símbolos de fortuna y abundancia. Aquí se muestra al dios sintoísta Daikoku sentado sobre un saco de arroz y sosteniendo un mazo con el que concede deseos y reparte buena fortuna.

▲ **Símbolos sintoístas**
En los santuarios se encuentran tres símbolos: un collar de cuentas *magatama*, que representa la compasión y fue portado por Amaterasu, la diosa del Sol; el espejo de bronce de la verdad, con el que ella miraba desde su cueva; y una espada de poder *(Kusanagi)* hallada por el dios Susanoo y que luego poseyó el primer emperador de Japón.

▶ **Jardín**
El ideal sintoísta de armonía con la naturaleza está en la base de costumbres tradicionales como el diseño de jardines y los arreglos florales, que simbolizan la armonía del universo a pequeña escala.

ESPÍRITUS SINTOÍSTAS

Los seres sagrados que representan algo extraordinario o inspiran temor son llamados *kami*. Amaterasu es la más importante de ellos. Sin embargo, en la práctica el nombre de *kami* se usa para referirse a todos los espíritus, buenos (como Inari) o malos (como Kagu-Zuchi, que permite que se quemen las casas).

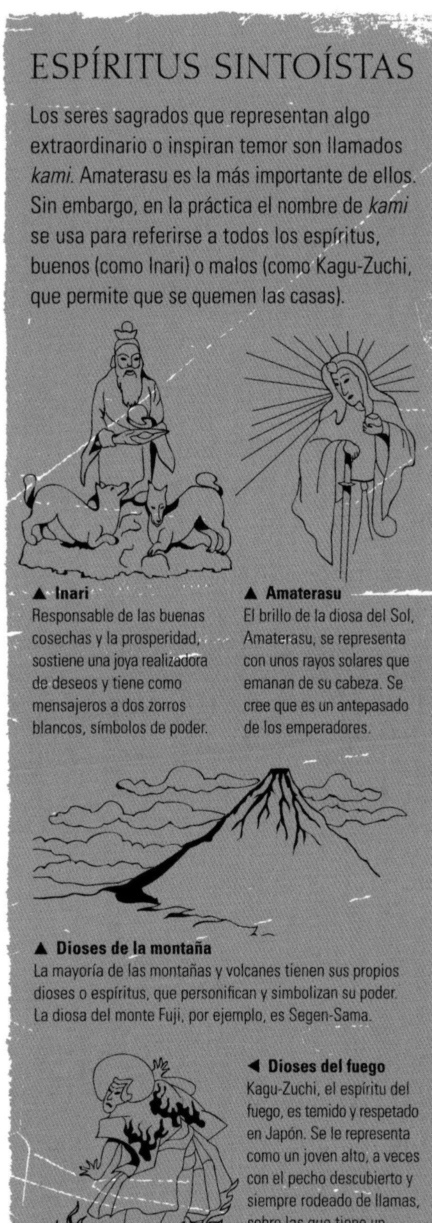

▲ **Inari**
Responsable de las buenas cosechas y la prosperidad, sostiene una joya realizadora de deseos y tiene como mensajeros a dos zorros blancos, símbolos de poder.

▲ **Amaterasu**
El brillo de la diosa del Sol, Amaterasu, se representa con unos rayos solares que emanan de su cabeza. Se cree que es un antepasado de los emperadores.

▲ **Dioses de la montaña**
La mayoría de las montañas y volcanes tienen sus propios dioses o espíritus, que personifican y simbolizan su poder. La diosa del monte Fuji, por ejemplo, es Segen-Sama.

◀ **Dioses del fuego**
Kagu-Zuchi, el espíritu del fuego, es temido y respetado en Japón. Se le representa como un joven alto, a veces con el pecho descubierto y siempre rodeado de llamas, sobre las que tiene un control absoluto. Como el fuego es una amenaza real para las casas de madera, Kagu-Zuchi es aplacado regularmente con rituales.

VÉASE TAMBIÉN
El Sol *pp. 16-17*
Fuego *pp. 30-31*
Antepasados *pp. 146-147*
Adivinación *pp. 196-199*
Jardines *pp. 244-247*

JUDAÍSMO

La religión judía surgió en la región de Canaán (Oriente Próximo) hace unos 3500 años. Los judíos creen que son el pueblo elegido por Dios (Yahvé), que los condujo a la Tierra Prometida tras liberarles de la esclavitud de Egipto. Hoy, los judíos están dispersos por el mundo; por ello los símbolos de su religión son un factor unificador vital. Todos los aspectos de su vida –desde los alimentos festivos y los vestidos rituales hasta los objetos usados en la sinagoga– están imbuidos de una significación que refleja un rico pasado y un profundo amor a Dios.

▲ **Estrella de David**
Este conocido emblema del judaísmo es un poderoso símbolo de la identidad y la unidad judías. Usada en las lápidas sepulcrales judías a finales del siglo XVII y adoptada por los sionistas en la década de 1890, hoy aparece en la bandera de Israel.

NACIÓN Y LEY

La identidad judía está ligada al concepto de nacionalidad. Para un pueblo que careció de hogar durante miles de años, el anhelo de un país propio tiene una gran importancia. De ahí el duro conflicto en torno al Estado de Israel, que para muchos judíos es el símbolo del judaísmo. Se cree que la Ley o Torá, hoy llamada *halakah*, fue dada por Dios a Moisés, y encarna el ideario moral de la nación judía.

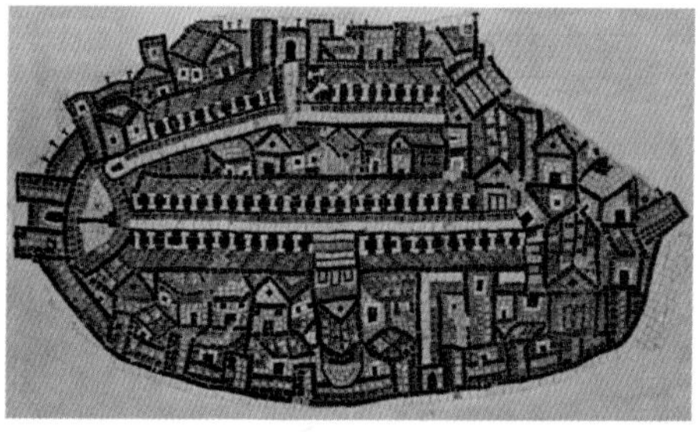

▲ **Jerusalén**
Esta antigua ciudad sagrada sigue siendo el corazón del judaísmo. Desde los tiempos del rey David, hace unos tres mil años, ha sido un importante centro religioso y un símbolo de la nación judía.

▲ **Muro occidental**
El Templo de Jerusalén fue destruido por los romanos en el año 70. Todo lo que queda es su muro occidental, también conocido como Muro de las Lamentaciones. Para los judíos es un lugar de peregrinación y un símbolo de su nación.

◀ **Arca de la Alianza**
Según la Biblia, este cofre de madera, que originalmente representó la presencia de Dios, contuvo las Tablas de la Ley. Hoy, cada sinagoga tiene un arca simbólica: es el cofre sagrado donde se guardan los rollos de la Torá.

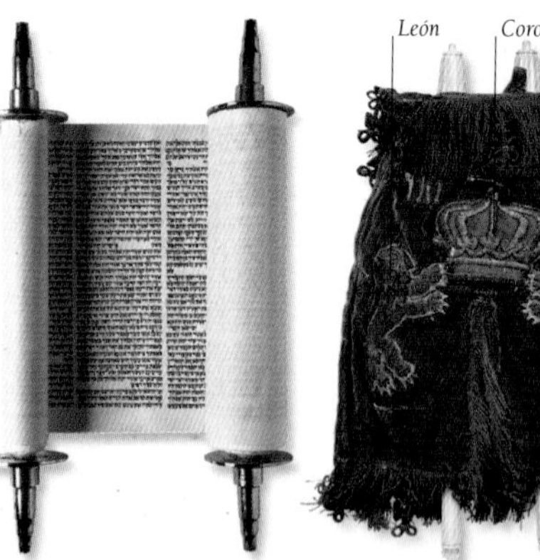

▲ **Torá**
La Torá, la Ley de Dios, es un rollo de papel escrito a mano que contiene los cinco primeros libros de la Biblia judía. Las varas en las que se enrolla, llamadas *azei hayyim*, representan los árboles de la vida.

▲ **Funda de la Torá**
La Torá se protege con una funda de tela, tradicionalmente bordada con símbolos judíos. En esta aparece una corona, símbolo de la realeza de la Torá, flanqueada por dos leones, un símbolo habitual vinculado a la tribu de Judá.

FIESTAS Y ORACIÓN

La oración, que los fieles practican tres veces al día, es fundamental en la fe judía. El sábado –*Shabat*– tiene un significado especial, pero además hay diversas festividades en las cuales los judíos celebran su historia y sus tradiciones a la vez que confiesan su fe en Dios. Dada la importancia de la oración en el judaísmo, existen varios objetos y rituales simbólicos asociados a ella.

◄ ***Sidur* de plata**
Hay varios objetos asociados con la oración, entre ellos el libro de oraciones *(sidur)*, que simboliza y contiene la palabra de Dios. La tapa lujosamente decorada refleja el carácter sagrado del texto que contiene. El *sidur* suele entregarse a los niños en su *bar mitzvah*, ceremonia que se celebra cuando cumplen trece años.

◄ ***Sucot***
Durante este festival, que conmemora el cuidado de Dios mientras el pueblo caminaba hacia la Tierra Prometida, se instalan cabañas que simbolizan las tiendas levantadas en el desierto, y se trenzan hojas de palma, cedro, sauce y mirto para hacer *arba minim* (foto), que se hacen ondear en la sinagoga para significar el dominio de Dios sobre el universo y para llamar a la lluvia en el año entrante.

► ***Shabat***
El *Shabat* judío comienza a la puesta de sol del viernes y finaliza al anochecer del sábado. Los judíos ortodoxos varones llevan dos filacterias *(tefilá)*, pequeñas cajas de cuero que contienen pasajes de la Torá; una especie de bonete *(kipá)*, que simboliza la presencia de Dios; y un manto de oración o *talit* con 613 borlas, símbolo de los mandamientos.

Tefilá

Tefilá *unido al brazo con una tira de cuero*

Manto de oración o talit

◄ ***Mezuzá***
Este pequeño envase, que contiene un pequeño rollo con un texto bíblico, se adosa a menudo a las jambas de las puertas de las casas judías como símbolo de la fe de sus ocupantes. Al entrar en la casa, es tradición besarse los dedos y tocar la *mezuzá* como gesto de devoción a Dios.

Rollo de mezuzá

PÉSAJ

La *Pésaj* o Pascua judía celebra la salida de Egipto. Los rituales asociados con esta fiesta están cargados de simbolismo, y entre ellos destaca la cena de Pascua *(séder)*, que incluye diversos elementos *(véase abajo)*, cada uno con su propio simbolismo.

▲ **Matzá**
Este pan ácimo (sin levadura) simboliza la rapidez con que los judíos abandonaron Egipto, sin tiempo siquiera para fermentar el pan.

Las hierbas amargas, como el rábano o la escarola, simbolizan la amargura de la esclavitud

El huevo cocido simboliza la vida nueva

El hueso de cordero asado representa al cordero sacrificado en los templos judíos en esta fiesta

El perejil simboliza la pena de los esclavos judíos

El charoset, *una pasta de fruta y frutos secos, representa el mortero hecho por los judíos para los palacios egipcios*

LA CENA DE PASCUA

▲ **Salmuera**
El agua con sal para mojar las hierbas amargas representa las lágrimas de los judíos durante su esclavitud en Egipto.

▲ ***Shofar***
El cuerno del carnero representa a aquel que Abraham sacrificó en lugar de su hijo, y simboliza la satisfacción de Dios ante la obediencia de Abraham. Es también un símbolo del *Rosh Hashaná*, el Año Nuevo judío.

▲ ***Menorá***
El candelabro de siete brazos es uno de los más antiguos símbolos del judaísmo. Podría tener su origen en el símbolo del árbol de la vida. Su luz simboliza la iluminación eterna de la Torá.

VÉASE TAMBIÉN
Árboles sagrados *pp. 96-97*
Ritos de iniciación *pp. 124-125*
La cábala *pp. 174-175*
Formas *pp. 284-289*
Banderas *pp. 328-329*

LA CÁBALA

Los seguidores de la cábala, una rama del misticismo judío, exploran los significados ocultos en la Torá –los primeros cinco libros del Antiguo Testamento– en busca de una relación más espiritual con Dios. El uso de diagramas, símbolos y numerología hacen de la cábala un sistema esotérico sumamente complejo. Originalmente fue de tradición oral, pero alrededor del siglo XIII se recogió en ciertos libros, de los cuales el Zohar, o Libro del Esplendor, se considera el más importante.

EL DIOS DE LA CÁBALA

Los cabalistas tienen un concepto dualista de Dios: Dios tiene una faz infinita, incognoscible, inaccesible al hombre; y otra manifiesta, activa, con quien el creyente establece una relación. Un elemento importante de la cábala es la meditación, durante la cual el cabalista se concentra en uno de los muchos símbolos usados para representar a Dios.

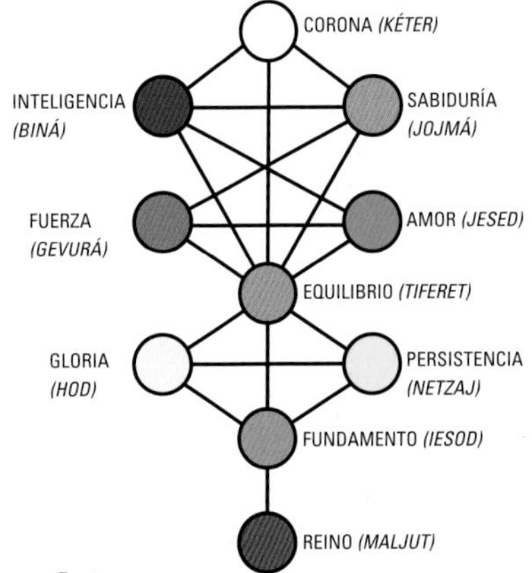

▲ **Las *sefirot***
El diagrama superior es una representación simbólica del Árbol de la Vida, que en la cábala a menudo es invertido, de forma que tiene sus raíces en el Cielo. Este árbol describe las *sefirot*, las diez emanaciones de Dios, centrales en el pensamiento cabalístico, que representan a Dios en su progresión del Dios infinito e incognoscible al Dios activo que creó el universo. Cada *sefirá* es símbolo de un aspecto de la relación de la persona con Dios, y se conecta con las demás formando grupos.

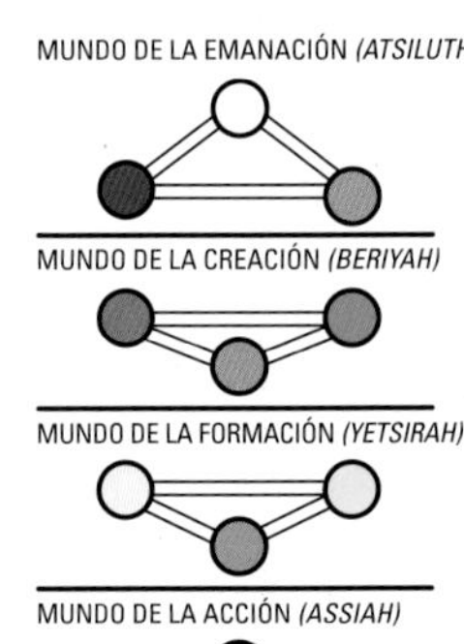

▲ **Los cuatro mundos**
Una forma de interpretar las *sefirot* consiste en agrupar las diez emanaciones de Dios en «cuatro mundos» *(arriba)*. Cada mundo representa una etapa distinta en el proceso de la creación.

▲ **Los 72 nombres de Dios**
Entre los diversos símbolos usados en la meditación cabalística se hallan los 72 nombres de Dios, a los que se atribuía un poder milagroso en boca de los profetas y patriarcas del Antiguo Testamento. Estos nombres derivan de los versículos 19 a 21 del capítulo XIV del Éxodo, cada uno de los cuales contiene, en hebreo, 72 letras. Con una letra de cada versículo –tomando el primero de izquierda a derecha, el segundo de derecha a izquierda y el tercero de nuevo de izquierda a derecha– se forman los 72 nombres de Dios, de tres letras cada uno.

◀ ***Ein Sof***
Este símbolo representa a *Ein Sof*, el aspecto infinito de Dios antes de la creación –una nada incognoscible–; Dios se manifestó luego como el Dios de la creación y el culto a través de las diez *sefirot (izda.)*. *Ein Sof* también simboliza la luz de Dios.

GEMATRÍA

Es una forma de numerología hebrea usada en la cábala para encontrar significados ocultos en las palabras, así como la relación entre las diez *sefirot* y el alfabeto hebreo. Es un arte sumamente complejo que se aplica de formas diversas. Cada letra tiene un profundo simbolismo, tanto por su sonido como por su posición dentro de una palabra. Los glifos también tienen importancia numérica, y las palabras pueden reinterpretarse añadiendo el valor numérico de las letras. Las palabras con un mismo valor numérico establecen entre sí un vínculo especial, complementando de forma mutua sus significados.

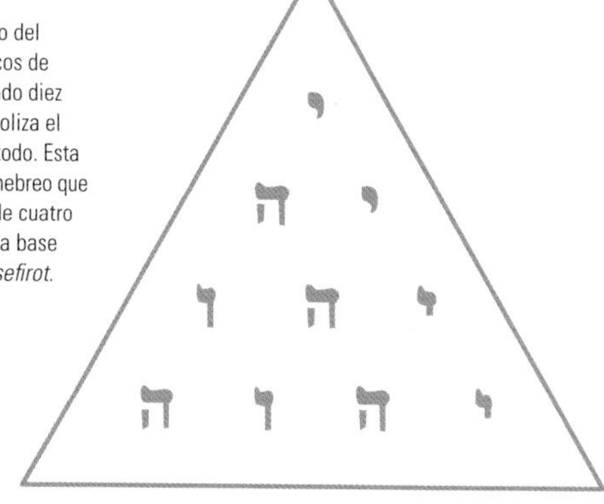

▶ *Tetraktys*
La *tetraktys* cabalística es un símbolo del cosmos basado en el de los pitagóricos de la Grecia clásica; se forma disponiendo diez puntos en orden descendente y simboliza el proceso de creación desde el uno al todo. Esta versión utiliza las letras del alfabeto hebreo que forman el *tetragrammaton* (nombre de cuatro letras) divino, YHWH, y constituyen la base del Árbol de la Vida cabalístico: las *sefirot*.

Glifo	Hebreo	Decimal
א	ÁLEF	1
ב	BET	2
ג	GIMEL	3
ד	DÁLET	4
ה	HE	5
ו	WAW	6
ז	ZAYN	7
ח	HET	8
ט	TET	9
י	YOD	10
כ ך	KAF	20
ל	LÁMED	30
מ, ם	MEM	40
נ ן	NUN	50
ס	SÁMEK	60
ע	'AYN	70
פ ף	PE	80
צ ץ	SADE	90
ק	QOF	100
ר	REŠ	200
ש	ŠIN	300
ת	TAW	400
ך	KAF FINAL	500
ם	MEM FINAL	600
ן	NUN FINAL	700
ף	PE FINAL	800
ץ	SADE FINAL	900

◀ Alfabeto hebreo
Tiene 22 letras, cinco de las cuales aparecen dos veces atendiendo a si aparecen al final de la palabra o en cualquier otra posición.

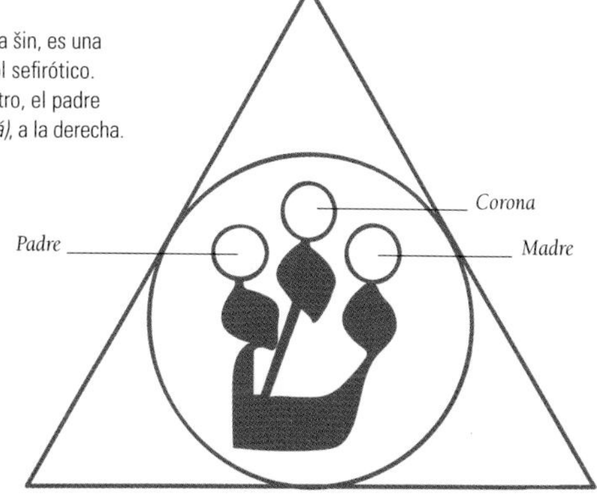

▶ La Tríada hebrea
Representada mediante la letra hebrea šin, es una interpretación gráfica del primer árbol sefirótico. Simboliza la corona *(kéter)*, en el centro, el padre *(jojmá)*, a la izquierda, y la madre *(biná)*, a la derecha.

LA PULSERA ROJA

Los cabalistas trataban de evitar la energía negativa del mal de ojo mediante una pulsera de lana roja. Tradicionalmente, la lana debía haber pasado por la tumba de Raquel antes de ser cortada a medida; Raquel fue la esposa de Jacob, y para los cabalistas personificaba la protección contra el mal.

▶ Pulsera de lana roja
Los cabalistas sostienen que la energía entra en el cuerpo a través de la mano izquierda y que sale por la derecha. Así, al llevar una pulsera en la muñeca izquierda, se impide la entrada del mal.

VÉASE TAMBIÉN
Judaísmo *pp. 172-173*
Amuletos *pp. 194-195*
Numerología *pp. 206-207*

CRISTIANISMO

El cristianismo, que surgió hace alrededor de unos dos mil años, tiene su origen en el judaísmo. Los cristianos creen que Jesucristo, el Hijo de Dios, murió en la cruz para redimir los pecados del mundo y luego resucitó. Así, la cruz constituye el símbolo por antonomasia de la fe cristiana y preside todas las iglesias. La Biblia ha proporcionado al cristianismo abundantes símbolos, como la paloma o el cordero; los santos –apóstoles, mártires, etc.– tienen también sus símbolos característicos.

SÍMBOLOS DE LA FE

El cristianismo ha hecho abundante uso del arte figurativo, lo cual ha contribuido a consolidar ciertos símbolos aparte del de la cruz. Así, por ejemplo, el halo o nimbo que rodea la cabeza de Cristo y de los santos, que es un símbolo de santidad. Otros símbolos son el pez, que surgió en época romana, cuando los cristianos eran perseguidos por sus creencias, y que aún se sigue usando; y la paloma, que hoy tiene un valor más universal como signo de paz.

▲ **Cordero erguido**
El cordero sacrificial es un símbolo de Cristo. En pie con un estandarte representa el triunfo de Cristo alzándose de entre los muertos después de su muerte.

▲ **Cordero tendido**
Tendido sobre una cruz y sobre el libro de los siete sellos, el cordero yaciente simboliza el triunfo de la fe cristiana en el Juicio Final.

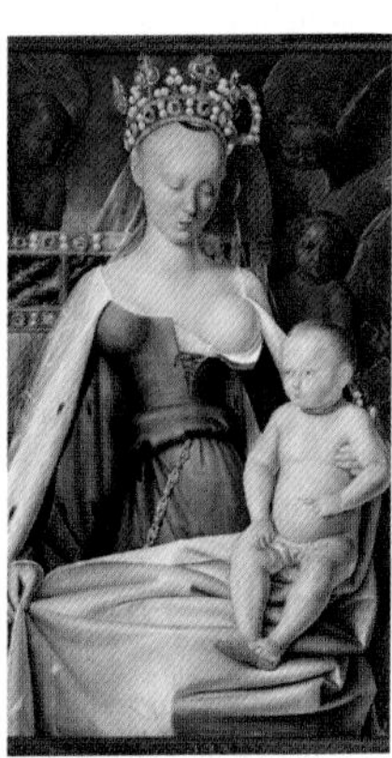

▲ **Virgen con el Niño**
El Cristo niño se representa a menudo desnudo y sentado sobre un paño blanco para simbolizar su inocencia, pureza y santidad. La presencia de la Virgen María, su madre, subraya la naturaleza humana de Cristo.

▲ **La Virgen María**
Aquí, María es representada con su tradicional atuendo, túnica roja y manto azul, símbolo del Cielo y de su condición de reina. Las manos sobre el corazón en actitud de oración simbolizan sinceridad y humildad.

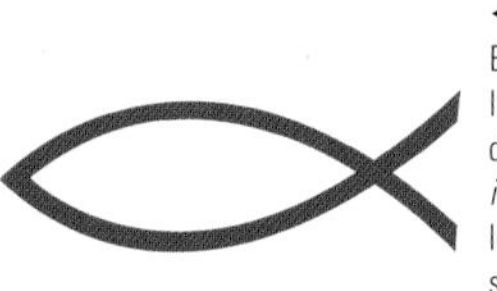

◀ **El pez**
En griego, las primeras letras de las palabras «Jesucristo, Hijo de Dios y Redentor» se leen *ichthys*, «pez». Fue usado por los primeros cristianos como signo secreto para identificarse: una persona dibujaba un arco, y la otra completaba el dibujo.

▲ **Navidad**
Esta escena representa el nacimiento de Cristo en un establo de Belén. La visita de los pastores y de los Reyes Magos simboliza la aceptación del cristianismo por las gentes de toda clase y nación.

▶ **Jesucristo**
Considerado por los cristianos como el Hijo de Dios, Jesucristo nació de la Virgen María. En este icono ruso, Cristo alza la mano derecha para bendecir a los fieles. Los tres dedos que se tocan son un signo de la Santísima Trinidad (*véase p. siguiente:* Flor de lis), y los dos dedos libres simbolizan su doble naturaleza, divina y humana. En la mano izquierda sostiene el libro sagrado.

▲ **Flor de lis**
Para los cristianos es un símbolo de la Santísima Trinidad (Padre, Hijo y Espíritu Santo), de la pureza de la Virgen María y del arcángel san Gabriel.

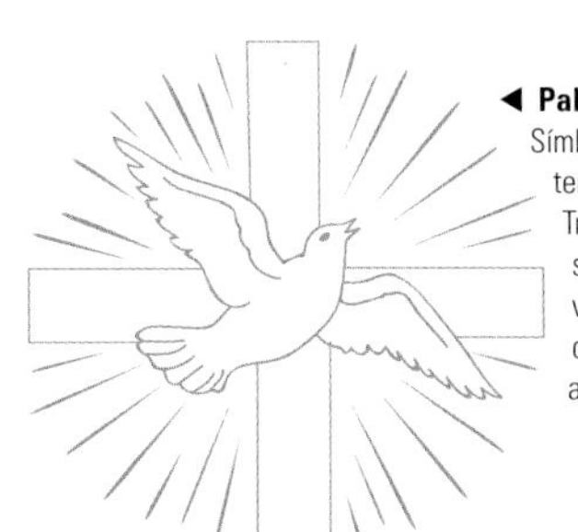

◀ **Paloma**
Símbolo del Espíritu Santo, tercera persona de la Trinidad, es también un símbolo de paz, pues su vuelta al arca de Noé con una rama de olivo anunció el fin del diluvio.

▲ **Corona de espinas**
Como uno de los instrumentos de la Pasión, constituye un símbolo del sufrimiento de Cristo para salvar a la humanidad.

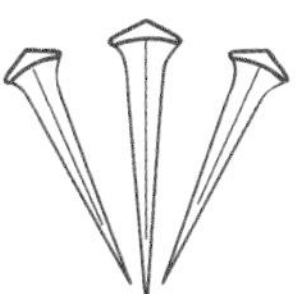

▲ **Los tres clavos**
Usados en la crucifixión para fijar las manos y los pies de Cristo a la cruz, los clavos son también un símbolo de su supremo sacrificio.

SANTOS CRISTIANOS

Algunos de los cristianos que han llevado una vida especialmente ejemplar son canonizados por la Iglesia después de su muerte y venerados como santos. Muchos de ellos representan alguna virtud particular, como la piedad, y son reconocibles por sus atributos; en el caso de los mártires, estos suelen aludir a la forma en que murieron. Algunos atributos, como las llaves del apóstol san Pedro, son tan conocidos que pueden usarse para simbolizar al propio santo.

▲ **San Sebastián**
La flecha, símbolo de la peste, es también el símbolo de san Sebastián, que fue asaeteado por declararse cristiano; sobrevivió, pero después fue lapidado hasta morir.

▲ **San Fransisco de Asís**
El santo patrón de los animales es representado a menudo en compañía de estos en alusión a su amor por la naturaleza.

▶ **San Pablo**
Convertido al cristianismo en el camino de Damasco, porta en la mano derecha una espada con el puño en forma de cruz que representa su enseñanza de la palabra de Dios como «espada del Espíritu». También lleva un libro, símbolo de las cartas que escribió a las iglesias que fundó.

▶ **San Pedro**
Suele representarse con las llaves del Cielo, dos llaves cruzadas que representan la puerta abierta de la absolución y la puerta cerrada de la excomunión. También indican el poder apostólico para perdonar los pecados.

▲ **Santa Catalina**
Martirizada sobre cuatro ruedas de tormento debido a su fe, se ha convertido en un símbolo de la devoción. Su emblema es la rueda con clavos, también conocida como «rueda de santa Catalina».

EL CULTO

Los cristianos practicantes acuden a la iglesia para rezar y asistir a ceremonias diversas, como la misa, los bautizos y los funerales. La asistencia a misa y la sagrada comunión son esenciales para los fieles cristianos, pues de este modo viven en unión con Dios.

◀ **Rosario**
Toma su nombre de la rosa, símbolo de la pureza de la Virgen María, y sirve para llevar la cuenta de las avemarías, oraciones dirigidas a la Virgen.

▲ **Iglesia**
Las iglesias son simbólicas a muchos niveles. En las de planta cruciforme, el brazo principal se llama «nave» debido a la antigua asociación de la Iglesia con una barca.

◀ **Comunión**
El rito sagrado de la comunión, en el que los fieles comulgan con el cuerpo y la sangre de Cristo bajo las especies del pan y del vino, proviene de la Última Cena de Cristo con sus discípulos, en la cual instituyó este sacramento.

VÉASE TAMBIÉN
Ángeles *pp. 188-189*
El Santo Grial *pp. 208-209*
Arquitectura religiosa *pp. 228-231*
Simbolismo de los gestos *pp. 334-337*

LA CRUZ

Aunque la cruz ha tenido muy diversas asociaciones en el pasado, tal vez sea más ampliamente conocida como símbolo de la fe cristiana, para la que representa el sacrificio de Cristo para salvar a la humanidad. El gesto sacerdotal de bendición habitual consiste en trazar el signo de la cruz en el aire. Con el tiempo han surgido diversas variaciones formales de la cruz, cada una con un simbolismo particular, que han sido adoptadas por parte de distintas órdenes cristianas y organizaciones. La cruz de Malta, por ejemplo, es un símbolo de protección y el emblema de los bomberos de Estados Unidos.

▶ **Crucifijo**
La imagen de Cristo en la cruz, o crucifijo, es un objeto clásico de devoción cristiana.

▲ **Cruz latina**
Con el tramo vertical más largo que el horizontal, es el símbolo de la cruz en que fue crucificado Jesucristo. Aunque los primeros cristianos la consideraban atroz y en vez de ella usaban el pez, fue gradualmente aceptada como símbolo de Cristo.

▲ **Cruz de san Andrés**
La cruz en forma de X, conocida también como *decussata*, representa la cruz en que fue crucificado el santo. Símbolo de resolución y resistencia ante la adversidad, ha sido adoptada como emblema en las banderas de Escocia y Jamaica.

▲ **Cruz de san Pedro**
Es la cruz del príncipe de los apóstoles, que fue crucificado cabeza abajo, y es un símbolo de humildad. Sin embargo, modernamente ha adquirido un significado satánico, al ser usada como la inversión de la cruz latina.

▲ **Cruz de san Antonio abad**
Está formada con la última letra del alfabeto hebreo transcrita al griego, por lo que también se conoce como «cruz de tau»; era la forma habitual de las cruces usadas por los romanos para la crucifixión, y es símbolo de redención.

▲ **Crismón**
Formada por las letras X (ji) y P (ro), las dos primeras del nombre «Cristo» en griego, fue adoptada por el emperador romano Constantino. De origen antiguo, había sido antes símbolo de Crono, dios griego del tiempo.

▲ **Cruz copta**
Derivada del *anj* egipcio, fue usada por los primeros cristianos de Egipto tras la introducción del cristianismo por san Marcos. Más tarde, los cristianos etíopes usarían una variación de esta forma como símbolo.

▲ **Cruz céltica**
En esta antiquísima cruz, el elemento cruciforme aparece rodeado por un círculo, que unos han considerado como un símbolo de unidad y del amor eterno de Dios y otros como un halo. Es previa a la cristianización de Irlanda.

▲ **Cruz griega**
La longitud de sus cuatro brazos es idéntica. Su uso como símbolo cristiano se difundió a partir del siglo IV, y simboliza la extensión del evangelio por todo el mundo.

▲ **Cruz de Malta**
Es similar a la griega, pero sus brazos se abren en forma de cola de golondrina. Las ocho esquinas resultantes simbolizan renacimiento. Signo de honor y protección, es emblema de varias organizaciones cristianas.

CRUZ O CRUCIFIJO

La cruz es el símbolo de la cristiandad, pero las distintas ramas de la religión usan diferentes tipos de cruz. Así, los protestantes han adoptado la cruz lisa, como símbolo del resurgimiento de Cristo de entre los muertos, mientras que los católicos suelen usar el crucifijo –la cruz con Cristo crucificado–, que refleja mejor el sacrificio. La presencia de Cristo en la cruz simboliza, además, la continuidad de la obra de la redención, que no concluyó con su muerte y resurrección. Algunas cruces presentan un cráneo en la base, símbolo del Gólgota, o «lugar de la calavera» (Calvario), el monte en que Cristo fue crucificado.

▲ **Cruz lisa**
Como muchas otras iglesias protestantes, esta moderna iglesia metodista de Singapur exhibe una gran cruz lisa de acero.

▲ **Crucifijo**
Este crucifico del siglo XIV o XV procede de una iglesia católica de Croacia, y muestra a Cristo en la cruz y a Dios Padre contemplándole desde el Cielo.

▲ **Cruz trebolada**
Se forma a partir de la cruz latina, pero sus extremos superiores terminan en brotes con forma de hoja de trébol, símbolo de la Trinidad. Podría derivar de una cruz druídica en la que el trébol simboliza la tierra, el mar y el cielo.

▲ **Cruz ortodoxa rusa**
Símbolo de la salvación y la condenación, esta cruz fue adoptada por la Iglesia ortodoxa rusa. La barra inclinada alude a la salvación de los pecadores arrepentidos y a la condenación de los que no se arrepienten.

▲ **Cruz de san Julián**
Emblema de los trovadores ambulantes, esta cruz está formada por cuatro cruces latinas dispuestas en ángulos rectos, cada una señalando a una esquina del mundo; por ello es conocida como «cruz misionera».

▲ **Cruz papal**
Solo es usada por el papa. Sus tres barras representan el Cielo, la Tierra y la Iglesia, que son los tres ámbitos de su autoridad. En las ceremonias solemnes es portada delante del papa.

▲ **Cruz de Lorena**
Cruz heráldica con dos barras horizontales, de igual longitud, se usa en la Iglesia católica para representar a los cardenales. Fue llevada al combate por Juana de Arco, y asimismo se convirtió en símbolo de la Francia Libre.

▲ **Cruz de Camarga**
Procedente de la Camarga, en el sur de Francia, esta cruz reúne tres elementos: la cruz, el ancla y el corazón, que simbolizan, respectivamente, la fe, la esperanza y la caridad, las tres virtudes teologales.

▲ **Cruz ancorada**
Llamada «cruz de san Clemente», pues según la tradición este papa fue arrojado al mar atado a un ancla. Simboliza el sostén que mantiene firmes a los cristianos en medio de las tormentas de la vida.

▲ **Cruz de santa Brígida**
Esta cruz irlandesa pudo ser anterior al cristianismo y se asocia a una diosa céltica asimilada a santa Brígida. Esta cruz suele tejerse con paja el día de la Candelaria, y simboliza prosperidad y protección.

◄ **Cruz bautismal**
Esta cruz de ocho brazos resulta de la superposición de una X a una cruz griega. Se usa a menudo en el bautismo porque el número ocho simboliza renacimiento. También representa los ocho días transcurridos desde la entrada de Cristo en Jerusalén hasta su resurrección.

VÉASE TAMBIÉN
Trofeos de cabezas *pp. 110-111*
Deidades griegas y romanas *pp. 140-141*
Deidades célticas y nórdicas *pp. 142-143*
Satanás y los demonios *pp. 190-191*
Amuletos *pp. 194-195*
Formas *pp. 284-289*
Escritura pictográfica *pp. 300-305*
Emblemas heráldicos *pp. 318-323*
Banderas *pp. 324-329*

ISLAMISMO

Los practicantes de la fe islámica o musulmanes creen en un único Dios cuyo profeta es Mahoma. El islam evita la representación humana en el arte, pero hay una serie de objetos, como la media luna y la estrella y la Mano de Fátima, que se han convertido en símbolos de esta fe. El color verde, símbolo de la primavera, tiene una importancia especial: en el Corán está escrito que los habitantes del Paraíso vestirán prendas de seda verde.

LA MEZQUITA Y LA MECA

La mezquita es el lugar de culto donde los musulmanes se reúnen al menos una vez por semana. Aunque no siguen un patrón fijo, muchas mezquitas se caracterizan por tener una cúpula y/o altos minaretes que, gracias a su prominencia sobre el paisaje urbano, se han convertido a su vez en símbolos de la fe islámica. Algunas mezquitas tienen cinco pilares, que representan los Cinco Pilares del islam (*véase* Mano de Fátima), y presentan un nicho que indica la dirección de La Meca, corazón del islam y lugar de peregrinaje que todos los musulmanes procuran visitar al menos una vez en la vida. El *hajj* (peregrinaje) es uno de los Cinco Pilares.

▲ **Media luna y estrella**
La media luna fue adoptada como símbolo del islam en el siglo XVI, y después se añadió la estrella, un emblema de soberanía y dignidad. Ambos símbolos se relacionan con el calendario lunar por el que se rige la vida religiosa.

▲ **Mano de Fátima**
Usada tradicionalmente por las mujeres como amuleto para protegerse del mal, la Mano de Fátima, hija de Mahoma, tiene también otros significados. Cada dedo simboliza uno de los Cinco Pilares del islam: *shahada* (la confesión de la fe), *salat* (las oraciones prescritas), *zakat* (la limosna), *sawm* (el ayuno durante el Ramadán) y *hajj* (peregrinaje a La Meca).

▲ **La Cúpula de la Roca**
La mezquita simboliza el seno de la religión y la comunidad islámicas, y la cúpula, antiguo símbolo femenino, el arco de los cielos. Al cruzar el umbral, rematado por un arco, los fieles entran simbólicamente en otro estado del ser. Los califas construyeron mezquitas como muestra de piedad; algunas de ellas se alzan sobre lugares sagrados, como la Cúpula de la Roca, erigida en el lugar al que el arcángel Gabriel llevó a Mahoma antes de su visita nocturna a los cielos.

▲ **Lámpara de mezquita**
En las mezquitas suele haber unas lámparas de metal o cerámica que cuelgan de cadenas. La luz que dan simboliza la verdad y la sabiduría eternas y el poder divino. Es también un signo de la presencia divina.

▲ **Minarete**
El minarete, usado para llamar a los fieles a la oración, es parte integral de muchas mezquitas y un rotundo símbolo de la fe islámica. En lo alto figura el nombre de Dios, representando su supremacía sobre las cosas.

▲ ***Kaaba***
La *Kaaba* de La Meca, símbolo de la unidad islámica y del Dios único, es hacia donde se orientan todos los musulmanes al rezar. Los peregrinos dan siete vueltas a la *Kaaba*, simbolizando las siete ascensiones de Mahoma al Cielo.

LA ORACIÓN Y LA PALABRA ESCRITA

La oración (*salat*) es el segundo pilar del islam, y se realiza cinco veces al día. La limpieza es un aspecto importante de este rito, y antes de cada sesión de rezo los fieles se lavan del modo prescrito por el rito; como en otras religiones, este acto simboliza la limpieza del pecado y la purificación. Dada la prohibición de representar a personas y animales, los musulmanes han desarrollado otros medios para alabar a Dios, desde la hermosa caligrafía decorativa presente por todas partes en los países musulmanes hasta la iluminación de lámparas de colores durante el Ramadán.

▲ **Oración diaria**
Cinco veces al día, los musulmanes se orientan hacia La Meca para rezar. Primero alzan las manos con las palmas hacia fuera, gesto que sugiere que no tienen ante sí nada salvo Dios. Luego tocan el suelo con la frente y entonan las palabras «Alá es grande», como muestra de sumisión a Dios.

▲ **Alfombra con brújula**
La limpieza es algo importante a la hora de rezar. La alfombra representa un lugar limpio, y la brújula indica la dirección de La Meca.

▲ ***Subha***
La *subha* musulmana consiste en 99 cuentas que simbolizan los 99 nombres divinos. En ocasiones se añade una cuenta especial alargada, llamada «líder», para el centésimo nombre, el de la Esencia, que solo se encuentra en el Paraíso. Los musulmanes entonan los nombres de Dios y cantan «Alá» al llegar a la centésima cuenta.

▲ **El Corán**
El texto sagrado del islam, el Corán, representa la palabra de Dios tal como le fue revelada al profeta Mahoma. Se considera que simboliza la condición profética de este y la verdad de la religión. Escrito en árabe, el idioma en que fue revelado al profeta, el texto suele aparecer rodeado de hermosos márgenes y arabescos.

▲ **Azulejo**
En la ornamentación islámica se destaca el empleo del azulejo. La forma de estrella de este ejemplar simboliza la divinidad y el predominio del islam.

▲ **Caligrafía**
Muestra de belleza, poder y unidad, la caligrafía islámica es un arte exquisito. Las palabras del Corán y el nombre de Dios adornan toda clase de objetos, así como las paredes alicatadas de las mezquitas.

◄ **El Ramadán**
El Ramadán abarca el noveno mes del año musulmán, y en este período quienes están en condiciones de hacerlo ayunan durante las horas diurnas. Durante el Ramadán, además, es habitual el uso del *attar*, un perfume penetrante, y la preparación de dulces tradicionales a base de *simahi* (fideos), que se consumen tras la puesta del Sol. En Egipto se encienden unos faroles de colores, o *fanús*, que simbolizan la gratitud hacia Dios.

VÉASE TAMBIÉN
Formas *pp. 284-289*
Lugares sagrados *pp. 232-233*

ALFOMBRAS ISLÁMICAS

En el arte islámico hay una rica tradición de patrones geométricos simbólicos, muchos de los cuales han sido incorporados a la artesanía tradicional. La gama de diseños y colores de las alfombras islámicas es enorme; sus dueños suelen ser capaces de precisar su origen, atribuyéndola a una tribu, zona o población particular.

1. Patrones y simetría
La simetría de los patrones empleados en las alfombras islámicas simboliza el equilibrio de las proporciones. El diseño de las formas y su posición suelen coincidir a ambos lados del eje central. La repetición de los patrones expresa unidad en la multiplicidad.

2. Marcos
El diseño de una alfombra islámica suele tener varios marcos, cuyo número es simbólico. El tres, el cinco, el siete y el nueve son números sagrados, y eso se tiene en cuenta al diseñar una alfombra. Los tres de la que se muestra aquí simbolizan la tierra, el cielo, el agua, la santidad, la abundancia y la fertilidad.

3 y 4. Formas
Las estrellas tienen una gran fuerza simbólica, y el número de puntas que tienen determina su significado. La de ocho puntas simboliza la línea de la vida desde el nacimiento hasta la muerte. El punto en el centro de la alfombra simboliza el Dios único y La Meca, como centro del islam al que todos los fieles miran al rezar.

5. Colores
En una alfombra islámica cada color tiene un significado propio. El amarillo, por ejemplo, simboliza una vida de abundancia y riqueza, el azul, la profundidad insondable y la infinidad mítica del cielo y el mar, y el verde, la primavera y el paraíso.

SIJISMO

El sijismo es un culto monoteísta fundado en el siglo XV en India por Gurú Nanak y desarrollado por nueve gurús o maestros sucesivos. Los sij respetan la igualdad de todas las personas, sea cual sea su religión, e insisten en el servicio a los demás, la humildad y la oración diaria. En sus templos no hay estatuas de Dios ni de los gurús; no obstante, tienen una serie de objetos y prácticas de un importante simbolismo religioso, presente tanto en las representaciones de los gurús como en la apariencia de los sij practicantes que adoptan las cinco K.

◀ **Gurú Nanak**
El primero de los diez gurús, Gurú Nanak, encarna la sabiduría del sijismo. Se le representa siempre con las cuentas de oración, que, como el halo que rodea su cabeza, es un símbolo de su santidad. Sus ojos entornados expresan el éxtasis espiritual, y su larga barba blanca simboliza la sabiduría.

LAS CINCO K

Se trata de los cinco atributos y prendas (cuyo nombre empieza por K) establecidos en 1699 por Gurú Gobind Singh, décimo y último gurú, como signos externos de distinción a los seguidores de la disciplina sij: *kirpan, kangha, kara, kachera y kesh*. En la actualidad, la adopción de las cinco K por parte de los sij es una muestra de fe y orgullo por su religión.

▶ ***Kirpan***
El arma ceremonial o *kirpan* es símbolo de valor y rectitud, y signo de la disposición de todo sij a defender a los débiles y a los oprimidos. Se lleva ceñido al cuerpo como recordatorio de la mortalidad humana, y representa la justicia, el orden y la moral.

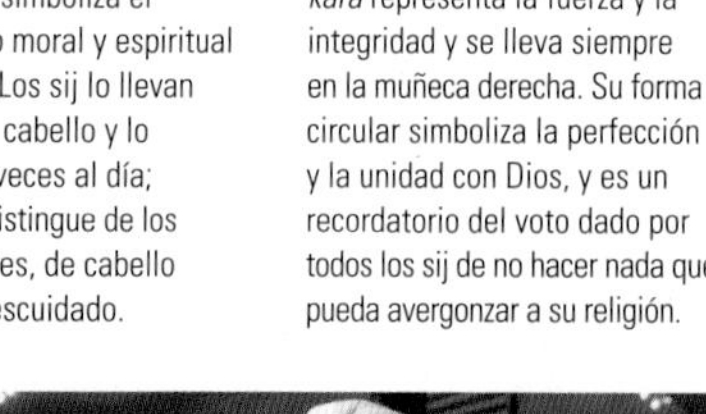

▲ ***Kangha***
La peineta de madera conocida como *kangha* simboliza el comedimiento moral y espiritual y la limpieza. Los sij lo llevan siempre en el cabello y lo emplean dos veces al día; peinarse les distingue de los ascetas hindúes, de cabello enredado y descuidado.

▲ ***Kara***
El brazalete de acero o *kara* representa la fuerza y la integridad y se lleva siempre en la muñeca derecha. Su forma circular simboliza la perfección y la unidad con Dios, y es un recordatorio del voto dado por todos los sij de no hacer nada que pueda avergonzar a su religión.

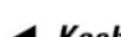

▲ ***Kachera***
Los hombres sij deben llevar puesta siempre la *kachera*, prenda interior de algodón similar a un calzoncillo tipo *boxer*. Aunque no dificulta el movimiento, es un símbolo de autocontrol y modestia sexual y un recordatorio de la prohibición del adulterio.

◀ ***Kesh***
El cabello sin cortar o *kesh* es un símbolo de santidad. Todos los hombres sij llevan el cabello largo, según la creencia de que mantenerlo en su estado natural les hace vivir en armonía con Dios. Además, se cubren el cabello con un característico turbante que les identifica como sij.

EL GURDWARA

En el sijismo no se atribuye forma física alguna a Dios, y se le venera prescindiendo del empleo de elementos comunes en otras religiones, tales como incienso o velas. No hay sacerdotes, y cualquiera puede realizar un servicio religioso, pero en cada *gurdwara* (templo) hay un *granthi* encargado de leer y cuidar de las sagradas escrituras: el Gurú Granth Sahib. El *gurdwara* es el eje de la vida religiosa sij y el símbolo del culto.

◄ **Entrada del *gurdwara***
Algunos *gurdwaras* sij tienen cuatro puertas: la puerta del Sustento, la del Saber, la de la Gracia y la de la Paz. Simbolizan la bienvenida a las personas procedentes de todas las direcciones, y por la misma razón, hay siempre una luz encendida en el templo.

▲ **Deberes del *gurdwara***
El servicio a la comunidad, como la cocina, es constitutivo del credo sij y recordatorio simbólico de las virtudes de la humildad y el servicio.

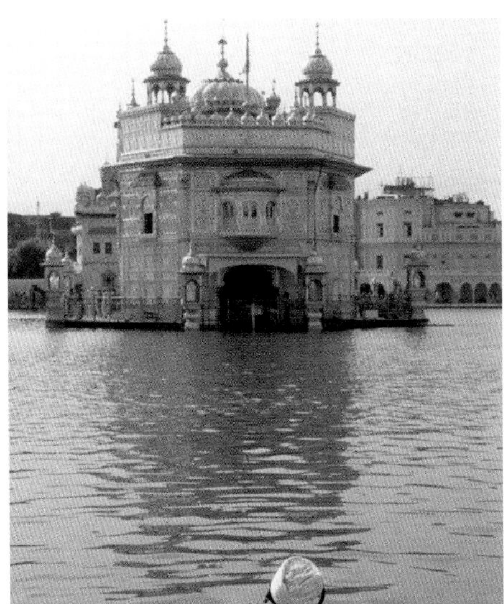

◄ **El Templo Dorado**
Fundado por Gurú Ram Das, el cuarto gurú, y ampliado por Gurú Arjan Dev, el quinto, el Templo Dorado de Amritsar se construyó sobre un lago sagrado, cuyas aguas simbolizan la creación y la abundancia, con la finalidad de albergar el libro sagrado.

▼ **El libro sagrado**
El libro sagrado, llamado Gurú Granth Sahib, contiene himnos de los gurús y otros autores sobre los que se basa la religión sij. En cada templo hay un guardián encargado de cuidarlo. Siempre que se lee el texto se agita sobre él un espantamoscas sagrado o *chauri*, símbolo de honor y autoridad.

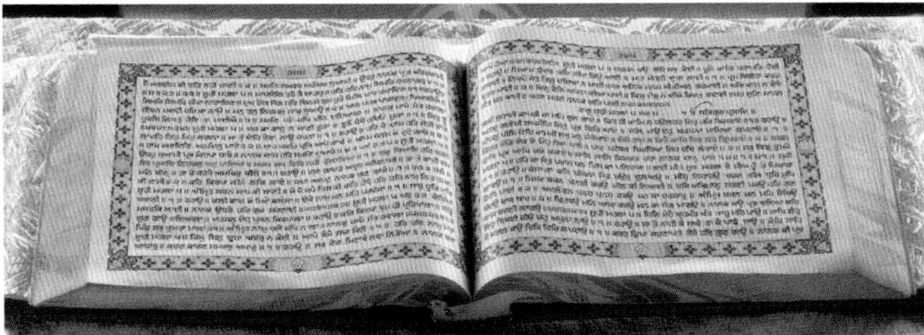

EMBLEMAS Y NOMBRES

El poder del Dios único y la igualdad son postulados centrales de la religión sij. El emblema del *khanda* expresa estos y otros principios. Una muestra ostensible de igualdad es la atribución del nombre *Singh* a los hombres y el de *Kaur* a las mujeres.

▲ **El *khanda***
El emblema de la fe sij, el *khanda*, se compone de una espada de doble filo que simboliza la verdad y la justicia, más dos espadas que la flanquean y que representan el poder de Dios. El círculo es otra arma, el *chakkar*, y simboliza la eternidad.

▲ ***Ek Onkar***
Ek Onkar, «Dios es uno», son las primeras palabras del Gurú Granth Sahib y las más repetidas por los sij. Constituyen uno de los fundamentos de la religión sij, y en su forma escrita son uno de sus símbolos más famosos y reconocibles.

▲ **Gobind Singh**
Todos los hombres sij toman el nombre *Singh*, «león», mientras que a las mujeres se las llama *Kaur*, «princesa». Los discípulos del décimo gurú, Gobind Singh, fueron los primeros en adoptar el nombre *Singh*, y otros les siguieron. Esta uniformidad simboliza la importancia de la igualdad y el rechazo del sistema de castas, que podían identificarse por el apellido.

VÉASE TAMBIÉN
La cabeza *pp. 106-109*
Herramientas y armas *pp. 224-225*
Lugares sagrados *pp. 232-233*
Tocados *pp. 250-251*

▲ **Altar de Mama Wati**
Durante las ceremonias rituales, los altares se adornan profusamente con velas, objetos simbólicos y regalos relativos a los *loa* a los que se va a invocar. Aquí, la imagen de Mama Wati tiene serpientes enroscadas en los brazos, símbolo de fertilidad y renovación.

VUDÚ

Credo relacionado con el poder de los espíritus sobre la naturaleza, el vudú fue practicado en secreto por esclavos que disfrazaron su religión por medio de la simbología.

El término «vudú» procede del africano occidental *vodun*, «espíritu». Esta religión como tal se originó en Haití, durante la época esclavista del siglo XVIII, y combina elementos de diversas religiones de África occidental. Los esclavos mantuvieron vivas sus creencias combinándolas con ritos cristianos, atribuyendo a menudo nombres cristianos a los antiguos espíritus, que conservaron su simbolismo. Malinterpretado por lo general, el vudú ha sido visto con recelo por los profanos, que lo asocian aún a espíritus malignos y muertos vivientes.

▲ Muñeco vudú
Hecho con fibra natural y con la cabeza de un animal, este muñeco vudú representa la abundancia del mundo natural y combate la esterilidad. Los muñecos se fabrican para lograr un cambio en una persona, en el supuesto de que lo que le ocurra al muñeco le ocurrirá también a aquella.

LOS LOA

El concepto de «espíritu» es esencial en la cultura vudú, y tiene manifestaciones diversas. Bajo el ser supremo divino, el Gran Met (Gran Maestro), hay una multitud de *loas* (literalmente, «misterios»), espíritus ancestrales de cierta entidad, como reyes, sacerdotes de alto rango o héroes del pasado. Cada uno de estos *loas* representa un aspecto diferente del mundo natural –la salud, la muerte, el amor, los bosques, los ríos– y tiene el poder de influir para bien o para mal sobre aquello que simboliza. Los *loas* son, por tanto, el eje del culto vudú, cuyos creyentes los invocan al comienzo de las ceremonias trazando sobre el suelo un símbolo ritual llamado *vever*. Cada *loa* tiene un símbolo distinto, compuesto de una combinación única de motivos que representan aspectos diversos de su personalidad y sus poderes. En la relación entre los creyentes y sus *loas* hay un elemento de reciprocidad, y esto es el fundamento de la ceremonia: a cambio de comida, simbolizada por la ofrenda de un sacrificio animal, el *loa* proporciona a sus adoradores buena fortuna, salud y protección frente a los espíritus malignos.

EL RITUAL VUDÚ

Para agradecer la buena suerte reciente o para pedir ayuda en época de infortunio se celebran rituales simbólicos. Los creyentes manifiestan su deseo de comunicarse con el mundo de los espíritus bailando al son de un canto y un ritmo específico para cada *loa*, hasta que este posee a uno o más de ellos. El acceso al estado de trance manifiesta la devoción del creyente y anuncia a los demás la aparición del espíritu. El *loa* comunica su voluntad a través de la persona poseída.

MAGIA VUDÚ

Los *loa* se dividen en dos grupos: los *rada* o espíritus dulces, considerados de origen africano, y los *petro* o espíritus amargos, quizá de origen caribeño y de carácter más vengativo. La invocación de los *rada* se asocia a la magia blanca en forma de encantamientos benéficos o *wanga*, que incluye la confección de filtros amorosos o el empleo de hierbas curativas. La forma centrada en los espíritus *petro* es más siniestra, y está relacionada con la magia negra o brujería.

◄ Vevers
Trazados con harina de maíz al comienzo de los rituales del vudú, cada *vever* representa a un *loa* determinado. Los mostrados aquí corresponden, empezando por arriba, a Papa Legba, Damballah La Flambeau, Ayizan, Brigitte y Ogún. Puede invocarse a más de un *loa* en el mismo ritual.

VÉASE TAMBIÉN
Satanás y los demonios *pp. 190-191*
Brujas y *wicca pp. 192-193*

LOS ÁNGELES

Encarnación de la pureza celestial y la benevolencia, los ángeles figuran tanto en el Antiguo como en el Nuevo Testamento. Judíos, cristianos y musulmanes los tienen por mensajeros de Dios, seres espirituales y sobrehumanos que median entre Dios y la humanidad y velan por el cumplimiento de la voluntad divina sobre la Tierra. La Biblia suele describir a los ángeles como seres bellos (símbolo de su elevada condición), de apariencia juvenil y vestidos de blanco (símbolo de espiritualidad y pureza).

▲ Arcángel Gabriel
Conocido entre los cristianos por anunciar a María el nacimiento de Jesús, y en el islam por revelar el Corán a Mahoma, a Gabriel (Yibril) se le representa a menudo con una trompeta, símbolo de su papel de heraldo.

ATRIBUTOS DE LOS ÁNGELES

Todos los ángeles –salvo aquellos que han perdido la gracia divina– son santos y sin pecado. Hay varias descripciones de ellos en la Biblia, y a lo largo de los siglos se han desarrollado unos motivos típicos para su representación artística, como las alas o los halos. La apariencia de los ángeles está cargada de simbolismo, y sus atributos físicos en muchos casos representan otros de naturaleza espiritual.

▲ Alas
Las alas de los ángeles simbolizan su espiritualidad y cercanía a Dios. También expresan su capacidad para volar desde el Cielo a la Tierra para cumplir las misiones divinas.

▲ Arpa
Numerosos ángeles rodean a Dios en el Cielo, formando una corte celestial. A menudo se les representa con instrumentos musicales –sobre todo arpas– como signo de la armonía con la que alaban a Dios.

▲ Incienso
Se sostiene que la fragancia del incienso lleva las oraciones de quienes las realizan hasta el Cielo. El incensario, símbolo de veneración, es otro de los atributos típicos de los ángeles.

◄ Halo
El halo es un símbolo de la luz y la divinidad. Las escenas bíblicas en que aparecen ángeles suelen presentarlos rodeados por un aura, que en las representaciones artísticas se suele traducir en un halo que rodea su cabeza.

JERARQUÍA CELESTIAL

La corte celestial comprende varias categorías de ángeles, cada una con cometidos distintos y dotada de un simbolismo propio. Un estudioso griego del siglo v, Dionisio Areopagita, clasifica a los ángeles en tres «coros»: el primero está compuesto por los serafines, querubines y tronos; el segundo, por las dominaciones, virtudes y potestades, y el tercero, por los principados, arcángeles y ángeles.

► **Los siete arcángeles**
Señal de la importancia de los arcángeles es que son los únicos a los que se menciona en la Biblia por su nombre. Dada su tarea de mensajeros, son los principales representantes de la voluntad de Dios sobre la Tierra.

▲ **Arcángel Miguel**
Jefe del ejército de los ángeles de Dios, Miguel expulsó a Satán del Cielo; es, así, una figura caballeresca tanto para judíos como cristianos, y se considera el «protector de Israel».

▲ **Arcángel Rafael**
Entre los cristianos el arcángel Rafael simboliza la curación (que en hebreo significa «Dios sana»). Para el islam representa el arribo del día del Juicio Final, pues él será el portador de la noticia.

▲ **Querubines**
Dada su cercanía a Dios, los querubines representan el conocimiento profundo de la voluntad divina y la sabiduría. Fueron los responsables de la expulsión de Adán y Eva del Edén.

▲ **Serafines**
Son los ángeles de mayor rango y los más próximos a Dios: cuatro serafines vuelan sobre su trono cantando sus alabanzas. Dotados de un intenso resplandor y de seis alas, simbolizan el amor y la luz.

▲ **Ángeles custodios**
Símbolo del desvelo de Dios por su pueblo, cada ángel custodio tiene encomendada la protección de una persona, a la que guía a través de la vida para que llegue, al fin, al Cielo.

PUTTI

Confundidos a menudo con los querubines, los *putti* (plural italiano de *putto*, «niño») son imágenes clásicas de niños desnudos, figuras siempre masculinas y por lo general aladas. Se trata de representaciones de la inocencia y la pureza. Los *putti* se popularizaron durante el Renacimiento; algunos, como Cupido, representaban el amor y estaban dotados por tanto de un simbolismo de raíz mitológica, mientras que otros tenían un simbolismo religioso, cristiano; el tema o el contexto suele distinguirlos. En ocasiones, el acompañamiento de instrumentos musicales o calaveras subrayan su simbolismo.

▲ ***Putto* barroco**
Durante el barroco se extendió la presencia de *putti* esculpidos y tallados tanto en la arquitectura como en el diseño de muebles. El recubrimiento de oro expresaba su condición celestial.

◄ ***Memento mori***
Como símbolo de inocencia, en ocasiones se yuxtaponía un *putto* a un símbolo de la mortalidad *(memento mori)*, como la calavera aquí mostrada. La combinación de ambos símbolos representa la naturaleza transitoria de la vida: el *putto* simboliza el nacimiento y el comienzo, la calavera, la muerte y el fin.

VÉASE TAMBIÉN
Muerte y duelo *pp. 128-131*
Vanitas pp. 132-133
Deidades griegas y romanas *pp. 140-141*
Satanás y los demonios *pp. 190-191*
Jardines *pp. 244-247*

SATANÁS Y LOS DEMONIOS

La mayoría de las culturas, antiguas y contemporáneas, tienen un Diablo o unos demonios en su mitología y religión. En el mejor de los casos representan el infortunio y la mala salud; en el peor, el mal y la muerte. También se asocian a la oscuridad y lo desconocido, y se alimentan de nuestros temores, especialmente Satanás, que representa el Infierno en contraposición al Cielo.

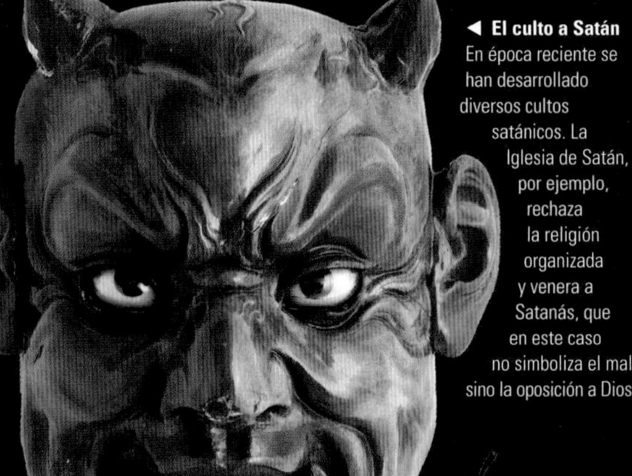

◀ **El culto a Satán** En época reciente se han desarrollado diversos cultos satánicos. La Iglesia de Satán, por ejemplo, rechaza la religión organizada y venera a Satanás, que en este caso no simboliza el mal, sino la oposición a Dios.

SATANÁS Y EL SATANISMO

En términos bíblicos, Satanás es el rival de Dios. Como ángel, Lucifer fue expulsado del Cielo por desafiar la autoridad divina, y así, se convirtió en Satanás, el mal en estado puro, maestro del engaño y encarnación de la tentación. En la Edad Media el Diablo vino a representar a quienes se rebelaban contra el cristianismo. Muchas de las imágenes populares de Satanás proceden de aquella época, y cada una tiene su simbolismo propio.

◀ **Seth** Para los antiguos egipcios, el dios Seth simbolizaba el mal; era el dios del caos, las tormentas y la guerra. Se ha llegado a creer que «satanismo» deriva de «seitanismo», el culto a Seth.

▲ **Ahriman** El zoroastrismo, la religión de los antiguos persas, fue una de las primeras en presentar el bien y el mal como fuerzas contrapuestas. Ahriman, representante del mal, influyó en la figura de Satanás del judaísmo y el cristianismo.

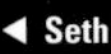

◀ **El tridente** En la Edad Media, los cristianos demonizaron los atributos asociados a los dioses paganos con el fin de desacreditarlos. El tridente, que en las religiones griega antigua e hindú era un arma contra el mal, pasó a ser su instrumento y un símbolo del Diablo.

▲ **Pentagrama de Baphomet** Las tres puntas inferiores del Baphomet representan la Trinidad cristiana (rechazada); las dos puntas superiores, los cuernos de la cabeza de la cabra, símbolo de carnalidad.

▲ **Cernunnos** Los cristianos medievales no solo asociaron a Satanás con el tridente *(izda.)*, sino que al parecer también le atribuyeron los cuernos del dios celta Cernunnos. Con esta identificación desacreditaban al dios pagano.

▲ **Misa negra** El satanismo tradicional celebra la misa negra, donde los elementos del simbolismo cristiano aparecen invertidos: la cruz cuelga al revés, y del cáliz se bebe sangre y no vino. Puede incluir prácticas sexuales o algún sacrificio, que expresan la preeminencia de nuestra naturaleza carnal.

▲ **Satanás como serpiente** Experto en cambiar de forma para engañar, se supone que Satanás fue la serpiente que tentó a Adán y Eva a comer del fruto prohibido en el jardín del Edén. La maldición divina de la serpiente la convirtió en un símbolo paradigmático del pecado.

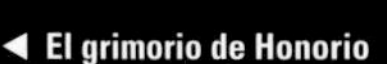

◀ **El grimorio de Honorio** Los libros de magia negra proliferaron desde la Edad Media. Este libro de conjuros, símbolos y fórmulas se publicó en el siglo XVII, e incluye instrucciones para celebrar misas destinadas a conjurar a los demonios; estas, como parodia de la misa cristiana, simbolizan lo profano.

DEMONIOS Y DIABLOS

Los demonios aparecen en las creencias de muchas civilizaciones a lo largo de la historia, y suelen considerarse como manifestaciones de la mala fortuna y el mal. También se les ha visto como el lado oscuro de las personas y motivo de las enfermedades mentales. Por lo general, los demonios están inextricablemente ligados a la necesidad de explicar la presencia del mal en un mundo en el que se supone que gobierna un Dios omnipotente y bueno. Gran parte del simbolismo asociado con demonios y diablos, por tanto, está relacionado con la lucha entre el bien y el mal.

▲ ***Galla***
En la mitología mesopotámica había siete demonios, llamados *galla*, símbolos de la muerte y la desgracia. Vagaban de noche en busca de víctimas a las que arrastrar consigo al submundo.

▲ **Demonio medieval**
En la Edad Media, ciertas leyendas cristianas –como la de san Antonio, al que los demonios acosaron– representaban el poder de la fe en Dios ante las tentaciones del Diablo.

◄ **Las hijas de Mara**
En el budismo, el demonio Mara simbolizaba la tentación. Era él quien trataba de distraer a Buda de sus meditaciones, y con este propósito llegó incluso a enviar a sus hermosas hijas. Buda, no obstante, alcanzó la iluminación y pudo formular su doctrina.

▲ ***Tokoloshi***
En Sudáfrica se representa a los demonios en forma de *tokoloshi*. El temor a estos demonios es muy común, y hay quien calza las patas de la cama con ladrillos para prevenir los ataques nocturnos de estos espíritus malignos.

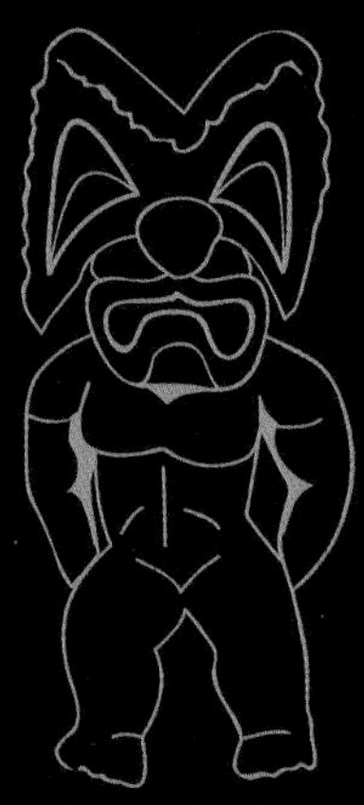

▲ **Dios hawaiano Ku**
En muchas culturas los dioses tienen una apariencia demoníaca destinada a inspirar un temor reverencial; es el caso de Ku. Para los forasteros, esto ayuda a complicar la distinción entre lo divino y lo demoníaco.

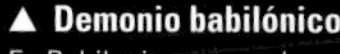

▲ **Demonio babilónico**
En Babilonia se pensaba que las personas que padecían males mentales o físicos o que sufrían alguna pérdida traumática habían ofendido a los dioses. Su desgracia era muestra de ello, y prueba de que habían intervenido los demonios.

EXORCISMO

Se cree que el Diablo puede entrar en el cuerpo de alguien contra su voluntad. El ritual cristiano del exorcismo, destinado a expulsar a un espíritu maligno, emplea los siguientes objetos.

Agua bendita, símbolo de curación
El crucifijo repele el mal
La campana indica la presencia de Dios
La Biblia representa la palabra de Dios
Las velas simbolizan la divina luz de Cristo

▲ **Ravana de diez cabezas**
Para los hindúes, el Ravana es la encarnación del mal y simboliza el ego. Se representa con diez cabezas y numerosos brazos, símbolo de su fuerza y su avaricia. En las fiestas de Dusshera se queman efigies de Ravana.

▲ ***Asuras***
En la mitología hindú, los *asuras* eran seres ávidos de poder en lucha contra los dioses. Aunque a menudo se creían demonios, no son símbolos del mal en sí, sino más bien de la sequía, las inundaciones y las hambrunas.

▲ **Rahu**
Rahu era un *asura* que fue decapitado por beber de la copa de la inmortalidad. Era el símbolo de los eclipses, pues persiguió y se tragó el Sol y la Luna, que volvieron a surgir de su cuello tras ser decapitado.

VÉASE TAMBIÉN

La Luna *pp. 18-19*
Deidades egipcias *pp. 138-139*
Deidades célticas y nórdicas *pp. 142-143*
Los ángeles *pp. 188-189*
Brujas y *wicca* *pp. 192-193*
Instrumentos musicales *pp. 274-275*

BRUJAS Y WICCA

La brujería es una tradición antigua, practicada de formas diversas desde el antiguo Egipto y en todo el mundo. Para los celtas, el término *wicca* (bruja) estaba estrechamente vinculado a la naturaleza, pero también a la magia y lo oculto. Respetadas antiguamente como figuras sabias y de amplios conocimientos, las brujas fueron perseguidas por la Iglesia cristiana entre los siglos XV y XVII, época en la que sus prácticas se consideraron heréticas y su simbología se asoció al Diablo.

◀ Uso de muñecos
Como símbolos de personas concretas, los muñecos tienen poderes mágicos que permiten a su autor beneficiar o perjudicar a la persona en cuestión.

BRUJAS

La magia es una constante en el mundo de la brujería, y a lo largo de los siglos la imagen simbólica de las brujas ha derivado de los diversos utensilios, signos y animales asociados con el ritual de sus conjuros y curas espirituales. La mujer vieja y fea vestida de negro de la cabeza a los pies es un estereotipo, pero hay muchos otros atributos físicos usados como elementos simbólicos para retratar a las brujas.

▲ Escoba
La escoba, de abedul (símbolo de nacimiento y renacimiento), de avellano (de fertilidad y conocimiento) o de tejo (de muerte y resurrección), servía para alejar las influencias maléficas, y es un símbolo fálico. Se supone que las brujas se montaban sobre sus escobas durante los ritos de fertilidad.

▲ Varita mágica
Comúnmente asociada a la brujería, la varita simboliza la energía y el poder de las brujas. Aunque se hacían de todo tipo de materiales, el más común solía ser la madera, considerado un eficaz conductor de energía. La varita mágica debía usarse para canalizar la energía en ciertos conjuros o rituales.

▶ Caldero
Elemento esencial en ciertos ritos, el caldero tiene un gran valor simbólico. Representa el renacimiento, la fertilidad y el útero. Cuando se usa, representa además los cuatro elementos: tierra, agua, fuego y aire.

▲ Copa o cáliz
Usado para adivinar el futuro, el cáliz representa el poder de la bruja como médium, su intuición y sus emociones.

▲ Conjuros y pociones
Los conjuros pueden ser benéficos o maléficos. Los ingredientes de las pociones son simbólicos: un sapo tiene un carácter dañino.

LA DETECCIÓN DE BRUJAS

La imagen de la bruja como adoradora del Diablo cundió entre los siglos XV y XVII, época en que proliferó la caza de brujas. Se ejecutó a miles de ellas, a menudo con sus mascotas. El manual *Malleus Maleficarum* detallaba varias señales para detectarlas, entre ellas las «marcas de Satán» (de nacimiento, por lo general) y el miedo a sus perseguidores. Algunas veces se ataba a la sospechosa y se la arrojaba al agua para ver si se ahogaba: la supervivencia se consideraba la confirmación de que se trataba de una bruja.

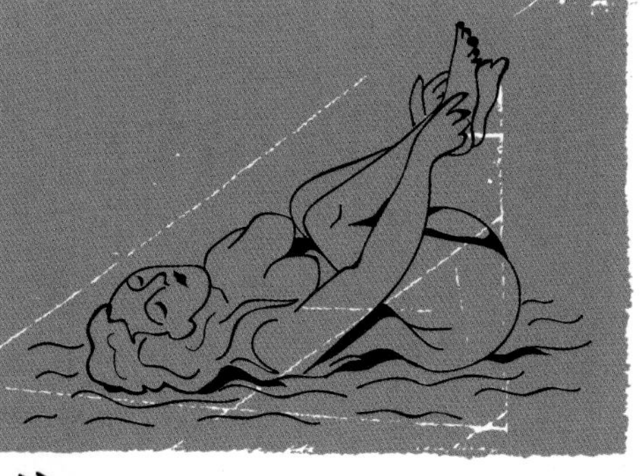

▲ **Libros de conjuros**
Símbolos de poder, los libros de conjuros de las brujas procedían quizá de los tratados de magia o grimorios de la época medieval.

▲ **Gatos negros**
Considerados antiguamente como regalos del Diablo, el gato negro de una bruja simboliza la noche y la mala suerte.

▲ **Cuervo**
Figura común en la brujería, el cuervo simboliza la curación y los augurios. También está ligado a los cambiantes.

▲ **Sapo**
Relacionado con el submundo y símbolo de muerte, oscuridad y veneno, el sapo es un animal muy vinculado a las brujas.

WICCA

La *wicca* es una forma de brujería practicada en la actualidad. Inspirada en la tradición de la brujería celta, emplea numerosos símbolos, como el triple círculo usado en los rituales; otros son símbolos de dioses, y también los hay de origen incierto.

◀ **Pentáculo**
Pentagrama inscrito en un círculo, el pentáculo tiene cinco puntas: cuatro de ellas representan el aire, el fuego, la tierra y el agua, respectivamente, y la quinta es el éter, que equivale al espíritu. El círculo simboliza la unidad, y el símbolo todo representa la unión de cuerpo y espíritu.

▲ **Cernunnos**
Este símbolo representa a Cernunnos, el antiguo dios celta de los bosques y los animales salvajes. Es el signo del poder masculino.

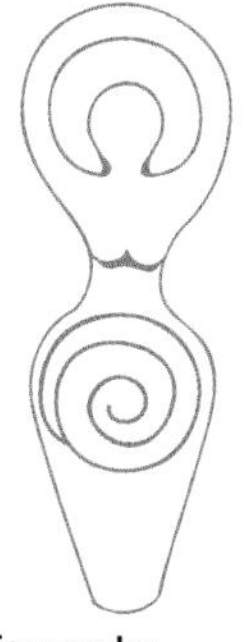

▲ **Diosa madre**
El poder femenino de la *wicca* se representa a veces con un símbolo inspirado en la Diosa Madre del antiguo Egipto. Su consorte es el dios Cernunnos.

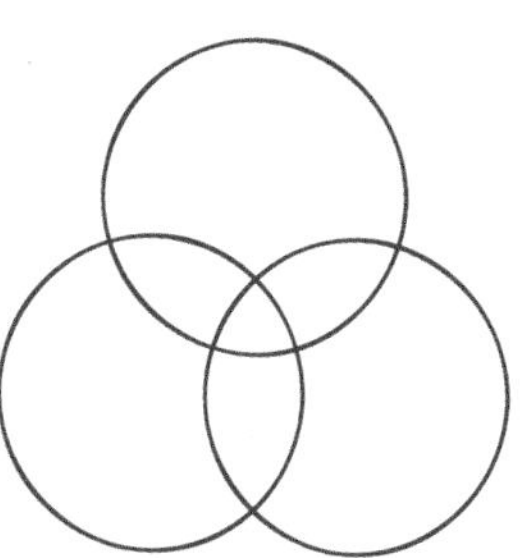

▲ **Triple círculo**
Este símbolo, empleado ritualmente para invocar a la diosa triple (madre, doncella y bruja), representa la mente, el cuerpo y el espíritu.

▲ **Heptagrama**
Trazado con una sola línea continua, las siete puntas del heptagrama simbolizan, entre otras cosas, los siete planetas.

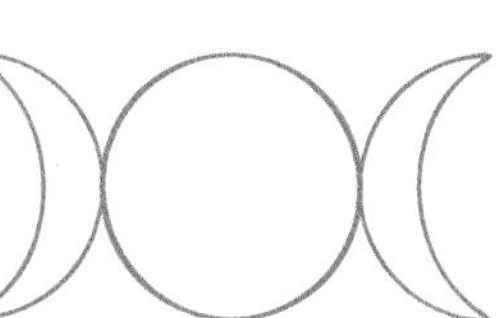

▲ **Triple Luna**
Símbolo de la diosa triple como Luna creciente, llena y menguante, en su conjunto representa el ciclo de la vida.

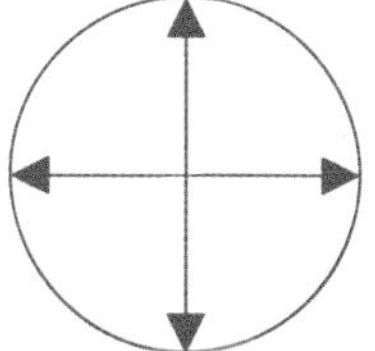

▲ **Círculo de los espíritus**
En todos los ritos de la *wicca* se traza un círculo como este. Cada cuarto simboliza uno de los cuatro elementos.

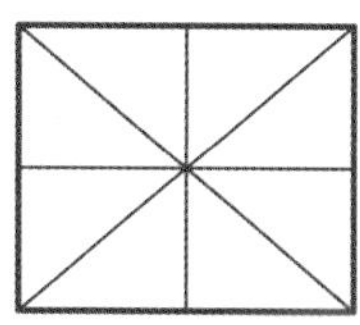
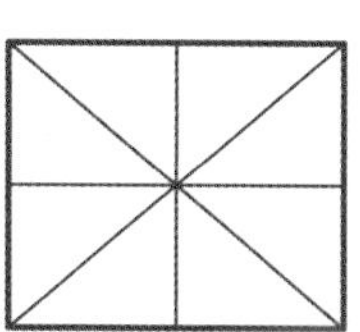

◀ **Signo de la bruja**
Se desconoce el valor exacto de este símbolo. El cuadrado podría ser la Tierra, y los triángulos, la mente, el cuerpo, el espíritu, el hombre, la mujer y el niño.

VÉASE TAMBIÉN
Aves *pp. 58-61*
Reptiles y anfibios *pp. 64-65*
Fertilidad y parto *pp. 120-123*
Deidades egipcias *pp. 138-139*
El Santo Grial *pp. 208-209*

AMULETOS

Como símbolos de poder benéfico, los amuletos se llevan para obtener protección y fuerza desde hace miles de años. Hechos de materiales naturales como marfil, piedras preciosas y madera, estos pequeños objetos, también llamados talismanes, se llevan a veces como colgantes, para tener buena suerte, protección y fuerza. Pueden tener su origen en la religión o la superstición, y suelen representar el deseo de ahuyentar el mal.

◀ **Higa**
En América del Sur, a los recién nacidos se les coloca a veces un brazalete de oro del que cuelga un puño cerrado de coral rojo o azabache. Símbolo de resistencia, este amuleto protege al niño del mal de ojo, asociado a la admiración excesiva.

▲ **Pulsera de plata**
Obsequio habitual para las niñas desde comienzos del siglo XX, las pulseras de amuletos de plata eran un regalo de cumpleaños: cada año, con esa ocasión, se añadía un nuevo amuleto, cada uno de ellos con un significado diferente: la herradura es un símbolo de buena suerte, Cupido representa el amor, y la cigüeña simboliza un nacimiento.

▶ **Caja de popurrí**
Habituales en la Edad Media, las cajas de popurrí contenían aromas y especias y se llevaban colgadas al cuello. Símbolos de dulzura y protección, se consideraban una protección frente a enfermedades contagiosas.

▲ **Ojo**
Amuleto común en todo Oriente Próximo, también este objeto tenía la función de proteger del mal de o supuestamente causado por la envic El símbolo del ojo desvía las mirad de los extraños.

▶ **Amuleto metálico**
Los reyes asirios llevaban collares con amuletos de metal con símbolos divinos protectores. El metal era un símbolo de la fuerza terrestre.

▲ **Amuleto de caballero**
Los caballeros medievales solían llevar amuletos en la batalla. Este ejemplo procede del cinto de un caballero polaco, y es un símbolo de salud, riqueza y poder.

▲ **Pazuzu**
Durante el parto, las mujeres asirias llevaban amuletos con la imagen de Pazuzu. Según la leyenda, este antiguo demonio prevenía el aborto y la muerte prematura.

▲ **Cordones blanco y rojo**
Conforme a una antigua tradición, los búlgaros se atan cordones blancos y rojos a la muñeca para invocar la llegada de la primavera. Combinados, los colores rojo y blanco simbolizan la alegría.

AMULETOS EGIPCIOS

El simbolismo era parte importante de la vida del antiguo Egipto, y se manifestaba especialmente en el uso de amuletos. De cerámica, piedras preciosas o metales, representaban los atributos de ciertos dioses o animales. Se llevaban como símbolos de alabanza, protección y buena suerte, y se enterraban con las momias para el viaje al más allá.

◀ **Amuletos enjoyados**
Símbolos de la verdad oculta y de la luz, se enterraban con los muertos para protegerles del mal, para identificarlos y para que alcanzasen el nivel que les correspondía en el más allá.

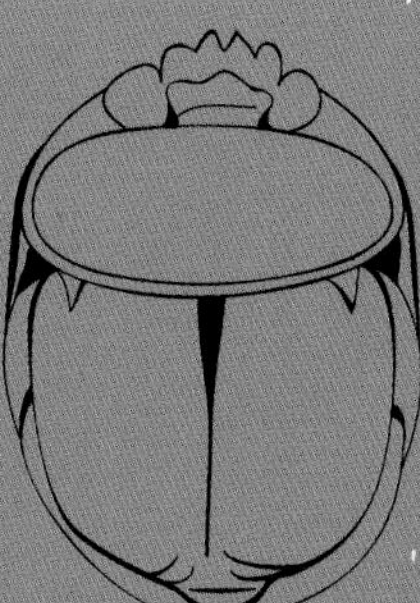

▲ **Escarabajo**
Símbolo del dios solar egipcio Jepri, que llevaba el Sol rodando por el cielo como los escarabajos la bola de estiércol. Se pensaba, además, que los escarabajos protegían el corazón, y por ello se llevaban como amuletos.

▲ ***Anj***
El *anj* estaba relacionado con el Sol y simbolizaba la vida eterna. Hecho generalmente de oro o cobre, era costumbre colocarlo en las tumbas como símbolo del aliento necesario para la vida en el más allá.

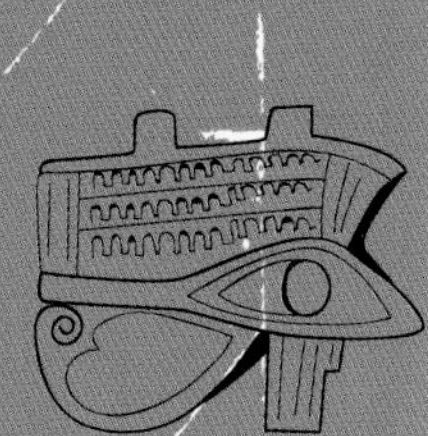

▲ **Ojo de Horus**
El ojo derecho de Horus simboliza el Sol; el izquierdo, la Luna. El amuleto representa la protección frente al mal y se consideraba que confería poderes curativos a quien lo llevaba.

▲ **Relicario**
Recipientes para hierbas contra la enfermedad y el mal, se convirtieron en símbolos del amor cuando se usaron para guardar mechones o retratos.

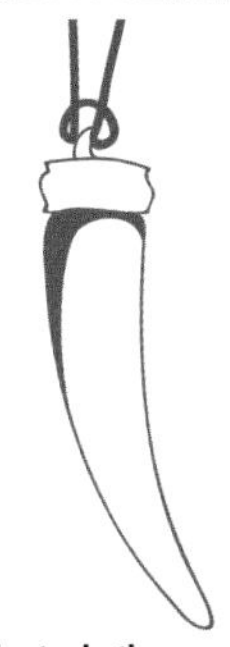

▲ **Diente de tigre**
Las garras y los dientes son amuletos que representan las cualidades positivas del animal. El diente de tigre simboliza la fuerza y el valor.

▲ **Pata de conejo**
Consideradas como símbolo de buena suerte en Occidente, se supone que las patas de conejo también traen la fertilidad y, entre los chinos, la prosperidad.

▲ **San Cristóbal**
Usado como protección durante la peste negra, los amuletos de san Cristóbal suelen representar la seguridad, sobre todo durante los viajes.

▲ ***Hei Tiki***
El *Hei Tiki* es un talismán maorí que representa un embrión humano. Lo llevan las mujeres para favorecer la fertilidad.

▶ **Talismán de Buda**
Los budistas llevan a menudo un amuleto de Buda como signo externo de su devoción. Buda aparece en posturas diversas, cada una dotada de un simbolismo propio. Aquí su mano derecha toca la Tierra, lo cual representa el momento de su iluminación.

▲ **Crucifijo**
La imagen que representa a Cristo crucificado es desde hace siglos símbolo de la religión cristiana. Emblema del bien, el crucifijo protege del mal a quien lo lleva.

▲ ***Ichthys***
Empleado en la Antigüedad como símbolo de fertilidad, al inicio del cristianismo el *ichthys* («pez» en griego) se convirtió en un símbolo que identificaba clandestinamente a los cristianos. En América del Norte el pez es un animal totémico que simboliza el saber oculto, y se lleva como protección.

VÉASE TAMBIÉN

El Sol *pp. 16-17*
La cabeza *pp. 106-109*
Fertilidad y parto *pp. 120-123*
Deidades egipcias *pp. 138-139*
Tótems, héroes y *tricksters pp. 150-151*
Budismo *pp. 164-169*
Cristianismo *pp. 176-179*

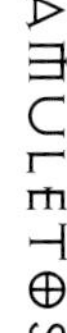

ADIVINACIÓN

Desde los tiempos antiguos, la práctica de la adivinación –el intento de predecir el futuro o explicar los portentos– ha sido común a todas las culturas. Los métodos empleados incluyen desde el lanzamiento de palos o piedras y la lectura de los posos del té o las entrañas de animales a la quiromancia y el tarot. Algunas formas de adivinación se basan en señales de diversa índole, como la dirección de un péndulo, mientras que otras son más complejas y usan sistemas de símbolos y configuraciones que deben interpretarse para extraer conclusiones.

OBSERVAR EL MOVIMIENTO

Una pregunta que requiera una respuesta afirmativa o negativa puede responderse con las señales más simples, ya sea interpretando la dirección de un péndulo, la forma de una bandada de aves en vuelo o el entrecruzamiento de las varillas de un zahorí. Tales formas de adivinación son muy antiguas, y se remontan al menos hasta la época del antiguo Egipto.

◀ Péndulo
El empleo del péndulo guarda relación con la rabdomancia. El adivino formula una serie de preguntas simples y la dirección del péndulo significa un sí o un no.

◀ Observación de gallinas
Los augures romanos consultaban a las gallinas sagradas, a menudo antes de las batallas. Su forma de comer y rascar el suelo era simbólica; si comían era buena señal, y si rechazaban la comida, un mal augurio.

BOLA DE CRISTAL

Empleada a menudo como herramienta de adivinación, la bola de cristal concentra los rayos del Sol u otra fuente de luz, simbolizando con ello la luz divina y el poder celestial. El adivino vacía su mente y observa fijamente el interior del cristal, donde puede percibir destellos que representan escenas del pasado o acontecimientos futuros.

LECTURA DE SEÑALES

En la tradición adivinatoria, hay muchas maneras diferentes de adivinar el futuro o interpretar una situación determinada a través de señales: observar las volutas del humo, la forma en la que se solidifica la cera fundida, o bien el dibujo de los posos del té o del café. En todos los casos, las formas resultantes simbolizan algo más profundo: una bifurcación, por ejemplo, indica la urgencia de una decisión, mientras que el humo que asciende en línea recta promete un desenlace favorable.

▲ Taseografía
Consiste en la lectura de las formas dejadas por las hojas de té o los posos de café en la taza tras haberlos tomado. Las del fondo representan el pasado, las de los lados, el futuro. Las formas –de cuervo, de avellana o de bandera, por ejemplo– pueden simbolizar malas noticias, éxito o peligro.

▲ Huesos de oráculo
En este antiguo método de adivinación chino, se inscribe una serie de símbolos en el hueso de un animal, se perfora parcialmente por varios lugares y se calienta: al calentarse, el hueso se agrieta, y las líneas que aparecen se pueden interpretar en relación con los símbolos.

◀ Cuenco de adivinación
Entre los yoruba de Nigeria se da una práctica consistente en llenar un cuenco de arena y golpearlo suavemente con un palo: el adivino interpreta la forma resultante de la arena.

I CHING

Conocido también como *Libro de los cambios*, el *I Ching* es el fundamento de la filosofía china. Se emplea también con fines adivinatorios sobre la base de los hexagramas, formados mediante los ocho trigramas mostrados aquí. Constituidos por líneas rotas (yin) o sólidas (yang) generadas al azar lanzando monedas o dados, cada trigrama representa diferentes aspectos del Universo: elemento, dirección, relación, figura y parte del cuerpo.

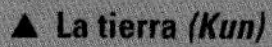

▲ La tierra *(Kun)*
Símbolo de receptividad, el *Kun* está formado por tres líneas yin, por lo cual es femenino y representa a la madre. Está vinculado a la tierra, al oeste y a los órganos reproductores.

▲ La montaña *(Ken)*
Con predominio del yin sobre el yang, este símbolo de los comienzos y los finales representa al hijo menor. Está ligado al elemento tierra, al oeste y a las manos.

▲ El agua *(Kan)*
El *Kan* es símbolo del trabajo duro y advierte contra el estancamiento. Representa al hijo mediano y está asociado a la Luna, al agua, al este y al oído.

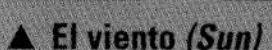

▲ El viento *(Sun)*
Símbolo de la delicadeza, el *Sun* representa a la hija mayor y está asociado a la madera blanda, al este, a las caderas y a los glúteos.

▲ El trueno *(Chen)*
Es un símbolo del crecimiento y de la vitalidad. Representa al hijo mayor y está vinculado a la madera dura y a la suavidad, al este y a los pies.

▲ El fuego *(Li)*
Este es un símbolo de la luz que significa la gloria, representa a la hija mediana, y está asociado con el fuego, el Sol, el este y el ojo.

▲ El lago *(Tui)*
Se trata de un símbolo de alegría y placer, representa a la más joven de las hijas y está vinculado con el metal blando, el oeste y la boca.

▲ El cielo *(Chien)*
Símbolo de carácter yang, de energía creativa, es masculino y representa al padre. Está asociado al metal duro, al oeste y a la cabeza.

MÉTODOS CLEROMÁNTICOS

En muchas culturas se echan suertes por medio del lanzamiento de piedras, palos u otros objetos. El *I Ching* es probablemente el método más conocido, pero hay muchos otros, como las runas, los dados e incluso las cáscaras de coco. Estos métodos pueden emplear un solo palillo, como en el *Kau Cim*, o hasta 24 runas. La esencia de la cleromancia es el azar, y la interpretación del simbolismo es nueva en cada ocasión.

▲ Coco
En algunos lugares de África es costumbre lanzar cuatro trozos de coco para responder a ciertas preguntas, que se interpretan en función de si caen boca arriba o boca abajo; solo hay cinco resultados posibles, en una escala de lo positivo a lo negativo. Pueden usarse igualmente monedas.

► *Kau Cim*
Un tubo con un número determinado de palillos se sacude hasta que uno o más de ellos cae fuera del tubo. Cada uno de los palillos tiene un significado específico que se interpreta dependiendo de la pregunta formulada.

◄ Dados
Posiblemente el símbolo más reconocido del azar sean los dados. Hay diversas maneras de lanzarlos con fines adivinatorios; una de ellas consiste en lanzar tres dados: se lanzan de uno en uno, y luego se interpretan los números resultantes.

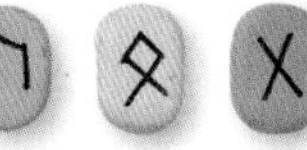
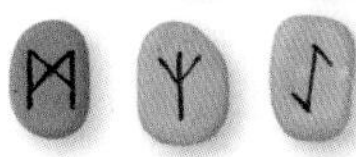

▲ Piedras rúnicas
El lanzamiento de runas se remonta a la Edad Media. Las 24 piedras se disponen de alguna de las formas prescritas, y su lectura se realiza a partir de sus símbolos y del lugar que ocupan unas respecto de otras.

◄ Lectora de huesos africana
Aunque estuvo muy extendida, la lectura de huesos ha perdido popularidad. Este método de adivinación requiere lanzar un conjunto de huesos, por lo general entre cuatro y catorce, e interpretar el patrón que forman y la dirección que señalan. Cada hueso simboliza algo diferente; un hueso del ala de un ave, por ejemplo, representa un viaje, mientras que el de la pechuga simboliza el amor.

VÉASE TAMBIÉN

Piedras preciosas *pp. 42-43*
Chamanismo *pp. 154-155*
Taoísmo y sintoísmo *pp. 170-171*
Vudú *pp. 186-187*

QUIROMANCIA

Esta antigua modalidad de adivinación considera todos los rasgos de la mano: la conformación general de la palma y los dedos, las líneas dominantes y los montes de la base de los dedos, e incluso la longitud y profundidad relativa de las líneas. Cada elemento representa un aspecto de la vida de una persona: los dedos, por ejemplo, están relacionados con la confianza en uno mismo, la disciplina, la creatividad y la comunicación, mientras que los montes lo están con el orgullo, la imaginación, el amor y la tristeza. Todo esto, junto a la forma, el color y el gesto de la mano, permite al quiromante desvelar tanto el presente como el futuro.

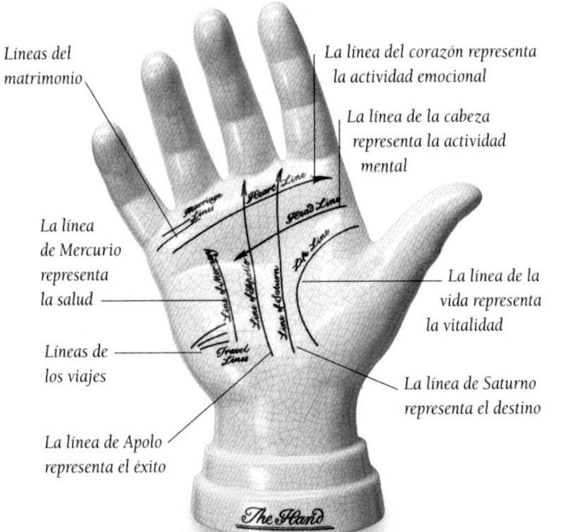

▼ Aceite en la mano
En los países árabes, uno de los métodos de adivinación tradicionales consiste en la lectura del aceite vertido en la palma de la mano: la forma en que penetra en las líneas representa el carácter, y además predice su futuro.

EL TAROT

La lectura de las cartas o cartomancia se practica al menos desde el siglo XV. La baraja del tarot se compone de los llamados Arcanos Mayores (las 22 cartas mostradas aquí) y de los Arcanos Menores, serie de cartas repartida en cuatro palos (copas, oros, espadas y bastos). Los Arcanos Mayores son los más empleados para la adivinación. La persona interesada baraja las cartas, y a continuación el adivino las dispone de un modo preciso, dependiendo del tipo de consulta que se le haya hecho. El resultado de la lectura es complejo, pues cada carta simboliza un estadio de la vida de la persona, y además, su posición, las cartas que la rodean y el que esté o no invertida son factores que afectan a su significado.

▲ El Loco
Aparece representado con sus pertenencias a la espalda y simboliza la despreocupación, la inocencia y la búsqueda de fortuna o un nuevo viaje. Invertida, esta carta representa ingenuidad e insensatez.

▲ El Mago
Símbolo de la fuerza de voluntad y la capacidad de logro, se le representa con una mesa y con las copas, oros, bastos y espadas pertenecientes a los Arcanos Menores. Invertida, puede indicar el abuso de aquellas capacidades.

▲ La Sacerdotisa
Suele aparecer sentada sobre un trono en actitud contemplativa, y simboliza la sabiduría y el buen juicio. Invertida, esta carta puede indicar falta de previsión y de juicio.

▲ La Emperatriz
Símbolo de la creación y el desarrollo, la Emperatriz sostiene un orbe y presenta el símbolo de Venus sobre su escudo. Invertida, esta carta indica inacción e indecisión.

▲ El Emperador
Sentado sobre el trono, el Emperador simboliza las cosas materiales, el poder mundano y el control absoluto. Invertida, representa la inmadurez o la credulidad.

▲ El Hierofante
Sentado ante dos pilares que representan las puertas del Cielo, va tocado con una tiara y sostiene un cetro. Simboliza la paz y la armonía. Invertida, puede indicar vulnerabilidad.

▲ Los Amantes
Símbolo de los asuntos del corazón, puede reflejar también la armonía interior. En este ejemplar, sobre sus cabezas aparece Cupido. Invertida, significa tentación o separación.

▲ El Carro
Símbolo de lucha y de la necesidad de centrarse, también representa la unión de voluntades divergentes en aras del éxito. Invertida, puede indicar el fracaso de una tarea inacabada.

▲ **La Justicia**
Representada como una mujer que sostiene la espada y la balanza de la justicia, esta carta simboliza el equilibrio, sobre todo entre lo material y lo espiritual. Invertida, indica desequilibrio e injusticia.

▲ **El Ermitaño**
El Ermitaño aparece a menudo sosteniendo una linterna, y representa la introspección. Puede indicar la necesidad de consejo. Invertida, la carta representa la obstinación y la negativa a aceptar el consejo.

▲ **La Rueda de la Fortuna**
Rueda en la que giran bestias, esta carta puede representar el movimiento, el comienzo de un nuevo ciclo y la buena suerte inesperada. Invertida, es señal de mala suerte y de un cambio imprevisto y desafortunado.

▲ **La Fuerza**
En esta carta aparece una joven que mantiene abierta la boca de un león, representación de la fortaleza de carácter y la decisión. Invertida, esta carta puede indicar falta de confianza y debilidad.

▲ **El Colgado**
Símbolo de meditación y de abnegación, esta carta muestra a un hombre colgado de un pie, con la pierna libre doblada y las manos a la espalda. Invertida, representa el egoísmo.

▲ **La Muerte**
Representada a menudo como un esqueleto, la Muerte significa una transformación y el deshacerse de lo viejo para dar paso a lo nuevo. Invertida, simboliza letargo e incapacidad de avanzar.

▲ **La Templanza**
En esta carta aparece un ángel que vierte líquido de una copa a otra. Se trata de un símbolo de la moderación y el autocontrol. Invertida, indica la falta de esas virtudes o algún conflicto de intereses.

▲ **El Diablo**
Aparece representado junto con dos figuras encadenadas, y simboliza la subordinación y la falta de éxito, e incluso la destrucción. Invertida, esta carta puede indicar la liberación de alguna atadura.

▲ **La Torre**
La torre que se desmorona representa un cambio radical, como un cambio de residencia. Invertida, esta carta sugiere la resistencia al cambio y el estancamiento.

▲ **Las Estrellas**
Símbolo de esperanza y deseos cumplidos, las estrellas brillan sobre una mujer desnuda que vierte el agua de una urna. Invertida, indica dudas sobre uno mismo y sueños no cumplidos.

▲ **La Luna**
Representada a un tiempo como llena y como creciente, la Luna sugiere alguna clase de engaño y la necesidad de ser cauteloso. Invertida, esta carta indica que todo acabará bien.

▲ **El Sol**
Símbolo del contento y de la satisfacción, la carta del Sol puede representar también el logro de una meta personal. Invertida, puede indicar un retraso en los planes de futuro.

▲ **El Juicio**
El ángel que toca la trompeta y preside la resurrección de los muertos significa la aceptación del pasado. Invertida, representa el estancamiento y la negativa a progresar.

◀ **El Mundo**
En esta carta aparece la imagen de una mujer dentro de una orla, y a su alrededor, un ángel, un águila, un toro y un león, símbolos del Apocalipsis. La carta del Mundo simboliza un gran logro, o bien, invertida, el fracaso.

VÉASE TAMBIÉN
El cielo nocturno *pp. 20-23*
El cuerpo humano *pp. 112-115*
Manos y pies *pp. 116-119*
Deidades griegas y romanas *pp. 140-141*

ASTROLOGÍA OCCIDENTAL

Como forma de adivinación, la astrología occidental se remonta hacia el año 3000 a. C. en Mesopotamia. Basada en la posición del Sol, la Luna, los planetas y las estrellas en el momento de nacer una persona, y empleando las cualidades simbólicas que se les atribuyen, los astrólogos pueden definir los rasgos de la personalidad y completar el horóscopo. El mismo sistema se emplea para determinar la fortuna en la vida.

SIGNOS SOLARES

Fundamental para la astrología occidental es el zodíaco, que comprende las doce constelaciones mayores de la eclíptica, esto es, el plano de la órbita de la Tierra alrededor del Sol. Llamados signos solares por los astrólogos, los signos del zodíaco comienzan por Aries y acaban con Piscis, y cada uno de ellos representa un período de unas cuatro semanas, ya que la Tierra tarda un año en completar una órbita alrededor del Sol. Cada signo se representa por un símbolo, como la balanza para Libra, y se emplea para conocer la fortuna de una persona. Al hacer un horóscopo –una carta con la posición del Sol, la Luna y los planetas al nacer una persona– se identifican las principales influencias sobre su vida, basadas en la relación de los cuerpos celestes entre sí.

▲ **Aries**
(21 de marzo–20 de abril)
Signo de fuego regido por Marte, su símbolo es el carnero. Entre sus rasgos típicos están el valor, el liderazgo, el ímpetu y el entusiasmo.

▲ **Tauro**
(21 de abril–21 de mayo)
Signo de tierra, Tauro está regido por Venus, y su símbolo es el toro. Entre sus rasgos típicos figuran la lealtad, la creatividad y la obstinación.

▲ **Géminis**
(22 de mayo–21 de junio)
Signo de aire regido por Mercurio, se representa con la imagen de los gemelos, símbolo de personalidad dual. Sus rasgos típicos son la capacidad comunicativa y la impulsividad.

▲ **Cáncer**
(22 de junio–22 de julio)
Signo de agua regido por la Luna, el símbolo de Cáncer es el cangrejo, cuya concha representa el apego al hogar. Los Cáncer son propensos al secreto y la privacidad.

▲ **Leo**
(23 de julio–23 de agosto)
Signo de fuego, su planeta regente es el Sol y su símbolo, el león. Entre sus rasgos típicos cabe destacar una disposición cálida, la generosidad y una poderosa personalidad.

▲ **Virgo**
(24 de agosto–23 de sep.)
Signo de tierra regido por Mercurio. El símbolo de Virgo es una virgen, que representa la pureza. El Virgo típico es de naturaleza inquisitiva, práctica y meticulosa.

▲ **Libra**
(24 de sep.–23 de octubre)
Signo de aire regido por Venus, Libra se representa con la balanza, símbolo de equilibrio y armonía. Los Libra suelen ser encantadores, justos, diplomáticos y desinteresados.

▲ **Escorpio**
(24 de octubre–22 de nov.)
Signo de agua regido por Plutón, su símbolo es el escorpión. Entre sus rasgos están la curiosidad, la tendencia a los celos y el afán de control.

▲ **Sagitario**
(23 de nov.–21 de diciembre)
Signo de fuego regido por Júpiter, el símbolo de Sagitario es el centauro. Entre sus rasgos típicos figuran la honradez y un apetito insaciable por aprender.

▲ **Capricornio**
(22 de dic.–20 de enero)
Signo de tierra regido por Saturno, su símbolo es la cabra. Sus rasgos típicos incluyen la tenacidad, la intuición y la prudencia.

▲ **Acuario**
(21 de enero–19 de febrero)
Signo de aire regido por Saturno, es el aguador, un símbolo de la independencia y de lo impredecible. Los Acuario son idealistas y anticonvencionales.

▲ **Piscis**
(20 de febrero–20 de marzo)
Signo de agua regido por Neptuno, su símbolo es una pareja de peces. Sus rasgos son la capacidad psíquica, la compasión y la intuición.

◀ Tapiz del zodíaco
Este tapiz flamenco del zodíaco refleja la importancia de la astrología en las cortes europeas durante la Edad Media y el Renacimiento. La astrología no solo formaba parte de la cultura popular, sino que era una rama del saber y una herramienta de la política.

ASCENDIENTE Y DESCENDIENTE

Para construir un horóscopo, los astrólogos deben determinar los signos ascendiente y descendiente. El ascendiente es el signo que se encontraba en el horizonte del este al nacer la persona; representa la infancia y la crianza. El descendiente es el signo que se hallaba en el horizonte del oeste y representa las relaciones personales. A continuación, pueden considerarse los diez signos restantes para realizar una lectura aún más completa.

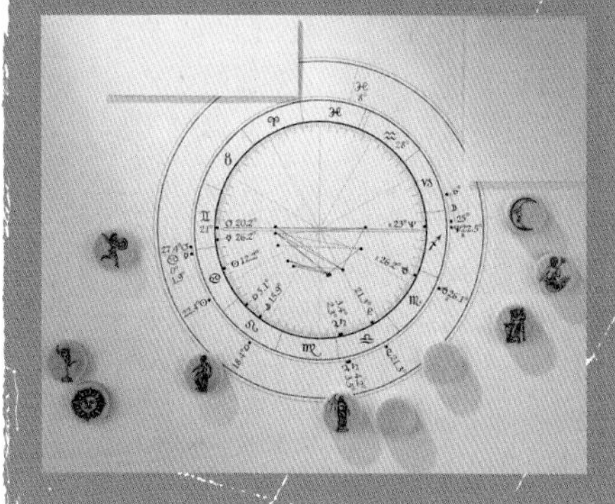

PLANETAS REGENTES

Los astrólogos pueden averiguar más cosas sobre una persona y su futuro considerando la posición de los planetas cuando nació. Cada signo solar tiene un planeta regente, aunque el mismo planeta puede regir más de un signo solar. Así, Venus rige tanto a Tauro como a Libra. Cada planeta está dotado de un simbolismo propio y afecta a las características generales de la persona.

▲ El Sol
Símbolo masculino, el Sol representa a los soberanos, el poder, la paternidad, la autoridad y la autoexpresión.

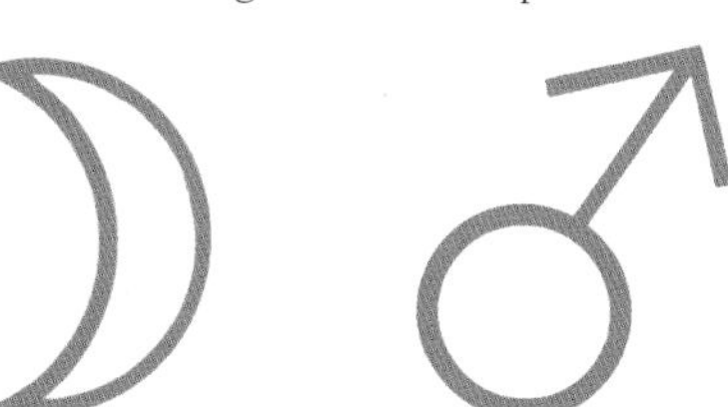

▲ La Luna
Símbolo femenino, la Luna representa la maternidad, los sentimientos y los vínculos con el pasado.

▲ Marte
Símbolo de fuerza y energía, está asociado a la cabeza y representa la ambición, la energía y la agresividad.

▲ Venus
Símbolo del amor y la belleza, está vinculado a los riñones y representa las relaciones, la armonía y la cooperación.

▲ Mercurio
Símbolo de comunicación, está ligado al sistema nervioso y representa el pensamiento, la lógica y la formación.

▲ Júpiter
Símbolo de la expansión, la exploración y la búsqueda del conocimiento, Júpiter está asociado al hígado.

▲ Saturno
Símbolo de responsabilidad, orden, limitación y búsqueda del conocimiento, Saturno se asocia a la piel y el esqueleto.

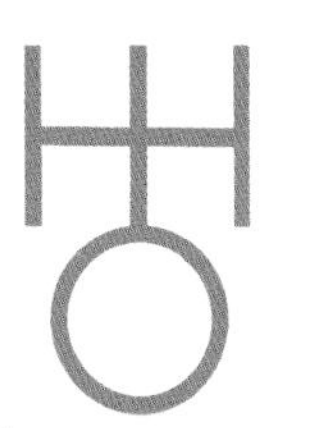

▲ Urano
Símbolo de la rebelión y del cambio, Urano representa la innovación, el idealismo y la libertad individual.

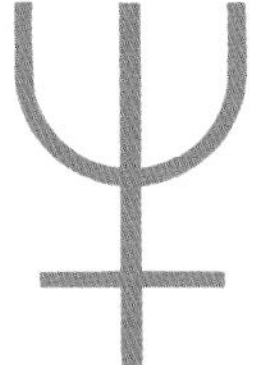

▲ Neptuno
Símbolo del misticismo, representa los sueños y la fantasía, así como la espiritualidad y las dotes paranormales.

▲ Plutón
Símbolo de transformación, Plutón está asociado a la regeneración y representa la vida, la muerte y la renovación.

VÉASE TAMBIÉN
El Sol *pp. 16-17*
La Luna *pp. 18-19*
El cielo nocturno *pp. 20-23*
El horóscopo chino *pp. 204-205*

ARIES.
PISCIS.
AQVARIVS.
CAPRICORNVS.
SAGITTARIVS.
SCORPIVS.
LIBRA.
VIRGO.
MARTIVS.
FEBRVAIVS.
IANVARIVS.
DECENBER.
NOVENBER.
OCTOBER.
SETENBER.
AVGVSTVS.
APRILIS.
MAIVS.
veneris
solis
mercurij
lune

para medir el tiempo, el zodíaco sirvió después para hacer predicciones. El primer horóscopo conocido con los signos solares del zodíaco data de *c.* 410 a.C. La carta que se muestra aquí es parte de un portulano (colección de cartas náuticas) del siglo XVI, y combina datos celestes, astrológicos y del calendario para reflejar los vínculos que se creía que había entre ellos.

1 y 2. Signos y símbolos del zodíaco
Los doce signos del zodíaco se derivan de los nombres de sus respectivas constelaciones, pero también pueden representarse de forma simbólica. Escorpio, por ejemplo, puede representarse como un escorpión o como una flecha. El origen de tal derivación no está clara; quizá se deba a la semejanza de la flecha con el aguijón de un escorpión.

3. El ciclo lunar
Cada signo del zodíaco cubre un período de cuatro semanas relacionado con el ciclo lunar, y por ello los signos no se corresponden con los doce meses del calendario gregoriano. Libra, por ejemplo, comienza el 24 de septiembre y termina el 23 de octubre.

4. Los planetas
Los planetas también son importantes para determinar el horóscopo de una persona, pero en la época en que se trazó esta carta –el siglo XVI– los conocimientos astronómicos eran limitados. Aquí solo se indican algunos de los planetas,

Nueva interpretación
En 1660 se publicó un atlas celeste llamado *Harmonia Macrocosmica*, que incluía imágenes en las que los signos tradicionales del zodíaco aparecían «cristianizados»: los doce signos del zodíaco habían sido reemplazados por los doce apóstoles, y las constelaciones del norte y del sur, sustituidas por figuras del Nuevo y el Antiguo Testamento, respectivamente.

EL HORÓSCOPO CHINO

El antiguo sistema astrológico chino, de unos cinco mil años de antigüedad, está ligado a las ciencias naturales y la filosofía chinas. Es una forma de adivinación basada en el recorrido de los cuerpos celestes, como el Sol, la Luna, los planetas y los cometas.

En su formulación más simple, cualquier acontecimiento, la personalidad y el destino de una persona se interpretan con arreglo a un elemento –madera, tierra, fuego, metal o agua–, a un animal y a la correspondencia de los elementos con el yin o el yang.

SIGNOS ANIMALES

Conocidos como las «ramas terrenales», los doce signos animales son los símbolos más difundidos del horóscopo chino. No se refieren a los meses, como en la astrología occidental, sino a los años. Recurren cinco veces en un ciclo de sesenta años, y están vinculados a la órbita de Júpiter, que tarda doce años en completarse. Cada ciclo comienza en el año nuevo chino, en febrero, que también marca el inicio del calendario lunar. Comenzando por la Rata y acabando por el Cerdo (o Jabalí), cada signo animal simboliza un tipo de personalidad distinta, en particular los rasgos de carácter que conforman la manifestación externa de la persona. Cada signo está influido además por un elemento y por las cualidades yin (femeninas) o yang (masculinas).

▲ **Rata**
1960, 1972, 1984, 1996
Ambicioso y trabajador, es un signo yang. Los de este signo son tímidos, reservados y dados a acumular dinero.

▲ **Buey**
1961, 1973, 1985, 1997
Fiable, metódico y paciente, pero también obstinado, es un signo yin. Se caracteriza por reacciones lentas y sentimientos profundos.

▲ **Tigre**
1962, 1974, 1986, 1998
Impulsivo e impredecible, generoso y afectuoso, el Tigre es un signo yang. Los Tigre aman el riesgo, pero suelen ser afortunados.

▲ **Conejo**
1963, 1975, 1987, 1999
Artístico, considerado, inteligente y afortunado, el Conejo es un signo yin. El Conejo típico suele aspirar a vivir con comodidad.

▲ **Dragón**
1964, 1976, 1988, 2000
Fogoso y de férrea voluntad, pueden ser también arrogantes y autoritarios. Signo yang, el Dragón típico suele tener éxito.

▲ **Serpiente**
1965, 1977, 1989, 2001
Sensual, creativo, cauto y responsable, es un signo yin. Son reservados, desconfiados y faltos de confianza en sí mismos.

▲ **Caballo**
1966, 1978, 1990, 2002
Apreciado, alegre, física y mentalmente ágil, el Caballo es un signo yang. El Caballo típico puede ser caprichoso y crédulo.

▲ **Cabra (u Oveja)**
1967, 1979, 1991, 2003
Signo yin, los Cabra son de humor variable, indeciso y susceptible, y también apreciados, comprensivos y compasivos.

▲ **Mono**
1968, 1980, 1992, 2004
Inquisitivo, de gran inventiva e ingenio, el Mono, signo yang, puede ser competitivo, engreído y propenso a la sospecha.

▲ **Gallo**
1969, 1981, 1993, 2005
Signo yin, es disciplinado y buen organizador. Puede ser excéntrico, pero también ingenioso por lo general.

▲ **Perro**
1970, 1982, 1994, 2006
Honrado, leal y afectuoso, el Perro es un signo yang. El Perro típico puede resultar también cínico e inflexible.

▲ **Cerdo (o Jabalí)**
1971, 1983, 1995, 2007
Sociable, leal y fiable, es un signo yin. Sus representantes típicos son apasionados, pero a veces ingenuos e inmoderados.

LOS CINCO ELEMENTOS

Conocidos como los «tallos celestiales», los cinco elementos –metal, madera, tierra, fuego y agua– tienen un papel importante en la astrología china. Cada uno de ellos se repite cada año, en forma yin y en forma yang alternativamente, en un ciclo de sesenta años, comenzando por Madera (yang) Rata y terminando con Agua (yin) Cerdo. Estos elementos no tienen una relación fija con los signos animales, pues hay dos más de estos que elementos yin y yang. Cuatro de los cinco elementos (metal, madera, fuego y agua) están relacionados, además, con la hora y el año de nacimiento; en este sentido, los elementos sí son invariables con respecto al signo animal que representan.

▲ Rueda del zodíaco chino
Los símbolos del yin y el yang, que representan el equilibrio perfecto, ocupan el centro de esta rueda; el exterior lo ocupan los doce signos animales, identificados también por sus caracteres chinos. El anillo de cuatro colores que rodea los caracteres representa el elemento fijo de los signos animales. Por ejemplo, el fuego se asocia al color rojo y rige para la Serpiente, el Caballo y la Cabra.

木

▲ Madera
Representa a Júpiter, el este y el color verde. La madera está ligada a la vesícula biliar y el hígado. Entre sus rasgos típicos se cuenta la disposición cálida y generosa.

▲ Fuego
Representa a Marte, el sur y el rojo. El fuego está vinculado al corazón y al sistema circulatorio. Entre sus características típicas se halla el carácter competitivo y enérgico.

土

▲ Tierra
Símbolo de Saturno, del centro y del color amarillo, la tierra está vinculada al estómago y al bazo. Entre sus rasgos típicos figuran la ambición, la tenacidad y la fiabilidad.

金

▲ Metal
El metal simboliza el planeta Venus, el oeste y el blanco. Está asociado a los pulmones. Entre sus rasgos típicos están el carácter decidido e independiente y la iniciativa.

◀ Agua
Símbolo del planeta Mercurio, el norte y el color negro, el agua está asociada al sistema digestivo. Entre sus rasgos típicos figuran la compasión, la inteligencia y la creatividad.

SIGNOS INTERNOS Y SECRETOS

Las características de las personas comprenden signos de tres clases: externos, internos y secretos. Los externos los determina el año de nacimiento, descrito como el «animal externo» de la persona *(véase izda.)*. El «animal interno» lo determina el mes de nacimiento según el calendario agrícola chino, que divide el año en doce períodos de unas cuatro semanas. El animal interno, uno de los doce signos animales, simboliza los sentimientos íntimos y las relaciones. El «animal secreto», de nuevo uno de los signos animales, queda determinado por la hora del nacimiento, y se considera la auténtica manifestación de la persona.

VÉASE TAMBIÉN
Fuego *pp. 30-31*
Agua *pp. 32-33*
Mamíferos *pp. 52-55*
Serpientes *pp. 66-67*
Taoísmo y sintoísmo *pp. 170-171*
Astrología occidental *pp. 200-203*
Alfabetos *pp. 306-309*

NUMEROLOGÍA

A lo largo de los tiempos, muchas civilizaciones se han valido de la numerología para explicar el pasado y predecir el futuro. La antigua adivinación china, por ejemplo, contaba con el «cuadrado mágico», presente también en la adivinación egipcia e india. Otras naciones, entre ellas la Grecia antigua, los hebreos y los babilonios, desarrollaron sistemas consistentes en la suma de los dígitos de ciertas secuencias, tales como los cuatro dígitos de un año determinado. Diversas formas de numerología siguen en uso en la actualidad. La base de la numerología, sea cual sea el sistema, es la idea de que cada número del 1 al 9 tiene un significado simbólico propio, que puede interpretarse para definir los rasgos de una persona, explicar acontecimientos pasados o predecir los futuros. En ciertos sistemas el 11 y el 22 son también importantes y tienen un simbolismo añadido.

SUMAS DE DÍGITOS

Una de las variantes más extendidas de la numerología consiste en sumar dígitos para obtener un solo número que interpretar. El método más simple consiste en sumar los dígitos de la fecha de nacimiento de una persona. Por ejemplo, el 2 de diciembre de 1984 se calcula como sigue: 0+2+1+2+1+9+8+4 = 27. Los dos dígitos resultantes se suman para obtener uno solo, 2+7 = 9. De igual manera, del 17 de julio de 1941 resulta la cifra interpretable 3. El filósofo griego Pitágoras aplicó el mismo principio a las letras del alfabeto, donde A = 1, B = 2, y así sucesivamente. De nuevo, cuando las letras se corresponden con números de dos dígitos, como en el caso de Z (26), estos se suman, obteniendo en este caso 8 (véase abajo la tabla). Con este sistema es posible evaluar cualquier serie de números o palabras importante en la vida de una persona, dotando de significado a los acontecimientos y circunstancias que la afectan.

A	B	C	D	E	F	G	H	I
1	2	3	4	5	6	7	8	9

J	K	L	M	N	O	P	Q	R
1	2	3	4	5	6	7	8	9

S	T	U	V	W	X	Y	Z
1	2	3	4	5	6	7	8

EL CUADRADO MÁGICO

Los cuadrados mágicos han tenido un valor simbólico en diversas civilizaciones, y el más conocido de ellos, llamado *Lo Shu*, tiene su origen en la antigua mitología china. Este cuadrado presenta tres filas y tres columnas que contienen los números del 1 al 9, dispuestos de tal forma que la suma de cada fila, columna y diagonal da siempre 15 (llamado la «constante mágica»). En otras culturas se ha aplicado el mismo principio con números diferentes, o en cuadrados con un número mayor de filas y columnas, con el resultado de constantes mágicas distintas.

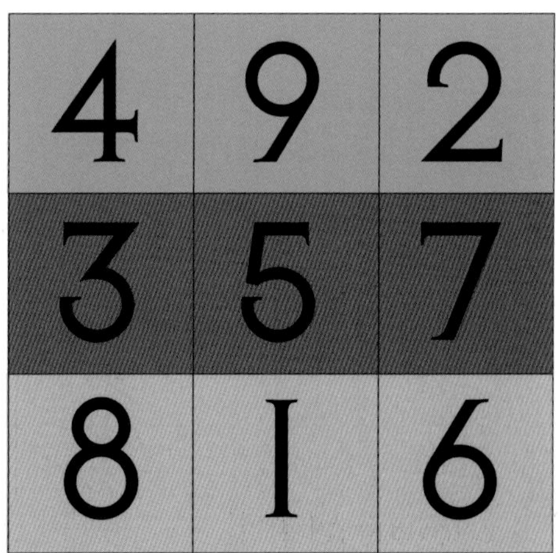

▲ ***Lo Shu***

Su valor numérico deriva del *I Ching*, pues hay un vínculo simbólico entre las tres líneas de un trigrama y las filas de cifras del cuadrado. Lo mismo sucede con los colores: de izquierda a derecha el verde representa el intelecto, el raciocinio y el juicio; el morado, las emociones, los sentimientos y las intuiciones; y el naranja, la vida, las finanzas y los negocios.

EL SIGNIFICADO DE LOS NÚMEROS

Sobre la base de la fecha de nacimiento y/o las letras de un nombre, se puede descubrir una serie de números significativos en la vida de una persona, cada uno de ellos con un simbolismo propio. Los números proporcionan información sobre su carácter, talentos, metas y motivaciones. En caso de que los números se repitan, el significado se intensifica. No hay números buenos o malos, sino que cada uno tiene cualidades positivas y negativas en igual medida, las cuales se pueden considerar como los puntos fuertes y débiles de una persona, respectivamente.

Una vez que se han identificado ciertos números como influencias potencialmente negativas, la persona puede mitigar o bloquear tales efectos por medio de sus actos. Puede, por ejemplo, esforzarse por controlar determinadas tendencias de su carácter, y puede escoger la manera de aprovechar sus distintas habilidades. En algunos casos, el simbolismo atribuido a un número puede resultar algo ya evidente en la vida de una persona, o bien puede manifestarse más tarde.

1

▲ Creatividad y confianza en uno mismo
Representa un espíritu creativo, un fuerte sentido de la individualidad, el valor y la decisión. Si está bloqueado, el mismo número puede simbolizar un comportamiento adictivo, agresividad o una fuerza dominadora.

2

▲ Cooperación y equilibrio
Este número representa la capacidad de adaptarse, trabajar con otros –el 2 es un símbolo de sociedad y compañerismo– y actuar como un mediador hábil. Si se bloquea, el mismo número puede representar un carácter tímido y acomplejado.

3

▲ Capacidad expresiva y sensibilidad
El número 3 representa la capacidad expresiva, ya sea verbal o creativa, y una fuente de inspiración. Bloqueado, el optimismo y el carácter alegre pueden convertirse en reproche y en humor taciturno.

4

▲ Estabilidad y progreso
Este número representa la solidez de los cimientos, la habilidad organizativa y la capacidad de gestión. Bloqueado, puede simbolizar la inflexibilidad y la incapacidad para progresar.

5

▲ Libertad y disciplina
El número 5 representa un carácter versátil y expansivo, con tendencia a actuar y responder rápidamente ante cualquier situación. Si se encuentra bloqueado, puede representar impaciencia e inquietud.

6

▲ Amplitud de miras y tolerancia
Representa la belleza, la pureza, los ideales elevados y una disposición equilibrada y generosa. Bloqueado, el 6 puede simbolizar un carácter obstinado y dominador y una excesiva tendencia a juzgar.

7

▲ Confianza y apertura
El número 7 representa la unicidad, el deseo de aprender, la mente científica y la tendencia a la perfección. Bloqueado, el encanto natural de la persona puede derivar en frialdad y en un carácter sarcástico y despectivo.

8

◄ Abundancia y poder
Este número supone un fuerte sentido de la autoridad, la capacidad de tomar decisiones y la fortaleza. Bloqueado, la ética de trabajo natural puede ceder ante el exceso de ambición, la ineficacia y el abuso de poder.

9

◄ Integridad y sabiduría
El número 9 representa el carisma natural, las cualidades de liderazgo y un cierto altruismo. Bloqueado, el mismo número puede simbolizar un carácter negativo y posesivo y la falta de dirección.

VÉASE TAMBIÉN
Taoísmo y sintoísmo *pp. 170-171*
Adivinación *pp. 196-199*
Números *pp. 294-297*

▲ El Grial y la Mesa Redonda
El poeta francés Robert de Boron convirtió la búsqueda del Grial en el asunto central de las leyendas del rey Arturo y los caballeros de la Mesa Redonda. Se trata del Grial de José de Arimatea, del que se dice que llevó el cáliz de la Última Cena hasta Inglaterra.

EL SANTO GRIAL

▲ Caldero de Gundestrup
En la mitología celta, el caldero representa el centro cósmico de todas las cosas.

Potente símbolo de la mitología cristiana cuyas raíces se hallan en la literatura medieval, el Santo Grial representa la meta última, la inmortalidad, así como una espiritualidad profunda.

Motivo recurrente en el arte y la literatura medievales, el Santo Grial se ha descrito como un cuenco, un cáliz o un plato, según las fuentes. Aunque ha sido objeto de fascinación durante siglos y algunos han tratado de descubrir su localización y significado exactos, para muchos el término «grial» alude más a un concepto simbólico que a un objeto físico.

LA NATURALEZA DEL GRIAL

En el plano simbólico, los orígenes del Santo Grial están vinculados, al parecer, con el caldero de la mitología celta, fundamental en el ritual pagano como símbolo de fertilidad y abundancia. En determinadas historias, el Grial aparece como un plato asociado al cumplimiento de los deseos, en otras tiene poderes adivinatorios similares a los de los oráculos de la antigua Grecia, o bien se describe como un objeto de piedra. En la Edad Media se generalizó la idea de que se trataba del cuenco o cáliz del que bebió Cristo durante la Última Cena, y en el que José de Arimatea recogió la sangre de Cristo crucificado, con lo que su búsqueda se convirtió en una empresa espiritual. En algunas leyendas del Grial es fundamental su asociación con la lanza que gotea sangre, símbolo de la herida del costado de Cristo. Sea cual sea la forma que adopte el Grial, ello tiene siempre menos importancia que lo que el Grial significa: en esencia, la búsqueda de una verdad de orden superior.

▲ José de Arimatea
El Santo Grial está inextricablemente ligado a la sangre de Cristo, lo cual lo ha imbuido de un profundo simbolismo espiritual.

LA BÚSQUEDA DEL GRIAL

Entre los relatos más conocidos del Santo Grial figuran el de Perceval o Parsifal, el galés de humilde cuna, y las leyendas de los caballeros de la Mesa Redonda del rey Arturo. En estas historias el Grial es de una naturaleza tal que solamente pueden obtenerlo los hombres más puros, nobles y dignos. Los protagonistas emprenden largos y arduos viajes en los cuales son puestos a prueba una y otra vez. Solo alcanzada la iluminación les es dado obtener el Grial. Como tal, se trata de un símbolo de verdad y bondad absolutas, y la recompensa que ofrece es la juventud eterna y la abundancia.

CONTROVERSIA MODERNA

Existe una teoría reciente basada en la traducción francesa de «Santo Grial», *San Greal*. Con solo mover una letra se obtiene *sang real* («sangre real»), lo cual aludiría a la estirpe de Jesucristo y presupondría que este se casó –¿con María Magdalena?– y ambos tuvieron hijos; así, el Santo Grial simbolizaría la matriz de la Magdalena. Recogida por Dan Brown en *El código Da Vinci*, en 2003, esta curiosa teoría ha generado una polémica considerable.

▶ La Última Cena
El simbolismo de esta obra de Da Vinci ha sido muy debatido. Se trata de la cena celebrada por Jesucristo en compañía de los apóstoles, la noche previa a su pasión y muerte, cena en la cual instituyó la Eucaristía. Es, por lo tanto, un episodio clave en los cuatro evangelios.

VÉASE TAMBIÉN
Cristianismo *pp. 176-179*
Brujas y *wicca pp. 192-193*
El hogar *pp. 238-241*

ALQUIMIA

Desarrollada en la Europa medieval, la alquimia occidental recibió influencias tanto del antiguo Egipto como de Mesopotamia. En rigor era un medio para tratar de obtener oro o plata a partir de metales inferiores, pero la alquimia poseía también una gran importancia simbólica para sus adeptos: transformar un metal vulgar en oro significaría la transformación de algo impuro en algo puro, y, por tanto, el tránsito espiritual desde la ignorancia a la iluminación.

SIMBOLISMO ALQUÍMICO

Los alquimistas usaban signos como el Sol y la Luna para representar ciertos símbolos alquímicos, pero durante la Edad Media, por temor a la persecución, inventaron un complejo vocabulario de signos para registrar y comunicar sus conocimientos. Tal secretismo dio a la alquimia una reputación fraudulenta, lo cual desacreditó incluso algunos de sus descubrimientos científicos.

Símbolos celestiales rodeados por rostros de ángeles

Nítida división entre el Cielo y la Tierra

Fénix sosteniendo fuego y aire

Águila sosteniendo tierra y agua

▲ El *Opus Medico Chymicum*
Esta ilustración, tomada del *Opus Medico Chymicum*, de 1618, muestra los cuatro elementos (tierra, agua, aire y fuego) junto con otros símbolos

LA BÚSQUEDA DEL ORO

Los esfuerzos de los alquimistas por obtener oro eran el símbolo de una empresa espiritual, y para lograrlo, debían hallar lo que se conoce como la «piedra filosofal». Ya fuera una piedra o un polvo seco y rojo, se le atribuían diversas cualidades místicas, además de ser un ingrediente esencial para transformar los metales. Llamada a veces «elixir de la eterna juventud», la piedra filosofal representa la pureza y la inmortalidad y supone la cima de la «obra mayor» del alquimista.

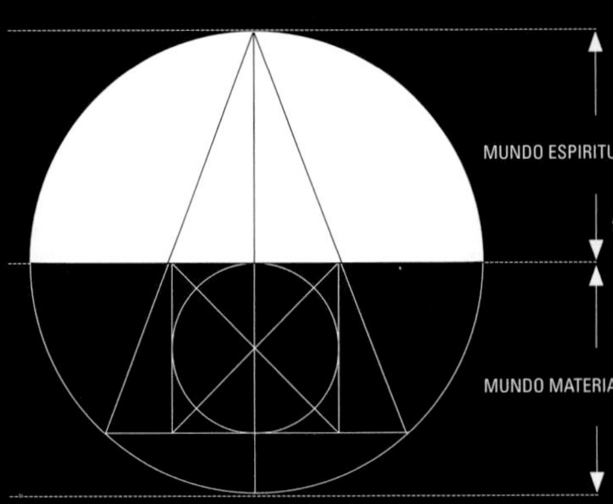

▲ La piedra filosofal
Este complejo símbolo representa la piedra filosofal y encarna una serie de principios clave del mundo de la alquimia. El triángulo simboliza las tres sustancias celestiales (sal, azufre y mercurio); el cuadrado representa a los cuatro elementos; el círculo alude a la noción filosófica de que «todo es uno».

◄ Sello de Salomón
El Sello de Salomón, una estrella de seis puntas, es un símbolo procedente del judaísmo. Al combinar los símbolos del fuego y el agua, representa la unión de los contrarios y la transmutación final de los procesos alquímicos.

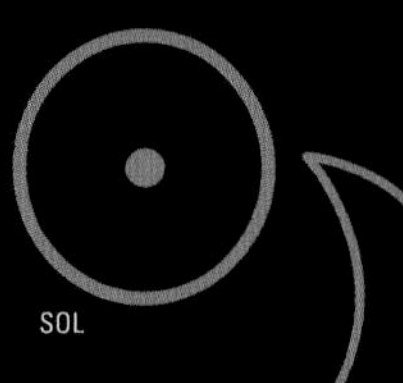

◄ El Sol y la Luna
Empleado por los alquimistas para representar el oro, el Sol significaba la perfección. El punto en el centro simboliza la culminación de la «obra mayor». La Luna, símbolo de la plata y de la «obra menor», representa la intuición y la fertilidad, así como el cuerpo en contraposición al alma del Sol.

▲ **Símbolo de la tierra**
Primero de los cuatro elementos de la alquimia, la tierra representa los aspectos secos y fríos del proceso. Simboliza el nacimiento y la creación, y está asociada al cobre.

▲ **Símbolo del agua**
Segundo elemento de los cuatro de la alquimia, el agua representa las fases frías y húmedas del proceso. Simboliza el proceso de purificación y está asociada al estaño.

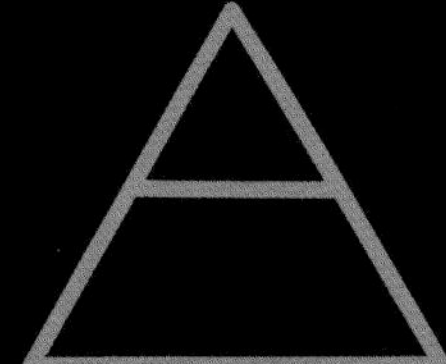

▲ **Símbolo del aire**
Tercero de los cuatro elementos de la alquimia, el aire representa las fases cálidas y húmedas del proceso. Simboliza el aliento de la vida y está asociado al hierro.

► **Símbolo del fuego**
Último de los cuatro elementos de la alquimia, el fuego representa las fases cálidas y secas del proceso. Está asociado al plomo y simboliza la transformación final.

▲ **Símbolo del azufre**
El azufre es una de las tres sustancias celestiales que componen la materia vil. Su fuerza, seca y fogosa, reacciona con la fluidez del mercurio y simboliza el deseo de alcanzar una espiritualidad superior. El azufre solía asociarse a las cualidades masculinas, en contraposición a las femeninas del mercurio.

▲ **Símbolo del mercurio**
Junto con la sal y el azufre, el mercurio es una de las tres sustancias celestiales. Su fluidez representa la transición desde el vil metal al oro, y es un símbolo de la unión de lo espiritual y lo material.

▲ **Ilustración alquímica**
Esta acuarela está tomada del tratado de alquimia *Splendor Solis*, publicado en 1598. Los colores negro, blanco, rojo y dorado tienen implicaciones simbólicas. Así, el negro representa la primera fase del proceso, a la que siguen las representadas por el blanco y el rojo, hasta alcanzar el producto final, el oro.

LOS ANIMALES

En la alquimia hay una serie de animales con un simbolismo propio. Los cuatro elementos, por ejemplo, están representados por animales: el águila (aire), el león (tierra), el pez (agua) y el dragón (fuego). Los animales se emplean también para representar cada fase del proceso alquímico, comenzando por el ennegrecimiento (el cuervo) y hasta el producto final (el fénix).

▲ **Fénix**
Con la puesta del huevo entre las cenizas antes de morir entre las llamas, el ave fénix simboliza la última fase del proceso alquímico: la transformación en oro y la perfección filosófica.

▲ **Uróboros**
El uróboros es una serpiente que se muerde la cola, formando así un círculo. Como tal, simboliza la continuidad y la inmortalidad, además del principio alquímico de que «todo es uno».

▲ **Caduceo**
La vara del caduceo representa la unión de contrarios como el mercurio y el azufre, y asimismo el poder de transformar, mientras que las alas simbolizan el equilibrio resultante del proceso.

▲ **León verde**
Representación del vitriolo verde, líquido altamente corrosivo empleado para numerosos procesos alquímicos, aquí el león de color verde aparece devorando el Sol. Simboliza el producto final del proceso alquímico, el oro.

◄ **Águila**
Símbolo de la transmutación del vil metal en oro, y por tanto de la muerte de lo impuro y el nacimiento de lo puro, el águila con las alas extendidas representa el aire y el mercurio, en contraposición a la tierra y el azufre del león.

VÉASE TAMBIÉN
El oro *pp. 44-45*
Materiales preciosos *pp. 46-47*
Águilas *pp. 62-63*
Animales fabulosos *pp. 74-77*
Formas *pp. 284-289*

SOCIEDAD
Y CULTURA

Los símbolos residen en el núcleo mismo de nuestra identidad cultural. Pueden ser tomados de la naturaleza o elaborados por el hombre, ser animados o inanimados, y adoptar muchas formas distintas, desde imágenes hasta rituales y relatos. Los símbolos desempeñan un papel vital al reforzar los lazos de comunidad, creando un sistema codificado común que refleja el estatus, la nacionalidad, la cultura, etc.

Ciertas civilizaciones antiguas consideraban como dioses a los soberanos, veneración que pervive en países como Japón y Tailandia. La realeza, con su pompa y su ceremonial, está cargada de un simbolismo dirigido a exaltar al soberano por encima de sus súbditos.

La nacionalidad es un medio evidente para agrupar a las personas. Esta se ve reforzada por la cultura común y el uso de símbolos nacionales. Tales iconos pueden ser animales o aves (como el kiwi para Nueva Zelanda), banderas, sellos de correos o incluso fechas conmemorativas, como el 12 de octubre, Día de la Hispanidad.

Asimismo, desde los tiempos más remotos las diversas culturas y sociedades se han expresado a través de la arquitectura. Desde la exaltación del poderío imperial de la antigüedad clásica al simbolismo celestial que representan las cúpulas y agujas de iglesias y mezquitas, los arquitectos han creado edificios que llegaron a ser símbolos universales. En comparación, las viviendas más modestas pueden parecer meramente funcionales; sin embargo, también reflejan concepciones muy arraigadas sobre el hogar. Femenino y protector, el hogar representa el santuario y la seguridad, y sus paredes ponen un límite al mundo exterior. Las escaleras están vinculadas al ascenso hacia la iluminación espiritual, mientras que las ventanas son «el ojo del alma» que permite el paso de la luz de la verdad.

> EL SENTIDO DE PERTENENCIA ES FUNDAMENTAL EN TODA SOCIEDAD HUMANA Y SUBRAYA NUESTRA IDENTIDAD CULTURAL

Tal simbolismo suele asociarse, sobre todo, a los edificios de tipo religioso. Toda cultura dispone de lugares sagrados simbólicos, ya sean construidos por el hombre, como Stonehenge en Gran Bretaña, o naturales, como el río Ganges en India. Igual que el hogar, el jardín es un refugio, pero también representa otros ideales, desde el estatus social al paraíso terrenal en el que el jardinero es el creador. Objetos en apariencia funcionales, como herramientas y armas, adquieren un significado simbólico en contextos políticos, religiosos o folclóricos. Expresiones culturales como la música, la danza y el teatro tienen raíces antiguas, y los cuentos de hadas, transmitidos a lo largo de las generaciones, tienen vínculos con la religión, la psicología o el cosmos.

La vestimenta refleja aspectos socioculturales diversos, entre ellos la nacionalidad, la religión, el oficio, la personalidad, las aspiraciones y la clase. En Occidente está muy influida por la moda, pero en todo el mundo se usan prendas tradicionales imbuidas de simbolismo, como por ejemplo el sari indio.

Las joyas han sido siempre una señal de rango social o el distintivo de una tribu, mientras que los adornos corporales han tendido a asociarse con comunidades tribales, militares o religiosas. El sentido de pertenencia es fundamental en toda sociedad humana y subraya nuestra identidad cultural. Sea por nacimiento, por afiliación o por confesión, la pertenencia a una comunidad tiene sus símbolos en el atuendo, los rituales, las fiestas y los iconos culturales, lazos que unen a la gente entre sí.

LA REALEZA

Las élites gobernantes de las civilizaciones antiguas eran veneradas como dioses sobre la Tierra. En Egipto, solo los dioses, reyes y reinas podían llevar el potente símbolo del *anj*, o de la vida, que les confería el derecho de dar o quitar la vida. Hoy todavía hay reyes venerados así: al rey Bhumibol Adulyadej de Tailandia, el monarca más duradero que ha habido, se le honra como «luz que guía». Allí, igual que en las otras treinta monarquías del mundo, siguen vigentes los rituales y símbolos asociados a la soberanía.

LUIS XIV

▲ Reina
La reina es un potente símbolo de poder y feminidad. Isabel I de Inglaterra supo cultivar su imagen pública, y sus abundantes retratos combinan una decidida majestad con diversos símbolos de castidad, riqueza y paz.

▲ Rey y reina
El reinado conjunto de rey y reina, como en el caso de Guillermo III y María II de Inglaterra, simboliza el equilibrio y la armonía. Este plato conmemorativo de 1689, en el que aparecen con corona y armiño, celebra su ascenso al trono.

▲ Faraón
Tutankamón era adorado como un dios y un intermediario entre el Cielo y la Tierra. El dorado de su máscara alude a la convicción de que la carne de los dioses era de oro, y las franjas azules y doradas del tocado reflejan los colores de la verdad y la alta cuna.

▲ ▶ Rey
Los monarcas fueron considerados representantes divinos en la Tierra, y la ceremonia que les rodea sigue vigente en muchos países, con un simbolismo que se manifiesta en coronas, orbes, cetros y tronos. Las monedas y las medallas perpetúan asimismo el culto a los reyes, como este medallón de bronce del Rey Sol, Luis XIV de Francia *(arriba)*, que reivindicaba su derecho divino al trono. El *oba* (rey) de Benin *(dcha.)* era considerado un ser divino, descendiente de un dios; como los leopardos que sostiene, era temido y respetado.

OBA DE BENIN

JUEGOS DE PODER

Los juegos de cartas y el juego del ajedrez emplean imágenes cortesanas y de la realeza –reyes, reinas, ejércitos– en una representación simbólica del conflicto entre fuerzas opuestas. El objeto de esta clase de juegos es construir una base de poder inatacable para superar al contrario, o bien derrotarlo destruyendo sus ejércitos.

▲ Ajedrez
Juego popular desde la Edad Media, el ajedrez representa una batalla entre dos reyes con sus respectivos ejércitos. El término «jaque mate» procede de la frase «el rey ha muerto» en árabe.

◀ Cartas
Las barajas de cartas adoptaron rangos cortesanos e imágenes simbólicas de la realeza, sobre todo en la Francia del siglo XVI. Las representaciones de la sota, la reina y el rey suelen presentar largas túnicas de armiño, orbes, coronas y espadas, que les convierten en los iconos reales por excelencia.

▶ Emperador
En China y Japón se consideraba al emperador hijo del Cielo y símbolo de orden moral que mantenía la armonía entre el Cielo y la Tierra. Uno de los reyes más famosos fue Qin Shi Huang, convertido en primer emperador de China en 221 a. C. En su tumba, en las afueras de la ciudad de Xi'an, se enterraron con él más de ocho mil soldados de terracota de tamaño natural como guardia simbólica para el más allá.

▲ Emperatriz
La emperatriz representa la creación y el florecimiento, y también ostenta símbolos de la realeza. En Etiopía hubo tradicionalmente un rey de reyes, o emperador; la emperatriz Zewditu fue «reina de reyes» y gobernó entre los años 1916 y 1930: fue la primera mujer que dirigió un Estado internacionalmente reconocido en el África moderna

◀ Príncipe y princesa
Tanto en las fábulas como en la realidad, el príncipe y la princesa son arquetipos del héroe y la heroína. Se les suele representar como los jóvenes herederos que deben superar una serie de trabas a su matrimonio y a la sucesión al trono. El príncipe se enfrenta a temibles rivales y obstáculos mágicos en su esfuerzo por rescatar a la princesa. Ella, a su vez, padece estoicamente un encierro cruel y encarna la belleza y el valor moral.

▲ El bufón
Con el pretexto de entretener, el bufón podía convertir al rey en objeto de sus bromas, y además vivir para contarlo. Su presencia en la corte tenía el propósito de traer buena suerte y espantar el mal de ojo. La ropa multicolor y los parches eran símbolos de su excentricidad.

CABALLEROS

Los caballeros proporcionaban tropas y diezmos a su rey. En general, ya fuesen samuráis o caballeros de San Jorge, el ideal caballeresco implicaba una cortesía extremada con las mujeres (el «amor cortés»), pero también con el enemigo.

El compromiso con dicho ideal se formalizó en ciertas ceremonias religiosas y regias, como el ritual del nombramiento de caballero.

▲ Sir Gawain
Héroe de la Mesa Redonda del rey Arturo, sir Gawain era el espejo de la caballería y la lealtad en el que se miraban los demás caballeros. En algunos relatos, Gawain aparece vinculado simbólicamente al dios celta del Sol.

▲ Guerrero samurái
Los samuráis japoneses eran miembros de una élite militar. La espada era tanto su arma como su símbolo, y en su código de conducta eran fundamentales la lealtad a su señor y la disciplina.

▲ Caballero en batalla
Esta placa del adorno de una tumba representa al clásico caballero de armadura resplandeciente, un claro símbolo de poder, autoridad y valor.

VÉASE TAMBIÉN
El Sol *pp. 16-17*
Adornos de la realeza *pp. 218-219*
Herramientas y armas *pp. 224-225*

ADORNOS DE LA REALEZA

Con el fin de manifestar su elevada condición, los soberanos siempre se han rodeado de los signos de grandeza propios de su estado. En ceremonias simbólicas tales como coronaciones, desfiles y banquetes, los monarcas aparecen con las mejores galas y joyas sobre tronos suntuosos. Estos y otros adornos de la realeza subrayan simbólicamente la excelencia del monarca por encima de sus súbditos, otorgándoles a veces una condición divina o semidivina.

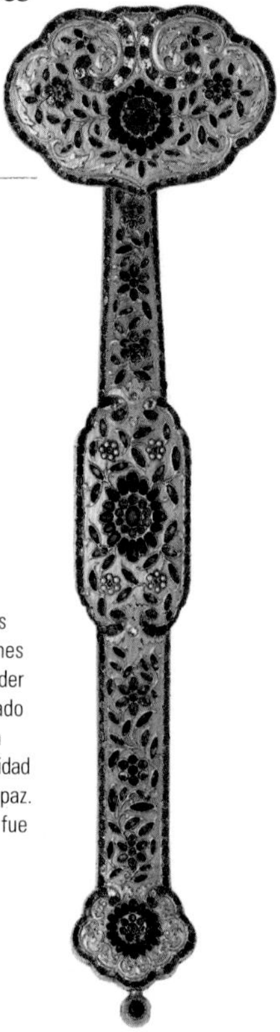

SÍMBOLOS REALES

Los emblemas e insignias de la realeza son signos externos que confieren una cualidad «ultramundana» al poder terrenal de los monarcas. La corona –ya sea una pieza incrustada de joyas o un deslumbrante tocado de plumas– es la quintaesencia del símbolo real tanto por su apariencia como por su significado.

► Cetro
La vara ceremonial que llevan los monarcas en las grandes ocasiones es un emblema de autoridad y poder soberano. Pudo haber evolucionado a partir de una lanza sin la punta metálica, que expresaría la continuidad del poder supremo en tiempo de paz. Este cetro enjoyado del siglo XVIII fue un regalo de los franceses al emperador chino Qianlong.

CORONA DEL SACRO EMPERADOR ROMANO

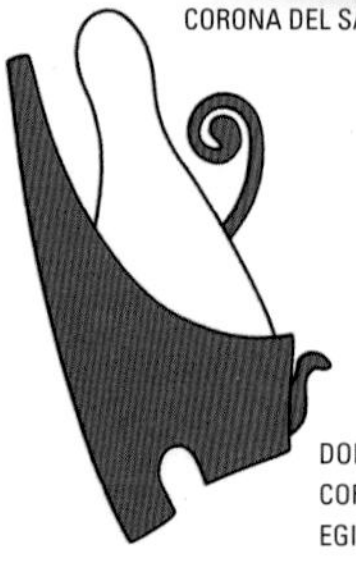

DOBLE CORONA EGIPCIA

▲ Corona
Como señores del Alto y el Bajo Egipto, a los faraones se les representaba a menudo con la doble corona *(arriba)*. La corona del sacro emperador romano *(imagen superior)* está cargada de símbolos cristianos, como los arcos, que representan las bóvedas del Cielo, o la cruz.

▲ Espantamoscas
Símbolo de alto rango, sobre todo en África, Asia y el Pacífico, antiguamente se consideraba un atributo de los dioses. Tutankamón tenía un espantamoscas de plumas de avestruz recubierto de oro.

◄ Orbe
Representación del cosmos en la antigua Roma, la cruz fue añadida en época medieval para simbolizar al mundo unido bajo el dominio cristiano. Símbolo femenino, complementa el simbolismo masculino del cetro.

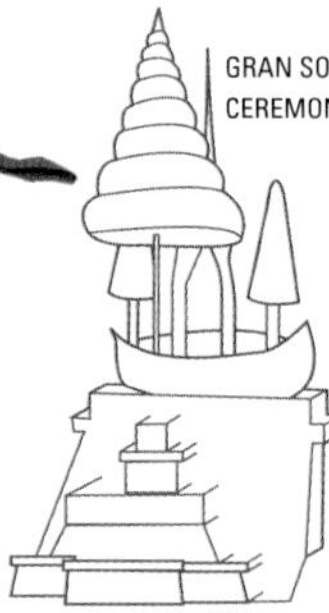

GRAN SOMBRILLA CEREMONIAL BLANCA

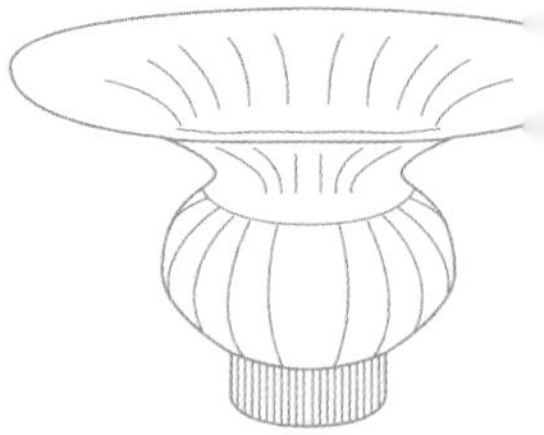

CÁLIZ

▲ Símbolos reales tailandeses
Bajo la gran sombrilla ceremonial blanca, que simboliza al propio rey, Bhumibol Adulyadej fue coronado rey de Tailandia el 9 de junio de 1946. Durante la ceremonia se depositaron junto a su trono ciertos utensilios, entre ellos un cáliz de oro, símbolo de realeza y de divinidad.

ESCUDOS Y SELLOS REALES

En la Edad Media, los escudos de armas identificaban a los señores y caballeros. Presentes en escudos, armaduras, capas y banderas, sus diversos emblemas componían un símbolo de rango social, y las armas reales eran el símbolo del poder supremo. Los sellos y anillos con las armas reales se usaban para sellar el lacre de documentos y cartas, dando fe de su procedencia y garantizando la confidencialidad; los sellos reales podían llevar también una imagen del monarca. En una época en la que la mayoría de las personas eran analfabetas, tales sellos suponían un símbolo fácilmente reconocible de la aprobación real.

▲ **Armas reales**
Este escudo de armas representa de forma simbólica a Inglaterra, Escocia, Gales e Irlanda por medio de animales, criaturas mitológicas, plantas, instrumentos musicales y leyendas. Con el yelmo bajo la corona *(izda.)*, las armas reales representan a la reina misma, y sin él *(dcha.)*, a Reino Unido en tribunales y embajadas.

▲ **Sello del rey Eduardo III**
Los sellos reales a menudo retratan al rey en el trono, pero el de Eduardo III (1327-1377) le representa a caballo en alusión a sus éxitos contra los franceses.

TRONOS

El trono, asiento de los dioses en la antigua Grecia, es un icono del poder, la estabilidad y el esplendor del soberano que lo ocupa; aún hoy reposa a menudo sobre un estrado para resultar todavía más imponente. El trono suele ocupar el centro del palacio, como representación del centro del cosmos, y en la actualidad no es solo un símbolo, sino parte del lenguaje de la realeza; la palabra «trono» alude por sí misma a la institución monárquica: el «trono del pavo real», por ejemplo, se refiere a la antigua monarquía persa o iraní, y un rey «destronado» es aquel que ha perdido el poder.

▲ **Trono del León**
El Gran Trono del León de los reyes birmanos, de 180 años de edad, descansa sobre un estrado que destaca física y simbólicamente al rey sobre sus súbditos.

▶ **Trono de Marfil**
El Trono de Marfil fue creado para Iván el Terrible, coronado primer zar de Rusia en 1547. Tiene el respaldo elevado y está adornado con marfil y hueso de morsa. Algunas de las placas que lo decoran muestran escenas bíblicas, entre ellas episodios de la vida del rey David, símbolo del soberano ideal.

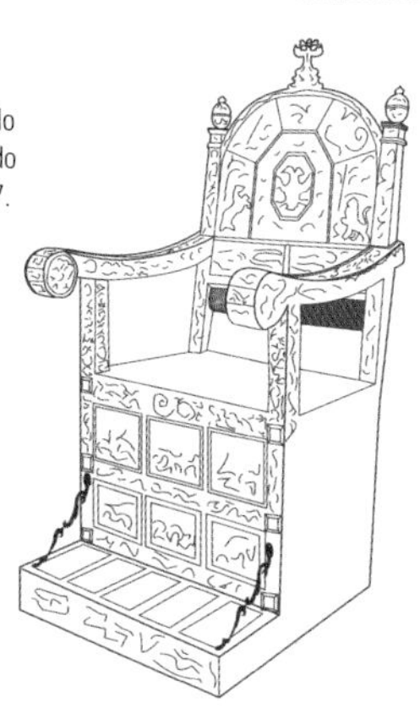

PALACIOS

Como residencia del soberano, el palacio simboliza el Cielo y el corazón del reino. De madera, mármol o piedra, los palacios representan la arquitectura más grandiosa y reúnen los mejores materiales disponibles en su época y lugar, reflejando la grandeza de quien los encarga. Sus múltiples estancias, por lo general llenas de obsequios y adquisiciones reales, a menudo verdaderos tesoros, suelen manifestar la gran riqueza y el gusto del soberano.

▶ **La Ciudad Prohibida**
La simétrica disposición de los edificios de la Ciudad Prohibida de Pekín imitan el cosmos budista e hindú. Los palacios, templos y viviendas miran todos al sur, la dirección de la fortuna sonriente. El complejo está adornado con unos cien mil símbolos del poder imperial que invocan la bendición del Cielo.

▲ **El palacio de Versalles**
Uno de los palacios más grandiosos de Europa es el que construyó Luis XIV, el Rey Sol, en el siglo XVII, una época políticamente turbulenta. De construcción y mantenimiento enormemente caros, Versalles fue la sede de su corte y todo un símbolo de opulencia real.

VÉASE TAMBIÉN
El Sol *pp. 16-17*
Coronaciones *pp. 220-221*
Emblemas heráldicos *pp. 318-323*

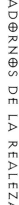

▲ **Vestido de coronación**

Para simbolizar su condición de reina de la Commonwealth, el diseño de Norman Hartnell para el vestido de la coronación de Isabel II mostraba los emblemas de los países miembros: la rosa Tudor de Inglaterra, el cardo de Escocia, el puerro de Gales y el trébol de Irlanda, junto con la hoja de arce de Canadá, el zarzo de Australia, el helecho de Nueva Zelanda, la protea de Sudáfrica, las flores de loto de India y Ceilán (Sri Lanka), y el trigo, el algodón y el yute de Pakistán. Los motivos estaban bordados en seda con perlas, diamantes, amatistas y cristales de cuarzo.

CORONACIONES

En las solemnes ceremonias de coronación, los objetos rituales, desde las carrozas a las joyas de la corona, se convierten en signos codificados que proclaman simbólicamente unos poderes regios de origen divino.

La ceremonia para proclamar y reconocer a un nuevo rey, reina o emperador, esto es, su coronación, es una gran ocasión llena de pompa. El omnipresente simbolismo dirigido a legitimar al nuevo soberano impregna, además del ritual, los objetos que se llevan, muestran, visten o sirven de asiento. Tales objetos pueden servir para ungir o bautizar al rey, como los cuernos, conchas o ampollas sagradas, o bien llevarse a la manera de la corona, el cetro y el orbe en Occidente y Bizancio. El trono sigue siendo el símbolo fundamental de la coronación en casi todas las civilizaciones. Los rituales y objetos empleados en Europa entre los siglos IX y XV mantuvieron vivo el aspecto sagrado del simbolismo regio, sobre todo en las coronaciones del Sacro Imperio Romano y el Papado.

▲ **Carroza dorada**
La reina Isabel II se dirige a la coronación en la carroza dorada empleada por los monarcas británicos desde 1762. Sobre la cubierta, unos querubines que representan a Inglaterra, Escocia e Irlanda sostienen la corona real.

LA REINA ISABEL II

La coronación de la reina Isabel II el 2 de junio de 1953, televisada en todo el mundo, reunió muchos de los símbolos y códigos de la legitimación sagrada de los monarcas y siguió el mismo ritual de sus antecesores. La reina fue llevada desde el palacio de Buckingham a la abadía de Westminster en una carroza dorada con palmeras en las esquinas, cada una de las cuales surgía de la cabeza de un león y estaba cargada de trofeos que simbolizaban las victorias británicas en la guerra de los Siete Años (1756-1763). La coronación tuvo lugar en la abadía de Westminster, circunstancia que simbolizaba las responsabilidades terrenales y espirituales de la soberana y sugería la bendición divina del reinado, eco de la antigua concepción del derecho divino de los reyes.

En un acto simbólico de la fusión de los poderes religioso y temporal, Isabel fue luego presentada a la congregación por el arzobispo de Canterbury, primado de Inglaterra, como heredera legítima al trono. Tras el juramento de lealtad, la reina, vestida con una simple túnica blanca de lino –símbolo de pureza–, fue ungida con el óleo santo contenido en una ampolla en forma de águila –símbolo de realeza– y vertido con una cucharilla. Tras la unción, le fueron entregadas tres espadas, símbolos de la piedad, el poder y la justicia, con las que recibía el cometido de «hacer justicia a todos por igual y proteger a la Santa Iglesia de Dios». Después se le entregó el orbe, símbolo del mundo bajo el amparo de Cristo, y así, además de como monarca, Isabel fue investida como «defensora de la fe». Cada objeto ritual reforzaba el carácter sagrado de su nueva dignidad.

▲ **Símbolos reales**
Isabel II vestida con la túnica de la coronación y tocada con la corona imperial. El orbe y el cetro simbolizan la autoridad eclesiástica y los deberes de la soberana como defensora de la fe.

◀ **Joyas de la corona**
Las joyas de la corona británica se usan en la ceremonia de coronación como símbolos de autoridad sagrada y temporal. Gran Bretaña es la única monarquía europea que sigue empleando tales adornos para la coronación.

VÉASE TAMBIÉN
Águilas ***pp. 62-63***
La realeza ***pp. 216-217***
Adornos de la realeza ***pp. 218-219***

NACIONALIDAD

Por origen, nacimiento o nacionalización pertenecemos a un pueblo determinado. Nuestra identidad nacional se deriva de una cultura, lengua e historia comunes, y tiene un reflejo externo en iconos reconocibles. Ya se trate de estatuas, bailes o héroes legendarios, su significado simbólico suscita una fuerte adhesión. Hace cincuenta años había 82 países independientes, pero al comienzo del siglo XXI eran ya 194. Los símbolos compartidos refuerzan nuestro sentido de pertenencia a nuestra nación.

▲ **Escudo de armas**
El escudo de armas de Noruega presenta a un león coronado que sostiene un hacha, símbolo de fuerza, justicia y realeza (el Estado noruego es una monarquía). El orbe con la cruz es un símbolo de la religión luterana evangélica del país.

▲ **Sellos**
En los sellos británicos el retrato del monarca reinante representa la identidad nacional. Desde la introducción del franqueo prepagado en 1840, Gran Bretaña es la única nación del mundo que no identifica sus sellos con el nombre del país.

▲ **Monumentos**
La estatua de la Libertad, de 46 m de altura, era lo primero que veían los inmigrantes transatlánticos. Sostiene una antorcha y una tabla, símbolos de la seguridad y la libertad, y representa a EE UU como «luz del mundo».

◀ **Gran sello de la República de Francia**
El sello de Francia, que data de la caída de la monarquía en 1848, muestra a la diosa Juno, símbolo de la libertad. Lleva la misma corona y la misma túnica que la estatua de la Libertad *(abajo)*. Sostiene el antiguo símbolo de la autoridad civil, el *fasces*, y aparece rodeada de objetos simbólicos, entre ellos una espiga de trigo (la agricultura) y una rueda dentada (la industria).

▲ **Árbol conmemorativo**
El árbol del general Grant es el único monumento nacional vivo en memoria de los hombres y mujeres de EE UU que han dado la vida por su país. Cada año, en Navidad, los guardabosques del parque depositan una gran corona de flores al pie de esta secuoya gigante.

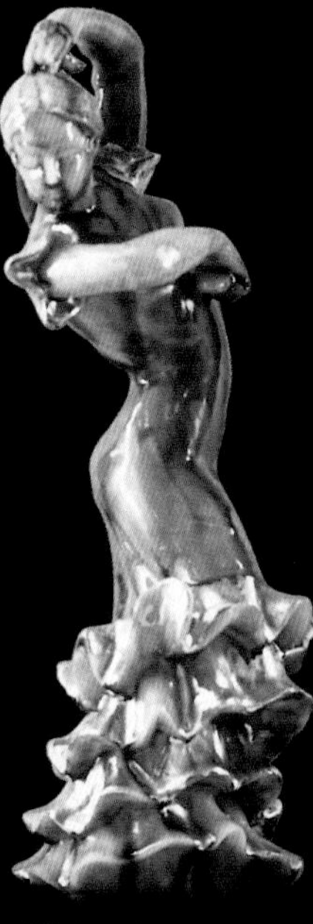

▲ **Música y danza**
La música y la danza populares reflejan una cultura y un carácter. El flamenco es un ejemplo clásico: con sus complejos y enérgicos pasos, el ritmo de las palmas y el virtuosismo de la guitarra, constituye un símbolo del espíritu apasionado de España.

Bulldog disfrazado de John Bull, icono de lo británico desde el siglo XVIII

▶ **Bulldog británico**
Tras la resistencia de Winston Churchill y la nación británica ante los nazis en la Segunda Guerra Mundial, el bulldog quedó asociado a la tenacidad británica.

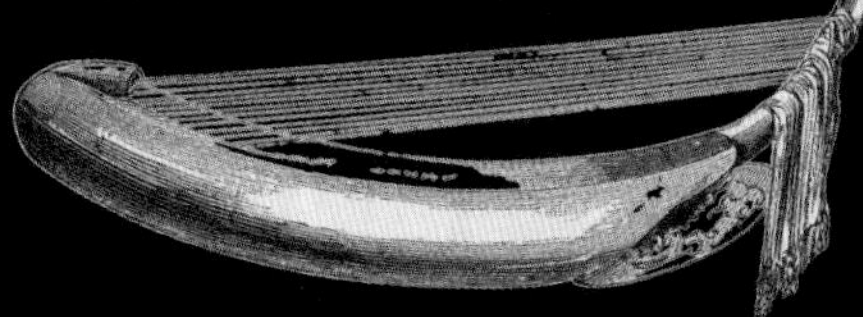

▼ **Arpa birmana en forma de barco**
Este ornamentado *sang gauk*, o arpa, se considera un símbolo de Birmania. El *sang gauk*, un instrumento musical de origen muy antiguo, se conocía antiguamente como «la voz de Buda».

◀ **Héroe nacional**
La nacionalidad la encarnan a menudo héroes y heroínas reales o imaginarios. La poesía medieval y los cantos juglarescos hicieron de Robin Hood, que «robaba a los ricos para dar a los pobres», un icono inglés de la liberación de los oprimidos, aún presente en adaptaciones teatrales, televisivas y cinematográficas.

ANIMALES COMO SÍMBOLOS NACIONALES

La mayoría de los países han adoptado algún animal como emblema simbólico que les representa; el animal se escoge por su fuerza, su belleza, su valor o por ser específico del país en cuestión, como en el caso del águila calva de EE UU o el canguro de Australia.

▲ **Nueva Zelanda**
El kiwi es una especie endémica de Nueva Zelanda, y así, se ha convertido en emblema nacional. Adorna las camisetas del equipo nacional de rugby.

▼ **Elefante blanco de Tailandia**
En Tailandia se venera al elefante blanco, y la orden que lleva su nombre es uno de los mayores honores concedidos por el rey. El elefante blanco figura también en la bandera de la marina real tailandesa.

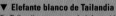

◀ **Escudo de armas de Bahamas**
El colorido escudo de armas de las Bahamas está coronado por una caracola y flanqueado por un flamenco, el ave nacional, y un pez aguja, símbolo de la rica vida marina de la isla. También figura en el blasón la *Santa María*, la carabela de Colón.

▲ **Oso ruso**
El oso es una elocuente metáfora de la nación rusa. Se ha empleado como caricatura desde los tiempos de Napoleón para representar el tamaño y la fuerza de Rusia.

▲ **Noche de Guy Fawkes**
El 5 de noviembre Gran Bretaña recuerda simbólicamente a Guy Fawkes y la Conspiración de la Pólvora de 1605 con hogueras y fuegos artificiales. Fawkes participó en una conjura católica para derrocar a la monarquía protestante. Fracasada esta, se acuñó el soniquete *«remember, remember the 5th of November»*, llamada a la vigilancia en defensa del reino.

◀ **Día de Acción de gracias**
El pavo y la salsa de arándano son los elementos esenciales de la cena de Acción de gracias, costumbre muy arraigada en la vida estadounidense. El banquete está ligado a la celebración por parte de los primeros colonos de la buena cosecha de 1621, tras su desembarco en Plymouth Rock.

VÉASE TAMBIÉN
Mamíferos *pp. 52-55*
Atuendos *pp. 248-249*
Afiliación a grupos *pp. 258-259*
Emblemas heráldicos *pp. 318-323*
Banderas *pp. 324-329*

HERRAMIENTAS Y ARMAS

Diseñadas unas para fabricar o reparar, y las otras para herir o matar, las herramientas y las armas han sido objetos de enorme utilidad desde la Edad de Piedra. Pese a su naturaleza esencialmente práctica, han tenido siempre un componente simbólico muy potente en contextos religiosos, legendarios y políticos. Identifican a los dioses, en cuyas manos simbolizan el poder, la protección o la destrucción. Ciertos útiles, como la hoz, representan tanto la vida como la muerte.

◄ **Martillo de Thor**
Antiguo símbolo nórdico, el símbolo del dios Thor tiene poder sobre el trueno y el rayo, que es lo que significa su nombre nórdico, *mjolnir*. El martillo mágico daba siempre en el blanco y regresaba luego a la mano de Thor. Los *mjolnir* en miniatura fueron un amuleto vikingo muy común que rivalizó con la cruz cristiana.

▲ **Hoz y martillo**
Campesinos y obreros quedaban unidos por el símbolo de la hoz y el martillo cruzados, o así pensaron los comunistas rusos al escoger este emblema en la década de 1920.

▲ **Hacha**
Desde que el hombre de Neanderthal blandiera un hacha, esta ha simbolizado el poder y la autoridad, y ha estado siempre ligada a los elementos, como conductora del rayo y protectora de las cosechas.

▲ **Guadaña**
El símbolo más reconocible de la muerte es la Señora de la Guadaña, siempre dispuesta a «cosechar» las almas de los muertos. El reloj de arena que sostiene simboliza el tiempo detenido.

▲ **Escudo**
Tan práctico como simbólico, el escudo tiene connotaciones femeninas de castidad y de poder, como en el caso de la diosa griega Atenea. Un escudo decorado puede convertirse en un símbolo de estatus.

▲ **Arco y flecha**
El arco y la flecha unidos representan la caza y la guerra. La flecha tiene una cierta cualidad fálica, a la que el arco aporta tensión sexual con su forma (femenina) de media luna. El simbolismo del arco se extiende a la energía espiritual y la disciplina, mientras que la flecha puede representar el rayo, la lluvia y el poder. Para los cristianos, las flechas son un símbolo de san Sebastián, al que se suele representar atado a un poste y atravesado por flechas.

◄ **Lanza**
Como la lanza se consideraba la reina de las armas, romper la lanza de un enemigo era un acto simbólico de humillación y una demostración de superioridad. Además de sus obvias connotaciones fálicas, la lanza tiene asociaciones religiosas, como en el caso de la lanza que hirió el costado de Jesús.

◄ **Daga**
Empleada en sacrificios humanos y animales por las civilizaciones antiguas, la daga es un potente símbolo del derramamiento de sangre, la muerte inminente y el apaciguamiento de los dioses. El *kris (izda.)*, daga típica del Sureste Asiático, se decora a menudo con palabras del Corán.

▲ **Arma de fuego**
Las armas de fuego tienen un simbolismo fálico y de agresividad masculina, y el poder de disparar representa la virilidad y la fecundación. Su identificación con lo viril se ha visto reforzada por el cine de gánsteres.

▲ **Arado**
El arado representa la penetración y la fecundación de la tierra (el surco femenino), como la acción de arar representa la creación y la separación de la materia primigenia en las distintas formas de vida.

▲ **Balanza**
La balanza es reconocible como símbolo de justicia y equidad. La justicia se representa a menudo como una mujer con los ojos vendados y una balanza en la mano. La noción del «juicio equilibrado» se remonta al antiguo Egipto, en cuya mitología se pesaba el corazón de los fallecidos contra la pluma de la verdad ante Osiris, dios del inframundo.

▲ **Cuerda**
Como símbolo, delimita y conecta. Los aztecas la usaban para hacer nudos corredizos, pero también como moneda. Como escalera o puente, tiene lazos simbólicos con el Cielo. Para los hindúes es símbolo de pureza, pues Shivá llevaba un cordón sagrado. Para los cristianos es símbolo de la traición que padeció Cristo.

▲ **Red**
Para los cristianos la red representa la evangelización: Cristo invitó a sus discípulos a ser «pescadores de hombres». En culturas más antiguas la red se relaciona con el poder seductor de las mujeres, y para los chinos, las estrellas son la «red del cielo».

▲ **Anzuelo**
En culturas dependientes de la pesca, como la maorí, el anzuelo significa prosperidad. En Polinesia se asocia a la fuerza y el liderazgo. En la cultura contemporánea el anzuelo puede ser símbolo tanto de lo atractivo como de lo engañoso.

ESPADAS

La hoja de la espada se presta a asociaciones con la masculinidad. Para los cruzados, la cruz que formaba la empuñadura era un recordatorio de su lucha en nombre de Dios. Algunos santos cristianos, como san Pablo o san Jorge, llevan la espada como emblema. También es símbolo del poder real, la fuerza militar y el honor; en el budismo y taoísmo, representa el discernimiento que se abre paso entre la ignorancia, rasgándola.

▲ **Espada islámica**
La espada figura en la bandera de Arabia Saudí como símbolo de la fuerza enraizada en la fe, representada en el lema coránico que la acompaña.

▲ **Investidura de caballero**
En esta antigua tradición, el soberano toca los hombros del súbdito con la hoja de su espada como gesto de la elevación de su estado.

▲ **Espada ashanti**
Las cuentas de madera dorada en la empuñadura de esta espada ceremonial ghanesa de fines del siglo XIX son símbolo de riqueza y fertilidad.

▲ **Espada samurái**
Para los samuráis, la espada representaba tanto la formación militar como la espiritual; el bushido, el «camino del guerrero», combinaba las artes marciales con el zen. Estas espadas son famosas por la agudeza de su filo y por su belleza.

VÉASE TAMBIÉN
Fertilidad y parto *pp. 120-123*
Muerte y duelo *pp. 128-131*
Deidades célticas y nórdicas *pp. 142-143*
Cristianismo *pp. 176-179*
Símbolos profesionales *pp. 314-315*

ARQUITECTURA

Históricamente, todas las sociedades han expresado sus aspiraciones a través de la arquitectura. Desde los edificios de la antigüedad griega y romana, símbolos del poderío imperial, al simbolismo celestial de los arcos abovedados y las agujas de las grandes catedrales góticas, los arquitectos han dado un lenguaje visual universal a sus creaciones, cuyas diferentes formas representan ideales simbólicos diversos: los rascacielos pueden representar la ambición y el triunfo, mientras que las construcciones que respetan el medio ambiente muestran el aprecio de la naturaleza.

PUENTES

Los puentes pueden representar simbólicamente la comunicación entre el ámbito terrenal y el divino, o bien la transición de un estado del ser a otro. Dependiendo de su emplazamiento o su singularidad, un puente puede adquirir la cualidad de icono de un determinado lugar, o en algunas ocasiones incluso de todo un país.

▲ **Icono de una ciudad**
Tan espectacular como funcional, el Tower Bridge de Londres fue una hazaña de la ingeniería del vapor de la era victoriana, y hoy es un icono turístico de la capital de Reino Unido.

▲ **Objeto de orgullo nacional**
Terminado en 1932, el puente de la bahía de Sídney es un icono de la ciudad y de toda Australia, símbolo de una moderna nación de libertad y oportunidades.

REFLEJOS DE LA NATURALEZA

Muchas viviendas se construyen con materiales naturales, desde las cabañas de adobe africanas a los iglús árticos. En Occidente también el «retorno a la naturaleza» tiene una expresión creciente en la arquitectura respetuosa con el medio ambiente.

▲ **Vivienda de barro**
Las casas zulúes son siempre circulares. El lado derecho corresponde al hombre y el izquierdo a la mujer. La zona para almacenar utensilios y objetos de valor se considera perteneciente a los espíritus.

▲ **Armonía con la naturaleza**
La Casa de la Cascada de Frank Lloyd Wright en Pensilvania encarna su concepto de la arquitectura orgánica, el ideal de que se puede vivir en armonía con la naturaleza. Su estructura, imitando el patrón de los salientes de piedra, cae en una serie de voladizos sobre la cascada.

LA TORRE DE BABEL

Torre bíblica con antecedentes históricos, la torre de Babel fue una pirámide escalonada babilónica. Según el relato bíblico, los babilonios quisieron erigir una torre que llegara a los cielos, pero Dios confundió las lenguas de los constructores de tal modo que no podían entenderse entre sí, y se dispersaron sin acabarla. Se trata, por tanto, de un símbolo de la arrogancia humana.

▲ **Orgullo del hombre**
El relato mítico de esta torre se recoge en el Génesis, como metáfora del resultado del orgullo de los hombres que se rebelan contra Dios.

ARQUITECTURA FEMENINA

Ciertas formas empleadas en el diseño de los edificios, ya sea en su planta, su alzado o sus elementos decorativos, nos comunican algo de inmediato por asociación. Así, las estructuras bajas «envuelven» y tienen forma femenina, mientras que las elevadas «se elevan» en forma masculina. Las construcciones femeninas que emplean formas curvas simbolizan asimismo la seguridad del seno materno.

◀ **Castillo**
Los castillos, como el de Bodiam en East Sussex, protegieron a los nobles y sus siervos en tiempos de guerra. Rodeado de un foso, es muy poderoso como símbolo femenino de protección y sustento; no ha perdido, sin embargo, el simbolismo que remite a la fuerza y el poder.

▲ **Anfiteatro**
Una de las mayores obras de la arquitectura romana, el Coliseo de Roma fue un potente símbolo de imperio y poder, y en la actualidad, es un importante emblema de la ciudad eterna. Su forma elíptica, envolvente, le confiere un simbolismo femenino y protector.

ARQUITECTURA MASCULINA

Con la connotación fálica de supremacía masculina, la torre es símbolo de poder. Desde la aguja medieval al moderno rascacielos, el hombre ha tratado de expresar su dominio erigiendo imponentes construcciones. Por asociación, el caso paradigmático de la vulneración del sentimiento de invencibilidad de un país fue el catastrófico ataque terrorista al World Trade Center de Nueva York el 11 de septiembre de 2001.

◀ **Rascacielos**
Desde 1931 y durante más de cuarenta años, el Empire State Building de Nueva York fue el edificio más alto del mundo. Hoy, esta joya del *art déco* sigue siendo un orgulloso símbolo masculino de la ambición y la autoestima de EE UU.

◀ **Faro**
Símbolo de la luz de la verdad y de la fecundidad masculina, para el cristiano el faro representa también la enseñanza de Cristo, que guía a las almas a la salvación a través de las oscuras aguas del mundo.

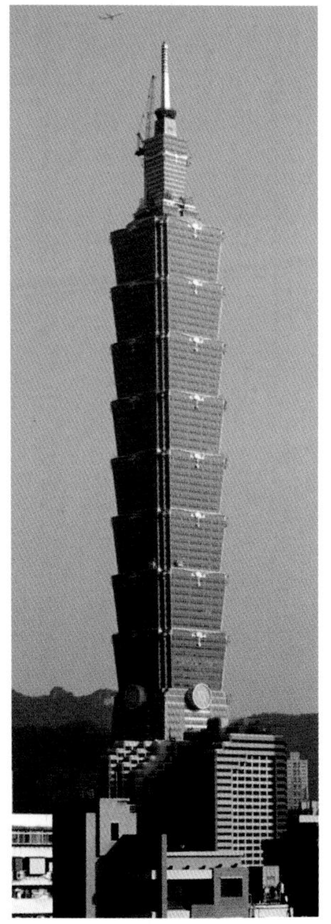

▲ **Torre de Taipei**
Una de las estructuras más altas del mundo, el diseño de la torre 101 de Taipei recoge el de las pagodas chinas y el del tallo del bambú. Constituye un reflejo de la cultura histórica de Taiwán y de sus ambiciones en el siglo XXI.

SIMBOLISMO DUAL

Muchos edificios presentan señales masculinas y femeninas. El palacio de Potala, en el Tíbet, está dedicado a la boddhisattva Avalokiteshvara y combina formas de ambos sexos. Una cúpula puede ser masculina y femenina, como la del 02 Arena de Londres, cuyo abrazo sugiere la acogida y el cuidado del conocimiento y las artes.

◀ **Palacio**
El palacio de Potala, en Lhasa (1645-1695), es un símbolo del Tíbet y asimismo del budismo tibetano: fue el hogar de sus líderes espirituales, los dalái lama. Encaramado en lo alto de una montaña, el magnífico palacio rojo, blanco y dorado ofrece una imagen imponente.

▲ **Cúpula**
Como las cúpulas de la antigüedad, la del 02 Arena de Londres es una cubierta cósmica. Desde el Renacimiento las cúpulas culminan los edificios públicos como símbolos de poder.

VÉASE TAMBIÉN
Fertilidad y parto *pp. 120-123*
Arquitectura religiosa *pp. 228-231*
Lugares sagrados *pp. 232-233*

ARQUITECTURA RELIGIOSA

Templos, mezquitas, iglesias y santuarios son lugares de culto, y como tales están llenos de recordatorios de las creencias fundamentales de los fieles y de su relación con la divinidad. La arquitectura religiosa es compleja y altamente simbólica. Agujas, torres, minaretes y cúpulas llaman a los fieles desde la distancia, a veces también por medio de campanas o de la voz del almuédano, y apuntan a un mundo celestial y espiritual.

ORNAMENTACIÓN

Los lugares religiosos son reconocibles por los símbolos de la fe –la cruz, la estrella o la media luna– así como por estatuas de dioses, santos y otras formas sagradas grabadas en piedra, madera o vidrio. El simbolismo va desde las gárgolas de las catedrales medievales que representan criaturas infernales a las hermosas inscripciones caligráficas del Corán.

▲ **Vidriera de colores**
Tradicionalmente, los vitrales «iluminaban» relatos bíblicos y vidas de santos con mosaicos de vidrio esmaltado. Este ejemplar, de la iglesia de Santa Wenefrida, en Holywell (Gales), muestra a san Beuno *(dcha.)*.

▲ **Azulejo islámico**
Los azulejos decorados adornan multitud de mezquitas. Las imágenes humanas y animales están prohibidas en el islam, por lo que se imponen los motivos geométricos y vegetales y los pasajes del Corán.

▲ **Iglesia luterana**
Predominantes en el noroeste de Europa, las iglesias luteranas insisten en la importancia de las Escrituras. Por ello, las iglesias evitan el empleo de imágenes ostentosas y presentan interiores muy sobrios, lo cual hace que destaque, en este caso, la cruz.

▲ **Interior con santos**
Los interiores de las iglesias católicas son ricos en ornamentación y simbolismo, y abundan en estatuas, pinturas y otros motivos visuales. La cúpula de la basílica de Ocotlán, en Tlaxcala (México), muestra a María y los apóstoles.

◀ **Templo del Cao Dai**
La sede central del Cao Dai –un sistema de creencias que combina las grandes religiones del mundo para promover la paz– es el templo Cao Dai («torre o palacio alto») y tiene nueve niveles, correlato de los nueve escalones que llevan al Cielo, representado por el techo, pintado de azul celeste con nubes blancas.

▲ **Sinagoga**
La ley judía establece unas normas para la construcción de las sinagogas, y estipula que deben tener ventanas, que recuerdan que más allá del santuario hay un mundo en el que hay que hacer el bien. La sinagoga de Kupa, en Cracovia (Polonia), fue fundada para los pobres en 1643.

▲ Escultura en relieve
India es famosa por los relieves de sus templos hindúes, que muestran imágenes de los dioses y diosas del hinduismo. Los relieves de esta foto proceden del templo Parsvanath de Khajuraho, en la India central.

▲ Ojo de estupa nepalí
Originalmente, las estupas fueron túmulos funerarios, y simbolizan la llegada de Buda al nirvana. En este caso, los ojos de Buda en el *harmika* de la estupa de Swayambhu, en Nepal, recuerdan a los fieles la posibilidad de la iluminación.

▲ Guardianes de las puertas
Los generales imperiales en actitud marcial, así como los leones guardianes, son imágenes recurrentes en las puertas de los templos chinos. Se cree que impiden la entrada a demonios y fantasmas.

ORIENTACIÓN

La orientación de los edificios religiosos tiene un sentido simbólico: el este es la dirección del Sol naciente y simboliza el nacimiento, mientras que el oeste es la dirección del poniente, símbolo de muerte y renacimiento. Muchos cultos antiguos veneraban al Sol, y sus edificios sagrados y santuarios estaban orientados según el ciclo solar.

▲ *Mihrab*
El *mihrab* es un nicho en el muro de las mezquitas que indica la *qibla* o dirección de La Meca, hacia la cual deben orar los musulmanes. El *mihrab* simboliza también la presencia divina en la Tierra.

▲ *Garbha griha*
En los templos hindúes no hay un gran espacio interior para el culto. La imagen principal reside en el *garbha griha*, literalmente, la «cámara-seno»; también hay imágenes en los nichos que señalan los puntos cardinales.

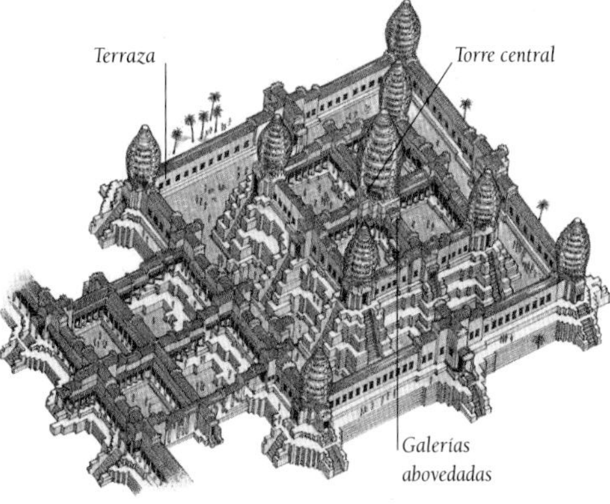
Terraza
Torre central
Galerías abovedadas

▲ Angkor Wat
El complejo de templos del siglo XII de Angkor, en Camboya, fue construido para el soberano jemer Suryavarman II. El templo, con sus torres de alturas progresivas, representa el monte Meru, hogar de los dioses hindúes.

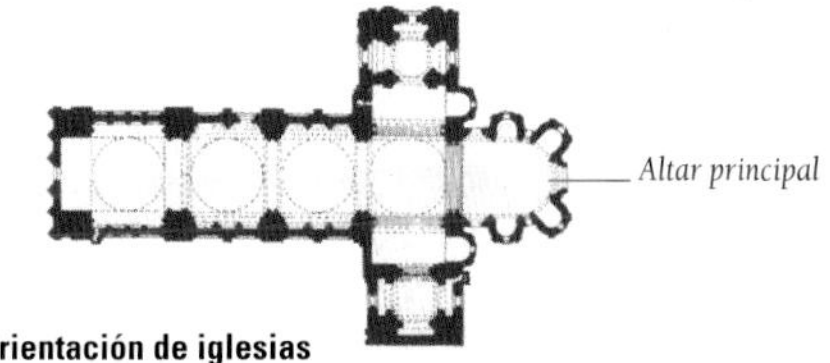
Altar principal

▲ Orientación de iglesias
Durante muchos siglos la planta de las iglesias se ha trazado en forma de cruz latina, símbolo de la fe cristiana, y con su altar principal orientado hacia el este, hacia Tierra Santa.

PAGODAS Y ESTUPAS

Las pagodas y estupas son estructuras altamente simbólicas. Construidas originalmente como túmulos, podían contener a veces reliquias de Buda u otros objetos sagrados. La forma de las pagodas recuerda a menudo a la de Buda sentado durante la meditación, y constituye en sí misma una ayuda para la meditación y un símbolo del nirvana.

◄ Pagoda china
Las pagodas chinas se distinguen por sus tejados, habitualmente en número de siete o nueve. Cada uno de los pisos, cuyo tamaño disminuye a medida que ascienden, simboliza un nivel distinto del Cielo y una fase de la iluminación: como la antigua estupa india, la pagoda era un símbolo del camino a la iluminación.

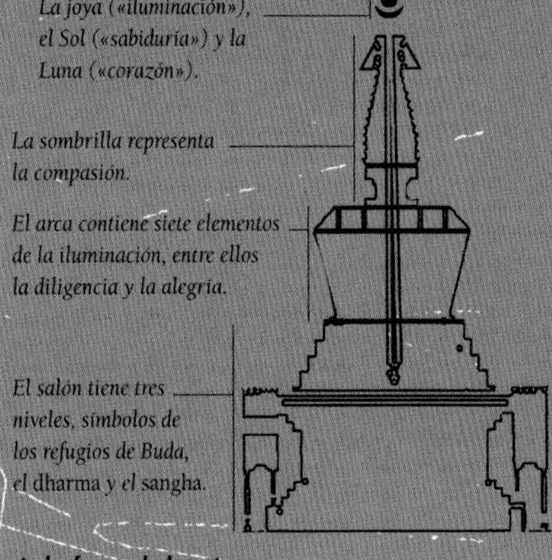
La joya («iluminación»), el Sol («sabiduría») y la Luna («corazón»).
La sombrilla representa la compasión.
El arca contiene siete elementos de la iluminación, entre ellos la diligencia y la alegría.
El salón tiene tres niveles, símbolos de los refugios de Buda, el dharma y el sangha.

▲ La forma de la estupa
El número de las terrazas y de otros elementos de la estupa se basa en las enseñanzas del budismo. Ese simbolismo pretende guiar a la conciencia en el ascenso hacia la iluminación. Esta estupa tiene la forma de Buda coronado y sentado en meditación sobre el trono.

VÉASE TAMBIÉN
Montañas *pp. 28-29*
Islamismo *pp. 180-183*
Arquitectura *pp. 226-227*
Escaleras celestiales *pp. 236-237*

BOROBUDUR

Construido entre los siglos VIII y IX, Borobudur, en Java, es el mayor monumento budista del mundo. Decorado con 504 estatuas de Buda y 1460 placas de piedra tallada que ilustran relatos budistas, Borobudur es un símbolo de la iluminación y un gran libro que explica el camino para llegar a ella. Al caminar alrededor de las terrazas y leer las imágenes talladas en las paredes de la galería en su ascenso hacia la cima, los devotos ascienden tanto física como espiritualmente.

1. Base (Kamadhatu)
Los relieves de la base de Borobudur representan el *Kamadhatu* (el mundo de los deseos) y a los humanos aún atados por la lujuria.

2. Cuatro pisos superiores
Los relieves de los cuatro pisos superiores representan el *Rupadhatu* (el mundo de las formas) y simbolizan a los humanos liberados de la lujuria, pero aún sujetos a la vanidad.

3. Tres terrazas superiores
En las terrazas circulares, las estatuas de Buda confinadas en cúpulas agujereadas representan el *Arupadhatu* (el mundo sin formas) y a aquellos que están libres de la lujuria y las apariencias.

4. Cima de la terraza
La cima de esta enorme estructura en forma de pirámide escalonada de seis pisos rectangulares se llama *Arupa* y simboliza el nirvana en el que reside Buda.

5. Forma de mandala
Visto desde arriba, Borobudur parece un mandala, una metáfora visual del cosmos. Su rasgo esencial es un círculo inscrito en un cuadrado con una «puerta» en el medio de cada lado mirando a los cuatro puntos cardinales (los cuatro elementos budistas principales). Los mandalas son una ayuda para la meditación, y aunque no hay constancia de que actualmente Borobudur se use de este modo, es muy probable que en el pasado sí.

LUGARES SAGRADOS

En todas las culturas hay lugares y espacios imbuidos de un carácter sagrado adquirido a lo largo de siglos o milenios de veneración. Pueden ser lugares construidos por el hombre, como templos y pirámides, o bien naturales, como ríos, rocas y árboles. Sea su importancia religiosa o folclórica, el mundo está sembrado de tales lugares, que son parte de la conciencia colectiva y, a su manera, símbolos de la cultura a la que pertenecen.

▲ **La *Kaaba***
La estructura cúbica de la Gran Mezquita de La Meca constituye el corazón del islam, que prescribe el *hajj* (peregrinaje) una vez en la vida a los fieles que puedan hacerlo. Los peregrinos dan siete vueltas a la *Kaaba*, símbolo de la ascensión de Mahoma a los siete cielos.

▲ **Monte Tai**
Más aún que el hogar de los dioses (como el monte Olimpo), el monte Tai se consideraba una deidad en sí mismo, hijo del emperador del Cielo. Los emperadores chinos lo veneraron como el pico más sagrado durante casi dos mil años.

▲ **Delfos**
Hogar del misterioso oráculo del antiguo mundo griego, Delfos es un lugar imbuido de leyenda. Es el lugar sagrado de la diosa de la Tierra, Gaia, y el santuario del dios Apolo. El cercano monte Parnaso está consagrado a las musas en la mitología griega.

▲ **Chalma**
La cueva sagrada precolombina de Chalma, en México, atraía a los indios de la zona que buscaban cura para males varios. El lugar y el ritual fueron adoptados y adaptados por los colonos españoles, que en el siglo XVI construyeron allí una iglesia para los peregrinos. El complejo sigue siendo un lugar de peregrinación donde la gente acude a pedir la curación o agradecer las plegarias atendidas.

▲ **Stonehenge**
Construido alrededor de 2000 a. C., Stonehenge fue un gran observatorio astronómico que servía para determinar las fechas de solsticios y equinoccios; era de gran importancia, pues el Sol y la Luna eran seres sagrados para los antiguos pobladores de la región. Los ciclos de la Luna, las estaciones y los eclipses podían observarse gracias a la disposición de las piedras, y se celebraban con rituales sagrados.

▲ **Wat Phra Keo**
El santuario budista más importante de Tailandia es Wat Phra Keo («Templo del Buda Esmeralda»), en Bangkok. El rey de Tailandia cambia la ropa del Buda tres veces al año.

▲ **Bodh Gaya**
Símbolo de la iluminación de Buda, Bodh Gaya, cerca de Bihar (India), es un lugar sagrado para los budistas. Aquí, el templo Mahabodhi se alza junto al árbol Bodhi, un descendiente de aquel bajo el cual Buda alcanzó la iluminación.

▲ **San Pedro, Roma**
En el 64 d. C. san Pedro sufrió martirio en Roma, y 300 años más tarde Constantino, primer emperador cristiano de Roma, hizo edificar una iglesia en el lugar de su tumba. La actual basílica de San Pedro es el centro de la Iglesia católica.

▲ **Iglesia del Santo Sepulcro**
Uno de los lugares más sagrados para el cristianismo es el supuesto enclave de la tumba de Jesús, que se halla en una pequeña capilla de la iglesia del Santo Sepulcro de Jerusalén.

▲ **Jasna Góra**
El monasterio de Jasna Góra, en Polonia, es uno de los mayores lugares de peregrinación del catolicismo, y un símbolo del país y la religión para los polacos. Allí se halla el icono de Nuestra Señora de Czestochowa.

▲ **La Gran Pirámide**
Mucho más que una tumba gigante para proteger al faraón, la Gran Pirámide pudo haber representado un gran portal a través del cual el antiguo rey egipcio se reuniría con el dios solar en el Cielo.

▲ **Varanasi**
Situado junto al Ganges, Varanasi es un gran destino de peregrinaje hindú, y para el fiel, el lugar más sagrado para morir y ser incinerado. El río Ganges simboliza la conciencia divina, y por tanto la inmortalidad.

▲ **Teotihuacán**
El complejo urbano de Teotihuacán, en México, alberga la Pirámide del Sol *(arriba)*, que abunda en símbolos tallados, entre ellos imágenes del dios de la lluvia y del dios Quetzalcóatl, la serpiente emplumada.

▲ **Kelimutu**
Kelimutu, volcán de la isla indonesia de Flores, contiene tres lagos de distinto color que se consideran el hogar de los muertos: cada uno acoge a ciertas almas, según la vida que hayan llevado.

ARTE RUPESTRE

Los petroglifos, los pictogramas y la pintura de las cuevas del arte prehistórico y el arte aborigen australiano constituyen los primeros «libros» ilustrados. Este lenguaje de signos altamente simbólico antecede a las pirámides en unos diez mil años. La estrecha vinculación con el paisaje y las criaturas vivas que lo habitan es la base de este arte.

◀ **Newspaper Rock (Utah)**
Newspaper Rock es el nombre de un conjunto de grabados sobre roca arenisca que se halla en el desierto de Utah, en EE UU. Es un registro de la actividad humana que abarca un período de unos dos mil años, e incluye representaciones de culturas amerindias como los anasazi y los navajo.

▶ **Lascaux**
Las pinturas rupestres del complejo de la cueva de Lascaux, en Francia, datan de entre el 15 000 y el 13 000 a. C. Presentan figuras humanas, animales y otros signos, y posiblemente estuvieran vinculadas a ritos de caza o de carácter mágico.

VÉASE TAMBIÉN
Montañas *pp. 28-29*
Muerte y duelo *pp. 128-131*
Arquitectura *pp. 226-227*
Arquitectura religiosa *pp. 228-229*

EDIFICIOS

Para la mayoría de las personas, los elementos que forman una casa son puramente prácticos, aunque el diseño arquitectónico busque lo estéticamente agradable tanto como lo funcional. En Oriente, la armonía y la orientación del interior y el exterior de un edificio está ligado directamente al bienestar espiritual. La antigua práctica china del *feng shui*, aplicada también a muchos edificios occidentales actuales, optimiza la disposición de las habitaciones y sus objetos para alejar a los malos espíritus y la mala suerte.

▲ **Ventana**
Al igual que se dice que el ojo es la «ventana del alma», la ventana se ha considerado simbólicamente el «ojo del alma». La ventana permite el acceso de la luz de la verdad que disipa la oscuridad de la ignorancia; las vidrieras de colores acentúan este simbolismo.

▲ **Balcón**
Parte del edificio pero al mismo tiempo exterior a él, el balcón representa la ambivalencia y el misterio: en parte revela y en parte oculta. Históricamente, el balcón ha sido un símbolo tanto de soporte como de riqueza.

▲ **Pilar**
Los pilares representan la unión de Cielo y Tierra, y a menudo se decoran para destacar dicho vínculo. La fe islámica se sustenta en los «Cinco Pilares»: los cinco deberes que atañen a todo musulmán.

▲ **Chimenea**
La chimenea, que expulsa el humo del hogar, representa la liberación de un espacio cerrado y el paso del estado terrenal al celestial. Originalmente, la imagen de Papá Noel bajando por la chimenea se consideraba un símbolo de la gracia divina, que traía regalos del Cielo. Las chimeneas y los deshollinadores representan también la buena suerte.

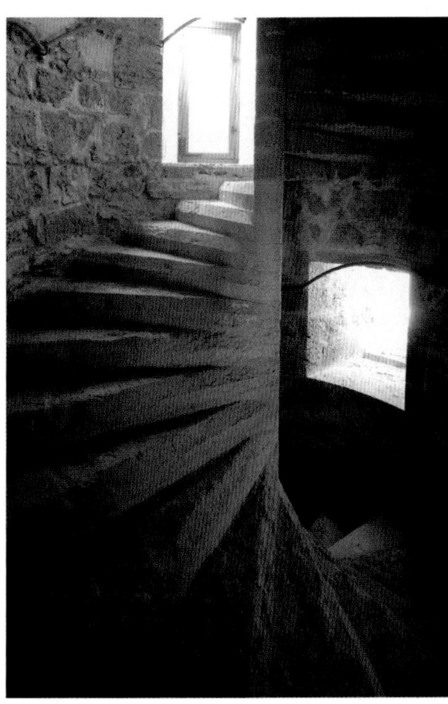

▲ **Escaleras**
La escalera representa el ascenso espiritual a la iluminación y el conocimiento; también puede simbolizar el descenso a la oscuridad y la ignorancia. La escalera de caracol, al ocultar los extremos superior e inferior, es un símbolo de lo misterioso.

◀ **Fachada**
La faz pública de un edificio representa el modo en que uno quiere ser considerado por el mundo. Una fachada abierta con muchos vanos sugiere apertura y honradez, mientras que una sin ventanas y con patios cerrados sugiere ocultación y secreto. Las florituras ornamentales proclaman la alcurnia y el poder.

▲ **Buhardilla**
Acurrucada bajo el tejado, la buhardilla suele ser el almacén de la casa, llena de trastos viejos y recuerdos. Representa las verdades olvidadas o recordadas a medias, a la espera de ser reveladas a quien las busque.

▲ **El sótano**
El sótano, la bodega o la cripta –a menudo con techo abovedado– son símbolos del inframundo. Allí reposan las tumbas, bajo el mundo de los vivos y los cielos. En algunas culturas las casas se alzan sobre pilares, lo cual abre un espacio destinado a los animales domésticos, representación de los reinos inferiores.

▲ **Arco**
Una arcada simboliza el paso de un estado del ser a otro. En los ritos de iniciación, quien atraviesa un arco renace simbólicamente. El St. Louis Gateway Arch representa la entrada al histórico Oeste americano.

▲ **Muro**
Símbolo de fuerza, privacidad y contención, el muro encierra y protege el interior de un edificio o un jardín. En algunos casos, como el de la barrera de la franja de Gaza o la Gran Muralla china, representa división, aislamiento y separación.

▲ **Suelo**
El ámbito terrenal situado entre el Cielo (el tejado) y el Infierno (el sótano o subsuelo) queda representado por el suelo, que a veces aparece decorado con patrones y símbolos.

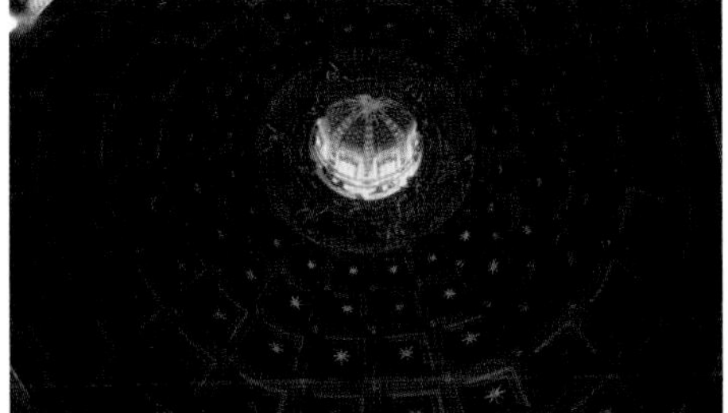

▲ **Cúpula**
Desde antiguo y en diversas culturas y religiones, la cúpula ha representado el arco del Cielo y el reino de los dioses. Por esta razón, el interior de las cúpulas de muchos templos e iglesias está decorado con estrellas y otros cuerpos celestes.

▲ **Tejado**
Representación de lo femenino y de refugio, el tejado protege a la casa de las influencias malignas. Es también un espacio sagrado, que simboliza –y a menudo muestra– los cielos; el añadido de deidades, ángeles y gárgolas refuerza simbólicamente su poder protector.

ENTRADA

La entrada de una casa o lugar sagrado marca simbólicamente la división entre lo sagrado y lo profano, la transición entre las fases de la vida, el paso de la vida a la muerte. Para asegurarse de que una entrada está segura frente a influencias malignas, se tallan motivos en los dinteles y las jambas, o se le añaden «tótems» simbólicos como la herradura o la aldaba.

▲ **Aldaba**
Tiene un simbolismo ambivalente: puede significar hospitalidad (sobre todo en forma de piña) o buena suerte (en el caso de la herradura o el trébol de cuatro hojas), pero su sonido puede interpretarse como signo de un destino inexorable o de muerte inminente.

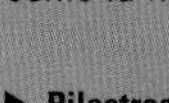

▶ **Pilastras**
El dintel y las pilastras que enmarcan las entradas de templos e iglesias suelen presentar tallas de deidades guardianas, protectoras, símbolos que confieren buena fortuna a quienes las cruzan. En Oriente el loto es un motivo habitual.

▲ **Pasillo**
Real y metafóricamente, el pasillo es un lugar de transición que conduce a las diversas estancias. Así, constituye un símbolo del transcurso de la propia vida, a cuyo paso se van abriendo puertas, nuevas posibilidades.

VÉASE TAMBIÉN
Islamismo *pp. 180-183*
Arquitectura *pp. 226-227*
Arquitectura religiosa *pp. 228-231*
Lugares sagrados *pp. 232-233*
Escaleras celestiales *pp. 236-237*

▲ La escalera de Jacob
Quizá la escalera más conocida de la tradición simbólica occidental sea la escalera de Jacob. En el Antiguo Testamento, Jacob, que huye de la ira de su hermano, se tiende a dormir con una piedra por almohada y sueña con una escalera que llega al Cielo y por la que suben y bajan ángeles. En lo alto, Dios bendice a Jacob y le promete protegerle en su viaje. La escalera es, pues, el símbolo del tránsito entre el Cielo y la Tierra.

ESCALERAS CELESTIALES

Una escalera puede representar el acceso a la trascendencia, siendo cada peldaño una fase espiritual o un nuevo nivel de conciencia, o puede simbolizar el vertiginoso descenso a un submundo abrasador.

Como el árbol de la vida, las escaleras están asociadas al conocimiento del bien y del mal. Sus diversos niveles representan el progreso entre los ámbitos terrenal y celestial.

LA ESCALERA DE MANO

La escalera de mano es un motivo mitológico bien conocido que se ha interpretado a menudo como símbolo del logro de la integridad personal. Sus dos listones verticales se asimilan a los dos árboles del Paraíso: el de la ciencia del bien y el mal y el de la vida, ambos unidos por los travesaños del conocimiento espiritual. En la mitología egipcia la escalera estaba vinculada a Osiris, dios de la resurrección y del inframundo, y como solía representarse iluminada por los rayos del sol, también guardaba relación con el dios solar Ra. El arte budista ha representado a Buda descendiendo por una escalera que conecta la esfera celestial con la terrenal. La Biblia relata la historia del sueño de Jacob, en el que los ángeles suben y bajan por una escalera, símbolo de la comunicación entre los mundos físico y espiritual, o entre el yo consciente y el inconsciente. Dicho simbolismo se da también en el islam, pues Mahoma soñó con una escalera por la que los fieles podían ascender hasta Dios.

▲ Los pasos de Buda
Este relieve en estuco del templo de Wat Mahathat, en Tailandia, representa a Buda descendiendo por una escalera desde el Cielo de Trayastrimsha, asistido por Brahma y por Indra.

◄ Escalones del altar
Los altares se alzan sobre escalones, como estos de la concatedral de San Juan, en La Valleta (Malta). Los escalones que llevan al altar suponen un ascenso ritual. La plataforma sobre la que descansa (o presbiterio) sugiere una mayor cercanía a la divinidad, cuyo poder sugiere el material del altar, de piedra o mármol.

PELDAÑOS

En muchas culturas el número de peldaños de una escalera equivale al de las pruebas que se deben superar para alcanzar el conocimiento de uno mismo o la iluminación. El número más habitual es el siete. En el budismo, por ejemplo, los siete peldaños corresponden a los siete cielos y las siete fases de la conciencia. También en la cosmología sumeria y en la masonería actual la escalera se representa con siete peldaños. En las iglesias, el altar suele estar varios peldaños por encima del resto de la nave, como símbolo de santidad. También el trono real se alza sobre escalones como muestra de la autoridad temporal y a menudo espiritual del soberano.

ASCENSO Y DESCENSO

En una escalinata, los diferentes rellanos representan los distintos niveles del cosmos y del progreso en la búsqueda de la iluminación. Una escalera en espiral sugiere un periplo espiritual quizá plagado de dudas: las vueltas simbolizan los giros de la fortuna. Hay que tener en cuenta que las escaleras, de mano o de obra, no solo conducen hacia lo alto: el juego de la oca es un buen símbolo de la alternancia de los pasos ascendentes y los descendentes a lo largo del camino de la vida.

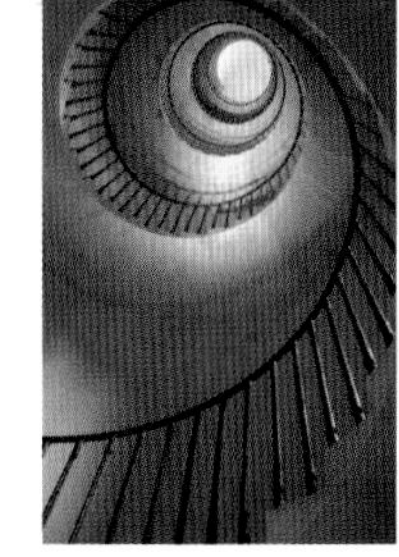

▲ Escalera en espiral
Simboliza la elevación gradual hacia un estadio superior de conciencia. El hecho de no ver el final hasta que no se llega arriba confiere al ascenso circular una significativa nota de incertidumbre o misterio.

VÉASE TAMBIÉN
Serpientes *pp. 66-67*
Árboles sagrados *pp. 96-97*
Deidades egipcias *pp. 138-139*
Budismo *pp. 164-169*
Masonería *pp. 260-261*

EL HOGAR

Acogedor y femenino, el hogar representa el santuario y la seguridad frente al mundo exterior. Muchos objetos del hogar cuya utilidad se da por supuesta, tales como cuencos, relojes, escobas y espejos, han tenido desde siempre profundas asociaciones simbólicas con la cosmología y la religión. Lo cotidiano a menudo encierra más de lo que imaginamos.

► Hogar
El lugar que reunía a la familia para calentarse solía ser el centro simbólico de la vivienda, y fue incluso su sinónimo. El hogar representa el calor y los cuidados femeninos, y en la antigua Grecia estaba consagrado a la diosa Hestia, encargada de mantener el fuego sagrado del monte Olimpo.

▲ Espejo
Símbolo de gran complejidad, el espejo es rico en significados. Representa la verdad, la claridad y el autoexamen, y es un reflejo del alma. Para los taoístas, simboliza la paz interior del sabio. Como reflector de la luz, se asocia tanto con el Sol como con la Luna. Para los hindúes, simboliza la naturaleza ilusoria de la realidad. Un espejo roto simboliza la pérdida de la belleza o la inocencia, y constituye un mal augurio.

◄ Hilo
Símbolo de la vida humana tejida por los dioses. La mitología griega relata cómo Teseo escapó del laberinto gracias a la madeja de hilo que le dio Ariadna. Los hombres hindúes de las castas superiores llevan un hilo de tres hebras que simbolizan la realidad, la pasión y la calma.

◄ Mesa
Para los cristianos, la mesa evoca la Última Cena. La mesa redonda simboliza tanto el círculo de los cielos como la igualdad, pues nadie la preside; un ejemplo bien conocido de ello es la Mesa Redonda del rey Arturo.

▲ Escoba
Símbolo de limpieza, la escoba barre los problemas: en la antigua Roma simbolizaba la expulsión del hogar del mal que pudiera dañar a los niños. La escoba se convirtió en herramienta contra conjuros, y se colgaba sobre las puertas de las casas para ahuyentar a los malos espíritus.

▲ Cuenco
Lleno de agua, el cuenco es símbolo del principio femenino y de la fertilidad. El cuenco para la limosna del monje budista simboliza la renuncia a las cosas mundanas.

► Arcón
El arcón custodia los secretos. El Arca de la Alianza guardaba las Tablas de la Ley de los hebreos. Las arcas griegas contenían misterios que solo conocían los iniciados; para los romanos, el arcón era un símbolo de misticismo.

► Pluma y tinta
La pluma es un signo del saber; marca nuestro destino sobre una hoja de papel. Su forma es masculina, y se introduce en un tintero de forma femenina para alimentar su creatividad.

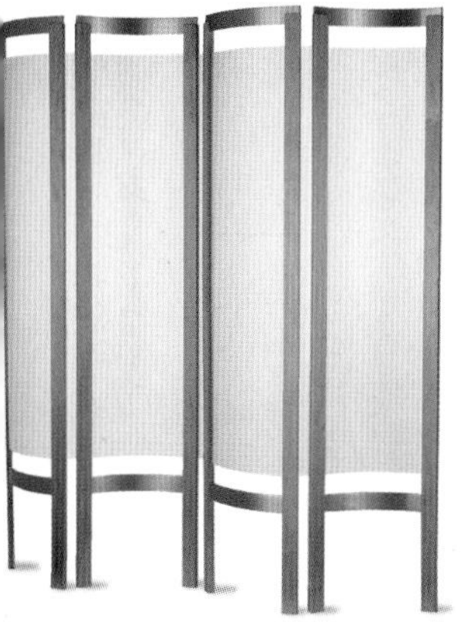

◄ **Mampara**
Símbolo de misterio, la mampara en parte revela y en parte oculta. En algunas iglesias una reja separa la nave, donde se sienta la congregación, del presbiterio, la zona donde se encuentra el altar y que representa lo divino.

◄ **Luz**
Ya sea en forma de lámpara o de vela, la luz representa la iluminación espiritual, el conocimiento y lo divino. Radiante como el Sol, es la verdad, el esplendor y la luz del Cielo. En el arte cristiano la vela simboliza a menudo la luz de Cristo que llega al mundo.

◄ **Cuchillo**
Símbolo de muerte y sacrificio –los aztecas usaban cuchillos de piedra y obsidiana para extraer los corazones de las víctimas–, el cuchillo puede representar también la liberación de ciertas ataduras, como las de la ignorancia en el caso del budismo. Es también el emblema de algunos mártires cristianos, como san Bartolomé.

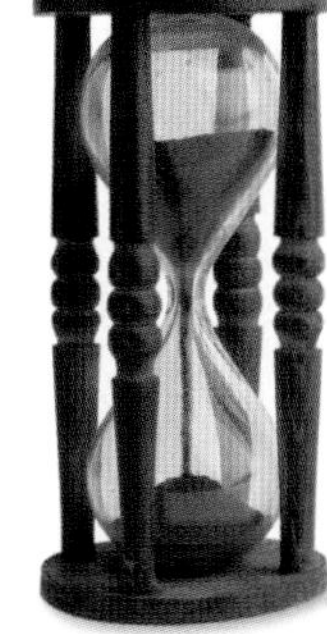

▲ **Reloj de arena**
El reloj de arena, como el mecánico y el de sol, es símbolo de mortalidad. Los días de nuestras vidas se van escurriendo como la arena del reloj.

▲ **Monedero**
Lleno de dinero, el monedero representa la vanidad mundana y lo transitorio de la riqueza. En el arte cristiano es atributo de dos apóstoles: san Mateo, que era recaudador de impuestos, y Judas Iscariote, que traicionó a Jesús por treinta monedas de plata.

◄ **Llave**
La llave, que permite el acceso a las estancias cerradas, es símbolo de sabiduría, conocimiento y éxito. También es símbolo de liberación, pues puede proporcionar la libertad. Las dos llaves cruzadas son el símbolo de san Pedro, que recibió de Jesús el poder de las llaves del Reino.

▲ **Cofre**
El cofre, que acoge objetos, representa lo femenino. Cerrado, simboliza el inconsciente, y al abrirse puede desencadenar todo tipo de males, como ocurrió con la caja de Pandora según la mitología griega.

◄ **Telar**
Atributo de las diosas madre y lunares, el telar fue un símbolo del poder y la protección femeninas. La diosa griega Atenea, considerada «tejedora de mundos», era la patrona de la artesanía.

◄ **Libro**
Un libro abierto es símbolo de conocimiento y sabiduría; cerrado, sugiere un final, un juicio o una muerte, al igual que una vela apagada o el doblar de una campana (la campana, el libro y la vela son los objetos usados tradicionalmente en el ritual de excomunión de los católicos descarriados).

◄ **Rueca**
Empleada tradicionalmente para hilar, la rueca simboliza el girar del universo. Mahatma Gandhi la empleó como símbolo de la lucha de India por la independencia.

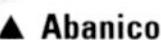

▲ **Abanico**
Símbolo no solo de feminidad, sino también de rango, se considera que repele a los espíritus malignos. Para los taoístas, representa la liberación del alma que entra en el ámbito de los inmortales.

VÉASE TAMBIÉN

Deidades griegas y romanas *pp. 140-141*
Budismo *pp. 164-169*
Cristianismo *pp. 176-179*
El Santo Grial *pp. 208-209*
Herramientas y armas *pp. 224-225*
Edificios *pp. 234-235*

EL MATRIMONIO ARNOLFINI

Al parecer, este cuadro, el más famoso del artista flamenco Jan van Eyck, conmemora la boda del próspero comerciante Giovanni Arnolfini con Giovanna Cenami. El cuadro está repleto de símbolos y presenta varios niveles de significación distintos: es un retrato de la pareja, un registro de su matrimonio y asimismo una expresión de la concepción de la institución del matrimonio en el siglo XV.

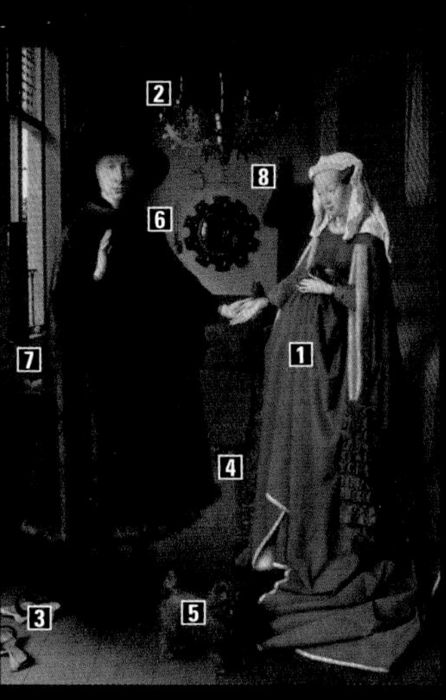

1. El vestido

El color verde del vestido de la novia es un potente símbolo de fertilidad. Aunque no está embarazada, su pose enfatiza su fertilidad y la posibilidad de futuros embarazos.

2. La vela

La única vela del candelabro simboliza la presencia de Dios. Su posición junto al lecho subraya también la deseada fertilidad de la esposa.

3 y 4. El calzado

El calzado suelto indica una ceremonia religiosa en curso. Los pies descalzos en contacto con el suelo son otro símbolo de fertilidad. La colocación del calzado también es relevante: el de él está más cerca de la puerta, aludiendo a su posición en el mundo, mientras que el calzado rojo de ella se halla junto al lecho, en alusión a su papel preponderante en el hogar.

5. El perro

Símbolo tradicional de lealtad, el perro a los pies de la pareja puede representar también el amor terrenal.

6. Rosario de cristal

Las cuentas del rosario colgado de la pared son de cristal, símbolo de la pureza y la devoción de la novia.

7. Naranjas

Las naranjas, frutas de lujo en el norte de Europa, son una muestra de riqueza. Como la manzana, la naranja ha representado a veces la fruta prohibida del jardín del Edén, así como el instinto sexual, que quedaba santificado por el matrimonio.

8. Cabecera

En la cabecera de la cama hay tallada una figura con un dragón a sus pies. Podría tratarse de santa Margarita, patrona del parto.

Detalle del espejo convexo

El espejo es un elemento central del cuadro, pues el espectador ve reflejada la habitación entera, incluida una figura que puede ser la del propio artista. Los pequeños medallones del marco del espejo muestran escenas de la Pasión de Cristo y representan la eterna promesa divina de la salvación, promesa que alcanza a las figuras reflejadas en la superficie convexa del espejo. El espejo era también un símbolo de la Virgen María, de su inmaculada concepción y su pureza.

NAVES Y BARCAS

El barco es un potente símbolo de la seguridad, del seno materno, del viaje por el océano cósmico y de la exploración de nuevos mundos. En el antiguo Egipto y Mesopotamia era un barco el que transportaba al Sol y la Luna por los cielos, y así viajaban también los siete dioses japoneses de la felicidad. Para los cristianos, simboliza la Iglesia y también el arca de Noé. Un barco puede representar la seguridad, pero también la muerte, cruzando el río hacia el submundo o llevando el cadáver de un guerrero o un noble en su último viaje.

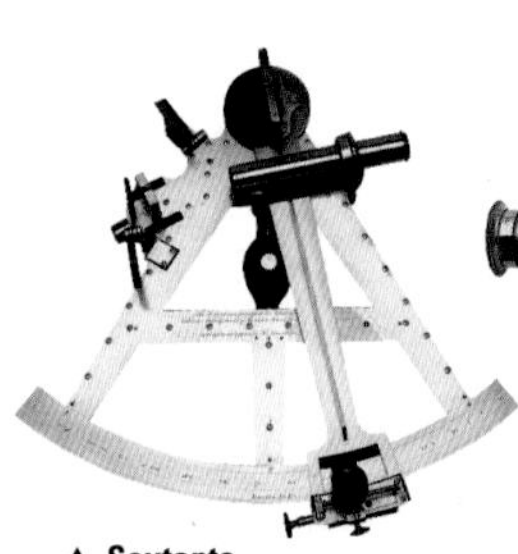

▲ **Sextante**
Instrumento de navegación indispensable para los marineros del pasado, el sextante simboliza la navegación misma, la aventura y los nuevos horizontes. Se asocia asimismo a la idea de progreso, pues ayuda a localizar nuevos territorios ampliando así los límites del conocimiento.

▲ **Telescopio**
Es otro símbolo de la navegación. Su capacidad de aumento simboliza el progreso del conocimiento: acerca el cosmos a la humanidad. Es también un símbolo fálico masculino.

▲ **Albatros**
Para los marinos es sobre todo un augurio positivo, símbolo de fuerza incansable, pero también una advertencia de mal tiempo. Se pensaba que los albatros encarnaban el alma de los marineros muertos, de modo que matarlos traía mala suerte.

▲ **Mascarón de proa**
Los barcos llevaban a menudo mascarones tallados en la proa, con la finalidad de proteger a la nave y a su tripulación. Los mascarones podían representar a dioses, como Poseidón, sirenas u otras criaturas marinas.

▲ **Submarino**
Asociado principalmente a la guerra, el submarino tiene un simbolismo mixto. Tiene una forma fálica de poder masculino y sus torpedos sugieren virilidad, pero también representa las propiedades protectoras del seno materno y el viaje por un medio líquido y creativo.

▲ **Ancla**
El ancla simboliza la estabilidad, la fuerza y la esperanza, pues sujeta al barco en medio de las aguas agitadas. Los primeros cristianos emplearon el ancla como símbolo críptico de la cruz. Aparece a menudo en sellos, vidrieras de colores y tatuajes.

▲ **Tela de barcos**
En ciertas culturas se habla de ancestros que llegaron en barco por el mar. En sus rituales, los habitantes de Lampung (Sumatra) usan unas telas con representaciones de barcos, símbolo del pasado y el porvenir.

▲ **Velas**
Representan el viento y el aire, el aliento del alma. Las velas hinchadas simbolizan el embarazo, pero también la inconstancia, que cambia a merced del viento. Para los cristianos, las velas pueden ser el soplo del Espíritu Santo.

◀ **Caminar por la tabla**
La expresión inglesa *«walking the plank»* alude a la muerte, pues esta era la pena máxima en alta mar. Con los ojos vendados y las manos atadas, el ajusticiado debía caminar por una tabla que sobresalía del costado del barco y lanzarse al mar, donde se ahogaba.

◀ **Barco de rescate**
Es un símbolo de seguridad en tiempo de peligro. El barco de rescate lleva a los marineros a tierra, como la sed de conocimiento lleva al alma hasta la verdad última.

▲ **Brújula**
La brújula, cuya estrella indica los puntos cardinales, es tanto un símbolo de la navegación y la exploración como del retorno seguro a puerto. Representa también la totalidad del Universo y los cielos.

▲ **Calavera y tibias**
El símbolo de la «Jolly Roger», la bandera pirata más famosa, aludía al fatal destino de los enemigos de los piratas. Muchas naves piratas llevaban la bandera de un país neutral, pero justo antes del ataque izaban la «Jolly Roger».

▲ **Mástil y verga**
El mástil de un barco, eje principal de la nave, simboliza el *axis mundi*, el eje del cosmos. Su forma de cruz remite también a la cruz cristiana. La verga era un símbolo de muerte para los marineros, pues a los malhechores se les colgaba de ella.

BARCAS FÚNEBRES

Los viajes en barco se han asociado a menudo con la muerte y el viaje al más allá. Los antiguos egipcios construían elegantes barcas funerarias para que los faraones cruzaran el Nilo hasta sus tumbas, y luego las enterraban junto a ellos. Los reyes vikingos y anglosajones eran enterrados a veces con una barca llena de objetos de uso diario, armas y tesoros que pudieran necesitar en el más allá. Tales funerales, además de representar el viaje para reunirse con los dioses, eran signo de un elevado rango y honor.

▲ **Sutton Hoo**
En 1939 se excavaron en Sutton Hoo (Suffolk, Inglaterra) los restos del barco funerario de un rey anglosajón, que medía 27 m y contenía un gran tesoro.

▲ **Barca funeraria egipcia**
Este antiguo jeroglífico egipcio representa a un grupo de remeros llevando la barca funeraria preparada para transportar el cuerpo del faraón al otro lado del Nilo y servirle en el más allá.

SÍMBOLOS NÁUTICOS

La señalización con banderas es muy antigua, pero el primer código basado en ellas data del siglo XVII, y surgió en Inglaterra. Las diversas banderas y banderines tienen significados muy precisos; hoy día existe un código internacional para la comunicación entre embarcaciones.

◀ **Fuego**
Con dos franjas negras horizontales flanqueando una banda blanca, indica que la embarcación está en llamas y previene a las demás de acercarse a ella.

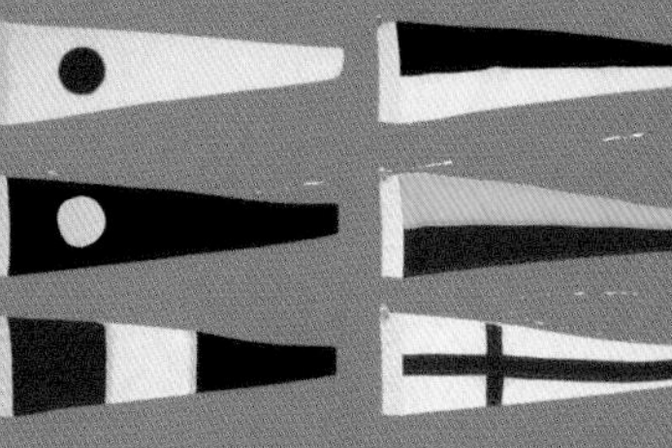

▲ **Números**
Los banderines numéricos fueron introducidos por la marina británica en el siglo XVIII. Los tres banderines de la izquierda representan, de arriba abajo, los números 1, 2 y 3, y los de la derecha, los números 6, 7 y 8.

VÉASE TAMBIÉN
Aves *pp. 58-61*
Muerte y duelo *pp. 128-131*
Deidades griegas y romanas *pp. 140-141*
Cristianismo *pp. 176-179*
Adornos corporales *pp. 256-257*
Banderas *pp. 324-329*

JARDINES

Los jardines son lugares de refugio, placer, inspiración o alimento del espíritu, así como distintivos de un alto rango social. Son un espacio aislado de la vida cotidiana y un bálsamo espiritual; algunos, conmemorativos, constituyen un homenaje vivo. Como Paraíso en la Tierra en el que el jardinero es el creador, el jardín simboliza la naturaleza domesticada y ordenada. Desde la tranquilidad de un jardín zen o el orden de un jardín francés a la exuberancia de un jardín silvestre, cada uno tiene sus plantas y diseños simbólicos.

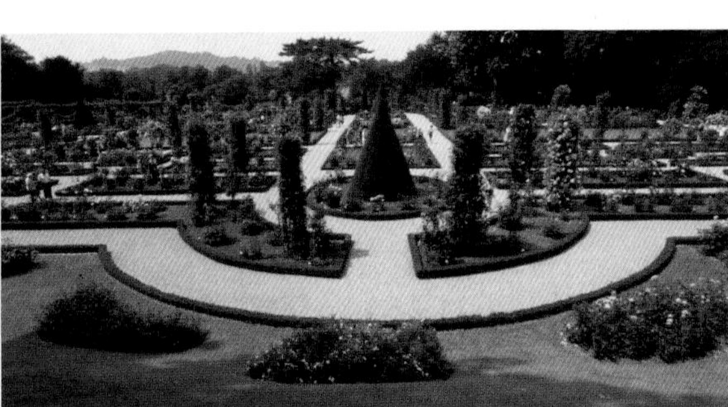

▲ **Jardín simétrico**
En la Europa renacentista proliferaron los jardines mesurados y simétricos, representación del dominio del hombre sobre la naturaleza, así como del rango de su dueño. El simbolismo clásico aparece en su diseño y sus estatuas, sugiriendo que se trata de un lugar apto para los dioses.

▲ **Jardín silvestre**
En contraste con los estilos ordenados, el jardín silvestre representa la exuberancia de la naturaleza y su aspecto salvaje, indómito. Allí la naturaleza florece sin freno, reflejando la abundancia y la continuidad del ciclo de la vida.

◀ **Jardín zen**
Creación de los monjes budistas, los jardines zen representan la grandeza de la naturaleza en miniatura. La gravilla rastrillada representa el agua (yin), y las piedras, las montañas (yang): el conjunto crea un ambiente de armonía y paz favorable para la meditación.

▲ **Jardín islámico**
Símbolos del alimento físico y espiritual, los jardines islámicos se dividen en zonas definidas por el agua y la simetría. Representan los cuatro jardines del Paraíso: Corazón, Alma, Espíritu y Esencia.

◀ **Jardín del Edén**
Como Cielo en la Tierra, el Edén representa el estado primigenio de «inocencia divina» en que el hombre, Dios y la naturaleza coexistían en perfecta armonía, hasta que Adán y Eva comieron del fruto prohibido y fueron expulsados de él para siempre. Motivo frecuente en la pintura y la literatura occidentales, también simboliza el anhelo de la belleza y la inocencia perdidas.

▲ **Tumba ajardinada**
Algunas culturas orientales construyeron tumbas ajardinadas para sus emperadores, como esta de Minh Mang, en Vietnam. Son paraísos terrestres simbólicos que reflejan la categoría del fallecido.

▲ **Jardín amurallado**
En Persia, el jardín amurallado era tradicionalmente un retiro tranquilo e inspirador en medio de la vida cotidiana. El tema del refugio espiritual tuvo continuidad en la Europa medieval, como símbolo femenino y protector ligado a la Virgen María.

▲ **Jardín secreto**
Ligado al Paraíso perdido de amor y felicidad, el jardín secreto requiere la llave de un conocimiento privilegiado para desvelar sus secretos y gozar del florecer físico y espiritual, tema simbólico presente en la obra de Frances Hodgson Burnett del mismo nombre.

◀ **Gruta**
Término derivado del griego *kruptos* («oculto»), las grutas están vinculadas al submundo, a la madre Tierra y al seno materno. La presencia de agua representa la vida, y la gruta misma simboliza un lugar de encuentro entre el hombre y lo divino. En la antigüedad servían a menudo como santuarios.

▲ **Laberinto**
Las vueltas y revueltas de un laberinto representan la senda de la vida. Entrar equivale a la muerte, y salir, al renacer. Inscrito en un cuadrado, el laberinto representa los cuatro puntos cardinales y el cosmos.

▲ **Parterre**
Los parterres característicos de los jardines clásicos ilustran el dominio humano de la naturaleza. La superficie cuadrada representa la estabilidad y la Tierra, y cada patrón y cada planta tiene un significado, como el amor o la religión.

▲ **Emparrado**
El emparrado, habitualmente hecho de vides retorcidas o plantas trepadoras, simboliza el refugio y también el principio femenino; en el cristianismo evoca a la Virgen María, y en la literatura se asocia a veces con la sensualidad y la seducción.

▲ **Fuente**
Con sus chorros de agua reluciente, la fuente representa el principio femenino y el fluir de la vida. La fuente de la vida, asociada a la inmortalidad, surge del pie del árbol de la vida y origina los cuatro ríos del Paraíso.

VÉASE TAMBIÉN
Agua *pp. 32-33*
Flores *pp. 82-85*
Los árboles *pp. 94-95*
Árboles sagrados *pp. 96-97*
Satanás y los demonios *pp. 190-191*
Diseños *pp. 290-293*

EL TRIUNFO DE LA VIRTUD SOBRE EL VICIO

Este cuadro de Andrea Mantegna muestra un jardín cercado con un estanque en el que prosperan los vicios, personificados como seres deformes y grotescos. Precedida por un grupo de cupidos, Palas Atenea, diosa de la sabiduría y la guerra, avanza para expulsar a los vicios con la ayuda de otras dos diosas. Así, el jardín volverá a ser un lugar de virtud.

1. Los vicios
Los vicios retratados son la Pereza, la Avaricia, la Ingratitud, el Odio y la Ignorancia. La Pereza, criatura de pesadilla, sin brazos, arrastrada por Minerva, representa el odio inmortal, el fraude y la malicia, y es una advertencia para el espectador, que al entrar en el jardín debe cambiar la ociosidad por el esfuerzo intelectual. La Ignorancia *(extremo dcha.)* es arrastrada por la Ingratitud y la Avaricia.

2. El árbol humano
El árbol de la izquierda es un laurel humanizado; simboliza el abandono y el cautiverio de la Virtud.

3. Diana y el centauro
En el centro del cuadro aparece Diana, diosa de la castidad, retratada conforme al modelo clásico; se yergue sobre el lomo de un centauro, símbolo de la lujuria.

4 y 5. Las virtudes cardinales
Tres de las cuatro virtudes cardinales –la Templanza, la Justicia y la Fortaleza (o quizá las teologales, Fe, Esperanza y Caridad)–, expulsadas del jardín cuando cundió la depravación, regresan sobre una nube. La cuarta virtud, la Prudencia, está encerrada en el muro del extremo derecho del cuadro, y solo un paño blanco que ondea refleja su grito de socorro.

6. Paisaje lejano
En la distancia, el bello paisaje que se divisa entre las arcadas de los árboles muestra vicios que huyen y brotes nuevos surgiendo de viejas raíces. Se trata de un símbolo del renacer y la inocencia: desterrados los vicios, regresa la belleza.

Andrea Mantegna, *Atenea expulsa a los vicios del jardín de la virtud* (*c.* 1504)

ATUENDOS

Entre los factores que determinan la vestimenta están el clima, la cultura, el sexo, los tejidos disponibles y la moda. Nuestro vestido expresa visualmente quiénes somos, de dónde venimos y cuáles son nuestras aspiraciones. A partir de él, quien nos ve puede deducir muchas cosas sobre nuestra personalidad, nuestro origen y situación social y nuestra profesión. Los estilos occidentales, sobre todo en el caso de las mujeres, están influidos por unas modas en constante cambio. Muchas personas en otras partes del mundo visten de modos tradicionales que reflejan sus valores culturales y son un símbolo de su nacionalidad.

► **Corsé**
Desde el siglo XVI hasta la década de 1950, las occidentales acomodadas llevaron rígidos corsés. Los modelos victorianos, en particular, creaban una figura de reloj de arena que constreñía la cintura y realzaba las caderas y el pecho. El corsé reflejaba simbólicamente la sumisión social de las mujeres.

▲ **Vaqueros**
Usados al principio por los mineros del oro en California, los vaqueros se hicieron omnipresentes como ropa de trabajo. Hoy los lleva todo el mundo y simbolizan la igualdad social y de género.

▲ **Corbata**
A menudo distintivo de un grupo, los Teddy Boys ingleses de la década de 1950 las llevaban del ancho de un lápiz, y los dandis de la de 1970 más bien anchas. En los funerales son negras, y las blancas, símbolos de la alta sociedad.

▲ **Guantes**
Los guantes fueron en su origen símbolos de nobleza, noción que perdura en las expresiones «de guante blanco», para un profesional excelente, y «arrojar el guante», gesto con el que se retaba a un duelo en el siglo XVII.

ESTAMPADO BATIK

Las prendas de *batik* son propias de las grandes ceremonias de las familias reales de Indonesia, y son un símbolo de su cultura. Sus característicos estampados, sumamente intrincados, suelen ser geométricos, pero los hay de motivos vegetales, de aves, animales o nubes. Su colorido suele ser discreto, acorde con la aversión indonesia por la ostentación.

► **Diseños tradicionales**
Los diversos estampados pueden expresar ciertos saludos o mensajes («próspera y larga vida», «que sea feliz» u «hombre digno»). Antiguamente, cada diseño era una señal de pertenencia a una familia o tribu determinada.

► **Tejido de corteza**
Durante miles de años, en las islas del Pacífico se usaron prendas de *tapa*, tejido hecho de corteza de árbol adornada. Los diseños incluían representaciones geométricas de plantas, peces y conchas, reflejo de la vida diaria y de la cercanía a la naturaleza de los isleños. El equilibrio y la simetría eran simbólicamente importantes. Hoy día solo se llevan en las grandes ceremonias, como las bodas.

▲ ***Ao dai***
El *ao dai* vietnamita consiste en una túnica larga abierta por los lados que cubre unos pantalones de seda. Ha llegado a convertirse en un símbolo de feminidad, y también del propio Vietnam. La versión masculina tiene una túnica más corta.

▲ **Vestimenta árabe**
El vestido tradicional de los hombres árabes, amplio y holgado, es idóneo para la vida en el desierto, pues permite que el aire circule libremente para mantener el cuerpo fresco; el tocado protege la cabeza del calor.

► **Sari indio**
Símbolo de la rica cultura india y de la dignidad de sus mujeres, el sari puede atarse de varias maneras diferentes, dependiendo de la región y de la categoría de quien lo viste. Esta elegante prenda suele expresar la profesión, la casta y la religión de la persona.

▲ **Vestimenta masái**
Las sencillas togas con que se cubren los masái han acabado convirtiéndose en un símbolo de la cultura tradicional del África oriental. La imagen del guerrero masái erguido y lanza en mano es un icono de esta región del mundo.

▲ **Falda *hula***
Estas faldas «de hierba», hechas de tiras de tapa, son un símbolo de la cultura hawaiana. En el baile *hula*, al que acompañan antiguos cantos sobre la creación y otros mitos, se complementan con gruesas guirnaldas de flores.

CALZADO

De la sandalia romana a los tacones de lujo, el calzado suele ser un indicador del clima y también de la categoría social y la moda. Hasta inicios del siglo XX en China se vendaban los pies de las niñas para que no crecieran, pues los pies pequeños eran un símbolo de delicadeza femenina y sumisión.

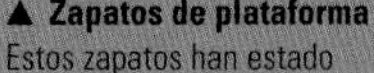

▲ **Zapatillas deportivas**
Concebidas para el uso deportivo, no tardaron en convertirse en artículos de moda. Hoy las llevan hombres y mujeres por igual como calzado informal.

▲ **Zapatos de plataforma**
Estos zapatos han estado de moda cíclicamente desde hace siglos. Representan el deseo de destacar por la altura, y para algunos son un símbolo de glamur y de atractivo sexual.

▲ **Kimono**
El kimono es un símbolo universal del Japón. Los colores y motivos decorativos elegidos –tomados a menudo de la naturaleza– tienen marcadas connotaciones simbólicas, y al observador atento le revelan mucha información sobre la edad, posición, riqueza y gusto de quien lo lleva.

▲ ***Longyi***
Este atuendo tradicional birmano es una simple pieza de tela que rodea la parte inferior del cuerpo. Lo llevan tanto hombres como mujeres; los primeros a veces se remeten el *longyi* entre las piernas para tener más libertad de movimientos. Suele ser de algodón, pero en las ocasiones especiales se usa el de seda.

▲ ***Kilt***
En Escocia, el *kilt* o falda escocesa, parte del traje típico, es un símbolo de masculinidad y de parentesco: los miembros de los clanes se identifican por el color y el diseño del tartán de su *kilt*, que visten con orgullo en bodas, fiestas y eventos deportivos nacionales.

VÉASE TAMBIÉN
Nacionalidad *pp. 222-223*
Tocados *pp. 250-251*
Uniformes *pp. 252-253*
Joyas *pp. 254-255*
Máscaras *pp. 270-271*

TOCADOS

Los sombreros y demás tocados están cargados de significado. Pueden expresar, por sí solos, toda una cultura o religión, o identificar a una profesión, clase social, sexo o función. Pueden simbolizar la autoridad y el poder: la corona del monarca es el símbolo del poder supremo. El uso del sombrero está rodeado de gestos significativos; así, descubrirse en determinadas situaciones sociales puede indicar humildad (en la iglesia, por ejemplo) o ser una muestra de buena educación.

▲ Fez
El gorro con borla y sin ala fue en su día parte del atuendo nacional turco. Su uso se prohibió cuando Turquía se convirtió en república en 1925.

▲ Mitra
El papa y arzobispos, obispos y abades llevan todos este voluminoso tocado. Su forma recuerda a la de las lenguas de fuego que descendieron sobre los apóstoles el día de Pentecostés, cuando Dios envió a su Santo Espíritu sobre ellos.

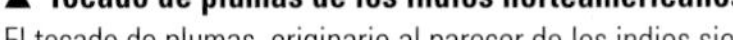

▲ Tocado de plumas de los indios norteamericanos
El tocado de plumas, originario al parecer de los indios sioux de Norteamérica, está dotado de un gran simbolismo. Cada pluma se ganaba con un acto valeroso, y la pluma más preciada era la del águila.

▲ Kipá
La tradicional gorra conocida como kipá es un distintivo del judaísmo. La mayoría de los hombres judíos se cubren con él la cabeza para rezar o cuando acuden a la sinagoga.

▲ Salacot
Hecho originalmente de médula vegetal y más tarde de corcho, el salacot fue el tocado típico de los europeos que colonizaron África e India en el siglo XIX.

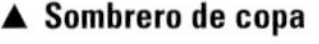

▲ Sombrero de copa
Atributo de la alta sociedad europea en el siglo XIX y principios del XX, hoy se sigue utilizando en bodas y otras ocasiones formales.

▲ Turbante
En Oriente es un emblema de la fe y la categoría social. Es una prenda común entre los árabes, y lo fue entre incas, babilonios y egipcios. Para los sij es una parte esencial de la vestimenta.

▲ Birrete
Derivado de un gorro propio del clero católico, el birrete, llevado por profesores y graduados, simboliza el conocimiento logrado a través de la formación académica.

▼ Velo

El velo es una prenda femenina tradicional que expresa modestia y pureza. En la actualidad, las mujeres musulmanas llevan distintos tipos de velo, como la *burka* y el *nicab*, por razones religiosas o de modestia. Algunas monjas cristianas llevan también una suerte de velo.

LA ESPOSA DE MARTÍN LUTERO RETRATADA CON VELO

MUJERES MARROQUÍES CON VELO

▼ Gorro de cocinero

En Europa, los cocineros llevan un gorro muy característico. Desde el siglo XVI, el *toque* (su nombre francés) es una señal de rango en la cocina: el más alto es el del chef, mientras que los demás cocineros llevan una versión más chata.

AYUDANTE

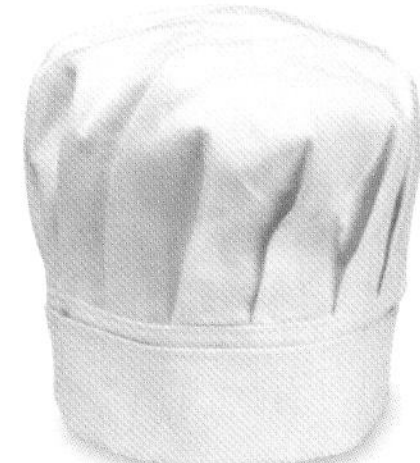

SOUS CHEF

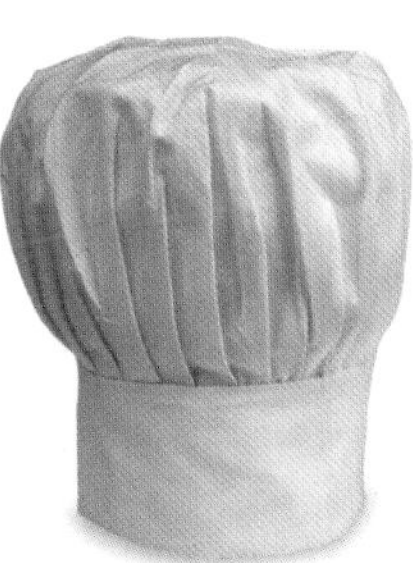

CHEF

▼ Gorras

La gorra de béisbol empezaron a llevarla los New York Knickerbockers en la década de 1840. Desde entonces se ha convertido en una prenda muy popular que han lucido incluso los presidentes Bush y Clinton; aun siendo un símbolo netamente estadounidense, se ha extendido por todo el mundo. La gorra plana, históricamente vinculada a la clase obrera británica e irlandesa, ahora se asocia más bien con las actividades campestres.

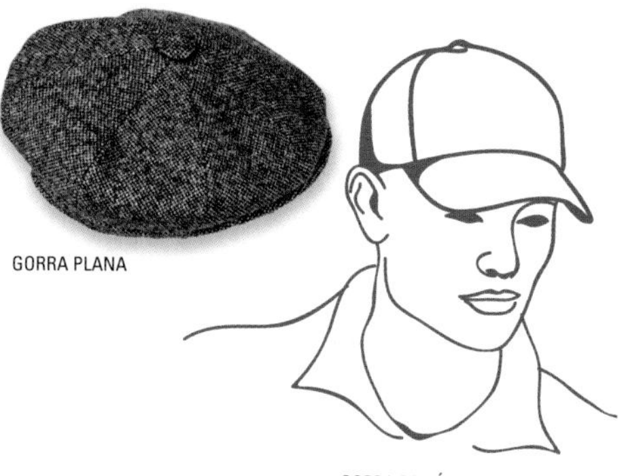

GORRA PLANA

GORRA DE BÉISBOL

PELUCAS

Las cabelleras postizas se usaron en el antiguo Egipto, en la antigua Grecia y en Roma. Estuvieron de moda entre los hombres de la Francia del siglo XVII, y luego en Inglaterra. En el siglo XVIII fueron un símbolo de riqueza y categoría social para ambos sexos. Los hombres de leyes empezaron a usarlas durante el reinado de Carlos II, y desde entonces constituyen un símbolo mundialmente reconocible del sistema legal británico, y un signo de anonimato en los tribunales.

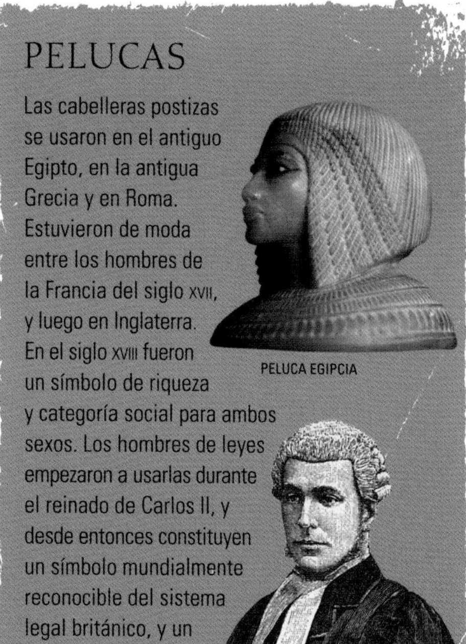

PELUCA EGIPCIA

PELUCA DE MAGISTRADO

▲ Casco de policía

El casco de los policías británicos evolucionó a partir de la chistera que usaba originalmente la Policía Metropolitana fundada en 1829. Su distintiva forma de cúpula es un poderoso símbolo de la ley y el orden

▲ Boina

La boina circular negra es típica de los vascos y de los obreros franceses. Es también un símbolo del valor militar, sobre todo si es de otros colores, caso del cuerpo de élite estadounidense conocido como «boinas verdes».

▲ *Bearskin*

Los pesados sombreros de piel de las guardias irlandesa, escocesa, galesa, la Coldstream y la de los Granaderos datan de 1815. Son un símbolo de la derrota en Waterloo de la Guardia Imperial francesa, que también los llevaba.

VÉASE TAMBIÉN

Judaísmo *pp. 172-173*
Cristianismo *pp. 176-179*
Sijismo *pp. 184-185*
Atuendos *pp. 248-249*
Uniformes *pp. 252-253*

▲ Uniforme militar
Miembros de la Guardia de Honor, cuerpo de élite chino, desfilando en el Gran Salón del Pueblo de Pekín durante una ceremonia de bienvenida para el primer ministro de la República de Corea. El carácter ceremonial de los desfiles militares sincronizados refuerza el simbolismo de los uniformes: escenifican una voluntad común y el orgullo de los soldados como defensores de la nación.

UNIFORMES

Desde hace siglos, los uniformes han servido para identificar ciertas profesiones o manifestar exteriormente la pertenencia a un determinado grupo. Así, cada uno produce una impresión muy diferente.

Los uniformes suelen llevar una insignia o emblema de la organización que representan. Algunos identifican a la autoridad del Estado, el imperio cotidiano de la ley, como el de los marines estadounidenses, y otros simbolizan un deber ceremonial, caso de la Guardia Suiza del Vaticano. Para muchos, el primer uniforme que vestirán será el escolar, que debe ser práctico y cómodo, pero también distintivo, para poder identificar fácilmente la escuela a la que pertenecen.

ROPA MILITAR

Los uniformes militares simbolizan el valor, pues los hombres y mujeres que los visten luchan por su país. Los hay ceremoniales, como las guerreras escarlata y los grandes sombreros de piel de los granaderos británicos; otros son para el combate, como la ropa de camuflaje de color caqui usada en las campañas en el desierto. El rango suele indicarse por medio de insignias en el brazo y los hombros; por lo general, cuantas más bandas, bordados y medallas lleva un oficial, mayor es su categoría.

▲ Enfermera
En muchos lugares del mundo, los uniformes de las enfermeras son a menudo azules, color que inspira serenidad y confianza y expresa profesionalidad y benevolencia.

▲ Uniforme escolar
En muchas partes del mundo, los uniformes escolares subrayan la identidad y los valores de cada escuela. En esta imagen, unos colegiales japoneses celebran un festival. Los uniformes escolares japoneses de la enseñanza secundaria suelen consistir en ropa oscura de estilo militar para los chicos y vestidos de estilo marinero para las chicas.

UNIFORMES RELIGIOSOS

El atuendo religioso es un uniforme simbólico que expresa una creencia a los ojos del mundo. La calidad o el color de un hábito pueden manifestar una jerarquía; así, por ejemplo, en algunas religiones el oro representa la luz y la verdad. Los monjes budistas llevan túnicas de color azafrán u ocre en alusión a las hojas caídas, amarillas, naranjas o marrones, símbolo de la renuncia en la búsqueda de la iluminación. Los monjes y monjas cristianos también se distinguen por su hábito: su sencillez manifiesta su renuncia a los asuntos mundanos. Los uniformes de las enfermeras son una evolución de los hábitos de las monjas que asistían a enfermos, y expresan profesionalidad y limpieza.

IDEOLOGÍA

Un uniforme puede expresar también la adscripción a una ideología, como en el caso de las tropas de «camisas rojas» del revolucionario italiano Giuseppe Garibaldi en la década de 1860, o de los «camisas negras» de la Unión Británica de Fascistas de Oswald Mosley, en la década de 1930. En contraste, el grupo evangélico del Ejército de Salvación adoptó un uniforme de estilo militar para reflejar la idea de un «ejército» cristiano que «lucha» por el bien social y que proporciona atención material a los necesitados.

▲ Policía canadiense
La Policía Montada de Canadá lleva un uniforme rojo que la vincula con la británica y al mismo tiempo la distingue de la guardia militar estadounidense, que viste de azul.

VÉASE TAMBIÉN
Atuendos *pp. 248-249*
Tocados *pp. 250-251*
Afiliación a grupos *pp. 258-259*

JOYAS

Desde la época prehistórica, hombres y mujeres se han adornado con joyas y toda clase de objetos decorativos, desde conchas y huesos a piedras preciosas. Las joyas han tenido siempre gran importancia como símbolos de posición social y poder, o como distintivos de un clan o tribu. Son también símbolos ancestrales de amor u honor, o pueden lucirse simplemente como muestra de riqueza. Ciertas gemas y motivos son ricos en asociaciones simbólicas: representan la fidelidad o la fertilidad, o protegen a quien los lleva.

▲ **Pendientes de Sumba**
En la isla de Sumba, en Indonesia, los adornos llamados *mamuli* son regalos de boda que se usan como pendientes o colgantes. Simbolizan la fertilidad y pueden incluir motivos mitológicos.

▲ **Ave totémica**
Esta elaborada cabeza de águila precolombina, de oro, se llevaba insertada en una abertura practicada en el labio inferior. Probablemente perteneció a un guerrero y era un amuleto protector que mantenía alejados a los espíritus malignos.

▶ **Collar de monedas egipcio**
Las joyas reflejan la riqueza; así, este collar egipcio lleva monedas auténticas. Tradicionalmente, era costumbre llevar este tipo de collares en las bodas para representar la dote de la novia. La joyería con monedas es muy usada por las bailarinas de la danza del vientre.

▲ **Alianza**
El diseño de anillos de compromiso alcanzó una gran sofisticación en el siglo XIX. Los típicos aros entrelazados simbolizaban la fidelidad de la pareja. En este ejemplar, unas manos sostienen un corazón.

▲ **Anillo de sello**
Símbolo de poder, el anillo de sello era utilizado por reyes y nobles para imprimir el sello de su autoridad en el lacre con que se cerraban las cartas, contratos y otros documentos. Se solía llevar en el meñique; hoy todavía se ven, y a menudo llevan el escudo de armas o el blasón familiar.

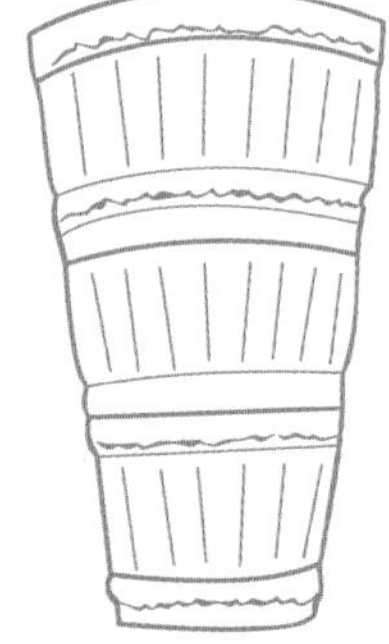

▶ **Espinillera**
En algunos lugares de África y Asia las mujeres llevaban espinilleras como signo de riqueza. Podían ser muy pesadas, llegando a alcanzar los 15 kg, aspecto que se valoraba junto con la calidad de la artesanía. Las espinilleras de plata son de influencia islámica; para los musulmanes la plata es símbolo de pureza.

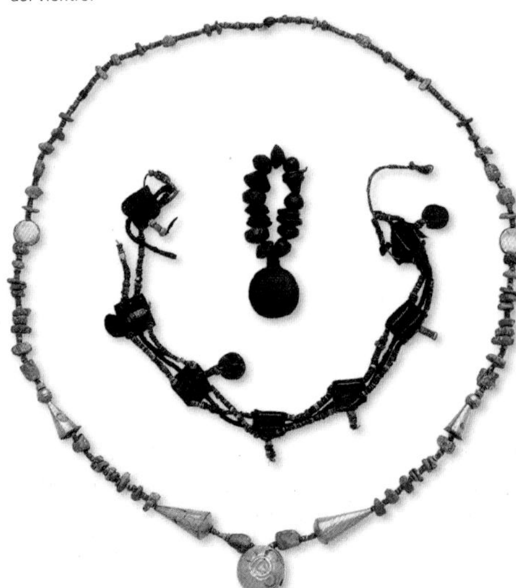

▲ **Collar inca**
Las joyas encontradas en la tumbas incas, que incluyen brazaletes, collares y pendientes, manifiestan un alto dominio de la orfebrería. Entre los incas, las joyas eran símbolos de categoría social y poder. Este collar, que rodea adornos menores, está hecho de turquesa, conchas y oro.

▶ Abalorios africanos
En África los abalorios se emplean como moneda, simbolizan riqueza y poder, y sirven como talismanes. Las mujeres masái son célebres por sus elaborados collares, y en la cultura zulú los diseños y colores encierran complejos mensajes codificados.

▲ Estrella de diamante
Este broche de diamantes data de alrededor de 1870. La estrella de doce puntas puede representar a las doce tribus de Israel, a los doce apóstoles o los doce días de la Navidad.

◀ Buda de jade
Para los chinos el jade era la más noble de todas las gemas. En el taoísmo, es una piedra formada a partir del semen de los dragones, y para los budistas, el verde representa la armonía y el equilibrio, y resulta adecuado para este tipo de colgantes.

▶ Collar de anillas
Las mujeres padaung de los montes orientales birmanos se adornan el cuello con unas anillas de latón: durante varios años, cada año añaden una. Es un símbolo de identidad que se supone que dota a las mujeres de la belleza de las ocas salvajes, y tiene además cualidades mágicas protectoras.

JOYAS FRUTALES

La fruta, además de tener vínculos simbólicos con la fertilidad y la sexualidad femenina, representa la buena suerte, la cosecha abundante y la providencia divina. Su simbolismo positivo hace de la fruta un motivo frecuente en la joyería. La misma fruta puede tener más de un significado: así, la manzana puede simbolizar la tentación («fruto prohibido») y la caída, o bien los senos de la mujer y la sexualidad.

▶ Granada
Este colgante griego, de *c.* 1300 a. C., quizá lo lució una novia el día de su boda. Representa una granada, fruta de abundantes semillas, poderoso símbolo de fertilidad.

▲ Hojas de parra
Las uvas y las hojas de parra representan la vitalidad, la salud, el crecimiento y la buena suerte. Este broche victoriano de oro y granates pudo haber sido un regalo de bodas.

◀ Orfebrería de plata
Esta mujer de la región de Leigong Shan (China) lleva el atuendo festivo típico: un traje de intrincados bordados y un tocado, un collar y un peto de plata labrada. Tales complementos de orfebrería distinguen a cada tribu e indican que la muchacha está soltera.

VÉASE TAMBIÉN
Piedras preciosas *pp. 42-43*
Águilas *pp. 62-63*
Frutos de la tierra *pp. 98-99*
Amor y matrimonio *pp. 126-127*
Taoísmo y sintoísmo *pp. 170-171*
Formas *pp. 284-289*

ADORNOS CORPORALES

En la sociedad occidental moderna el adorno corporal obedece a la expresión personal, o incluso al deseo de impresionar. Sin embargo, es una costumbre milenaria, con rituales muy arraigados, que distingue a quien los lleva como miembro de una comunidad tribal, militar o religiosa. La momia Ötzi, el «hombre del hielo» de hace 5300 años encontrado en los Alpes, tiene 59 tatuajes.

ARTE CORPORAL

Desde la Edad de Piedra el cuerpo se ha empleado como un lienzo sobre el que expresar la identidad cultural, el poder o la categoría, honrar vínculos ancestrales o sagrados, o bien señalar ritos de paso. En muchas sociedades la gente se adorna el cuerpo no solo con prendas y joyas simbólicas, sino también con maquillaje, pintura, tatuajes, perforaciones e incluso diseños trazados mediante incisiones. El simbolismo varía de una cultura a otra, pero a menudo está ligado al paso a la edad adulta, a la protección contra el mal de ojo o a la guerra.

▶ Kohl
En el antiguo Egipto se usaba el lápiz de ojos de kohl (un derivado de la malaquita) no solo por moda, sino también para evitar el resplandor del Sol y prevenir infecciones. Las mujeres se pintaban el párpado superior de negro y el inferior de verde, color que simboliza la juventud y el renacimiento.

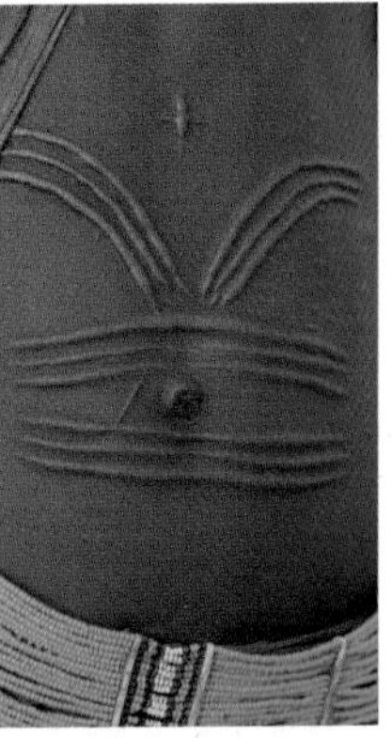

▲ Escarificación
La costumbre de cortar la piel para crear cicatrices decorativas se da sobre todo en África; la motivación es ante todo estética, pero los diseños simbolizan también la identidad grupal o los ritos de paso. En la imagen, el vientre escarificado de una muchacha del pueblo toposa, agricultores y pastores de Sudán.

▲ Pintura de guerra
Desde la Edad de Piedra, los guerreros se han adornado con pintura, conchas, plumas o dientes de animales. Los de Nueva Guinea usan pintura roja y amarilla, así como plumas y otros adornos con los que invocan a los espíritus mágicos que les dotan del coraje necesario para la lucha.

▲ Lóbulos estirados
En muchas culturas antiguas los lóbulos de las orejas estirados simbolizaban la realeza y la autoridad espiritual; en la actualidad, esta práctica, que conservan algunos pueblos, responde a cuestiones estéticas o identitarias. En la imagen, una mujer pokot de Kenia.

◀ Adornos labiales
Varias tribus amazónicas y africanas usan adornos labiales para enfatizar su belleza o su categoría. Esta imagen, procedente de un grabado del siglo XIX, representa a un miembro de una tribu amerindia: el adorno de su labio indica el paso a la edad adulta.

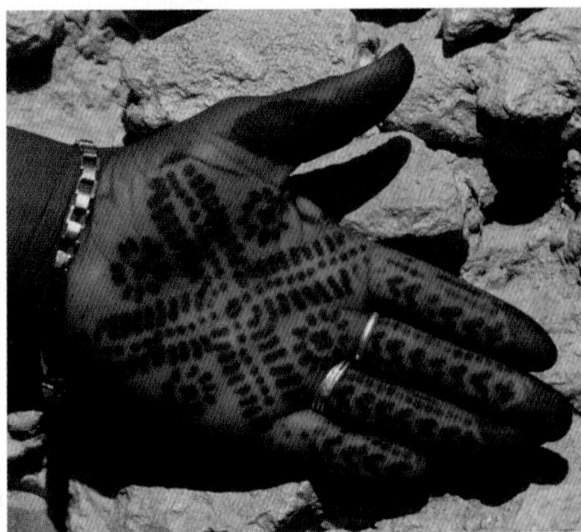

▶ Henna
La henna se obtiene de la planta *Lawsonia inermis*, que crece en las regiones áridas del norte de África, Oriente Próximo e India. Trae buena suerte en ocasiones festivas como las bodas. En la imagen, la mano pintada de una mujer bereber de Marruecos preparada para la ceremonia de su boda.

TATUAJES

El tatuaje es una de las formas de arte más antiguas, y quizás una de las más dolorosas. En algunas sociedades, los tatuajes son signos indelebles de categoría social o tribal, señalan el paso a la edad adulta, identifican el rango o los talentos de su portador, o subrayan el atractivo sexual. Según ciertas tradiciones, el tatuaje protege del mal, y los motivos simbólicos impresos en la piel servían como talismanes para toda la vida.

◀ **Marina de EE UU**
En la foto, un marinero es tatuado por un compañero a bordo del acorazado *New Jersey*. El ancla es aún el símbolo más común en la marina, tanto en insignias como en tatuajes.

▲ ***Mokas* maoríes**
Hasta 1870, los maoríes de Nueva Zelanda se grababan profundos tatuajes o *mokas* en la cara. Signos de categoría e identidad, se iban añadiendo a partir de la pubertad en una serie de ritos de iniciación.

◀ **Tatuaje facial femenino**
Mujer koya de Orissa, al sur de Baliguda (India), con el tatuaje facial típico de las tribus de las montañas de la zona. Se trata de un signo de belleza y de pertenencia tribal. Los koya practican el arte de leer el rostro y veneran a la diosa Vana Durga.

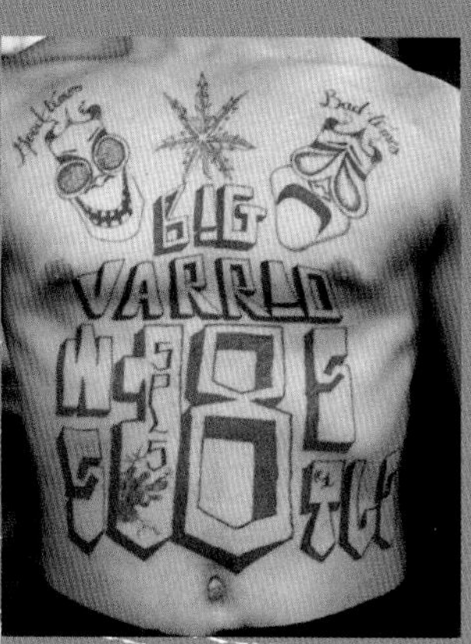

▲ **Miembro de una banda**
Los tatuajes son muy comunes entre los miembros de las bandas callejeras, como este hondureño de la banda de la Calle 18 de Los Ángeles, y ello ha generado el tópico de la peligrosidad de quienes llevan tatuajes.

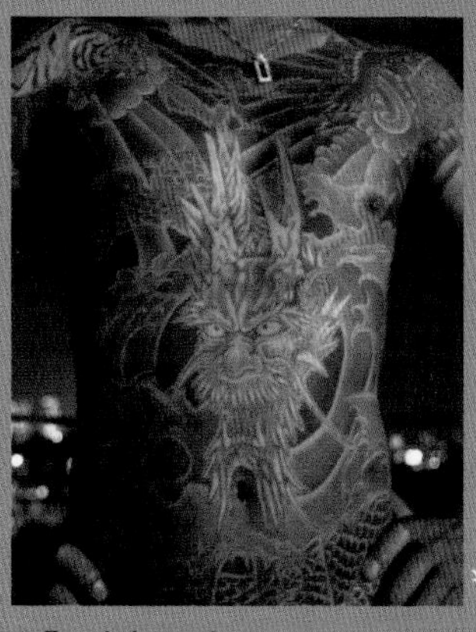

▲ **Tatuaje integral**
El tatuaje de cuerpo entero tradicionalmente se ha asociado a la *yakuza*, la mafia japonesa. El hombre de esta imagen muestra el motivo del dragón de agua, símbolo protector de los bomberos en el siglo XVIII.

PIERCING

La perforación del cuerpo, o *piercing*, se ha popularizado recientemente en la cultura occidental: se practican perforaciones múltiples en orejas, labios, lengua, ombligo, pezones e incluso en los genitales. Por lo general se trata de un fenómeno de moda, pero a veces con ello se busca aumentar el placer sexual o simbolizar la transición a la edad adulta.

◀ **Perforaciones múltiples**
Una mujer posa en un encuentro internacional de tatuaje. Los *piercings* extravagantes son una forma de expresar la individualidad y las afinidades personales, un símbolo de la libertad de elección.

◀ **Aros nasales**
En India los aros nasales son un adorno común. Siguiendo la tradición, antes de su boda las muchachas hindúes realizan un *puja* (un acto de reverencia) a la diosa Parvati, con el fin de que su futuro marido goce de prosperidad, salud y larga vida. Durante este rito se perforan la nariz y se insertan un aro, símbolo del matrimonio; se creía que llevarlo en el lado izquierdo facilitaba el parto.

VÉASE TAMBIÉN
La cabeza *pp.106-109*
Amor y matrimonio *pp. 126-127*
Amuletos *pp. 194-195*
Naves y barcas *pp. 242-243*

AFILIACIÓN A GRUPOS

La necesidad de pertenencia a un grupo es una fuerza imperiosa en toda sociedad humana. Sea por nacimiento o por creencia, tal afiliación nos proporciona un sentido de comunidad, de historia, memoria y aspiraciones compartidas. Todo ello refuerza nuestra concepción de la identidad cultural. Las comunidades están unidas por su propia historia, a menudo de lucha, y por costumbres y tradiciones. Esto se manifiesta externamente en la vestimenta, el código de conducta, las fiestas, los juegos, y en unos iconos culturales reconocibles.

DEPORTE

Casi todos los deportes presentan signos de identificación muy visibles: los equipos tienen sus escudos y los hinchas llevan bufandas e insignias de su equipo. Uno de los símbolos más famosos del mundo son las cinco anillas olímpicas, que aluden a los cinco continentes unidos por los ideales del deporte de competición, y la ceremonia olímpica evoca el espíritu deportivo desde la antigüedad.

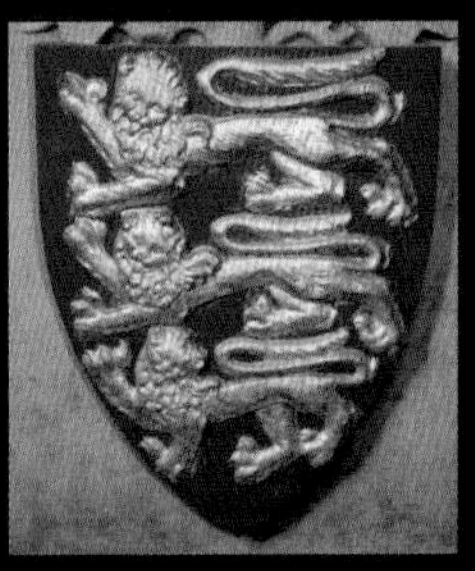

◄ **Los tres leones**
El emblema de los equipos de fútbol y críquet ingleses, los tres leones, procede del escudo de armas real, un símbolo de poder de la época normanda. Los tres leones aparecieron por primera vez en una camiseta de fútbol inglesa en 1872, y su simbolismo queda hoy reforzado por una canción homónima.

▲ **FC Barcelona**
Los escudos de los equipos de fútbol contienen un simbolismo que va más allá del deporte. En el escudo del FC Barcelona figuran la bandera catalana y la de san Jorge (santo patrón de Cataluña), combinándose así la historia deportiva y política de la nación.

▲ **All Blacks**
El equipo nacional de rugby neozelandés son los All Blacks, nombre cuyo origen se atribuye a una errata de prensa, que les describía como *all backs*, es decir, ningún delantero. Distinguen al equipo el color negro y un helecho plateado, símbolo nacional. Antes de los partidos los jugadores interpretan un baile guerrero maorí para invocar a los espíritus de la buena suerte.

CLUBS Y BANDAS

La gente a menudo desea formar parte de un grupo de su misma edad y sexo, ya se trate de los *boy scouts* o del movimiento gay. Esto a veces responde al objetivo de tener mayor presencia pública en beneficio de una causa, pero en muchos casos es solo el deseo de tratar con los semejantes. A cada grupo le identifican una vestimenta y unas actividades, o quizás unos gustos musicales compartidos, ya sea el punk o el country. Los adolescentes forman «tribus» como muestra de rechazo de los códigos de conducta adultos, y usan una jerga incomprensible para los profanos.

▲ **Ángeles del Infierno**
Estos grupos de moteros, cuyo nombre y emblema están inspirados en un escuadrón de la fuerza aérea estadounidense, surgieron tras la Segunda Guerra Mundial. Al principio solo representaban la rebelión y el rechazo de las normas al uso, pero hoy su nombre se asocia a menudo con el crimen.

▲ **Women's Institute**
La mayor organización de voluntarias de Inglaterra y Gales se asoció originalmente con la mermelada y la repostería caseras. Desde el advenimiento del feminismo, el WI se ha convertido en una poderosa voz en las cuestiones locales relativas a la comunidad y la mujer.

▲ **Punk**
El movimiento punk en la música, la moda, la literatura y las artes gráficas creció como una bola de nieve a mediados de la década de 1970. Fue una reacción contra el rock progresivo dominante y la anterior generación, y enfatizaba la libertad individual, simbolizada por lo extravagante de su vestimenta y sus peinados.

CULTO Y CEREMONIA

La profunda necesidad de compartir rituales sagrados y realizar demostraciones de fe en comunidad se remonta a tiempos muy antiguos. La asistencia regular a un templo es tradicional en la mayor parte de las culturas, y representa para los creyentes la práctica de su fe.

Los cristianos, por lejos que viajen, encontrarán en casi todas partes una iglesia a la que acudir para asistir a la misa del domingo. Asimismo, los musulmanes, estén donde estén, se arrodillarán sobre su alfombra de oración y mirarán a La Meca, manifestando así simbólicamente su sumisión espiritual a Dios.

◀ **Carnaval**
Los orígenes del carnaval (del latín *carne levare*, «quitar la carne») se remontan al antiguo festival de la primavera en Grecia. Las diversas ramas del cristianismo adaptaron sus celebraciones como preámbulo de la Cuaresma, tiempo de abstinencia y penitencia. El célebre carnaval de Río de Janeiro, celebrado en febrero, se ha convertido en todo un símbolo de Brasil.

▲ **Semana Santa**
En las procesiones de Semana Santa, que en el sur de España son un verdadero espectáculo, los cofrades llevan el hábito nazareno, símbolo de penitencia, y se cubren la cabeza con un capirote, y algunos cargan con cruces o arrastran cadenas. Los pasos representan imágenes y escenas de la Pasión de Cristo, que se conmemora en esos días.

◀ **Iglesia ortodoxa rusa**
Históricamente, la Iglesia ortodoxa proporcionó al pueblo llano ruso educación y cohesión espiritual, constituyendo una importante fuerza unificadora. Durante la era soviética se prohibió el culto cristiano público, considerándose un símbolo del antiguo régimen. El culto se celebraba en secreto, y la Biblia solo entraba en el país de contrabando.

POLÍTICA

El simbolismo está muy presente en la política, sobre todo en los signos de afiliación. Todo partido tiene su logotipo y sus emblemas, desde la rueca de Gandhi, símbolo de resistencia pacífica, al asno de los demócratas de EE UU, que representa la fuerza y el valor. Los partidarios muestran su adhesión a la causa llevando los emblemas en la ropa o en banderas, y estos símbolos, como las esvásticas en los mítines de Hitler en Núremberg en la década de 1930, galvanizan realmente a las masas.

◀ **Mau Mau**
En la década de 1950, el movimiento nacionalista africano Mau Mau inició la resistencia violenta contra el dominio británico en Kenia. Este movimiento fue célebre por sus juramentos rituales, un símbolo de unidad e independencia.

▲ **Che Guevara**
Argentino de nacimiento, Che Guevara se unió a Fidel Castro en la revolución cubana en la década de 1950. Tras su muerte se convirtió en un héroe revolucionario, en un icono de la resistencia para los estudiantes de izquierdas de la década de 1960.

▲ **Presidente Mao**
Las *Citas del Presidente Mao*, o el *Pequeño libro rojo*, fue el icono más visible de la Revolución Cultural china de la década de 1960. Las imágenes propagandísticas mostraban siempre a la Guardia Roja con el libro en la mano.

VÉASE TAMBIÉN
Cristianismo *pp. 176-179*
Islamismo *pp. 180-181*
Formas *pp. 284-289*
Marcas y logotipos *pp. 316-317*
Emblemas heráldicos *pp. 318-323*

MASONERÍA

Probablemente la sociedad masculina más antigua del mundo, la masonería es una fraternidad con millones de miembros. Sus actividades son secretas, y hace amplio uso de signos y alegorías. Su origen se halla en los grupos, o logias, de constructores de catedrales de la Europa medieval. Hay quien hace remontar la masonería a la construcción del Templo de Salomón, pero no hay reuniones documentadas antes del siglo XVII. Es, desde luego, la mayor sociedad secreta, y tiene diversas variantes por todo el mundo.

SÍMBOLOS DE LA MASONERÍA

Como la masonería surgió de los gremios artesanos, muchos de sus símbolos proceden del trabajo de los albañiles, como la escuadra y el nivel. Al decaer la construcción de catedrales, las logias aceptaron a representantes de otras profesiones para fomentar la afiliación, y su simbología se vinculó más a las órdenes religiosas y a las fraternidades cruzadas.

▼ Tabla impresa del primer grado
Para iniciar a los nuevos miembros en el lenguaje secreto de la masonería se emplean unas tablas impresas en las que figuran los diversos símbolos de la organización.

El Sol representa la energía masculina, la luz y el calor.

El ojo que todo lo ve, rodeado de rayos de luz, se considera a veces como el Dios omnipotente que vigila a la humanidad.

La escalera de Jacob conecta el Cielo con la Tierra, y sus tres peldaños principales son la Fe, la Esperanza y la Caridad.

La llave representa la llave de la verdad, que solo los elegidos pueden emplear.

El bloque de piedra sin tallar, el ashlar, *representa lo que carece de forma, y el tallado (al otro lado), lo que ha sido perfeccionado.*

La Luna simboliza el misterio y la creación.

Los tres pilares son, de izquierda a derecha, de estilo dórico, jónico y corintio respectivamente. Representan la «regla de tres»: la fuerza, la sabiduría y la belleza que en su día se manifestaron en la construcción del Templo de Salomón.

El ajedrezado blanco y negro del suelo simboliza las fuerzas de la luz y la oscuridad, del bien y el mal, y la lucha entre ambos.

En la base de la tabla aparecen los cuatro puntos cardinales, que simbolizan la orientación y la fuerza telúrica.

INICIACIÓN DE LOS NOVICIOS

La masonería instruye en la moralidad a través del ritual, y sus miembros aprenden por «grados», cada uno de los cuales es un paso del proceso. Como muchas otras sociedades, la masonería tiene una ceremonia propia para revelar los misterios al candidato.

▲ Ceremonia de iniciación
En la ceremonia, al novicio se le vendan los ojos como símbolo de su ignorancia de la verdad; luego se le presenta por primera vez a la logia y promete cumplir con su deber respecto a Dios y a la patria.

HERRAMIENTAS DE ALBAÑIL

A pesar de sus orígenes, la masonería no pretende instruir en la construcción o el trabajo de la piedra, pero se sirve de esos oficios como alegoría moral. Es por ello por lo que los símbolos de la masonería son las herramientas de los albañiles medievales, como el delantal (originalmente de piel de cordero), el mazo, la escalera, el nivel, etc.

▲ Escuadra
Emblema del maestro de la logia, la escuadra «endereza» a los miembros por el buen camino del deber cívico y representa un código moral. También es un instrumento que ordena elementos dispares.

▲ Nivel
El nivel simboliza la igualdad y la justicia, y en el ritual casi siempre va unido a la plomada. Constituye un recordatorio de que todos ellos son hermanos, sea cual sea su profesión o sus ingresos.

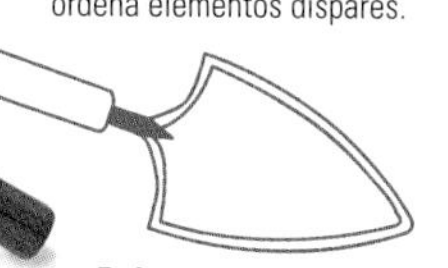

▲ Mazo
El martillo o mazo es una fuerza formadora y masculina, símbolo de la justicia y la autoridad. Según la tradición, el mazo del masón está hecho de haya, lo cual alude a la prosperidad y a la resistencia.

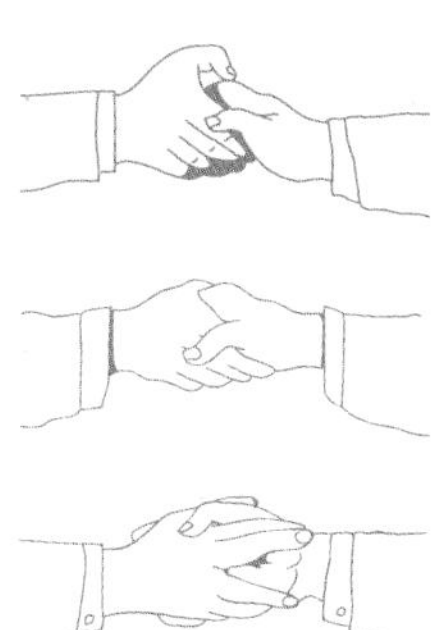

▲ Paleta
La paleta pone el cemento de la fraternidad y difunde el amor fraterno. Sigue siendo un símbolo importante de la unidad masona y de la hermandad entre los hombres.

◄ Plomada y cuerda
Los constructores utilizaban la plomada y la cuerda para fijar la vertical desde un punto dado. Para los masones estas herramientas son un símbolo de rectitud moral y conducta virtuosa. Asimismo, la plomada es el emblema del guardián de la logia.

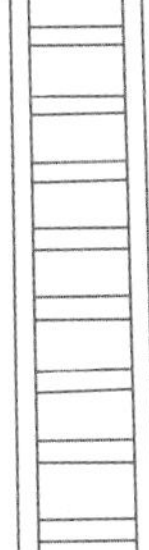

◄ Escalera
La escalera es el vínculo entre el Cielo y la Tierra, y un símbolo del progreso del masón: algunos masones ascienden con los ojos fijos en la meta, pero la mayoría solo puede ver el peldaño inmediato; a medida que se va fortaleciendo su carácter, los peldaños se vuelven accesibles.

◄ Compás
Importante emblema de la masonería, el compás representa a Dios como arquitecto del mundo. Representado junto a la escuadra, la conjunción de ambos triángulos, uno hacia arriba y otro hacia abajo, puede ser un símbolo primitivo de unión física masculina y femenina y de fertilidad.

SALUDOS Y APRETONES DE MANOS

La masonería, en particular la británica, se suele asociar con un código de saludos y otras contraseñas. Los masones se reconocen entre sí mediante apretones de manos simbólicos, algunos bastante complejos. Al ser secretos, su significado no es accesible al no iniciado; baste decir que hay una jerarquía de saludos (y ceremonias de bienvenida) según el grado de iniciación de cada miembro.

◄ Apretones de manos
Entre los saludos y apretones de manos masónicos, el «Boaz» *(arriba)* es el propio de los aprendices iniciados, que al parecer se presionan mutuamente con el pulgar sobre el nudillo del índice. El «Tubalcain» *(centro)* representa el saludo clave o de pase del Gran Maestre, mientras que la «Zarpa de león» *(abajo)* es el saludo real del Maestre masón.

BILLETE DE DÓLAR

El primer presidente de EE UU, George Washington, fue masón, como lo fueron muchos de los firmantes de la Constitución. Los valores republicanos norteamericanos encajan con los de la masonería: sentido del deber cívico y gran estima por el conocimiento y el progreso. Los símbolos masónicos fueron adoptados como emblemas de la nación, y tanto el ojo que todo lo ve como la pirámide figuran en el billete de un dólar.

MARCAS MASÓNICAS

Todos los masones tienen una marca identificativa propia, a la manera de los canteros de la Europa medieval, que marcaban las piedras de sus edificios con símbolos o letras. La esvástica es un antiguo símbolo universal del Sol y del ciclo del nacimiento y el renacimiento; era especialmente usado en India (mucho antes de que la usurparan los nazis).

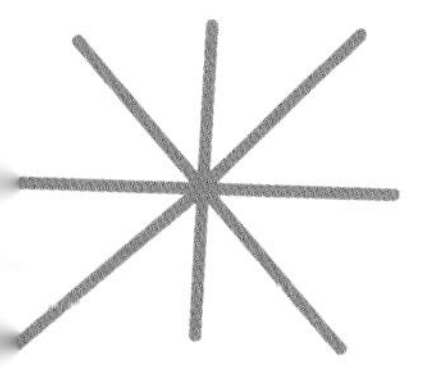

ESTRELLA

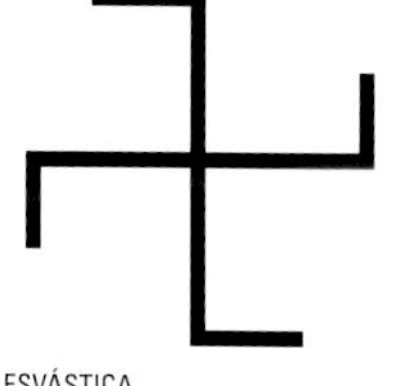

ESVÁSTICA

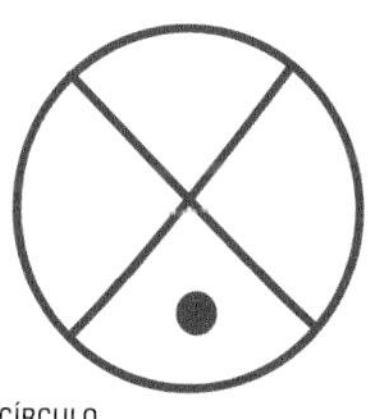

CÍRCULO

VÉASE TAMBIÉN
Escaleras celestiales *pp. 236-237*
El hogar *pp. 238-241*
Formas *pp. 284-289*

ARTE

Los pintores siempre han incorporado símbolos a sus obras, y muchos cuadros despliegan un lenguaje simbólico tal que los objetos y figuras no solo se representan a sí mismos, sino que también evocan conceptos e ideas. La comprensión del lenguaje simbólico de las obras de arte permite penetrar en el mundo interior del artista, en sus creencias y emociones, y asimismo nos permite vislumbrar las ideas y valores de su época.

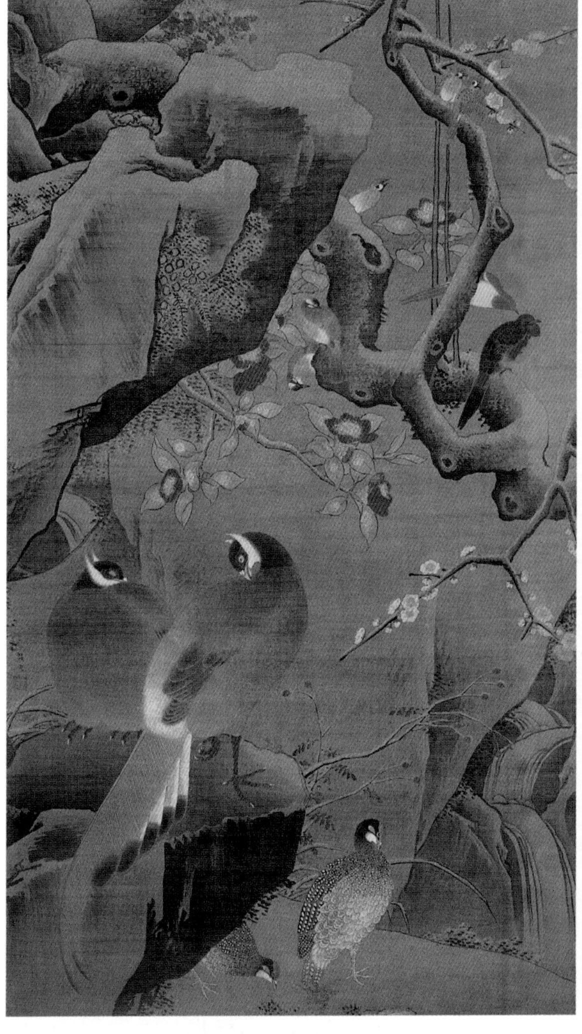

LA NATURALEZA

Los artistas han recurrido a símbolos procedentes del mundo natural para construir alegorías, como en el caso de la pintura china de la dinastía Ming *(dcha.)*. Mientras que el innovador lenguaje visual de Brueghel (p. siguiente) representa un paisaje rural y la actividad de sus gentes sometidas a un invierno frío y duro, el de Gauguin *(abajo)*, expresa una visión única de la naturaleza y del lugar de las personas en ella.

► **Yin Hong, *Aves y flores al comienzo de la primavera***
Esta pintura china de la dinastía Ming, de *c.* 1500, es un buen ejemplo del género de aves y flores de la época. Estas obras decoraban los salones imperiales y eran metáforas que se valían de la naturaleza para transmitir significados simbólicos al emperador y su corte. El tema de esta pintura alude a la fidelidad al emperador: los faisanes simbolizan el valor y la firmeza, mientras que las perdices representan a los leales seguidores del monarca.

◄ **Paul Gauguin, *¿De dónde venimos? ¿Quiénes somos? ¿Adónde vamos?***
Este cuadro, de 1897, muestra a varias figuras que representan las grandes preguntas de la existencia humana. Debe leerse de derecha a izquierda: las tres mujeres y el niño dormido son el comienzo de la vida; el grupo del centro simboliza la primera edad adulta, y en el último grupo, según escribió el propio Gauguin, «una vieja cercana a la muerte parece aceptarla, resignada».

RELIGIÓN

En todas las culturas los artistas han reflejado en su obra sus convicciones religiosas, y el simbolismo es fundamental en casi todo el arte religioso, que se ha servido de la iconografía para transmitir significados del ámbito sagrado, desde el antiguo Egipto hasta hoy, pasando por el arte medieval y renacentista. El Bosco, uno de los mejores pintores medievales, retrata a una humanidad fatalmente corrompida, que puede alcanzar la salvación pero solo a costa de un enorme esfuerzo. Por su parte, las miniaturas birmanas que representan la vida de Buda muestran igualmente el camino hacia la iluminación.

▶ **El Bosco, *Muerte y miseria***
Esta tabla de *c.* 1490 del artista flamenco Hieronymus Bosch muestra el final de la vida de un avaro. Por todo el cuadro aparecen contraposiciones simbólicas del bien y el mal. El moribundo parece debatirse entre la salvación y la avaricia (uno de los siete pecados capitales). Un demonio que asoma por debajo de la cama le tienta con una bolsa de oro, mientras el ángel custodio, a la derecha, le insta a fijarse en el crucifijo que hay en la ventana. La muerte, una figura esquelética que sostiene una flecha, aparece por la izquierda. Encima del baldaquín aguarda otro demonio, con una linterna que contiene el fuego del Infierno.

▶ ***Vida cortesana del futuro Buda***
Esta pintura, procedente de un manuscrito birmano del siglo XIX, muestra al príncipe Siddhartha conducido por su padre, el rey, sobre un elefante blanco sagrado. La sombrilla, símbolo de la realeza, les protege del sol. El rey realiza la ceremonia del arado, acto simbólico que asegura la fertilidad del campo.

▲ **Pieter Brueghel, *Cazadores en la nieve***
Esta imagen forma parte de una serie de seis pinturas de 1565 en que Brueghel representó las estaciones del año y las tareas del campo asociadas a ellas. Esta escena muestra al hombre (en primer plano) frente a la vastedad del paisaje que se extiende más allá de los árboles desnudos: el pueblo cubierto de nieve, los lagos helados y las montañas lejanas.

VÉASE TAMBIÉN
Aves *pp. 58-61*
Budismo *pp. 164-169*
Cristianismo *pp. 176-179*
Formas *pp. 284-289*

POLÍTICA

El retrato de la primera mitad del siglo XVI, ejemplificado por Holbein, está dotado de una sutil dimensión política. Los objetos y símbolos que rodean a los personajes reflejan las tensiones políticas de la Inglaterra de la época. Por contraste, el movimiento futurista italiano de principios del siglo XX exhibe una implicación más directa con los temas sociales, en particular con la vida urbana, con una clara intencionalidad política. Por su parte, el realismo soviético en la década de 1930 fue un instrumento político de Stalin, que buscaba representar el esfuerzo y la lucha del pueblo para formar e inspirar a las masas; el realismo socialista exigía al artista honradez y apoyo a la revolución.

► **Hans Holbein el Joven, *Los embajadores***
Esta obra de Holbein, de 1533, muestra a dos diplomáticos franceses rodeados de una serie de objetos simbólicos. En el estante superior hay una esfera celeste, que sugiere la tesis copernicana de que el centro del sistema solar era el Sol, y no la Tierra. En primer plano se ve la imagen distorsionada de una calavera, símbolo de mortalidad: si se observa desde un punto determinado a la derecha del cuadro, se corrige la distorsión.

▲ **Umberto Boccioni, *La calle ante la casa***
Este cuadro de Boccioni, de 1911, es un intento de crear una representación simbólica del tiempo y el movimiento. Boccioni no solo representa las formas de la calle, sino que además incorpora a la pintura el ritmo y el ruido de la caótica escena callejera.

▲ **Alexander Deineka, *Mecanicemos el Donbass***
Como artista del realismo socialista, a Deineka le interesaba crear imágenes fieles de la vida y el trabajo del pueblo soviético. Este cartel de 1930 logra reflejar el espíritu revolucionario del comunismo en la Unión Soviética de Stalin.

ALMA

Al encargar el retrato del cortesano moribundo Inayat Khan, el emperador Jahangir estaba especialmente interesado en registrar el fenómeno de la muerte, como se aprecia en la objetiva miniatura mostrada abajo. Por contraste, en el arte expresionista el énfasis está en el sentimiento subjetivo, y su pintura refleja el estado de ánimo del artista: el colorido artificial y las formas distorsionadas expresan sus conflictos internos. El emblemático cuadro *El grito*, de Munch *(dcha.)*, representa el tema de la angustia existencial, de la incertidumbre y la ansiedad que produce un universo sin Dios.

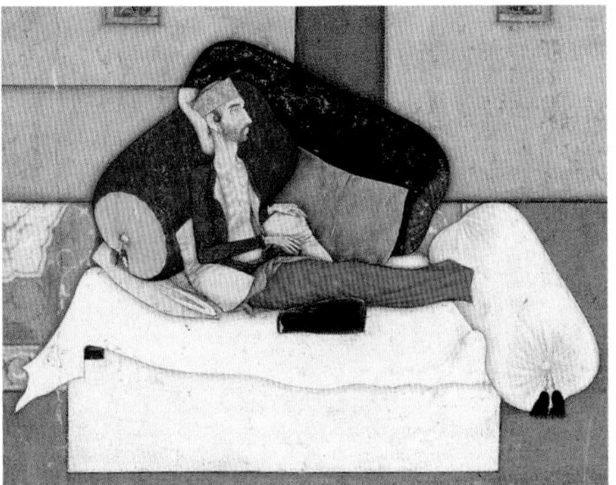

◀ **Anónimo,**
La muerte de Inayat Khan
Este ejemplo del arte de la miniatura de la India mogol, de 1618, muestra a un moribundo de la corte del emperador Jahangir. Este emperador fue un gran mecenas de las artes, y bajo su mandato la pintura fue una actividad aristocrática centrada en la vida cortesana. El personaje está postrado por el alcohol y el opio, y su ceguera se muestra de forma descarnada. Lo íntimo de la escena hace que el observador se sienta como un intruso.

▲ **Edvard Munch, *El grito***
Esta obra es todo un icono del arte moderno. La imagen expresionista, pintada en 1893, muestra a una figura agónica que grita ante el fondo de un cielo rojo sangre. Para muchos se ha convertido en un símbolo del hombre moderno sumido en la angustia existencial.

▲ **Johann Heinrich Füssli, *La pesadilla***
En este cuadro de 1781, Füssli muestra a una mujer durante un sueño perturbador. El artista logró conjurar una imagen terrorífica llena de erotismo: el íncubo sentado sobre el vientre de la mujer simboliza los más sombríos temores de las pesadillas. Para muchos, la obra es un anticipo de las ideas de Freud sobre la mente inconsciente.

SUEÑOS

El sueño y los sueños fueron temas predilectos de Füssli, una de las figuras más importantes del Romanticismo, y ciertamente un artista avanzado a su tiempo en la exploración del psiquismo humano. En la década de 1920 (casi un siglo después de la muerte de Füssli), los surrealistas, muy influidos por las teorías de Freud sobre el inconsciente y los sueños, comenzaron a explorar temas similares. Los principales exponentes del surrealismo, como René Magritte, Paul Delvaux y Salvador Dalí, se valieron del concepto de la mente inconsciente para crear una imaginería simbólica singular y fantástica.

VÉASE TAMBIÉN
El cielo nocturno *pp. 20-23*
Vanitas pp. 132-133

EL NACIMIENTO DE LOS DESEOS LÍQUIDOS

Pintor extravagante y asimismo escritor, escultor y cineasta experimental, Salvador Dalí fue probablemente el más grande de los surrealistas. Por medio de una imaginería onírica sorprendente, creó inconfundibles e inolvidables paisajes de su mundo interior. La obra más surrealista de Dalí examina su propio subconsciente, cuyos temores y fantasías retrata por medio de imágenes simbólicas. En este cuadro hay cuatro figuras que interactúan con una extraña estructura.

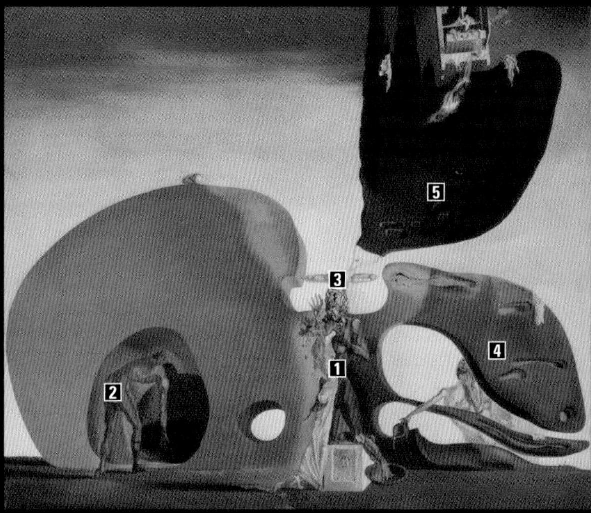

1 y 2. Los personajes
Los personajes del centro podrían ser padre, madre e hijo fundidos en la figura de pesadilla de una criatura hermafrodita. El personaje de la izquierda se ha interpretado como una imagen del propio artista. Unos y otro simbolizan la difícil relación del artista con su padre.

3. La barra de pan
Dalí relacionó a menudo los problemas entre padre e hijo con la leyenda de Guillermo Tell, el arquero suizo obligado a disparar una flecha a una manzana colocada sobre la cabeza de su hijo. Para Dalí, dicho relato simbolizaba el miedo del hijo a la castración a manos del padre. La manzana es reemplazada aquí por la barra de pan.

4. La sombra
Se desconoce el sentido de la sombra oscura que domina la escena, pero podría simbolizar la amenaza que para Dalí suponía su padre. En todo caso, sugiere un sentimiento de tristeza y muerte.

5. La nube
De la barra de pan emerge una nube negra, sobre la cual se lee la siguiente inscripción en francés: *Consigne: gâcher l'ardoise totale?*, que puede traducirse como «Aviso: ¿arruinar la pizarra entera?», mensaje que refuerza el carácter enigmático de la obra.

Salvador Dalí, *El nacimiento de los deseos líquidos* (1931)

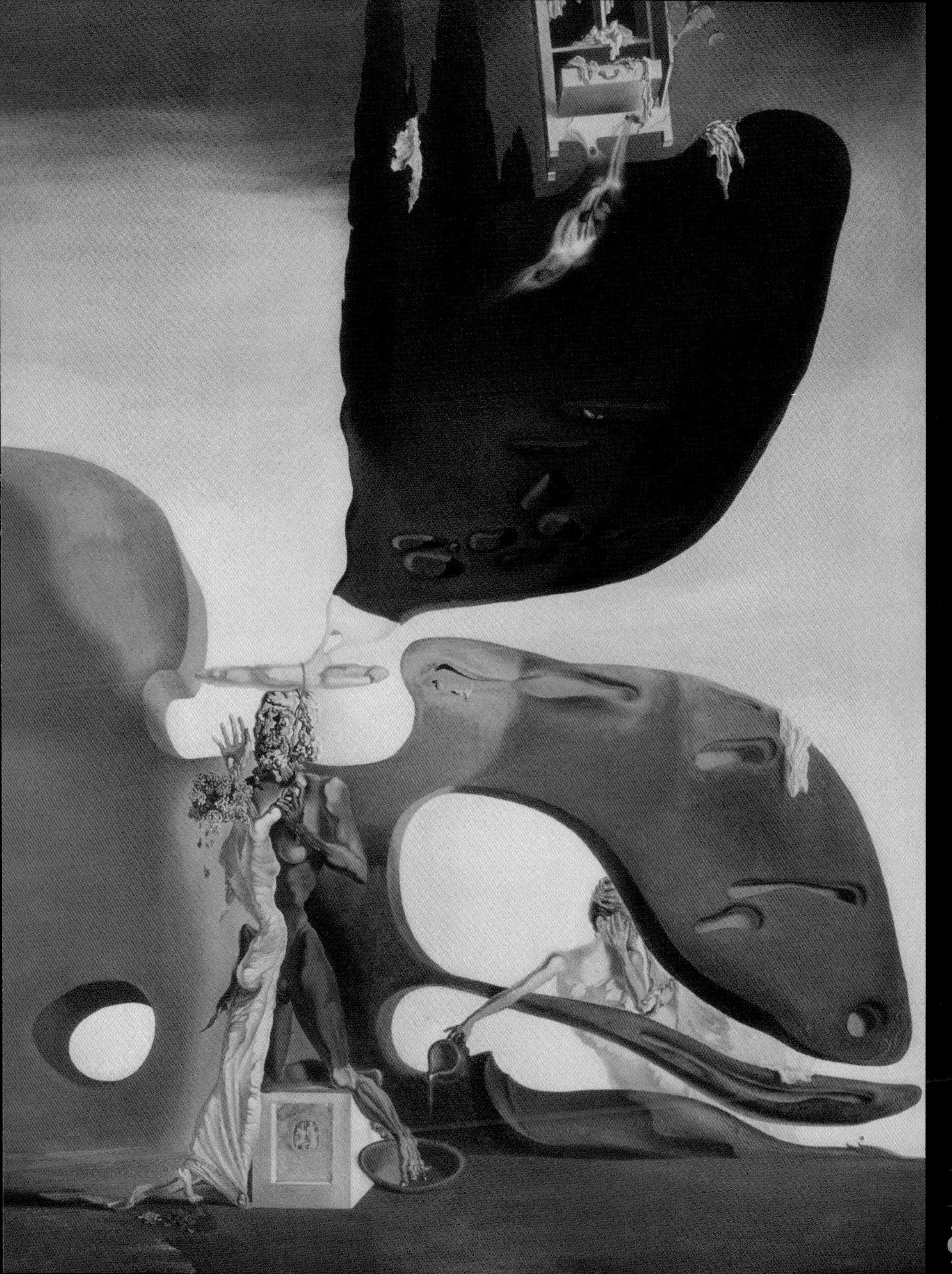

DANZA Y TEATRO

Desde la danza guerrera al vals o del flamenco al *breakdance*, el movimiento del baile es muy expresivo como muestra de gozo, exuberancia vital o solemnidad. Antiguamente, la danza invocaba a los espíritus sagrados o constituía un ritual asociado a los ciclos naturales, la iniciación, las bodas o la batalla. El teatro, que no pocas veces incluye la danza, ofrece una representación simbólica del mundo por medio de la interpretación, el decorado y los temas.

▲ ***Kabuki***
Arte japonés de larga tradición y muy pautado, el *kabuki* –*ka* (canción), *bu* (danza) y *ki* (arte, destreza)– se sirve de símbolos, como los complementos o el maquillaje, para contar historias. Así, por ejemplo, se agitan abanicos para sugerir acciones como cortar flores o beber sake.

▲ **Danza de espadas**
Las danzas con espadas se dan en todo el mundo, desde Escocia a Filipinas, ya sea para alejar a los espíritus malignos o para dar poder a la espada en la batalla. Otras rememoran una victoria o ritos de sacrificio. Algunas acaban con un movimiento que simboliza el corte de una cabeza.

◄ **Palo de mayo**
El baile alrededor del palo de mayo se ha practicado en Europa desde la antigüedad grecorromana para celebrar la primavera como tiempo de vida nueva y abundancia. El palo de mayo puede verse como símbolo fálico, o bien como representación del árbol alrededor del cual se bailaba en los antiguos ritos de fertilidad.

▲ **Bailarinas tailandesas**
Los estilizados movimientos de manos de las bailarinas tailandesas realzan su simbolismo como criaturas celestiales. En ciertos bailes sostienen velas o llevan unas largas uñas de latón, elementos con un simbolismo propio.

▲ **Ballet**
Los precisos movimientos y gestos de un bailarín de danza clásica pueden transmitir emociones o contar una historia de forma convincente. En los inicios del ballet los bailarines se movían de un modo que imitaba las actitudes y comportamientos de sus mecenas, la aristocracia.

◄ **Mimo**
Mediante posturas, gestos y expresiones faciales, el mimo crea un personaje o relata una historia sin necesidad de palabras. Comprendemos su significado gracias a un código de signos que reemplaza a la comunicación verbal.

▲ **Derviches giróvagos**
Los giróvagos originales fueron los Mawlawiya, una hermandad musulmana del siglo XIII. El nombre que les dieron los europeos procede de su costumbre de rezar girando sobre el pie derecho. Su danza simboliza el tránsito espiritual hacia la perfección.

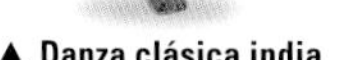

▲ **Danza clásica india**
En la danza tradicional india los gestos de las manos representan estados de ánimo, actos, criaturas u objetos. Cada gesto tiene un significado preciso, y el cuerpo actúa como un títere de tamaño natural, pues solo emplea una serie restringida de gestos.

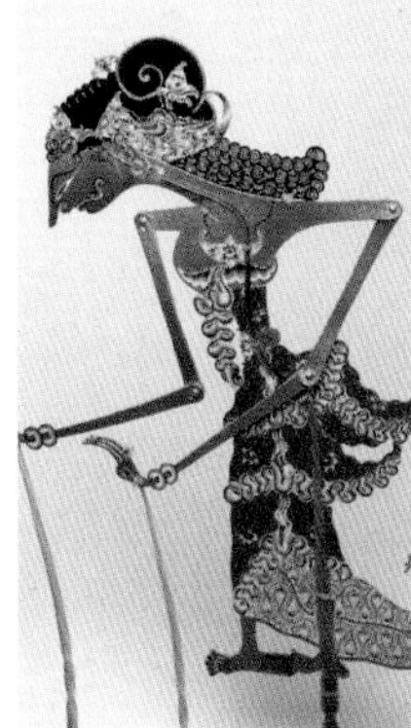

▲ **Teatro de sombras**
El Wayang Kulit, una de las variantes indonesias de las sombras chinescas, emplea títeres planos de cuero tras una pantalla blanca, de modo que sus sombras sean visibles para el público. Las figuras simbolizan las verdades fundamentales del bien y el mal.

▲ **Ópera china**
En la ópera china clásica tanto el canto como la interpretación son muy estilizados, y simbolizan conceptos universales como el amor, la despedida o la venganza. Los instrumentos de percusión, como gongs, platillos y claves, marcan el ritmo del drama.

◀ **Obras de Ibsen**
El teatro puede ser simbólico en la trama, el diálogo o el decorado. El dramaturgo noruego del siglo XIX Henrik Ibsen creó una serie de «obras simbólicas»; en *El maestro constructor*, el protagonista levanta torres –castillos en el aire– que simbolizan su ambición de «alcanzar la cima».

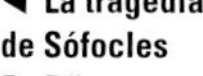

◀ **La tragedia de Sófocles**
En *Edipo rey*, Sófocles recurre a la ceguera y la vista como símbolos de la ignorancia y el conocimiento. Edipo ignora la verdad sobre su vida y que no puede escapar a su destino; una vez que lo descubre, se saca los ojos y vive en el exilio y la oscuridad.

▲ **El drama de Shakespeare**
En *Macbeth*, de Shakespeare, la sangre simboliza la culpa de los protagonistas, que a través de sus palabras y gestos muestran cómo sus crímenes han manchado su conciencia de un modo indeleble.

VÉASE TAMBIÉN
Manos y pies *pp. 116-119*
Máscaras *pp. 270-271*
Instrumentos musicales *pp. 274-275*
Lenguajes de signos y señales *pp. 330-331*
Simbolismo de los gestos *pp. 334-337*

MÁSCARAS

Además de representar la ocultación y la identificación o la transformación en otro ser, las máscaras pueden simbolizar emociones o rasgos del carácter. Desde la antigüedad muchas culturas han usado máscaras en bailes rituales y ceremonias para representar a deidades o animales ancestrales; en el teatro pueden representar lo cómico y lo trágico, y en el arte occidental constituyen un símbolo del engaño y el vicio.

RANGDA

BARONG

▲ Rangda y Barong
Propia de las celebraciones balinesas, la danza de Barong relata un mito clásico. La bruja llamada Rangda es la «viuda negra» y su máscara personifica el mal, mientras que Barong simboliza la salud y la buena suerte; de su máscara, rodeada de flores que contienen sus poderes mágicos, pende una barba de cabello humano. La pareja, bailando en trance, interpreta un combate entre el bien y el mal.

▲ Máscara india
En India las máscaras se consideran *maya*, es decir, que tienen el poder de embaucar a los humanos. Se usan en todo tipo de rituales e interpretaciones, en el supuesto de que los dioses se manifiestan a través de ellas.

▲ Máscara javanesa
Este estilizado demonio-tigre figura en un danza épica clásica llamada *wayang topeng*, que fue muy habitual en la corte javanesa a partir del 1000 d. C. Podría guardar relación con los antiguos bailes de máscaras comunes en las islas del Pacífico.

▲ Máscara del teatro *noh*
En el teatro *noh* del Japón, las estilizadas máscaras representan dioses, demonios, hombres y mujeres, tanto jóvenes como ancianos. Sus colores pueden simbolizar emociones como la ira o la pasión, o rasgos del carácter como la malicia.

▲ Máscara kwakiutl
Mediante las «máscaras de transformación», los bailarines kwakiutl pueden asumir más de una identidad: tirando de palancas e hilos, la máscara exterior se abre para revelar otra. Estas máscaras se usan para relatar mitos. Los indios norteamericanos también adoptaron máscaras totémicas de aves y otros animales como emblemas del linaje familiar.

▶ Máscara de Nueva Guinea
El *jipae*, máscara de mimbre de la tribu asmat, representa a un miembro de la comunidad recientemente fallecido. Por la noche se invoca al *jipae* para que salga del bosque y se una a los hombres en la fiesta ritual previa a su marcha al mundo de los muertos; el enmascarado asume las responsabilidades mundanas del difunto.

◄ Máscara de teatro griega
Los antiguos griegos concibieron las máscaras teatrales como accesorios para representar personajes, ya fueran héroes, villanos o dioses. También el coro iba enmascarado.

▲ Máscaras de hojas
Los indios norteamericanos iroqueses espantaban a los espíritus malignos con máscaras de hojas de maíz, cuyo rostro se tenía por un espíritu doméstico que curaba las enfermedades. Los iroqueses acogían a una «sociedad de rostros falsos» formada por brujos a los que se atribuían poderes especiales cuando llevaban la máscara.

► Máscara veneciana
El baile de máscaras, o mascarada, alcanzó popularidad como acontecimiento público en la Venecia del siglo XV. Ofrecía a las clases ricas una evasión de la formalidad cotidiana y el acceso a un ambiente de misterio, engaño y libertad sexual.

▲ Máscara igbo
La máscara ritual de la «hermosa doncella» de los igbo de África occidental representa a los espíritus femeninos, realiza un encantamiento sobre quienes la miran y apacigua a los espíritus. Suele ser blanca y no negra, pues el mundo de los espíritus se concibe como el contrario del de los vivos.

► Máscara de Camerún
Esta máscara bamileke de Camerún está compuesta de cientos de cuentas de colores, y representa al elefante y al leopardo, símbolos regios del poder y la riqueza. Según la leyenda bamileke, el rey tiene la capacidad de transformarse en cualquiera de esos dos animales a voluntad.

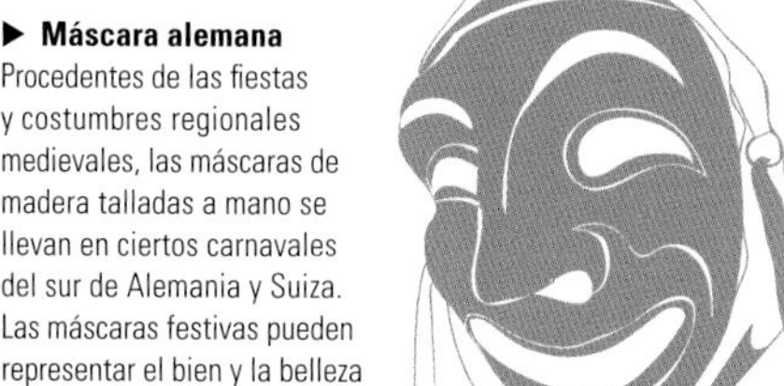

► Máscara alemana
Procedentes de las fiestas y costumbres regionales medievales, las máscaras de madera talladas a mano se llevan en ciertos carnavales del sur de Alemania y Suiza. Las máscaras festivas pueden representar el bien y la belleza o representar grotescamente la fealdad y la bestialidad.

◄ Máscara polinesia
Las máscaras ceremoniales tradicionales de las islas del Pacífico simbolizaban poderes espirituales benignos o malignos. Cada isla contaba con máscaras exclusivas de su propia tradición.

◄ Máscara de Mardi Gras
En el período de fiesta y carnaval previo a la Cuaresma –una de cuyas celebraciones más elaboradas tiene lugar en Nueva Orleans– abundan las máscaras de inspiración cómica o satírica, por lo general como pretexto para entregarse a la alegría y el jolgorio.

▲ Máscara de mosaico azteca
Esta máscara, del siglo XV o XVI, es quizá una representación del dios celeste de los aztecas, Tezcatlipoca. Está confeccionada con franjas alternas de turquesa y lignito adheridas a un cráneo humano cuya parte posterior ha sido sustituida por una pieza de cuero.

VÉASE TAMBIÉN
Deidades mesoamericanas y sudamericanas *pp. 144-145*
Espíritus de la naturaleza *pp. 148-149*
Chamanismo *pp. 154-155*
Danza y teatro *pp. 268-269*

▲ Juan y la habichuela gigante
Cuento de hadas clásico, *Juan y la habichuela gigante* procede de la tradición oral, posiblemente de las sagas nórdicas. La planta simboliza un árbol de la vida o la sabiduría, y cada vez que Juanito la escala, regresa con más bienes materiales y con más sabiduría.

▲ ***Alí Babá***
Tras descubrir el tesoro en la cueva de los cuarenta ladrones, Alí Babá elude la venganza durante años y acaba siendo rico y poderoso.

CUENTOS DE HADAS

Relatos de maravilla y fantasía ricos en contenido simbólico, los cuentos de hadas son historias populares que han pasado de generación en generación.

Los cuentos de hadas son relatos populares que ilustran simbólicamente la muerte de la inocencia y el nacer de la niñez, subrayan los ideales de la sociedad y enseñan a afrontar los temores. Sigmund Freud y Carl G. Jung interpretaron algunos de sus elementos como reflejo de las angustias, temores y deseos más universales y profundos.

▲ ***Caperucita roja***
En el cuento de *Caperucita roja* el lobo malvado da caza a la niña inocente. Al final, sin embargo, el mal es derrotado por el bien.

LA BESTIA

En el cuento de *Caperucita roja* se plantea el viejo tema de la bestia que hay que vencer. El lobo devora a la criatura inocente, pero al rajar el vientre del lobo, la niña (y su abuela) es liberada, y sigue viva. Ha muerto la inocencia pero ha emergido una nueva vida. En *La Bella y la Bestia*, la Bella se sacrifica y se entrega a la Bestia para salvar a su padre. Cuando la Bella descubre la bondad de la Bestia y se enamora, la Bestia queda libre de su encantamiento y recupera su condición de apuesto príncipe; así, su naturaleza bestial es derrotada por el bien.

CHOQUE DE CULTURAS

Los cuentos de hadas se pueden interpretar de maneras diversas. Donde unos aprecian significados religiosos o cosmológicos, otros hallan explicaciones psicológicas. Ciertos relatos pueden leerse como el resultado de un choque de culturas, pues en efecto responden a la fusión de tradiciones diversas. Una de las interpretaciones de *Blancanieves*, por ejemplo, es que el cuento representa la derrota del antiguo orden (el del culto a la diosa madre precristiana) a manos de uno nuevo (el cristianismo). Blancanieves, la doncella pura y feliz que vive entre animales y otros seres del bosque (los siete enanitos, que cuidan de ella cuando es expulsada por su celosa madrastra), sería así una metáfora de las antiguas religiones matriarcales de la naturaleza; y su madrastra, que toma el lugar de su madre verdadera, la madre naturaleza, representaría a la nueva religión; el padre de Blancanieves sería el hombre común que duda entre ambas.

◀ ***La Bella y la Bestia***
A medida que se conocen, la Bella deja de temer a la Bestia y se enamora. Y como su amor es auténtico, la Bestia se transforma y vuelve a ser el noble príncipe que antes fue.

SUPERACIÓN

Ciertas historias presentan a un héroe en busca de algo. A veces se trata de historias épicas con un final feliz, como el rescate de la doncella en apuros. A veces el héroe es un personaje sencillo, casi indefenso. Tanto en *Alí Babá* (de *Las mil y una noches*) como en *Juan y la habichuela gigante*, la riqueza y la sabiduría se alcanzan tras grandes tribulaciones; la moraleja es que lo bueno, ya sea de orden material o espiritual, requiere un esfuerzo.

▲ ***Blancanieves***
La manzana envenenada que la malvada reina, disfrazada de anciana bondadosa, ofrece a Blancanieves simboliza la caída de Eva, y con ella la del culto a la madre naturaleza, condenado por la Iglesia.

VÉASE TAMBIÉN
Árboles sagrados *pp. 96-97*
Cristianismo *pp. 176-179*

INSTRUMENTOS MUSICALES

Es probable que la primera música se basara en los sonidos y ritmos naturales, como el latido del corazón, el trueno o el canto de las aves. Los instrumentos musicales simbolizan la armonía de la naturaleza y el pulso de la vida. Los de cuerda representan los sonidos celestiales, y los tambores y otros instrumentos de percusión están ligados a la revelación, el éxtasis y la verdad divina. Ciertos instrumentos han devenido símbolos nacionales; otros se identifican con la guerra, el bienestar espiritual o la celebración.

▲ **Flauta**
Para los hindúes, la flauta de Krishna es la voz de la eternidad que a todos llama. En el Pacífico, es la voz de los espíritus; para los cristianos simboliza el anhelo de Dios por parte del alma, y en la mitología china, indica armonía.

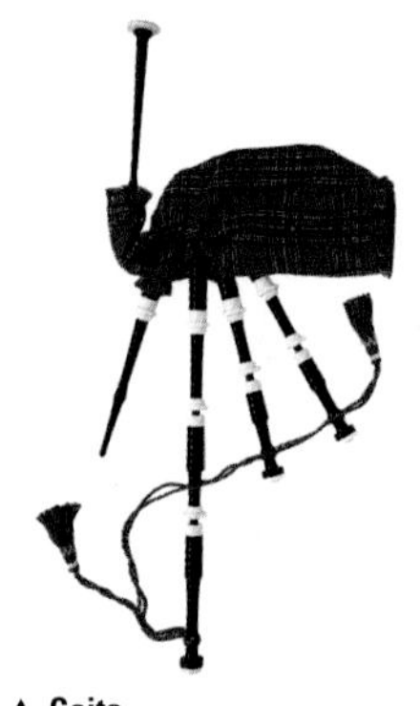

▲ **Gaita**
Instrumento nacional de Escocia, el resonar de la gaita simboliza la libertad y el vigor escoceses. En otras culturas tiene también vínculos con la fuerza, la virilidad y la libertad frente a la opresión.

▲ ***Koto***
Este instrumento de trece cuerdas similar a una cítara es el símbolo de la música y el instrumento nacional de Japón, donde se ha tocado desde el siglo VIII. El *ch'in* chino y el *kum* coreano son similares.

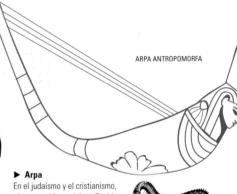

ARPA ANTROPOMORFA

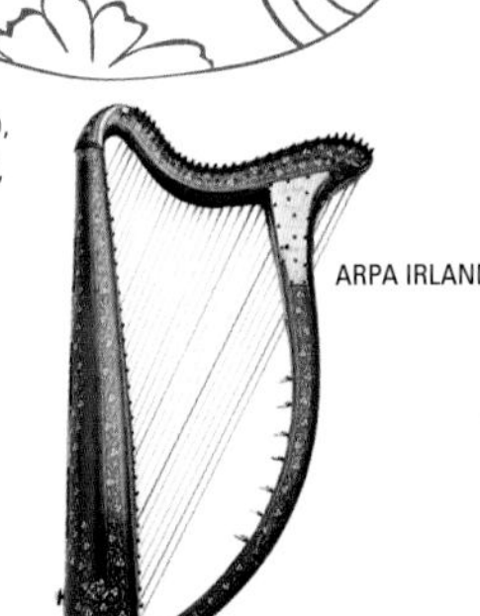

► **Arpa**
En el judaísmo y el cristianismo, el arpa, emblema del rey David, simboliza la música sagrada y con frecuencia aparece asociada a los ángeles.
El Dagda, dios padre de los celtas, tocaba un arpa mágica que ordenaba las estaciones, y el arpa es el símbolo tanto de Gales como de Irlanda. Las cuerdas del arpa representan la escalera que conduce a la otra vida.

▲ **Trompeta**
En tiempos de los romanos el sonido de la trompeta era una llamada a las armas, y a menudo se asocia a la batalla. Tanto la Biblia como el Corán hablan de la trompeta que sonará el último día, cuando los muertos resuciten.

▲ **Tambor**
Asociado con el trueno, el tambor simboliza el corazón del Universo; Shivá sigue su ritmo en su danza cósmica. Su sonido llama a la gente a la oración y a menudo acompaña a los soldados en la batalla.

◄ **Campanas**
El puro tintineo de las campanas simboliza la armonía entre el hombre y Dios, la sabiduría y el rechazo de los malos espíritus. Marcan las horas del día, anuncian eventos importantes y convocan a la gente. Las campanillas representan la música celestial. En algunas culturas las campanas son un símbolo de virginidad; en otras son un signo de rango y categoría.

▲ **Lira**
En la mitología griega Orfeo tocaba una lira, símbolo de la armonía del Universo, y tenía el poder de dominar a hombres y bestias. Apolo tocaba la lira, que es el emblema de Terpsícore, musa de la danza y el canto.

◀ **Gong**
Al grave sonido del gong se le atribuyen cualidades mágicas y protectoras. En los templos budistas marca las fases de las ceremonias y espanta a los espíritus dañinos; como objeto sagrado, suele mostrar un adorno elaborado. En Indonesia, las orquestas gamelan, que incluyen gongs y otros instrumentos de percusión, acompañan prácticamente todos los rituales y ceremonias.

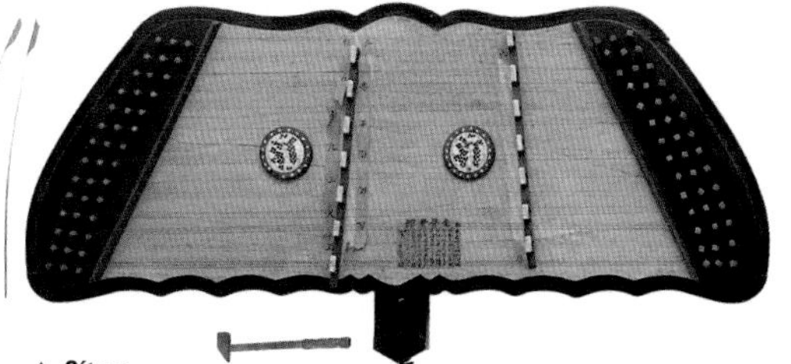

▲ **Cítara**
En la China antigua, la cítara o *chi'in* era el símbolo de la música y un instrumento venerado. Cuando la tocaba un sabio, la cítara podía revelarle la verdad esencial.

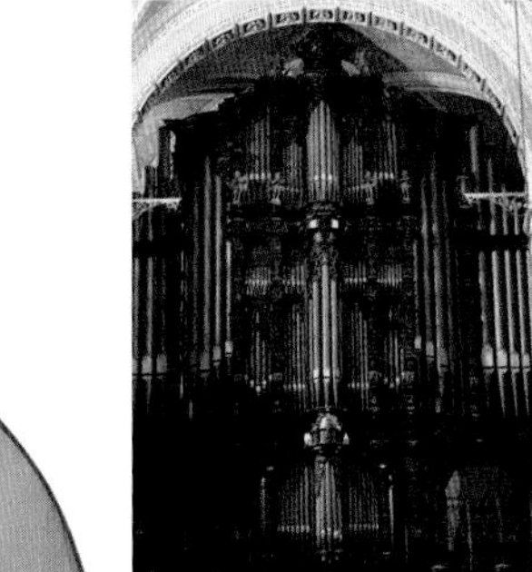

◀ **Órgano**
El órgano ha estado estrechamente asociado al culto cristiano desde el siglo x. La mayoría de las iglesias y catedrales antiguas cuentan con un órgano, cuya función principal es acompañar los himnos de alabanza a Dios, así como ayudar a los fieles en su meditación.

◀ ***Didjeridoo***
Hace miles de años que los aborígenes australianos acompañan la voz con el *didjeridoo*, un tubo que da una única nota pedal o roncón. Su característico tono grave y resonante lo ha convertido en un símbolo de la cultura aborigen australiana. Este es, junto con la flauta, el instrumento de viento más antiguo que se conoce.

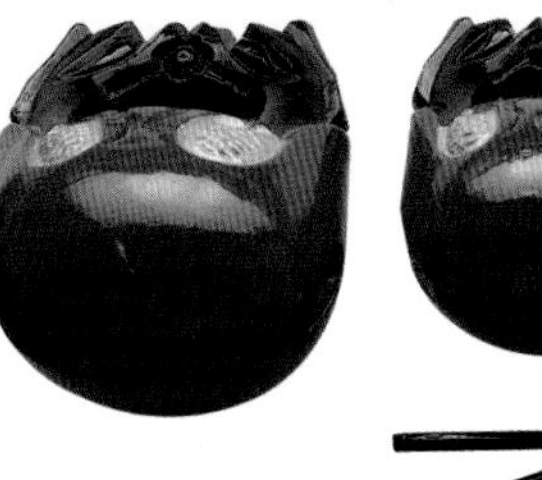

▲ **Platillos**
Los platillos representan los dos hemisferios terrestres; son uno de los atributos de Cibeles, la diosa madre neolítica, y están vinculados a las desenfrenadas danzas de Baco, dios romano del vino. Los budistas tibetanos los emplean para rituales tanto «de paz» como «de ira».

▲ **Laúd**
El laúd fue muy popular en la Europa del Renacimiento y el Barroco, y en el arte era un atributo de las personificaciones de la Música y el Oído. En China representaba la armonía en el matrimonio y en el gobierno, y era uno de los cuatro símbolos del hombre culto.

▲ ***Mu-yu***
Mu-yu significa «pez de madera» en chino, y estos pequeños instrumentos de percusión tienen tradicionalmente esa forma. Budistas y taoístas los usan como tambores de raja rituales, y en Corea y Japón marcan ritualmente el paso del tiempo. Los *mu-yu* se tocan en los templos, donde evocan la oración incesante.

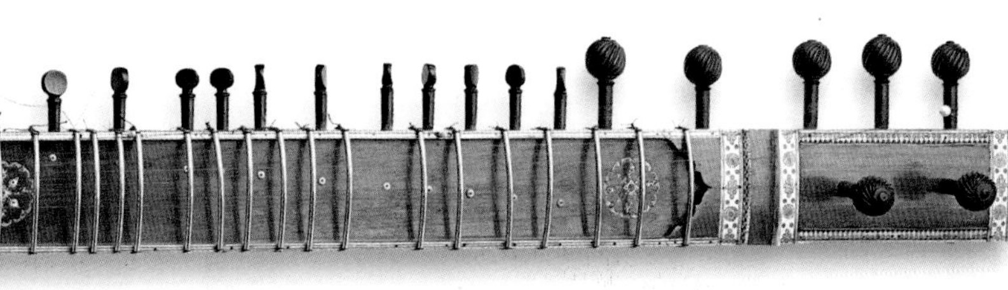

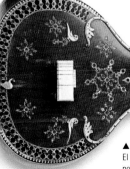

▲ **Sitar**
El célebre instrumento de cuerda indio, acompañado a menudo por el *tablá*, tiene ya una historia de setecientos años y es un símbolo de la música hindú. Popularizado por el gran músico Ravi Shankar, el sitar es prácticamente un sinónimo de la cultura india.

VÉASE TAMBIÉN
Deidades griegas y romanas *pp. 140-141*
Hinduismo *pp. 158-163*
Los ángeles *pp. 188-189*
Nacionalidad *pp. 222-223*
Escaleras celestiales *pp. 236-237*

WWF

SISTEMAS DE SÍMBOLOS

Un sistema de símbolos se compone de un grupo de símbolos interrelacionados. Dichos grupos abarcan desde sistemas formales, como los numéricos o los alfabetos, hasta conjuntos menos formales, como los colores y las formas. Algunos son fruto de miles y miles de años de evolución y varían con cada cultura, pero otros se crearon de modo relativamente rápido y su uso está muy extendido o es incluso universal. En el mundo moderno, que es cada vez más pequeño gracias a los viajes internacionales a buen precio, la comunicación instantánea, las multinacionales y los deportes de práctica mundial, nacen sin cesar nuevos sistemas universales de símbolos que trascienden las barreras del idioma. El ejemplo más puro de un sistema de símbolos es un alfabeto, pues en él cada elemento carece prácticamente de significado cuando está aislado. Aunque muchas letras tienen sentido al usarse solas, casi todas cobran significado solo cuando se emplean con otras. Los guarismos son más independientes y pueden utilizarse solos en su estado más simple, es decir, como símbolos de los números que representan. No obstante, el simbolismo más amplio de muchos números se basa en su relación matemática con las cinco primeras cifras. Por ejemplo, el siete es símbolo del todo porque es la suma de la divinidad (tres) y la tierra material (cuatro). En sistemas menos formales, como los de formas y colores, aunque el simbolismo de cada elemento tiene sentido por separado, solo cuenta un lado de la historia. Por ejemplo, el lúgubre y maligno simbolismo del negro pierde poder si no se contrasta con la pureza y sacralidad asociadas con el blanco.

El simbolismo de los colores y las formas ha evolucionado a lo largo de tanto tiempo que casi parece genéticamente programado dentro de

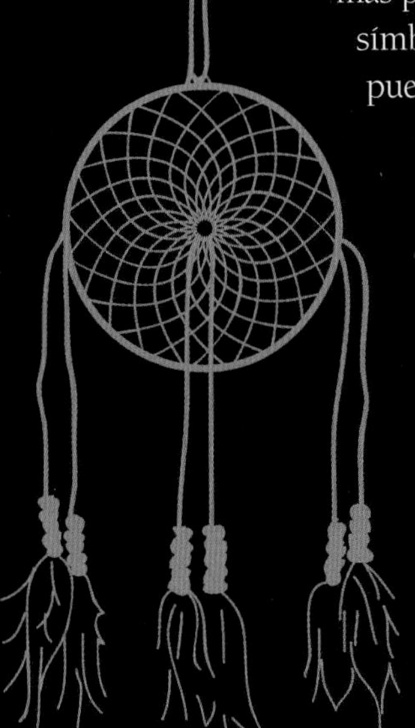

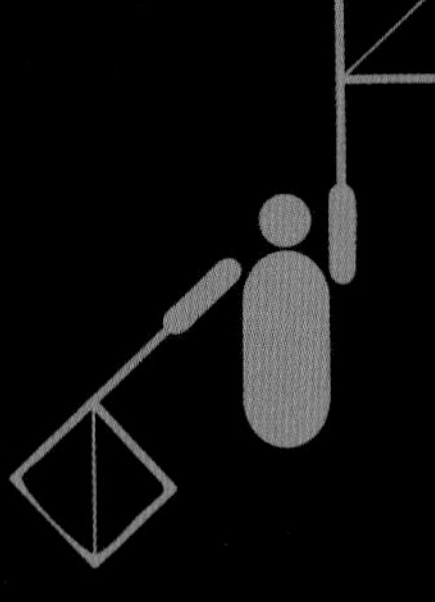

EL ALFABETO ES EL MÁS PURO SISTEMA DE SÍMBOLOS, PUES SUS ELEMENTOS CASI CARECEN DE SIGNIFICADO AL APARECER AISLADOS

cada cultura. Pero el simbolismo de las banderas y la heráldica emergió con mayor rapidez, y ambos conjuntos se crearon de modo consciente y se controlaron como sistemas reconocibles. La heráldica es uno de los sistemas de símbolos más complejos y evocadores, y su simbolismo es específico, claro y carente de ambigüedades. El simbolismo de las banderas nacionales también es inequívoco. Estas son elementos relativamente recientes. Muchas de ellas contienen símbolos universales, como cruces en las naciones cristianas, medias lunas en los países islámicos, y representaciones de animales o cuerpos celestes. La interrelación entre las banderas nacionales se refleja en la forma en que algunas inspiran a otras, como la tricolor francesa, que inspiró el uso de tres colores en banderas de otras naciones nacidas de la revolución. Por su parte, los colores de la bandera de Etiopía han inspirado el diseño de tantas banderas de países africanos de reciente independencia que el rojo, el verde y el amarillo se conocen ya como los «colores panafricanos».

Los signos internacionales comprenden sistemas universales de símbolos, como la escritura musical y matemática, los símbolos monetarios y los del tiempo. Su color y forma son cruciales, pues indican si aluden a una prohibición o advertencia, o si dan instrucciones o información.

Igual de relevantes son los símbolos que guían a un turista hasta una farmacia o una peluquería, o los logos que le permiten dar con su comida, calzado o refresco favorito. ¿Y el símbolo universal por excelencia en comunicación internacional? Sin duda, el del servicio para damas o caballeros.

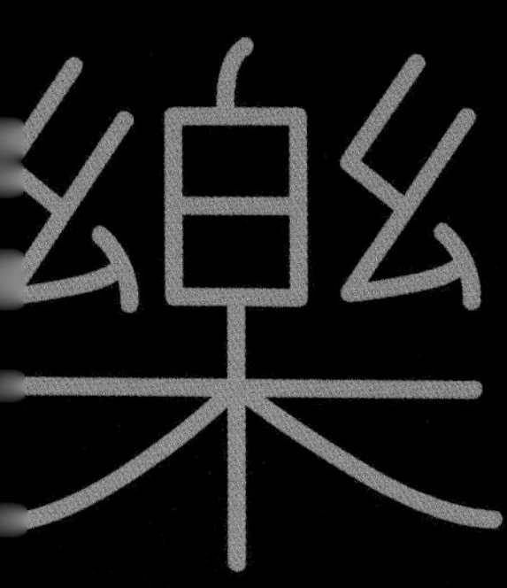

COLORES

La gente de todas las culturas responde de forma emocional ante los colores, aunque sea sin darse cuenta. Los psicólogos afirman que los colores llamados «cálidos» (amarillo, naranja y rojo) estimulan, mientras que los «fríos» (azul, añil y violeta) sosiegan y aportan calma. Las interpretaciones cambian de cultura a cultura, pero el simbolismo de los colores es sin duda universal, lo que lo convierte en uno de los más importantes sistemas de símbolos.

ROJO

El más cálido de los colores cálidos es el más estimulante y el más ambiguo, pues el color del amor y la pasión es también el de la guerra y la agresión; el de la buena suerte, pero también el del peligro; el de la fertilidad y el del fuego del averno. Es una advertencia a detenerse y un acicate para actuar, tanto en el plano emocional («rojo de ira») como en política (revolución).

▲ **Fuego**
En Oriente y Occidente, el rojo es el color del fuego, y en muchas culturas se asocia con las llamas del infierno. También representa el carácter impetuoso, la ira y la energía masculina.

▲ **Guerra**
El rojo es el color de la guerra. Marte, el planeta rojo, recibe su nombre del Dios romano de la guerra, y en diversas culturas lleva el nombre de otras divinidades bélicas. En Babilonia se llamaba Nergal, y los antiguos griegos lo bautizaron como la «estrella de Ares».

▲ **Amor y pasión**
Las rosas rojas son un símbolo del amor. En la cultura occidental el rojo representa la pasión, con frecuencia ilícita (el Barrio Rojo). En Oriente, el rojo simboliza el amor puro, y las novias lo lucen en India, China y Japón.

▲ **Fertilidad y renacimiento**
El rojo simboliza la fertilidad y el renacimiento por su asociación con, entre otras cosas, la matriz, la fruta madura y el mito del fénix, un ave que se destruye en el fuego pero renace entre sus cenizas.

▲ **Sed de sangre**
Dado su poder para provocar la ira y la agresividad, el rojo simboliza el valor y la virilidad, pero también el deseo de matar. Para la Iglesia cristiana representa el sacrificio de Cristo en la cruz y la sangre de los mártires.

NARANJA

Como mezcla de rojo y amarillo, participa en el simbolismo de ambos colores. Puede representar el punto de equilibrio entre la pasión del rojo y la espiritualidad del amarillo, o inclinarse hacia uno de ambos extremos. Simboliza la lujuria y el esplendor, pero puede evocar la renuncia a los placeres mundanos (como en las túnicas naranjas de los monjes budistas). Las novias de la antigua Roma vestían de naranja, y la piedra preciosa llamada jacinto (circón), de color rojo anaranjado, simboliza la fidelidad.

▲ **Renuncia**
La túnica naranja de los monjes budistas simboliza su vida sencilla.

◀ **Permanencia**
Las novias romanas solían vestir de color naranja, pues este era un símbolo de la permanencia del matrimonio.

AMARILLO

El amarillo suele asociarse con el oro, la claridad, la iluminación y el Sol. Y, como muchas flores primaverales son amarillas, también se relaciona con la nueva vida. En muchos países simboliza la cobardía; en otros, representa la envidia. Antaño, una bandera amarilla era un símbolo de enfermedad y cuarentena.

▲ **El Sol**
El amarillo es el símbolo del Sol (y del dios griego del Sol, Apolo), y por tanto de la vida y el calor. En Oriente simboliza el *chakra* del plexo solar, asociado a su vez con el elemento del fuego.

▲ **Realeza**
En China y el Sureste Asiático el amarillo es símbolo de la realeza. En el siglo VI se adoptó en China como color imperial, y solo podían lucirlo el emperador y ciertos monjes, pues los equiparaba con el Sol.

▲ **Traición**
El arte renacentista nos muestra a Judas con una túnica amarilla. El Concilio de Letrán de 1215 ordenó a los judíos llevar insignias de este color (como harían los nazis siglos después) aduciendo que su raza había traicionado a Cristo.

▲ **La vuelta a casa**
En Estados Unidos es tradición decorar con lazos amarillos la casa de alguien que regresa al hogar tras correr un peligro –como la guerra–, de ahí la famosa canción «Tie a Yellow Ribbon Round the Old Oak Tree».

VERDE

Es el color de la primavera y por tanto de la juventud, la esperanza y la alegría, pero también el de la decadencia, y suele simbolizar los celos. Para los musulmanes, es un color sagrado. Algunos creen que ello se debe a que la túnica de Mahoma era verde; otros a que el verde es el color de la nueva vida.

▲ **Ecología**
Al ser el color propio de la naturaleza, el verde simboliza el ecologismo y la preocupación de la gente por conservar los recursos de la Tierra. Por ello, es el nombre de muchos partidos políticos ecologistas.

▲ **Naturaleza**
La clorofila da a las plantas el color verde que se ha asociado con la naturaleza desde la antigüedad. Osiris, el antiguo dios egipcio de la vegetación (y de los difuntos), solía pintarse de verde.

▲ **Juventud**
Dada su relación con la primavera, el verde simboliza la juventud. Dicha función tiene dos caras: las asociaciones positivas de fuerza y vigor frente a las de ingenuidad o inexperiencia («estar verde»).

▲ **Fertilidad**
El «hombre o duendecillo verde» aparece en muchas culturas como símbolo de un dios de la naturaleza o de la fertilidad en general, y en el pasado la Iglesia cristiana lo adoptó como símbolo de la Pascua y la resurrección de Cristo.

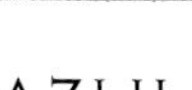

AZUL

El color del cielo simboliza el vacío, el infinito y lo divino. Es el color más profundo, y el más puro después del blanco, y también representa la calma, la reflexión y el intelecto. En Occidente, el azul tiene connotaciones coloquiales, como la tristeza (el *blues*) o la clase (sangre azul).

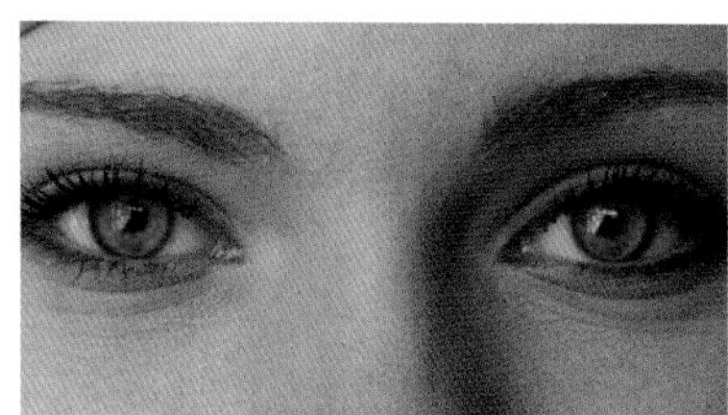

▲ **Ingenuidad**
En Escandinavia se emplea la expresión «ojos azules» para indicar que alguien es ingenuo o crédulo. De igual modo, en Japón «azul» indica ingenuidad o inexperiencia, como «verde» en Occidente.

▲ **Pureza**
En el arte cristiano, las túnicas azules de los ángeles simbolizan la sabiduría divina, mientras que el manto azul de la Virgen María representa la pureza. En el arte del antiguo Egipto, el azul simboliza la verdad.

▲ **Divinidad**
El azul suele simbolizar la divinidad. El dios del antiguo Egipto Amun solía representarse en azul, al igual que los dioses hindúes Rama, Shivá y Krishna.

▲ **Calma**
Color frío asociado con el agua, el azul induce a la calma y a la reflexión. Para los budistas, es el color de Aksobya, el Buda de la resolución y la fuerza.

VÉASE TAMBIÉN
Divinidades egipcias *pp. 138-139*
Divinidades griegas y romanas *pp. 140-141*
Budismo *pp. 164-169*
Cristianismo *pp. 176-179*

MORADO Y VIOLETA

Debido al coste del colorante original, las prendas moradas eran exclusivas de los ricos. Por ello, desde la antigüedad, ha simbolizado el lujo, la opulencia y el poder en muchas culturas. Entre la pasión del rojo y la frialdad del azul, representa además la templanza y la acción meditada.

▲ **Poder eclesiástico**
En la Iglesia católica, el violeta se luce durante el Adviento y la Cuaresma en las casullas de los curas y los ornamentos de la iglesia, pues simboliza la penitencia de Cristo. En Europa el violeta fue antaño el color del «medio luto».

◀ **Poder imperial**
El llamado «púrpura de Tiro» o «púrpura imperial», era mucho más caro que el oro, y simbolizaba el rango de un emperador romano. En la Europa medieval, los colorantes azules eran caros, y el tono más azulado del «púrpura real» adquirió un simbolismo semejante.

▲ **Modestia**
El simbolismo de la flor violeta ha evolucionado desde el exceso (se lucía en las orgías dionisíacas) a la modestia. Las violetas blancas simbolizan la inocencia, y las azules, la fidelidad.

ROSA

En Occidente representa la feminidad y la sensualidad. Por eso en Occidente las niñas suelen vestirse de rosa. Su asociación con el movimiento homosexual se originó en la Segunda Guerra Mundial, cuando los nazis obligaron a los *gays* a lucir triángulos rosas, si bien hoy se lleva como insignia del Orgullo Gay. En Gran Bretaña, la expresión «libra rosa» alude a los homosexuales como grupo consumidor.

▲ **Orgullo Gay**
Hombres en un desfile del Orgullo Gay vestidos de rosa en una flamante muestra de solidaridad.

▲ **El lazo rosa**
El rosa es también el color oficialmente identificado con la lucha contra el cáncer de mama.

NEGRO Y GRIS

Como ausencia de luz o color, el negro se considera a veces neutro, aunque con más frecuencia simboliza el mal (los poderes «oscuros») y la clandestinidad. También representa el averno, con sus asociaciones de pena, desgracia y muerte. El gris es símbolo de la penumbra, el anonimato o la incertidumbre, pero como equilibrio entre el blanco y el negro, también es el color de la mediación.

▲ **El mal**
El negro simboliza la moralidad (sotana), pero con más frecuencia representa el mal («magia negra»). En Europa el cuervo anuncia mala suerte, enfermedad y muerte.

▲ **Luto**
Vestir de negro como símbolo de luto es una tradición milenaria. La reina Victoria de Inglaterra vistió de negro durante los cuarenta años de su viudez.

▲ **Vejez y muerte**
En astrología el negro simboliza el planeta Saturno, el cual debe su nombre al dios romano del mismo nombre (el griego Crono), asociado con el tiempo, la vejez y la muerte.

BLANCO

En muchas culturas el blanco simboliza la pureza, la inocencia y la sacralidad, pero en las tradiciones china, japonesa e india se asocia con la muerte y el luto (como se hiciera antaño en Europa). Los budistas lo relacionan con la flor de loto, símbolo de luz y pureza, y con el conocimiento o «iluminación». Para los indios americanos representa el espíritu, y en el sufismo simboliza la sabiduría.

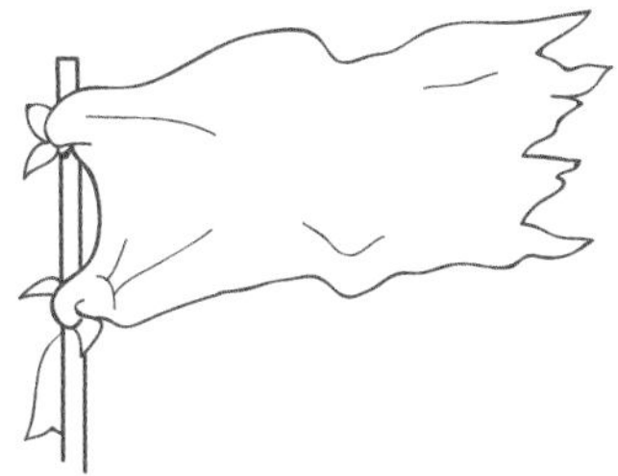

▲ Rendición

El uso de una bandera blanca como símbolo de rendición se remonta al primer siglo de nuestra era en la antigua China. Su empleo se consagró en la Convención de Ginebra y su uso incorrecto es un crimen de guerra.

▲ Cobardía, coraje y paz

En Gran Bretaña –y en el antiguo Imperio británico– una pluma blanca simboliza la cobardía, pues los gallos de pelea con plumas blancas en la cola eran malos luchadores. Para algunas organizaciones pacifistas el blanco es símbolo de paz.

▲ Sacralidad

En muchas culturas el blanco representa la sacralidad y la santidad. Por ello, los druidas celtas *(arriba)* llevan túnicas blancas, los animales sacrificiales suelen ser blancos y en la Iglesia católica rige el blanco para celebrar a Cristo.

▲ Inocencia y pureza

En Occidente, las novias se visten de blanco como símbolo de inocencia y pureza, al igual que quienes reciben el bautismo o la primera comunión. Del mismo modo, el lirio blanco simboliza la pureza y a la Virgen María.

CÓDIGOS DE COLOR

Son algunas de las formas en que el simbolismo de los colores penetra en la vida cotidiana. El verde indica seguridad o «vía libre», y el rojo anuncia peligro u ordena detenerse *(stop)*. El amarillo o ámbar es símbolo de peligro potencial. Los códigos de colores también se aplican en la industria y el deporte.

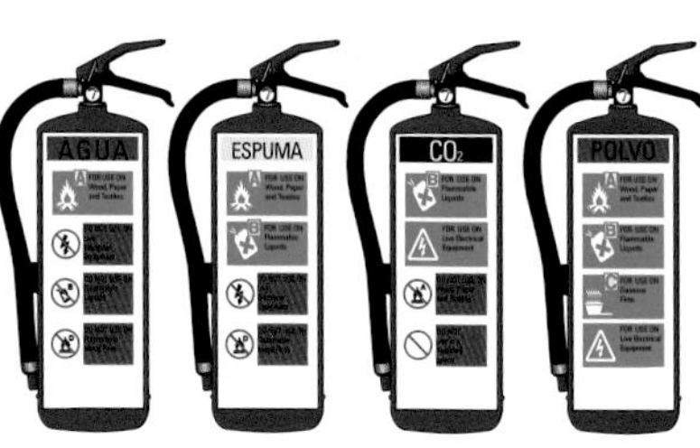

Códigos de extintores (en Europa, rojo = agua, amarillo = espuma, negro = dióxido de carbono, azul = polvo)

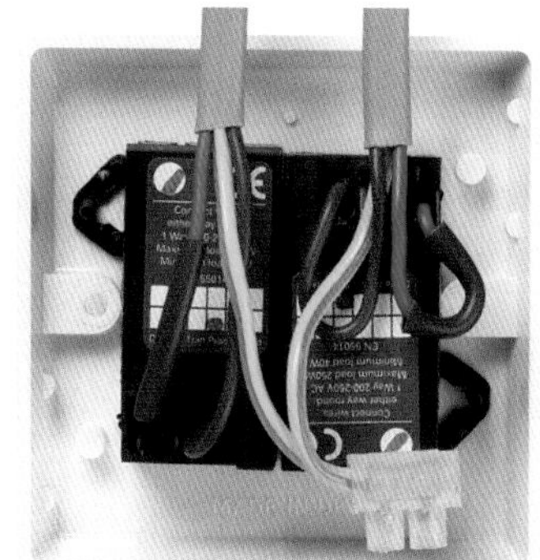

Cables eléctricos (en Europa, marrón = fase, azul = neutro, verde + amarillo = tierra)

Semáforo: rojo + ámbar = preparados para salir

Peatón en verde = cruzar es seguro

Kárate: cinturón negro = el nivel más alto

VÉASE TAMBIÉN
Aves *pp. 58-61*
El loto *pp. 86-87*
Amor y matrimonio *pp. 126-127*
Muerte y luto *pp. 128-131*
Astrología occidental *pp. 200-203*

FORMAS

Como estructura externa de todo lo visible, las formas están cargadas de simbolismo. Desde épocas remotas las formas se han usado como símbolos de niveles de significado que difícilmente podían representarse de otro modo, sobre todo cuando se desconocía el lenguaje escrito. Las formas más básicas, como círculos, cuadrados y triángulos, se usan simbólicamente en todas las culturas, y se han creado muchas otras dotadas de un significado simbólico.

CÍRCULOS Y ESFERAS

Comparten gran parte de su simbolismo, pues ambos son representaciones de las mismas ideas, en dos y tres dimensiones. El círculo es un símbolo común de Dios. En casi todas las religiones equivale a la esfera celestial y los movimientos de los astros. Para los hindúes y los budistas es el nacimiento, la muerte y la resurrección, y los budistas lo consideran asimismo la Rueda del Dharma.

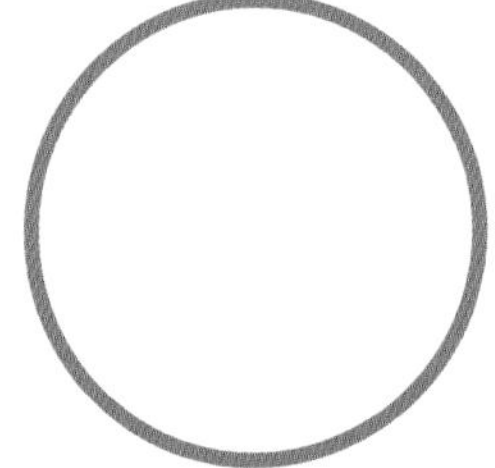

▲ **Círculo**
Al no tener principio ni fin, es un símbolo universal del todo, de la eternidad y de la perfección. Representa el principio masculino y femenino, y simboliza a Dios, las aguas que rodean la Tierra o el ciclo de la vida.

▲ ***Shou***
El *shou*, símbolo taoísta de la longevidad, suele representarse como un círculo. En China se empareja con caracteres que evocan una larga vida, y combinado con el del melocotón simboliza un matrimonio largo y feliz.

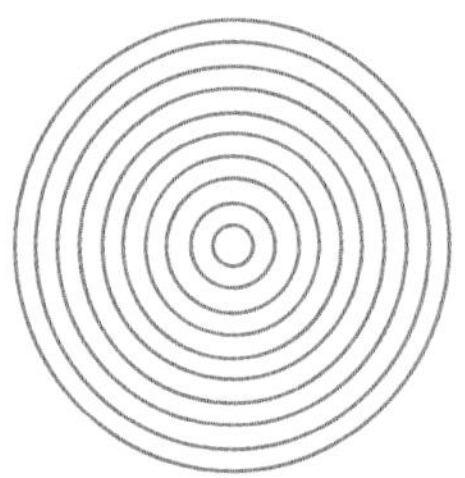

▲ **Círculos concéntricos**
Representan el orden de la creación. Los aborígenes australianos los emplean en sus «Sueños» como símbolo de aguas tranquilas o asentamientos.

▲ **Círculos zen**
En el budismo zen los círculos concéntricos simbolizan los diversos pasos hacia la perfección interior y la armonía del espíritu a medida que se progresa de un estadio al siguiente.

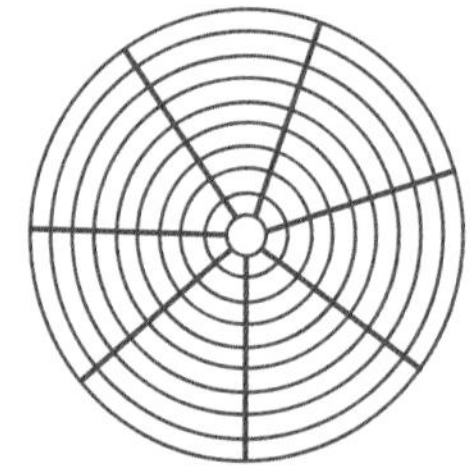

▲ **Los círculos dantescos del infierno**
El poeta italiano Dante concibió el infierno cristiano como nueve círculos concéntricos y asignó cada uno a una categoría de pecador. Los paganos y los no bautizados ocupaban el primero; los traidores, el noveno, en el centro.

▲ **Mesa redonda**
La mesa redonda de la leyenda artúrica simboliza la igualdad, pues en ella ningún caballero ocupa un lugar preferente. El mismo simbolismo se da en el concepto moderno de las conferencias de «mesa redonda».

▲ **Stonehenge**
Este monumento es un vivo ejemplo de que el círculo era un importante símbolo en la Gran Bretaña prehistórica, si bien se ignora su función. Tal vez fue un lugar de oración, un reloj astronómico o un templo del Dios Sol o la Madre Tierra.

▲ **El anillo**
Simboliza la naturaleza vinculante de un compromiso, como el matrimonio. Suelen llevarse en señal de amor, y a veces de poder y autoridad. Además, un anillo puede representar protección contra fuerzas destructivas.

▲ **La Santísima Trinidad**
Los tres círculos externos del *scutum fidei* (el escudo de la Santísima Trinidad) simbolizan la Trinidad cristiana del Padre, el Hijo y el Espíritu Santo. Cada uno está unido a un cuarto círculo central, símbolo de Dios como Trinidad.

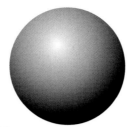

▲ **Esfera**
Comparte su simbolismo con el círculo y suele representar el Cielo y/o el universo espiritual. Dante describe el Cielo como un conjunto de esferas concéntricas centradas en un universo en cuyo centro está la Tierra.

▶ **La cúpula de la catedral de San Pablo**
Las esferas simbolizan el Cielo. En arquitectura se representan a través de las cúpulas de las mezquitas, las iglesias bizantinas y algunas del Renacimiento. La base de tales edificios suele ser un cubo que representa la Tierra.

ESPIRALES Y HÉLICES

La espiral está estrechamente vinculada con la hélice, tanto por su forma como por su simbolismo, y por ese motivo a veces se confunde con ella. Ambas poseen complejos significados y se relacionan sobre todo con fuerzas poderosas, como la rotación de la Tierra, los torbellinos y los remolinos. En casi todas las culturas la espiral se ve como una forma femenina.

▲ **Espiral**
Es un antiguo símbolo del ritmo de la vida y de la energía, la cual se creía que fluía en espirales. Para los mayas equivalía al solsticio de invierno y a un nuevo ciclo anual, y para los polinesios simbolizaba la inmortalidad.

▲ **Danzas espirales**
En sus danzas giratorias, los derviches efectúan un simbólico viaje circular para ascender hacia lo divino. Las danzas espirales como estas también reflejan el movimiento de los planetas.

▲ **Símbolo de la fertilidad de la Madre Tierra**
La espiral se halla en figuras que datan de la Edad de Piedra, por lo que lleva siglos siendo un símbolo de fertilidad, tanto por derecho propio como por sus vínculos simbólicos con los ciclos de la Luna y con otros símbolos de fertilidad, como el cuerno helicoidal.

▲ **Círculo del taichí *(taijitu)***
Esta doble espiral simboliza la relación entre el yin y el yang, elementos interdependientes de la filosofía taoísta que juntos crean un todo equilibrado. Es un símbolo de vida, y representa la unión de los opuestos.

▲ **La agitación del Océano de Leche**
En este mito hindú una hélice simboliza la unión de los opuestos. La serpiente Vasuki se convierte en una hélice ensortijada alrededor del monte Mandara que los *devas* (dioses) y *asuras* (demonios) emplean como cuerda para hacer girar la montaña y agitar el océano con el fin de obtener el elixir de la inmortalidad y otras maravillas.

▲ **Doble espiral**
Este símbolo, parecido al círculo del taichí, representa la interdependencia entre opuestos, como el nacimiento y la muerte (o bien el nacimiento y la «resurrección» tras una iniciación), así como lo masculino y lo femenino.

▲ **Triple espiral**
El trisquel o triple espiral celta es un antiguo símbolo solar que ciertos cristianos adoptaron para representar a la Santísima Trinidad. Algunos neopaganos también lo emplean como símbolo de la Triple Diosa.

▲ **Hélice**
La hélice comparte su simbolismo con la espiral, incluida su relevancia como símbolo de fertilidad. La doble hélice (como el ADN) se ha convertido en el símbolo del conocimiento científico de la humanidad.

VÉASE TAMBIÉN
Amor y matrimonio *pp. 126-127*
Budismo *pp. 164-169*
Taoísmo y sintoísmo *pp. 170-171*
El Santo Grial *pp. 208-209*
Lugares sagrados *pp. 232-233*

TRIÁNGULOS Y PIRÁMIDES

El triángulo comparte simbolismo con el número tres, que representa el principio, el medio y el final. En muchas culturas, desde el antiguo Egipto y Babilonia hasta los modernos cristianos e hindúes, se relaciona con las trinidades divinas. Además, simboliza otros tríos, como el del cuerpo, el alma y el espíritu, o el del hombre, la mujer y el niño.

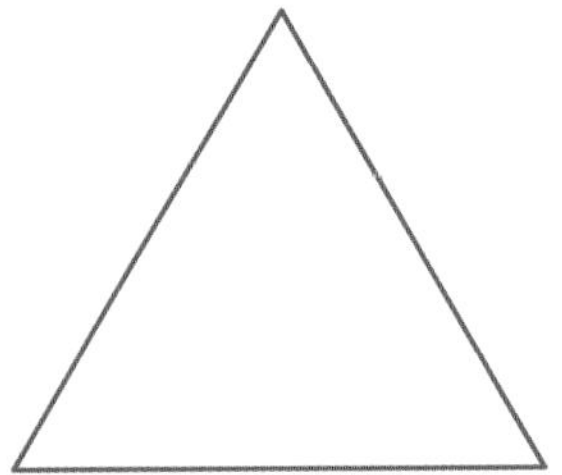

▲ **Triángulo equilátero que apunta hacia arriba**
En muchas culturas antiguas simbolizaba el sexo masculino y el elemento del fuego. Para los hititas representaba la salud; para los mayas, el Sol, y por ende la fertilidad; en el arte de la cultura pueblo era un monte sagrado.

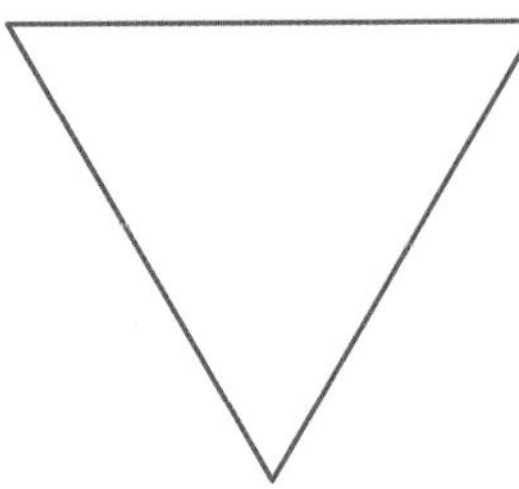

▲ **Triángulo equilátero que apunta hacia abajo**
En muchas culturas tradicionales simbolizaba a la mujer: en las antiguas India, Grecia y Roma representaba el pubis femenino, de forma triangular. Asimismo, es símbolo del elemento del agua.

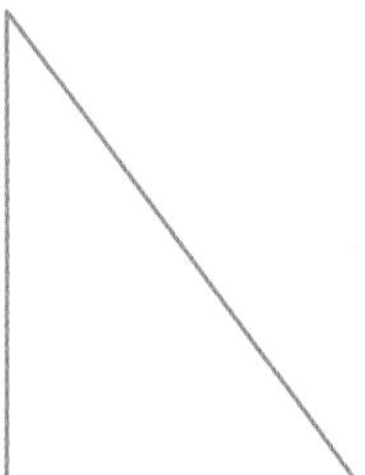

▲ **Triángulo rectángulo**
En las culturas en las que el triángulo equilátero simboliza la divinidad, el rectángulo –la mitad de un equilátero– representa la humanidad y, en algunos casos, la Tierra. En el simbolismo de los masones representa el agua.

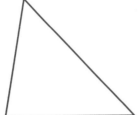

▲ **Triángulo escaleno**
En el simbolismo masónico, el triángulo escaleno, en el que difieren todos los ángulos internos y la longitud de todas las caras, representa el elemento del aire.

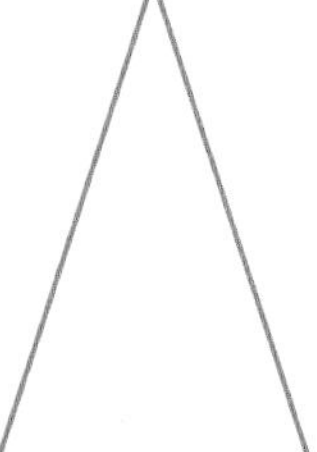

▲ **Triángulo isósceles**
Este triángulo es aquel en que dos ángulos internos y la longitud de dos caras son iguales. En el simbolismo masónico es el elemento del fuego.

▲ **Triángulo masónico**
La base del triángulo masónico simboliza la Duración, y sus dos lados, la Luz y la Oscuridad. El triángulo entero evoca el crecimiento espiritual y ciertos ideales, como la fe, la esperanza y la caridad.

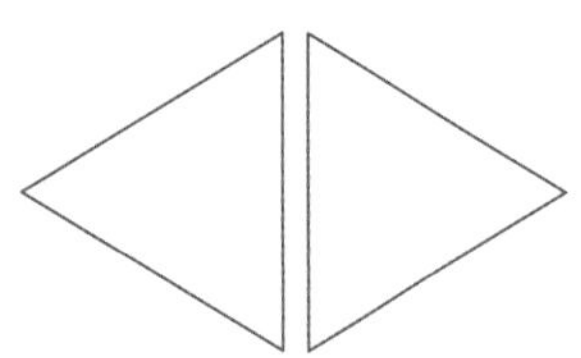

▲ **Triángulos enfrentados por la base**
En diversas culturas los triángulos colocados de esta forma representan las fases creciente y menguante de la Luna.

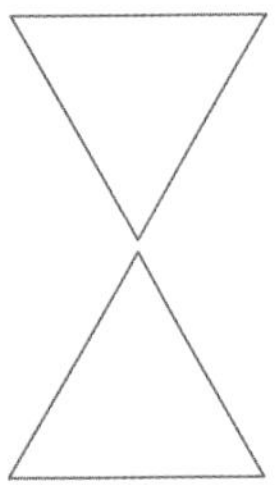

▲ **Triángulos enfrentados por la punta**
Los triángulos así colocados representan lo masculino y lo femenino, así como el contacto entre Cielo y Tierra. En India simbolizan el *damaru*, tambor en forma de reloj de arena de Shivá, cuyo sonido inició la danza de la creación.

▲ **Pirámide**
La base cuadrada de las pirámides simboliza la Tierra, mientras que su ápice representa el Cielo. Además de ser las cámaras funerarias de los faraones egipcios, se hallan en centros religiosos de muchas otras culturas antiguas.

▶ Triángulos y alquimia
En la alquimia, los cuatro elementos se representan con triángulos equiláteros. Un triángulo que apunta al cielo simboliza el fuego; si apunta hacia arriba a través de una línea horizontal representa el aire (porque el aire se alza por encima del fuego); si apunta hacia abajo, simboliza el agua, y si apunta hacia abajo a través de una línea representa la tierra (pues el agua penetra en la tierra). Los cuatro símbolos se combinan en un hexagrama, poderoso símbolo alquímico.

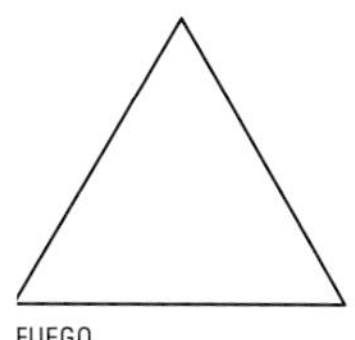
FUEGO

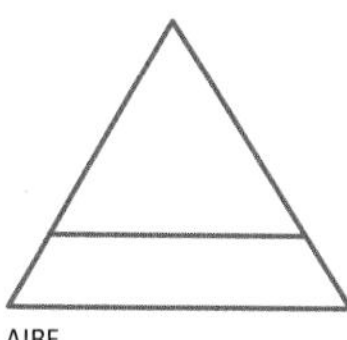
AIRE

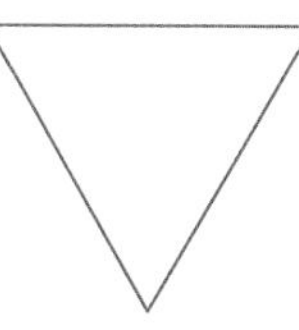
AGUA

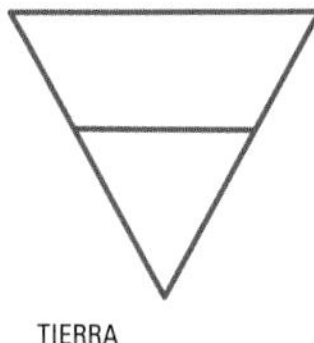
TIERRA

CUADRADOS Y CUBOS

Al igual que el círculo en relación con la esfera, el cuadrado y el cubo comparten gran parte de su simbolismo en calidad de representaciones de las mismas ideas, en dos y cuatro dimensiones. No obstante, frente al movimiento que evoca el círculo y el dinamismo propio del triángulo, el cuadrado y el cubo simbolizan el cese o detenimiento de actividad, cosa que no siempre es negativa, pues puede indicar estabilidad y perfección duradera.

▲ Cuadrado
En muchas culturas es símbolo de la Tierra y los cuatro puntos cardinales. Para el islamismo es el corazón, que está abierto a las cuatro influencias: divina, angélica, humana y diabólica.

▲ Halos cuadrados
Cierta imaginería cristiana abunda en figuras con halos cuadrados. Estos indican que la persona todavía vivía cuando se pintó la imagen, pues el cuadrado es símbolo de la Tierra.

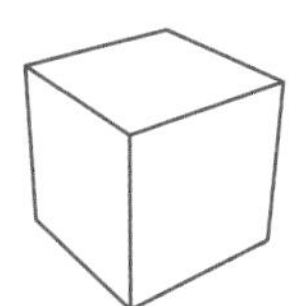
▲ Cubo
Simboliza el universo material y representa la sabiduría, la verdad y la estabilidad moral. La Kaaba, corazón del islamismo, es un cubo que evoca la unidad del pueblo musulmán y la unicidad de Dios.

▲ La cruz oculta
El cubo es asimismo un símbolo cristiano secreto, pues se abre en forma de cruz latina. Una cruz de seis cuadrados iguales forma la base de numerosas iglesias cristianas.

▲ Claustro
Desde la época medieval, el cuadrado como símbolo de permanencia y estabilidad se ha usado en arquitectura en el diseño de ciudades, plazas públicas, edificios religiosos y claustros.

▲ Cubo arquitectónico
En la arquitectura islámica, la unión del cubo, figura que representa el mundo material, y la esfera, que simboliza el espiritual, puede verse en la base cuadrilátera y los techos abovedados de las mezquitas y las tumbas de los santos musulmanes.

VÉASE TAMBIÉN
Hinduismo *pp. 158-163*
Cristianismo *pp. 176-179*
Islamismo *pp. 180-183*
Alquimia *pp. 210-211*
Masonería *pp. 260-261*

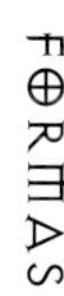

ESTRELLAS

Las estrellas son emblema de sabiduría y de guía espiritual, pues su luz es una metáfora de la luz de la sabiduría que brilla en la oscuridad de la ignorancia o de la de la moralidad que resplandece a través de las tinieblas del pecado. Por otro lado, en muchas culturas se hallan vinculadas al destino. Además, tienen numerosas formas, con un simbolismo específico asociado a cada una.

▲ Estrellas en el cielo
En muchas culturas representan figuras mitológicas o bien dioses que pueden ejercer influencia sobre los nacidos bajo su signo. En otras, simbolizan a los muertos. Para algunos, el Lucero del Alba (Venus) simboliza el principio de la vida.

▲ La estrella de la Orden del Imperio Británico
Toda orden de caballería británica tiene una estrella como insignia que simboliza la eminencia de sus miembros. Aquí se ilustra la estrella de un Caballero Comandante o Dama Comandante de la Orden del Imperio Británico.

▲ Santos y estrellas
El arte tradicional cristiano representa a algunos santos con una estrella, normalmente en la frente. Es el caso de santo Domingo, san Humberto y san Pedro de Alcántara.

▲ Estrellas de aprobación
La estrella es desde hace tiempo un signo de excelencia. En 1900 la Guía Michelin creó la clasificación por estrellas de una a tres («muy bueno», «excelente» y «excepcional») para hoteles y restaurantes.

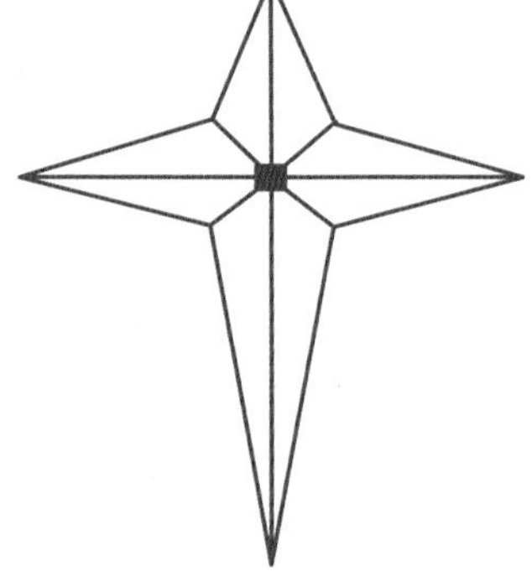

▲ La estrella de Belén
La estrella de cuatro puntas simboliza el nacimiento de Jesucristo, y recuerda el relato del Nuevo Testamento de la Navidad, pues la estrella guió a los tres Reyes Magos hasta Belén para adorar a Cristo.

▲ Pentagrama: estrella de 5 puntas
Con una sola punta hacia arriba, simboliza al hombre universal. La punta superior representa la cabeza, y las otras puntas, los brazos y las piernas. Al invertirse, simboliza al Diablo, cuyos cuernos son las dos puntas que señalan hacia arriba.

▲ Hexagrama: estrella de 6 puntas
Un hexagrama comprende dos triángulos equiláteros entrelazados. Como tal, en el hinduismo representa la unión de hombre y mujer, y en la alquimia la conjunción de los cuatro elementos. Como la estrella de David, es el símbolo del judaísmo.

▲ Heptagrama: estrella de 7 puntas
Esta estrella comparte gran parte de su simbolismo con el número siete. Para los paganos es un símbolo mágico; para los cristianos, representa los siete días de la Creación, y para los budistas simboliza los siete pasos hacia la iluminación.

▲ La estrella de Lakshmi
En el hinduismo la estrella de ocho puntas es el *ashtalakshmi*, grupo de ocho diosas que son emblema de las ocho formas de Lakshmi, diosa de la abundancia en todo lo referente a salud, conocimiento, fuerza y prosperidad.

CRUCES

En el mundo moderno se conoce sobre todo como símbolo cristiano, pero la cruz precede con mucho al cristianismo. En las culturas neolíticas, una cruz en un círculo representaba el Sol. Después también fue sagrada para los aztecas y los antiguos egipcios. En general, comparte gran parte de su simbolismo con el cuadrado y el cubo, así como con el número cuatro.

▲ **Cruz básica o griega**
En Occidente una cruz con los brazos iguales simbolizaba los cuatro elementos; en Oriente representaba los cuatro vientos y los cuatro puntos cardinales. Una forma similar, la *visvavajra*, simboliza el poder de las enseñanzas de Buda.

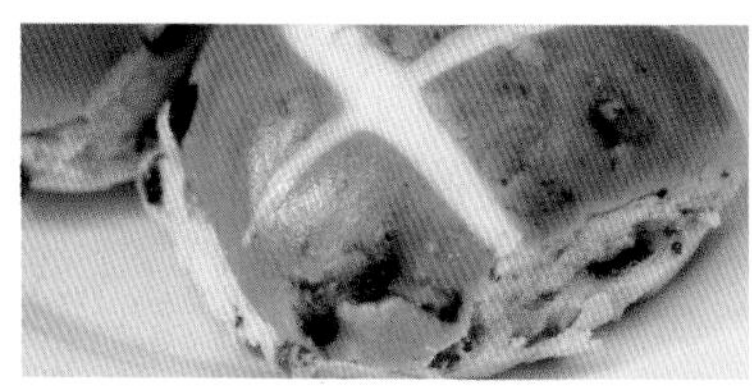

▲ **Los bollitos de la cruz**
En algunos países, los cristianos comen estos bollitos en Viernes Santo. Los paganos sajones ya comían dulces marcados con una cruz en honor a la diosa Eostre, quien dio nombre a la Pascua inglesa *(Easter)*.

▲ **La cruz maltesa**
Existen muchas medallas con la forma de esta cruz, entre ellas la Cruz Victoria *(arriba)*, el mayor honor militar británico. La cruz maltesa es un símbolo de las virtudes cristianas y de la valentía desde las Cruzadas.

▲ **Cruz solar**
Este antiguo símbolo, también llamado «rueda solar», aparece en el arte prehistórico del mundo entero. Simboliza la vuelta del Sol y el ciclo de las estaciones. Con el tiempo, la «rueda» se perdió y se convirtió en una simple cruz.

▲ ***Anj***
Es un antiguo jeroglífico egipcio que simbolizaba la vida y que probablemente combinaba la cruz *tau* de Osiris y la rematada en un óvalo de Isis. Más tarde la adoptaron los coptos como la *crux ansate* («cruz con asa»).

▲ **La cruz tau**
Bautizada con el nombre de la letra griega T, es un símbolo de salvación, pues señalaba a los israelitas a quienes se perdonaba de la muerte. También era símbolo del dios romano Mitra, del griego Attis y de san Antonio Abad.

▲ **Cruz latina**
Esta cruz es el símbolo del cristianismo, aunque se ha hallado en objetos muy anteriores a la era cristiana, y los cristianos de hecho no la adoptaron hasta el siglo III de nuestra era.

▲ **Esvástica**
También llamada «cruz gamada», ha simbolizado al Sol, a los cuatro vientos, a los puntos cardinales, a los cuatro elementos, al relámpago, al martillo de Tor y a Buda, pero es tristemente célebre como símbolo del partido nazi.

MEDIAS LUNAS Y POLÍGONOS

Al igual que la cruz no es solo un símbolo cristiano, la media luna no es exclusivamente islámica, pues también representa a la diosa romana Diana, a la mujer en general, a la castidad y al nacimiento. En astronomía y astrología es el símbolo de la Luna, y en alquimia representa la plata, metal asociado con la Luna.

▲ **Media luna**
Como símbolo de poder, se remonta a la época de las culturas babilónica y sumeria. Existía en Persia y en el Imperio otomano, y la adoptaron los países musulmanes. Posteriormente se identificó con el propio islam.

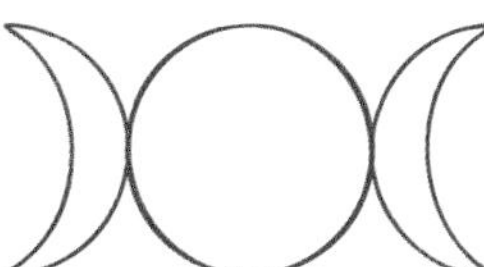

▲ **La triple diosa**
Muchas mitologías antiguas hablan de una triple diosa o una diosa con tres formas. Entre los símbolos que la identifican se encuentra este: una media luna creciente, una luna llena y una media luna menguante.

▲ **Medias lunas entrelazadas**
Otro símbolo de la triple diosa *(véase izda.)* lo forman tres medias lunas entrelazadas, que también constituirían el emblema de la cortesana francesa del siglo XVI Diana de Poitiers.

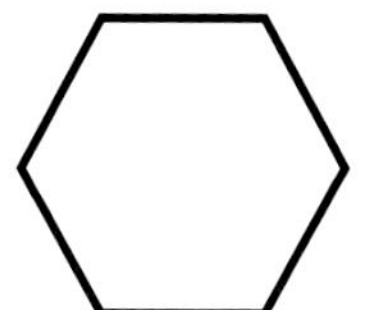

▲ **Hexágono**
Para el cristianismo, es la muerte. En el islamismo es el Cielo, las seis posiciones de la materia (encima, debajo, delante, detrás, izquierda y derecha) y las seis direcciones del movimiento (arriba, abajo, adelante, atrás, izquierda y derecha).

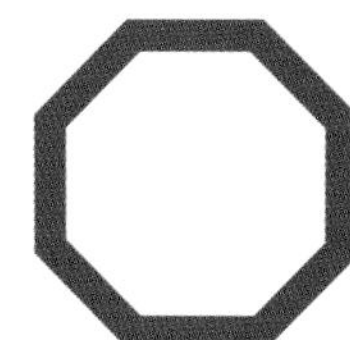

▲ **Octágono**
En el simbolismo cristiano de san Ambrosio es el homólogo del hexágono *(izda.)*, y representa la resurrección. Las pilas bautismales suelen tener ocho lados, pues el bautismo supone la resurrección a la vida de la gracia.

▲ **Mandorla**
Este símbolo con forma de almendra suele aparecer en el arte cristiano como un halo que rodea a Cristo y, en alguna ocasión, a la Virgen María. Simboliza la interacción entre los mundos espiritual y material.

VÉASE TAMBIÉN
El cielo nocturno *pp. 20-23*
Deidades egipcias *pp. 138-139*
Hinduismo *pp. 158-163*
Budismo *pp. 164-169*
Judaísmo *pp. 172-173*
Cristianismo *pp. 176-179*
Alquimia *pp. 210-211*

DISEÑOS

Hay una serie de diseños que han devenido universales, representados en multitud de lugares, desde monedas hasta edificios, y que, en general, simbolizan la condición humana interna. Así, los yantras y mandalas evocan la búsqueda del espacio interior. En la Edad Media, los laberintos eran una metáfora de la búsqueda de la senda verdadera hacia Dios, llenas de obstáculos que superar y elecciones morales que tomar a lo largo del camino.

LABERINTOS

Hay laberintos que contienen muchos senderos pero solo uno que conduce al centro (los multiviarios), y otros con un solo camino que siempre lleva al centro (clásico o univiario). Los laberintos antiguos eran trampas simbólicas para espíritus malignos, y los medievales simbolizaban los peregrinajes.

▲ **Laberinto medieval**
Los laberintos tuvieron su apogeo en la Edad Media. El diseño de los ejemplares de dicho período se basa en los círculos concéntricos.

▲ **Laberinto de Cnosos**
Esta moneda de plata del siglo III a. C. muestra el laberinto de Cnosos, en Creta, donde, según el mito, estuvo preso el Minotauro, medio hombre, medio toro.

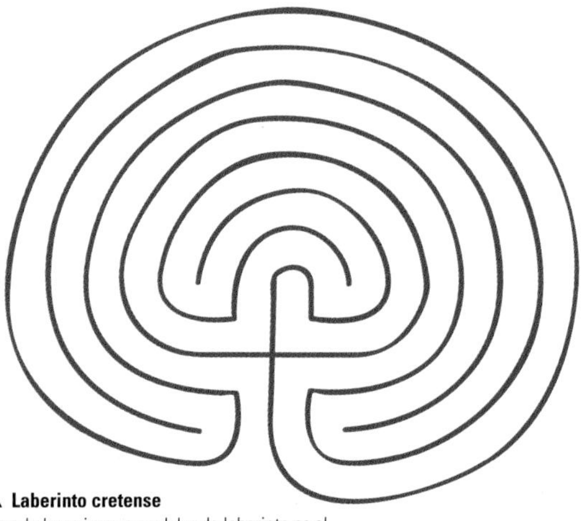

▲ **Laberinto cretense**
Uno de los primeros modelos de laberinto es el sencillo diseño que ilustran las monedas cretenses. Se basa en una espiral que parte de una cruz.

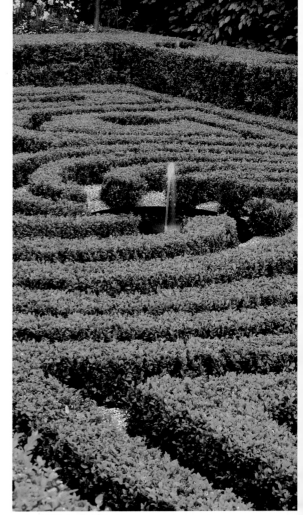

▲ **Laberinto ornamental**
Hoy la significación religiosa de los laberintos ha desaparecido casi por completo. Muchos de ellos, como este de setos, tienen una función lúdica o meramente decorativa.

YANTRAS Y MANDALAS

Los yantras son diagramas hindúes y budistas que se usan en la meditación. Simbolizan el universo y sus poderes divinos. Los mandalas pueden definirse como yantras circulares, y también representan el universo. En el centro de un mandala suele haber un cuadrado que evoca un espacio sagrado. Entre las creaciones occidentales que se consideran mandalas están los «cazadores de sueños», círculos que tejen los indios americanos.

Loto
Triángulo
Círculo
Cuadrado

▲ **Yantra**
Sus elementos básicos son los triángulos (energía cósmica), los pétalos de loto (despertar de la conciencia) y un cuadrado (la Tierra), con puertas a los cuatro puntos cardinales.

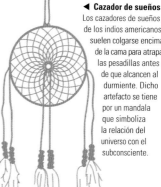

▲ **Mandala tibetano**
En su centro se halla el palacio donde residen los dioses budistas. Los monjes tibetanos crean a veces mandalas curativos hechos con arena de colores.

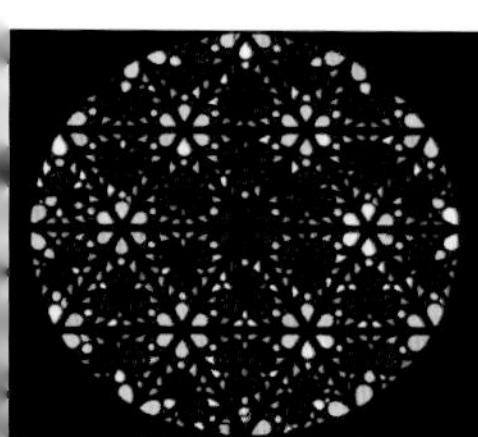

◀ **Rosetón**
Tal vez los rosetones se diseñaron para servir a un fin similar al de los mandalas, como objetos de contemplación y meditación. Sus coloridas formas simbolizan los senderos que llevan a la salvación, situada en el centro.

▶ **Mandalas naturales**
El diseño básico del mandala se repite con frecuencia en la naturaleza. Las espirales de las semillas en las flores del girasol, los anillos del tronco de un árbol, un copo de nieve, una célula con un núcleo en su centro: todos ellos reflejan la representación simbólica del universo de los mandalas.

SEMILLAS DE GIRASOL

ANILLOS DE UN TRONCO

◀ **Cazador de sueños**
Los cazadores de sueños de los indios americanos suelen colgarse encima de la cama para atrapar las pesadillas antes de que alcancen al durmiente. Dicho artefacto se tiene por un mandala que simboliza la relación del universo con el subconsciente.

VÉASE TAMBIÉN
Animales fabulosos *pp. 74-77*
Flores *pp. 82-85*
El loto *pp. 86-87*
Arquitectura religiosa *pp. 228-231*

MANDALA TIBETANO

La palabra «mandala» viene del sánscrito, lengua clásica india. Se traduce por «círculo» o «totalidad». El diseño dentro de un círculo simboliza la totalidad y el cosmos, y el conjunto de formas geométricas entrelazadas pretende ayudar a encauzar los pensamientos: los mandalas son herramientas espirituales para la meditación.

1. El círculo interior
La zona interior del mandala es el punto inicial de muchos mandalas. Es el centro de la energía del cosmos y el centro hacia el que se dirige la meditación del observador. Allí se abrazan los dioses Hevajra y Nairatma, y juntos en esa feliz armonía simbolizan el estado de iluminación que se alcanza cuando las dos mitades se funden por completo. Son la personificación de la creencia budista de que todos los seres carecen de ego. Los rodean ocho figuras femeninas conocidas como *dakinis*, cada una de las cuales representa un punto cardinal.

2. El cuadrado
Alrededor del círculo hay un cuadrado con cuatro puertas que simbolizan los pensamientos sin límites: la bondad, la piedad, la compasión y la ecuanimidad.

3. Círculos concéntricos
El diseño recurrente de círculos concéntricos es un símbolo de los aspectos cósmicos del universo, como los campos de energía y las zonas atmosféricas. Del interior al exterior los círculos se componen de pétalos de loto, que simbolizan la resurrección; ocho cementerios, que representan los imponentes lugares donde meditan los ascetas; un círculo de diamantes o *vajra*, que simboliza la iluminación, y el círculo externo de llamas, una metáfora del proceso de transformación al que debe someterse todo hombre corriente para entrar en él.

4. Las figuras fuera del círculo
Las figuras que se hallan fuera del círculo tienen una función protectora.

5. Colores
Los colores empleados representan los distintos atributos del Buda. El blanco simboliza su pureza, el azul el alcance infinito de sus enseñanzas y la verdad de cuanto dijo, y el rojo evoca su afecto y su compasión.

NÚMEROS

Las culturas antiguas no creían en el azar, por lo que daban gran importancia al número de ciertos objetos o fenómenos. Tales números se crearon como un instrumento de contabilidad y adquirieron un poderoso simbolismo. Además de expresar cantidades, asumieron cualidades específicas y se impregnaron de poderes cósmicos. El estudio de dichos poderes se conoce como numerología, que Platón consideró el «mayor nivel de conocimiento».

1 El uno es una metáfora de la Primera Causa, del principio fundamental o creación. En las religiones monoteístas, representa a Dios Creador, sobre todo en la literatura islámica, donde evoca específicamente al Dios único. Pero también es símbolo de la humanidad, pues refleja la capacidad única de nuestra especie de caminar erguida. El único cuerno del unicornio simboliza el poder y la pureza; el único ojo del Cíclope, el gigante mitológico griego, representa el poder de la sinrazón sobre el intelecto. Y en la cultura occidental moderna, ser el «número uno» es ser el mejor.

2 Para Pitágoras el dos representaba la diversidad, y como tal gozaba del potencial del desorden y el mal. Por ello, el segundo día del segundo mes se creía maligno y se dedicaba a Plutón, el dios del averno. Pero también es símbolo de orden y equilibrio en filosofías como el taoísmo, donde el yin y el yang representan la totalidad de los opuestos unidos. Y el dos es un número de la suerte en la cultura china, que cree que las cosas buenas vienen por pares.

LOS TRES PÉTALOS DE LA FLOR DE LIS SIMBOLIZAN A DIOS, LA CREACIÓN Y LA REALEZA

LOS CUATRO PUNTOS CARDINALES EN UNA BRÚJULA

3 El tres es un número sagrado en muchas religiones. Los antiguos egipcios tenían una poderosa trinidad divina (Isis, Osiris y Horus), así como los antiguos griegos y romanos: Júpiter (Zeus), Neptuno (Poseidón) y Plutón (Hades). El símbolo de Júpiter era el relámpago de tres puntas, el de Neptuno era un tridente, y el de Plutón era un perro con tres cabezas. Los hindúes adoran a una trinidad conocida como *Trimurti* («tres formas»), que incluye a Brahma, el Creador; Vishnú, el Conservador, y Shivá, el Destructor. Los cristianos creen en la Santísima Trinidad de Padre, Hijo y Espíritu Santo. En el islamismo el tres simboliza el alma humana. Para Pitágoras era la perfecta armonía, al ser la suma de la unidad (uno) y la diversidad (dos).

4 El cuatro, símbolo de globalidad y universalidad, suele representarse por el cuadrado y la cruz, pues el numeral «4» es una cruz modificada. Como el cuadrado, simboliza la estabilidad. Para Pitágoras era la perfección, al ser el primer número cuadrado. Pero en Japón y en ciertas partes de China es tabú, ya que la palabra que lo designa es homónima de «muerte» (ambas suenan igual). Por su parte, para los indios americanos el cuatro simboliza la organización: el espacio se divide en cuatro regiones, el tiempo en cuatro unidades (el día, la noche, la Luna y el año) y la vida humana en cuatro edades (infancia, juventud, madurez y ancianidad).

5 El cinco representa al hombre, cuya cabeza y cuatro miembros se representan a través del pentagrama o estrella de cinco puntas. Para los mayas era un número sagrado, pues simbolizaba al dios del maíz, ya que los brotes de dicha planta aparecen cinco días después de plantar su semilla. Para los aztecas era una metáfora de la totalidad y el despertar de la conciencia. El cinco tiene una gran importancia en el islamismo, al ser el número de los pilares del islam, el de las horas de oración, los elementos del *hajj* y otros aspectos religiosos.

6 El seis, al igual que el hexagrama, la estrella de seis puntas, simboliza la armonía y el equilibrio perfecto. En China representa el Cielo, y para los cristianos es la totalidad, dado que Dios creó el mundo en seis días. Sin embargo, los mayas lo relacionaban con la mala fortuna, ya que era sinónimo de muerte. En la cultura occidental moderna, este número es símbolo de buena suerte, pues es la cifra más alta en los dados.

LOS SIETE COLORES DEL ARCO IRIS

NUEVE PIEDRAS BLANCAS REPRESENTAN A NUEVE VÍRGENES EN LA MITOLOGÍA CELTA

7 El siete simboliza la totalidad en muchas culturas, ya que es la unión de la divinidad (tres) y la Tierra (cuatro). En las escrituras hindúes, musulmanas y judeocristianas un séptimo elemento confiere la totalidad y perfección a un grupo de seis, y en todas esas culturas es de buen augurio. La *menorah,* candelabro sagrado de siete brazos que representan los días de la creación y los cuerpos celestes, es todo un símbolo del judaísmo. Por su parte, en el antiguo Egipto, el número siete evocaba la vida eterna, y para los indios americanos representa el Sueño de la Vida.

8 El ocho es un número favorable en el pensamiento oriental. Para los budistas, los ocho radios de la *dharmachakra* o Rueda del Dharma simbolizan el óctuple sendero que conduce a la iluminación. En China el ocho se considera auspicioso por ser homónimo de «prosperar» y evoca los ocho senderos del Camino, los ocho trigramas de la obra clásica oracular *I Ching*, y a los ocho dioses chinos inmortales. Además, es un número recurrente en el sintoísmo japonés.

9 Al ser tres veces tres, este número amplifica el poder del número tres, y simboliza la eternidad, la finalización y el cumplimiento. En China se cree que da buena suerte, pues suena igual que «duradero», pero en Japón es de mal augurio, ya que suena como «dolor». Para los aztecas también daba mala suerte, dado que representaba a los dioses nocturnos, pero los mayas lo tenían por auspicioso. En muchas culturas la estrella de nueve puntas o nonagrama representa a nueve dioses, y para los judíos equivale a inteligencia y verdad.

10 Es el número de la suma de los dedos de las manos, por lo que sienta las bases de casi todos los sistemas de cálculo y representa el regreso a la unidad tras el ciclo de los dígitos. Por dicho motivo (y porque es la suma de los primeros cuatro guarismos), Pitágoras lo contemplaba como cifra sagrada y símbolo de la creación universal. En China, como doble del cinco (que equivale a la totalidad), el diez representa la dualidad.

11 Para los indios americanos representa las estrellas y, a raíz de la metáfora del viaje que lleva a ellas, es un símbolo de los estados alterados de la conciencia. En un sinfín de tradiciones africanas, el once se considera sagrado y es un símbolo de fertilidad, pues se cree que el semen tarda once días en llegar al óvulo. En otras culturas, evoca desequilibrio y exceso por ser mayor que el diez, cifra que equivale a la plenitud. Precisamente por ese motivo, san Agustín dijo: «El número once es el blasón del pecado».

12 Como múltiplo de la divinidad (tres) y la Tierra material (cuatro), el doce simboliza el orden espiritual y terrenal. Para los indios americanos, representa a los doce planetas y los doce vientos. Además, tiene importancia bíblica, pues es el número de las tribus de Israel, los discípulos de Cristo, los frutos del Árbol de la Vida y las puertas de Jerusalén.

DIEZ AÑOS FORMAN UN CICLO COMPLETO EN LOS MITOS CLÁSICOS: EN ESTA ILUSTRACIÓN ULISES ESCUCHA EL CANTO DE LAS SIRENAS EN EL NAVÍO QUE LE LLEVA DE REGRESO A SU HOGAR TRAS DIEZ AÑOS DE VIAJE ERRANTE

VÉASE TAMBIÉN
Deidades egipcias *pp. 138-139*
Deidades griegas y romanas *pp. 140-141*
Hinduismo *pp. 158-163*
Taoísmo y sintoísmo *pp. 170-171*
Numerología *pp. 206-207*

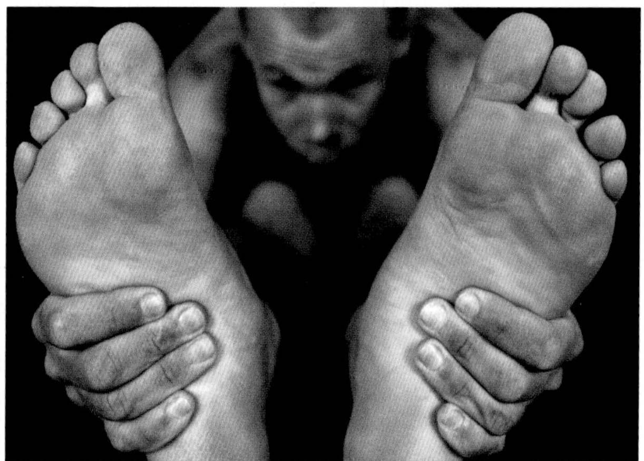

EL VEINTE SIMBOLIZA AL HOMBRE ENTERO, PUES TIENE VEINTE DEDOS

0 CERO

La palabra «cero» viene del árabe *sifr*, que significa «vacío», y es un invento relativamente reciente. Durante miles de años los matemáticos dejaron un espacio donde no había ningún número en una columna determinada. Pero finalmente, hacia el año 876 de nuestra era, se usó en India el símbolo 0 para expresar ese concepto. No obstante, su estatus como número fue muy discutido, pues su suma o resta no modifica a los otros números, mientras que si se coloca detrás de una cifra aumenta diez veces su valor. El cero representa a alguien que no tiene poder por sí mismo. En la cultura maya evocaba el momento mediante entre el sacrificio y la resurrección del dios del maíz, como metáfora de su posición matemática entre números negativos y positivos.

13 Este número es símbolo de la mala suerte en muchas culturas. Y es que se halla vinculado a las trece personas de la Última Cena, una de las cuales traicionó a Cristo. Para los judíos representa la edad de la responsabilidad, cuando se convierten en *bar mitzvah*, «aquel a quien se imponen los mandamientos».

20 En el mundo desarrollado 20:20 es sinónimo de «visión perfecta», pues define a alguien que supera un examen ocular a 20 pies de distancia (6 m). En muchas culturas de Sudamérica y América Central, el veinte simboliza al ser humano, por la suma de sus dedos.

VEINTIUNO: «LLAVE DE LA CASA»

21 Considerado desde hace siglos símbolo de perfección (siete veces tres), en ciertos países también es símbolo de responsabilidad y madurez, ya que la simbólica «llave de la casa» suele darse a esa edad. En muchos países la gente no puede votar antes de los 21 años (aunque en general dicha cifra se ha reducido a los 18 años).

666, EL NÚMERO DE LA BESTIA (EL SEGUNDO PERSONAJE POR LA IZQUIERDA EN ESTE TAPIZ MEDIEVAL)

40 Este número, recurrente en las Sagradas Escrituras, simboliza la espera y el castigo. Durante 40 días y 40 noches, Moisés habitó en el monte Sinaí, los cuervos alimentaron a Elías, las lluvias del Diluvio cayeron sobre la Tierra y Jesús ayunó en el desierto. La palabra «cuarentena» deriva de dicha época.

60 Los antiguos babilonios usaban esta cifra como base de sus cálculos matemáticos y astronómicos, sistema que sobrevive en la actual división de los ángulos y el tiempo: 360 grados de un círculo, 60 minutos de una hora y 60 segundos de un minuto.

50 En la actualidad 50 es símbolo de justicia o igualdad (un trato al 50 %) o ambigüedad (una decisión al 50 %). En EE UU, es símbolo de Hawái, que es el 50.º estado de la Unión. Los cincuentenarios de acontecimientos como el matrimonio se consideran «dorados» («bodas de oro»).

70 Todos los múltiplos de siete y diez evocan la perfección en cierto grado; el 70 representa la perfección doble, pues es diez veces siete. En la Biblia el 70 simboliza la totalidad: por ejemplo, sesenta y diez es un ciclo completo de vida humana.

666 Para los cristianos simboliza el mal, pues es el número de la bestia al que se alude en el libro del Apocalipsis como «seiscientos sesenta y seis». En opinión de muchos eruditos, el número procede del código numérico del nombre del emperador romano Nerón, y por extensión representa la falsa deificación del Estado. Probablemente ello data de la época en que los primeros cristianos sufrieron la persecución bajo el gobierno romano y únicamente podían identificar a sus enemigos mediante un código. Existen muchas teorías acerca del simbolismo del 666 y sobre si es un código de otro nombre, pero para muchos occidentales sigue siendo el símbolo del Anticristo.

SISTEMAS DE NÚMEROS

Las antiguas cifras babilonias, egipcias y romanas representan los dedos necesarios para indicar un número. (El V romano es una mano abierta con los cuatro dedos juntos y el pulgar separado; el X son dos V). Después los símbolos se usaron en cierto orden, en el que cada uno ocupaba una posición que indicaba su valor. Por ejemplo, en 777 el numeral 7 también representa 700 y 70. En braille, los números se forman colocando un signo numérico ante una letra (signo numérico + «a» = 1). En morse son combinaciones de señales visuales o auditivas.

Babilonio	Egipcio	Griego	Romano	Chino antiguo	Maya	Hindú	Árabe	Árabe moderno
𒁹	I	Αα	I	一	•	१	١	1
𒈫	II	Ββ	II	二	••	२	٢	2
𒐈	III	Γγ	III	三	•••	३	٣	3
𒐉	IIII	Δδ	IV	四	••••	४	٤	4
𒐊	IIIII	Εε	V	五	—	५	٥	5
𒐋	IIIIII	ϛ	VI	六	• —	६	٦	6
𒐌	IIIIIII	Ζζ	VII	七	•• —	७	٧	7
𒐍	IIIIIIII	Ηη	VIII	八	••• —	८	٨	8
𒐎	IIIIIIIII	Θθ	IX	九	•••• —	९	٩	9
𒌋	∩	Ιι	X	十	=			10

NÚMEROS EN BRAILLE

⠼⠚	⠼⠁	⠼⠃
0	1	2
⠼⠉	⠼⠙	⠼⠑
3	4	5
⠼⠋	⠼⠛	⠼⠓
6	7	8
⠼⠊	⠼⠁⠚	⠼⠁⠚⠁
9	10	101

NÚMEROS EN MORSE

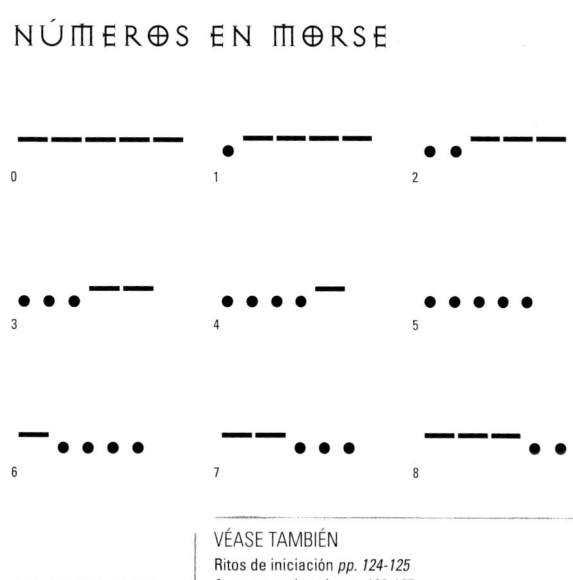

VÉASE TAMBIÉN
Ritos de iniciación *pp. 124-125*
Amor y matrimonio *pp. 126-127*
Judaísmo *pp. 172-173*
Cristianismo *pp. 176-179*

Caue caue dns uidet
Inuidia
Ira

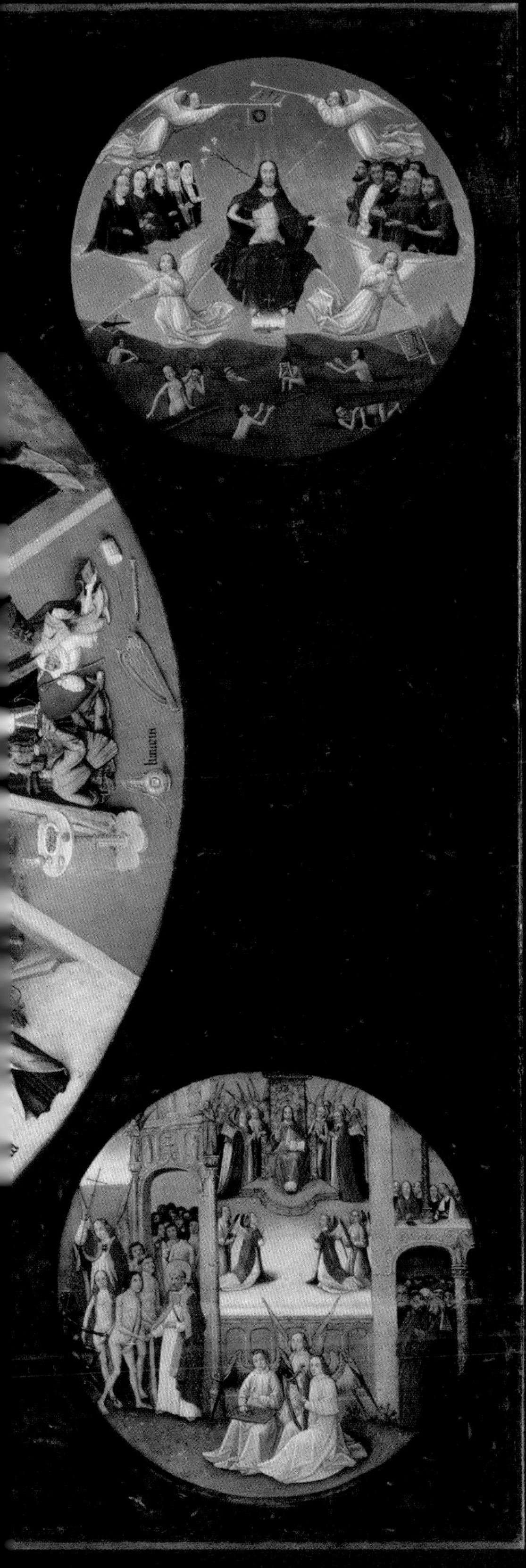

LOS SIETE PECADOS CAPITALES

Los siglos xv y xvi fueron testigos de una extrema agitación política, y el pintor Hieronymus Bosch (El Bosco, *c.* 1450-1516) produjo una obra extraordinaria que evocaba la inquietud de la época. En este cuadro representa los siete pecados capitales, dispuestos alrededor de una rueda con Cristo redentor en el centro.

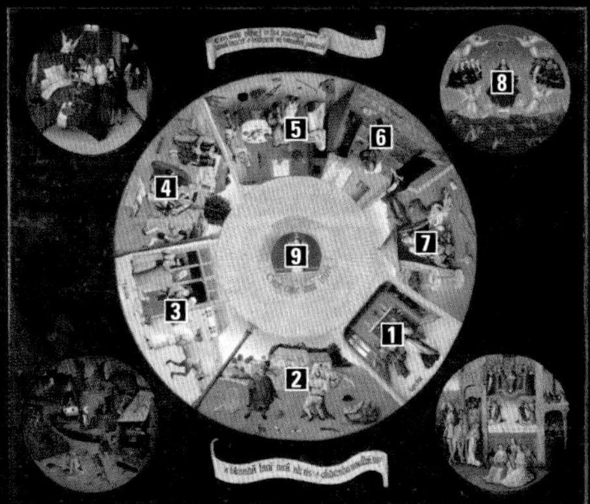

1. Soberbia
El orgullo se evoca a través de una mujer rica que se mira en un espejo (símbolo del conocimiento personal), sin advertir que lo sujeta un demonio.

2. Ira
La ira se representa con una pelea callejera entre dos campesinos ebrios.

3. Envidia
En esta escena un marido y su esposa se comparan con los perros que hay abajo, que ignoran los huesos a su alcance prefiriendo otros.

4. Avaricia
La avaricia es un hombre rico que toma dinero de un pobre y soborna a un juez.

5. Gula
La gula se muestra a través de un banquete. Una monja reparte la comida, los comensales se hartan y un niño defeca con la ropa puesta.

6. Pereza
Se retrata mediante una mujer vestida para ir a misa que trata de despertar a un hombre de un profundo sopor, probablemente un cura perezoso.

7. Lujuria
Este panel muestra a dos parejas de enamorados hablando. Los instrumentos en el suelo son símbolos de la pasión.

8. Las cuatro últimas cosas
En las esquinas aparecen las «Cuatro últimas cosas», que nos muestran lo que todos deberemos afrontar. En la dirección de las agujas del reloj, desde la izquierda: la muerte, el Juicio Final, el Cielo y el Infierno.

9. El círculo
En el centro del gran círculo, que representa el ojo de Dios, se halla la «pupila» en la que se ve a Cristo emergiendo de su tumba. Debajo hay una inscripción latina que reza «Cuidado, cuidado, Dios os ve», lo que significa que él contempla todo pecado.

Hieronymus Bosch, *Los siete pecados capitales* (1485)

ESCRITURA PICTOGRÁFICA

Casi todas las lenguas escritas tuvieron un origen pictográfico, que se diferencia del dibujo porque emplea un conjunto de símbolos llamados «pictogramas». Estos evolucionaron desde las representaciones gráficas de objetos hasta los ideogramas, que son representaciones simbólicas de palabras para designar objetos e ideas. Tras ellos llegaron los silabarios, sistemas de símbolos que representan sílabas, y, finalmente, se crearon los alfabetos.

CUNEIFORME 3500-650 A.C.

La escritura cuneiforme es, junto con los jeroglíficos egipcios, una de las formas más antiguas de escritura. Se desarrolló durante el cuarto milenio antes de Cristo en Mesopotamia (actual Iraq y oeste de Irán), y la emplearon sumerios, babilonios, asirios e hititas. Consiste en impresiones en forma de cuña que se hacían sobre arcilla húmeda con cañas afiladas. La palabra cuneiforme procede del latín *cuneus*, que significa «cuña».

SOL

MONTAÑA

DIOS

CEREALES

BUEY

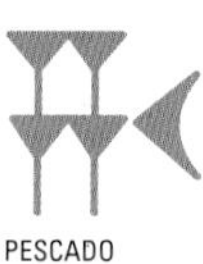

PESCADO

▲ **Tabla cuneiforme**
Esta tablilla de arcilla es de 3000 a. C. Posteriormente, la escritura cuneiforme pasó de un sistema pictográfico a un alfabeto que representaba sonidos. La descifró en 1802 el filólogo alemán Georg Friedrich Grotefend.

JEROGLÍFICOS EGIPCIOS

La escritura jeroglífica –del griego *hieros* (sagrado) y *gluphe* (talla)– nació en el cuarto milenio antes de Cristo y acabó siendo una combinación de pictogramas (dibujos) y fonogramas (símbolos que representaban sonidos). Su código lo descifró Jean-François Champollion en 1819 con la ayuda del texto de la piedra de Rosetta, tallada hacia 196 a. C. en tres escrituras: jeroglífica, demótica (la escritura egipcia de la época) y griega.

► **Estela funeraria, hacia 2250 a. C.**
Los símbolos entre las dos figuras principales brindan pistas sobre el significado de las cuatro líneas inscritas a la derecha de la estela, que describen las ofrendas de un funeral real.

OJO DE HORUS

BÚHO

CORONA

TARRO

ÁGUILA

AGUA

CHINO ANTIGUO

La china es la escritura vigente más antigua, pues se remonta a alrededor de 1500 a. C. Nació en forma de pictogramas que luego se combinaron con logogramas (símbolos que representan palabras enteras). Su forma moderna combina los caracteres antiguos para crear nuevos términos compuestos. Por ejemplo, «volar» y «máquina» se usan para designar «avión».

▲ Hueso oracular
Los primeros ejemplos de escritura china se tallaron en omóplatos de bueyes y conchas de tortugas. Las grietas que se abrían al calentar estos «huesos oraculares» se tenían por mensajes divinos, que luego se registraban.

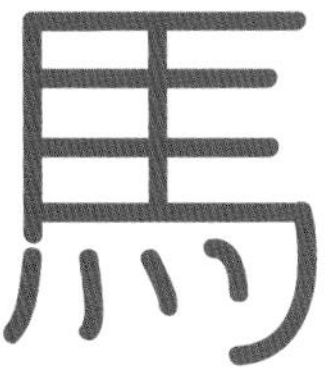

CABALLO

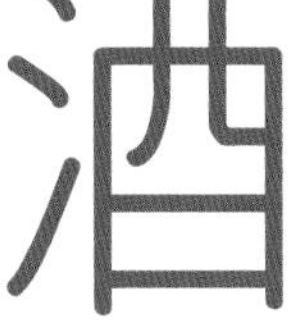

VINO

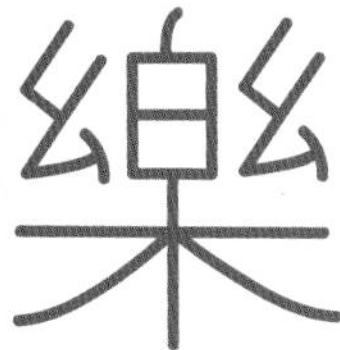

MÚSICA

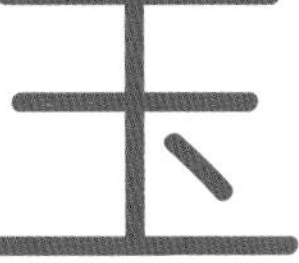

JADE

AUGURIO

安

PACÍFICO

JEROGLÍFICOS MAYAS

Su origen se remonta al siglo III a. C. aproximadamente. Evolucionaron desde pictogramas hasta una mezcla de estos, logogramas (palabras enteras, como en la ilustración) y silabogramas (los cuales representan sílabas). Solían escribirse en dobles columnas y se leían de derecha a izquierda y de arriba abajo.

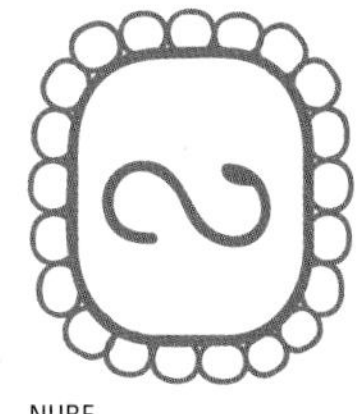
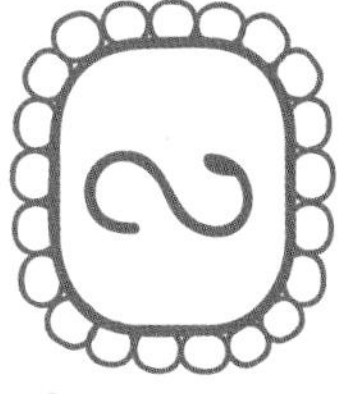

NUBE

FUEGO

SEMBRAR

MONTAÑA

SERPIENTE

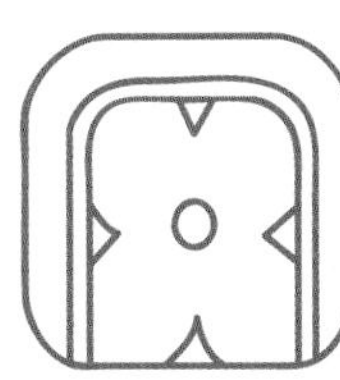

SOL

AGUA

MUJER

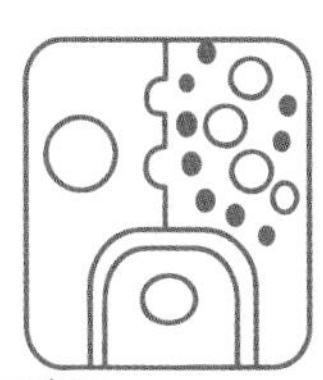

ESPÍRITU

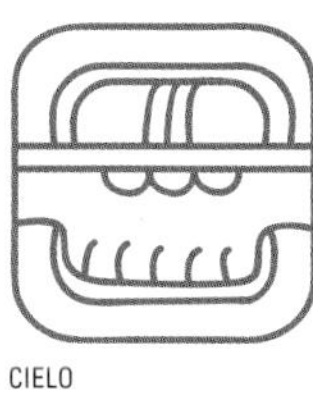

CIELO

▲ Panel del templo de Yaxchilán, hacia 725 d. C.
Este panel de piedra caliza muestra un cruento ritual en el que el rey Escudo Jaguar sostiene una antorcha mientras su reina, la dama Xoc, extrae sangre de su lengua. Los jeroglíficos situados en la parte superior y a un lado ofrecen datos como la fecha.

VÉASE TAMBIÉN
Deidades egipcias *pp. 138-139*
Adivinación *pp. 196-199*
Deidades de Mesoamérica y Sudamérica *pp. 144-145*

ARTE RUPESTRE

Se han encontrado pinturas de la Edad de Piedra en el mundo entero, algunas con más de 30 000 años de antigüedad. Otra forma prehistórica de arte rupestre es el petroglifo, imagen tallada en vez de pintada, que se remonta a unos 15 000 años. Ambas formas artísticas son muy anteriores a la creación de la escritura pictográfica.

▲ Petroglifos de los navajos
Estos muestran ciervos, carneros, búfalos, formas geométricas y huellas de osos. Los tallaron a lo largo de un período de 1500 años los anasazis, fremonts y navajos en lo que hoy en día constituye el monumento histórico de Newspaper Rock State, en el Parque Nacional de Canyonlands (Utah).

SEÑALIZACIÓN DE SENDEROS

En el pasado era habitual hacer marcas con un cuchillo en la corteza de los árboles para señalizar los senderos. Hoy, sobre todo en las zonas protegidas, donde el uso de cuchillas para marcar árboles no se considera ecológico, las rutas se indican con pintura, letreros, banderas o mojones de piedra. El sistema de señales que se ilustra abajo lo crearon miembros de la New York–New Jersey Trail Conference en la década de 1930.

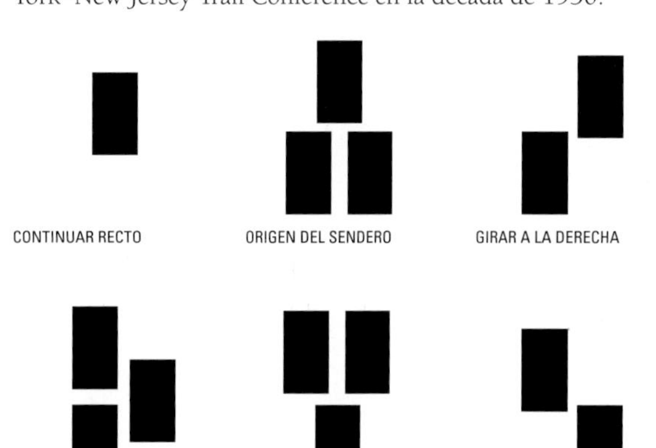

CONTINUAR RECTO

ORIGEN DEL SENDERO

GIRAR A LA DERECHA

RAMAL QUE LLEVA A OTRO SENDERO

FINAL DEL SENDERO

GIRAR A LA IZQUIERDA

PICTOGRAMAS DE LOS INDIOS AMERICANOS

Al igual que los pueblos de Europa y Asia, los indios americanos transformaron el arte rupestre en un sistema formal de pictogramas como los que se ilustran abajo. Se cree que el uso sistemático de pictogramas en el lenguaje visual de los tótems es la primera forma de escritura en Norteamérica.

HOGUERA

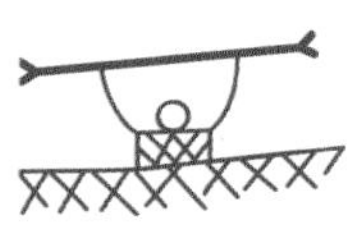

DESCUBRIMIENTO

▲ Pictogramas de los indios americanos
Este antiguo ejemplo de arte rupestre americano en la zona de Willow Springs, en la Reserva Nacional de Red Rock Canyon, cerca de Las Vegas (Nevada), muestra pictogramas de huellas de manos, animales y formas geométricas.

PATO

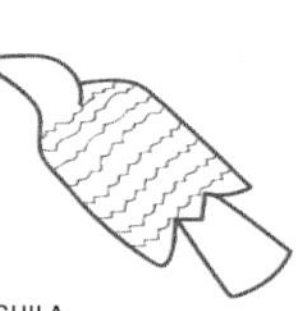

ÁGUILA

CAMPAMENTO

CABALLO VELOZ

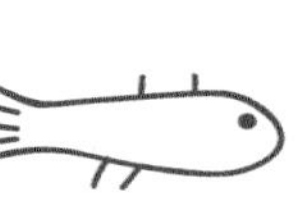

PEZ

CABALLO

HUELLAS DE CABALLO

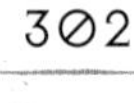

SIGNOS HOBO

En Estados Unidos, un *hobo* es un trabajador errante, pero no es un trotamundos ni un vagabundo. Hay varias teorías sobre el origen de la palabra. Quizá venga de *hoe-boy* (jornalero) o *Ho, boy* (un saludo), o tal vez sea una abreviatura de la intersección de las calles neoyorquinas Houston y Bowery, donde se reunían estos trabajadores. Los *hobos* usan diversos símbolos para intercambiar información.

BUENA MUJER

MUJER

BUEN SITIO PARA LIMOSNAS

SE PUEDE DORMIR EN EL GRANERO

CABALLERO

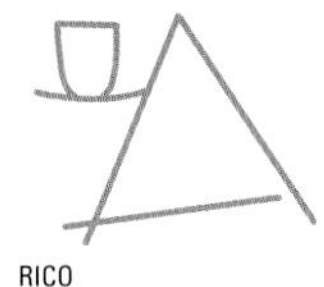
RICO

ALCOHOL PROHIBIDO

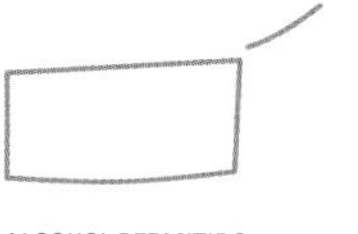
ALCOHOL PERMITIDO

AGUA POTABLE

TOMA ESTA DIRECCIÓN

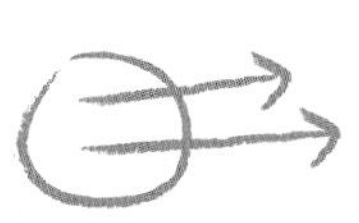
SAL PITANDO

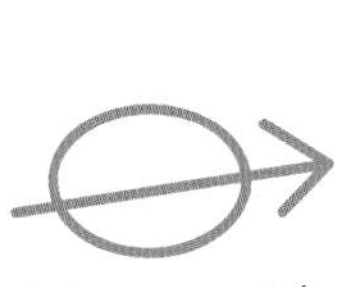

NO TOMES ESTA DIRECCIÓN

SE OFRECE TRABAJO

AQUÍ CUENTA UN DRAMA

AQUÍ FINGE ESTAR ENFERMO

SE OFRECE AYUDA A LOS ENFERMOS

MÉDICO

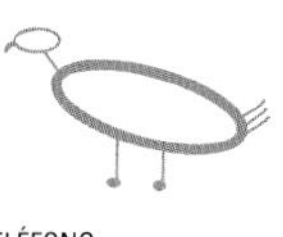
TELÉFONO

HOMBRE CON ARMA DE FUEGO

PERRO

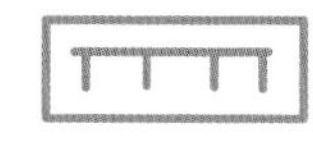
PERRO PELIGROSO

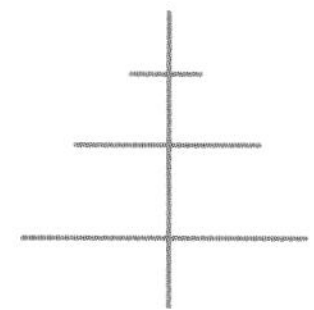
POLICÍA

AQUÍ VIVE UN POLICÍA

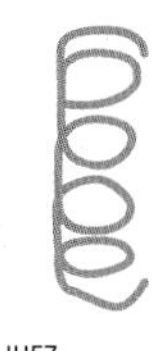
JUEZ

AQUÍ NO HAY NADA QUE HACER

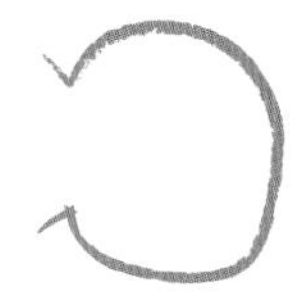
PROPIETARIO EN CASA

PROPIETARIO AUSENTE

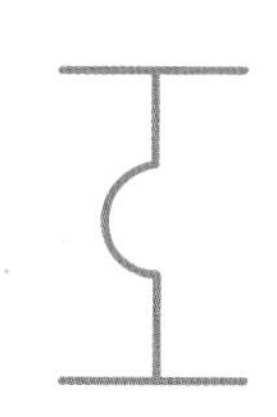
NO HAY NADIE EN CASA

HAY ALGUIEN EN CASA

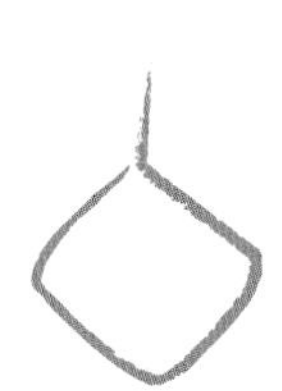
PREPÁRATE PARA DEFENDERTE

MANTÉN EL PICO CERRADO

CAMPAMENTO SEGURO

ZONA SEGURA

VÉASE TAMBIÉN
Mamíferos *pp. 52-55*
Aves *pp. 58-61*
Criaturas acuáticas *pp. 68-71*
Tótems, héroes y *tricksters pp. 150-151*

JEROGLÍFICOS

Esta franja de jeroglíficos decoró en su día el costado de un joyero egipcio que se halló en la tumba de Yuya y Tuya, quienes fueron los padres de la reina Tiye, esposa del faraón Amenhotep III, y vivieron durante la XVIII dinastía (1539-1295 a. C.). Los jeroglíficos expresan un deseo de buena suerte para la pareja en el más allá.

1. Pato
Junto con los demás animales y aves, mira a la izquierda, lo que indica que los jeroglíficos se leen de izquierda a derecha.

2. *Anj*
El *anj* significa «vida», y, colocado contra un fondo azul, cobra el significado de «aguas», metáfora de las aguas cósmicas de donde emergió toda la vida y a las que finalmente regresa.

3. Signos jeroglíficos combinados
El jeroglífico central con el *anj* está flanqueado por cetros que simbolizan a Seth, dios de la discordia que representa el control. Debajo está el *neb*, signo en forma de media luna que significa «todo». Leído en conjunto, el jeroglífico reza «toda vida y dominio».

4. Cartucho
Los símbolos que se hallan dentro de las figuras ovaladas, llamadas «cartuchos», contienen el nombre del rey. Los cartuchos se usaban únicamente para indicar el nombre de un monarca regente, en este caso, Amenhotep III.

ALFABETOS

El primer alfabeto nació cuando los pictogramas se convirtieron en símbolos que representaban sonidos, y todos derivan del semítico del norte, que se creó hacia 1700 a. C. en el Mediterráneo. Dicho sistema preparó el terreno para el fenicio, que sería el primer gran alfabeto basado en fonemas. Ello condujo al desarrollo del alfabeto hebreo, los alfabetos europeos (a través del griego) y los asiáticos (a través del arameo).

ROMANO MODERNO	SEMÍTICO DEL NORTE	FENICIO	HEBREO BÍBLICO	ARAMEO	HEBREO RABÍNICO
A	*alef*	*'aleph*	*'alep*	*aleph*	*aleph* א
B	*beth*	*beth*	*bet*	*beth*	*beth* ב
G	*gimel*	*gimmel*	*gimel*	*gimel*	*gimel* ג
D	*daleth*	*daleth*	*dalet*	*delath*	*delath* ד
H	*he*	*he*	*he*	*he*	*heh* ה
W	*vav*	*waw*	*waw*	*waw*	*vav* ו
Z	*zayin*	*zayin*	*zayin*	*zayin*	*zayin* ז
H	*cheth*	*heth*	*het*	*heth*	*cheth* ח
T	*teth*	*teth*	*tet*	*teth*	*teth* ט
Y	*yod*	*yodh*	*yod*	*yodh*	*yod* י
K	*kaf*	*kaph*	*kap*	*kaph*	*kaph* כ
L	*lamed*	*lamedh*	*lamed*	*lamedh*	*lamed* ל
M	*mem*	*mem*	*mem*	*mem*	*mem* מ
N	*nun*	*nun*	*nun*	*nun*	*nun* נ
S	*samekh*	*samekh*	*samek*	*samekh*	*samekh* ס
O	*ayin*	*'ayin*	*ayin*	*'ayin*	*ayin* ע
P	*pe*	*pe*	*pe*	*pe*	*peh* פ
S	*tsade*	*tsade*	*tsade*	*sadhe*	*tsaddi* צ
Q	*quf*	*qoph*	*qop*	*qoph*	*qoph* ק
R	*resh*	*res*	*res*	*resh*	*resh* ר
S	*shin*	*sin*	*sin*	*sin*	*shin* ש
T	*tau*	*taw*	*taw*	*taw*	*tau* ת

GRIEGO

El griego es el antecedente de todos los alfabetos europeos modernos. Se creó a partir del fenicio durante un período de 200 años, desde 1000 hasta 800 a. C. La palabra «alfabeto» deriva de las dos primeras letras griegas, alfa y beta.

Α	Β	Γ	Δ	Ε	Ζ	Η	Θ	Ι	Κ	Λ	Μ
ALFA	BETA	GAMMA	DELTA	ÉPSILON	ZETA	ETA	THETA	YOTA	KAPPA	LAMBDA	MI
Ν	Ξ	Ο	Π	Ρ	Σ	Τ	Υ	Φ	Χ	Ψ	Ω
NI	XI	ÓMICRON	PI	RO	SIGMA	TAU	UPSILON	FI	JI	PSI	OMEGA

ETRUSCO

Este alfabeto surgió hacia el año 700 o 600 a. C. en Etruria (actuales Toscana y Umbría) a partir de una versión del alfabeto griego que llevaron a Italia los emigrantes de la isla de Eubea, situada en el mar Egeo.

𐌀	𐌁	𐌂	𐌃	𐌄	𐌅	𐌆	𐌇	𐌈	𐌉	𐌊	𐌋
A	B	C	D	E	W	Z	H	TH	I	K	L
𐌌	𐌍	𐌏	𐌐	𐌑	𐌒	𐌓	𐌔	𐌕	𐌖	𐌘	𐌙
M	N	O	P	M	Q	R	S	T	Y	PH	KH

ROMANO

Nació hacia 600 a. C. a partir del etrusco y siguió evolucionando hasta mediados del siglo XIX, época en que la «v» y la «j» se aceptaron como letras propiamente dichas, no meras variantes de la «i» y la «u». En la actualidad lo utilizan unos dos mil millones de personas.

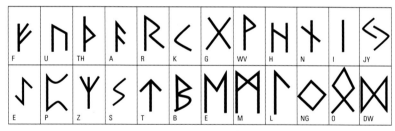

a	B	C	D	e	F	G	H	I	J	K	L	m
A	B	C	D	E	F	G	H	I	J	K	L	M
n	O	P	Q	R	S	T	U	V	W	X	Y	Z
N	O	P	Q	R	S	T	U	V	W	X	Y	Z

FUTHARK ANTIGUO

Este es el más antiguo de los alfabetos rúnicos que se crearon en el norte de Europa, muy probablemente a partir del etrusco. Los alfabetos rúnicos recibieron el nombre de *futhark* por sus seis primeras letras.

ᚠ	ᚢ	ᚦ	ᚨ	ᚱ	ᚲ	ᚷ	ᚹ	ᚺ	ᚾ	ᛁ	ᛃ
F	U	TH	A	R	K	G	WV	H	N	I	JY
ᛇ	ᛈ	ᛉ	ᛊ	ᛏ	ᛒ	ᛖ	ᛗ	ᛚ	ᛜ	ᛟ	ᛞ
E	P	Z	S	T	B	E	M	L	NG	O	DW

CIRÍLICO

Se cree que este alfabeto, que hoy se emplea en Rusia y en Europa del Este, evolucionó a partir del griego hacia el año 900 d. C. gracias a san Cirilo y san Metodio. Al principio se conoció como alfabeto glagolítico, pero posteriormente se llamó cirílico.

А	Б	В	Г	Д	Е	Ё	Ж	З	И	Й
A	B	V	G	D	E	YO	ZH	Z	I	Y
К	Л	М	Н	О	П	Р	С	Т	У	Ф
K	L	M	N	O	P	R	S	T	U	F
Х	Ц	Ч	Ш	Щ	Ъ	Ы	Ь	Э	Ю	Я
KH	TS	CH	SH	SHCH	-	Y	'	E	IO	YA

VÉASE TAMBIÉN
Escritura pictográfica *pp. 300-303*
Lenguajes de signos y señales *pp. 330-333*

ARÁBIGO

Evoluciono a partir del alfabeto arameo nabateo durante el siglo IV a. C., en gran parte a base de añadir puntos a letras ya existentes para dar cabida a un mayor número de consonantes. Hoy es el tercer alfabeto más utilizado del mundo, tras el romano y el chino.

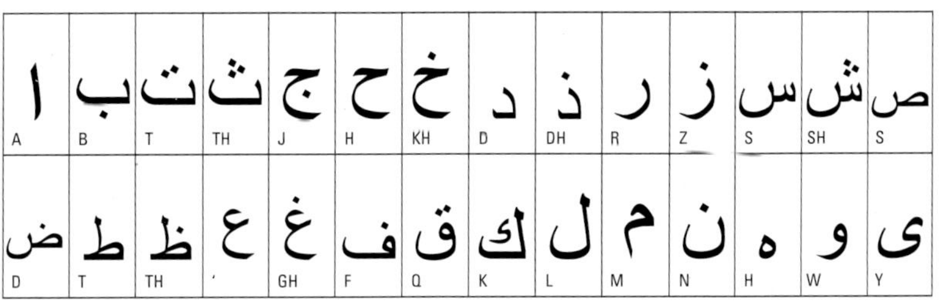

ا	ب	ت	ث	ج	ح	خ	د	ذ	ر	ز	س	ش	ص
A	B	T	TH	J	H	KH	D	DH	R	Z	S	SH	S
ض	ط	ظ	ع	غ	ف	ق	ك	ل	م	ن	ه	و	ى
D	T	TH	ʻ	GH	F	Q	K	L	M	N	H	W	Y

BRAHMI

Se originó en India en el siglo VI a. C. a partir del alfabeto arameo o semítico, y es el predecesor de muchos alfabetos asiáticos (sobre todo indios), incluido el devanagari, el bengalí, el jemer, el tibetano y el birmano.

A, Ã, BA, BHA, GA, GHA, DA, DHA, DA, DHA, HA, VA

U, U, O, GA, GHA, GHA, THA, THA, TA, YA, KA

LA, LA, MA, -M, NA, NA, NA, SA,SA, SA, SA, AI, I

Ī, E, PA, PHA, CA, CHA, KHA, RA, SA, TA

DEVANAGARI

Alfabeto moderno indio que se creó a partir del brahmi en el siglo XI para escribir la lengua sagrada del sánscrito. Desde entonces se ha adaptado al hindi, el sindhi, el maratí y otros idiomas, y es el alfabeto más empleado en India (y el cuarto del mundo), pues lo usan 260 millones de personas.

क	ख	ग	घ	ङ	च	छ	ज	झ	ञ	ट	ठ
KA	KHA	GA	GHA	NA	CA	CHA	CHA	CHA	NA	NA	NA
ड	ढ	ण	त	थ	द	ध	न	प	फ	व	भ
DA	DHA	NA	THA	THA	DA	DHA	NA	PA	PHA	BA	BHA
म	य	र	ल	व	श	ष	स	ह	ळ		
MWA	YA	RA	LA	VA	SA	SA	SA	HA	LA		

JEMER

El alfabeto jemer o camboyano surgió del brahmi en el siglo VII a. C. Es el más largo del mundo, ya que consiste en un sistema silábico en que cada consonante tiene dos formas (la superior aislada y la combinación de ambas). También tiene varias vocales que no se ilustran aquí.

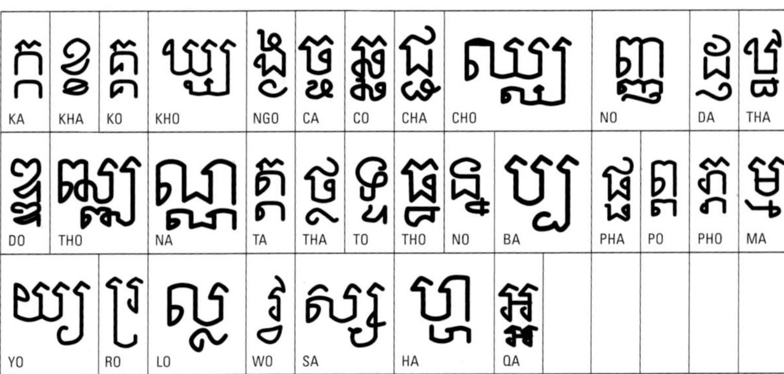

CHINO HAN

El alfabeto chino es el sistema de escritura vigente más antiguo, pues se remonta a alrededor de 1500 a. C., si bien de hecho no es un alfabeto, sino un sistema logográfico, combinación de pictogramas y logogramas, algunos de los cuales se ilustran aquí.

美 BELLEZA	清 CLARIDAD	英 ÉLITE	命 DESTINO	花 FLOR	恕 PERDÓN	朋友 AMIGO	恩 GRACIA	福 FELICIDAD	和 ARMONÍA
貴 VALIOSO	愛 AMOR	月 LUNA	平 PAZ	神 ESPÍRITU	星 ESTRELLA	日出 AMANECER	安 CALMA	孚 VERDAD	智 SABIDURÍA

MORSE

En las décadas de 1830 y 1840, el artista e inventor estadounidense Samuel Morse desarrolló su famoso alfabeto de puntos y guiones, que asignaba los códigos más cortos a las letras de uso más habitual. El primer e histórico mensaje en morse, *What hath God wrought?* («¿Qué ha hecho Dios?»), se envió el 24 de mayo de 1844.

• – A	– • • • B	– • – • C	– • • D	• E	• • – • F	– – • G
• • • • H	• • I	• – – – J	– • – K	• – • • L	– – M	– • N
– – – O	• – – • P	– – • – Q	• – • R	• • • S	– T	• • – U
• • • – V	• – – W	– • • – X	– • – – Y	– – • • Z		

BRAILLE

Lo creó en 1821 el pedagogo francés Louis Braille, que era ciego desde los tres años. Se basaba en un sistema que había ideado Charles Barbier con el fin de permitir que el ejército napoleónico se comunicara en silencio en plena oscuridad. Louis Braille lo mejoró al introducir las características celdas con seis puntos en relieve que hoy siguen constituyendo la forma estándar de la comunicación escrita entre invidentes.

●○ ○○ ○○ A	●○ ●○ ○○ B	●● ○○ ○○ C	●● ○● ○○ D	●○ ○● ○○ E	●● ●○ ○○ F	●● ●● ○○ G
●○ ●● ○○ H	○● ●○ ○○ I	○● ●● ○○ J	●○ ○○ ●○ K	●○ ●○ ●○ L	●● ○○ ●○ M	●● ○● ●○ N
●○ ○● ●○ O	●● ●○ ●○ P	●● ●● ●○ Q	●○ ●● ●○ R	○● ●○ ●○ S	○● ●● ●○ T	●○ ○○ ●● U
●○ ●○ ●● V	○● ●● ○● W	●● ○○ ●● X	●● ○● ●● Y	●○ ○● ●● Z		

VÉASE TAMBIÉN
Números *pp. 294-297*
Escritura pictográfica *pp. 300-303*

SIGNOS INTERNACIONALES

Los signos traspasan las fronteras del idioma de un modo en que las palabras no pueden hacerlo. Por ejemplo, un cigarrillo tachado con una línea roja se lee de forma universal como «Prohibido fumar». Y, al igual que las señales de tráfico y otros signos de información pública, comunica una orden clara sin palabras. Asimismo, pueden transmitirse ideas más complejas sin el habla mediante sistemas de símbolos internacionales, como el musical y el matemático.

INFORMACIÓN PÚBLICA

Los signos de tráfico e información pública se diseñan para ejercer el máximo impacto visual, por lo que emplean imágenes simples y claras, y un sistema casi subliminal de formas y colores para comunicar informaciones, advertencias e instrucciones.

Advertencia: rombo con fondo amarillo (la carretera se estrecha)

Advertencia: triángulo con el contorno rojo (paso de peatones)

Prohibición: círculo con el contorno rojo (prohibidos los vehículos con motor)

Obligación: círculo con fondo azul (circular solo en esta dirección)

Información: rectángulo (restaurante)

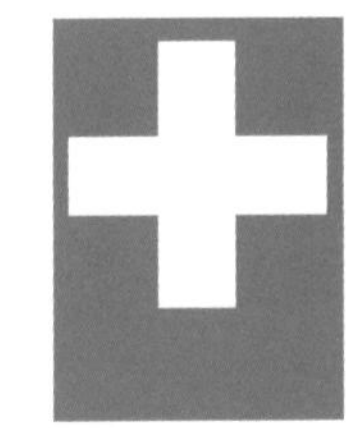

Información sanitaria: rectángulo verde (primeros auxilios)

SEÑALES DE ALERTA QUÍMICA

Todos los vehículos ferroviarios o de carretera que transporten sustancias químicas deben llevar un signo de advertencia que indique el producto químico en cuestión y ofrezca información sobre cómo intervenir en caso de emergencia.

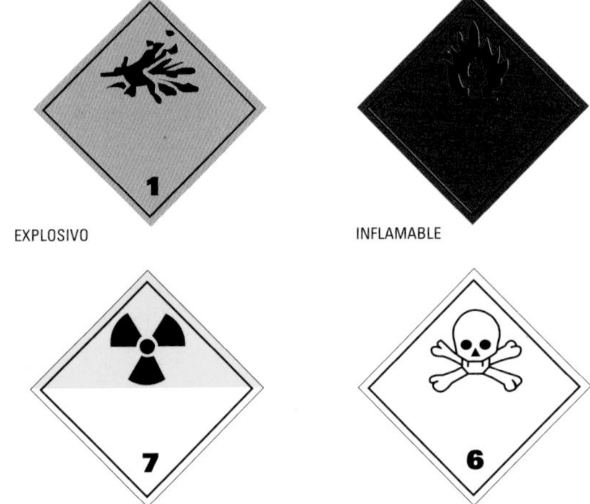

EXPLOSIVO

INFLAMABLE

RADIACTIVO

TÓXICO

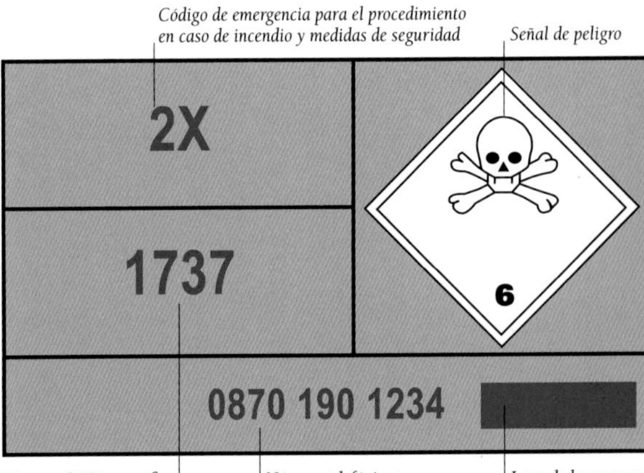

METEOROLOGÍA

Los símbolos meteorológicos que vemos en televisión son muy claros *(véase pie de p.)*, pero la Organización Meteorológica Mundial) tiene un sistema algo más complejo, con signos para indicar lluvia, nieve, llovizna, etc., que varían con el fin de reflejar la intensidad de los fenómenos.

LLUVIA LIGERA INTERMITENTE

LLUVIA LIGERA CONTINUA

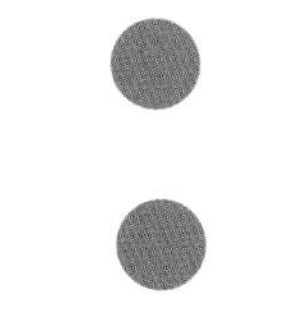
LLUVIA MODERADA INTERMITENTE

LLUVIA MODERADA CONTINUA

LLUVIA FUERTE ININTERRUMPIDA

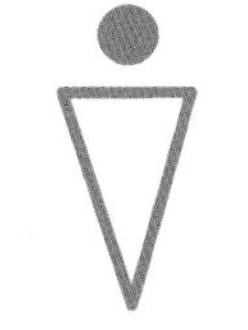
CHUBASCOS LIGEROS

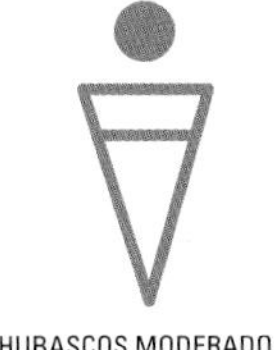
CHUBASCOS MODERADOS

CHUBASCOS FUERTES

NIEVE

LLOVIZNA

TORNADO

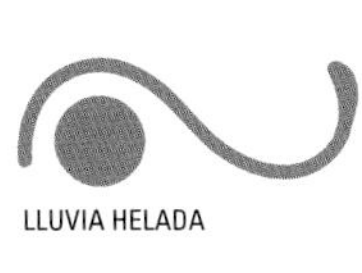
LLUVIA HELADA

LLOVIZNA HELADA

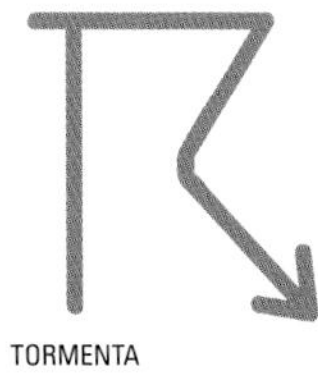
TORMENTA

NIEBLA

FRENTE ESTACIONARIO

BRUMA

FRENTE FRÍO

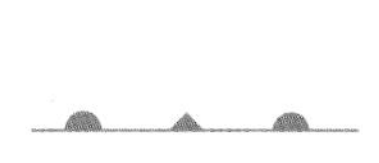
FRENTE OCLUIDO

FRENTE CÁLIDO

SOLEADO

PARCIALMENTE SOLEADO

LLUVIAS LIGERAS

FUERTE NEVADA

CHUBASCOS TORMENTOSOS

GRANIZO

EMBALAJE

Todo embalaje de productos frágiles incluye etiquetas con símbolos que se reconocen en el mundo entero.

MANTÉNGASE SECO

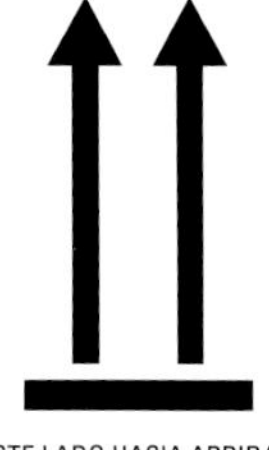
ESTE LADO HACIA ARRIBA

FRÁGIL

VÉASE TAMBIÉN
Trofeos de cabezas *pp. 110-111*
Formas *pp. 284-289*

SÍMBOLOS MATEMÁTICOS

Los símbolos matemáticos han evolucionado durante siglos. Los signos «+» y «-» aparecieron por vez primera en un libro del siglo XV del matemático alemán Johannes Widman; «=» y «√» surgieron en el siglo XVI, y «x» y «÷» en el siglo XVII.

ADICIÓN

SUSTRACCIÓN

MULTIPLICACIÓN

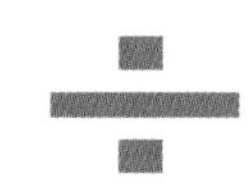
DIVISIÓN

EQUIVALE

NO EQUIVALE

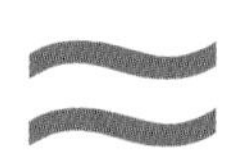
ES APROXIMADAMENTE EQUIVALENTE

MAYOR QUE

MAYOR O IGUAL QUE

MENOR QUE

MENOR O IGUAL QUE

RAÍZ CUADRADA

UNO AL CUADRADO

PARALELO

PORCENTAJE

UN GRADO

SUMATORIA

PROPORCIONAL A

INFINITO

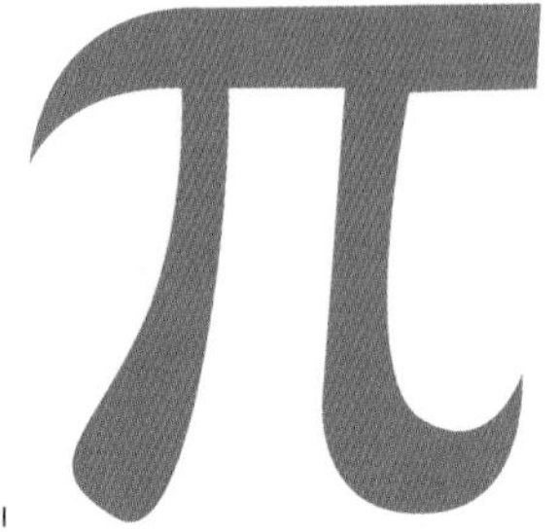
PI

SÍMBOLOS MONETARIOS

Suelen formarse con la letra inicial del nombre de la moneda, que se tacha para distinguirla de una letra común. Algunas excepciones a esta regla son «£» (de «L», en alusión a la libra latina) y «$» (probablemente de un blasón español).

Euro (Europa)

Libra esterlina (Reino Unido y sus dominios, Egipto, Líbano y Siria)

Dólar (EE UU; en otros países, precedido por la abreviatura de sus nombres)

Yen (Japón)

Yuan Renminbi (China)

Rupia (India, República de Mauricio, Nepal y Sri Lanka)

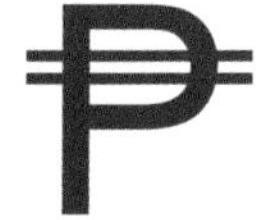
Peso (Sudamérica)

Rial (Oriente Próximo)

Naira (Nigeria)

Rublo (Rusia, Bielorrusia)

Corona (Dinamarca)

Baht (Tailandia)

SÍMBOLOS DEPORTIVOS

Como las señales de tráfico, los símbolos deportivos traspasan todas las fronteras idiomáticas. He aquí nueve de los muchos deportes que practica la icónica figura negra.

BOLOS

GOLF

TENIS

NATACIÓN

HALTEROFILIA

ESQUÍ

CICLISMO

GIMNASIA

ATLETISMO

NOTAS MUSICALES

La posición de cada nota en el pentagrama indica su tono; las más altas están en clave de sol; las más bajas, en clave de fa. El aspecto de la nota y las pausas informan de la duración. Los sostenidos y los bemoles alteran el tono; otros símbolos indican el volumen.

CLAVE DE SOL CON ESCALA DE 8 NOTAS EN UN PENTAGRAMA

CLAVE DE FA CON ESCALA DE 8 NOTAS EN UN PENTAGRAMA

BREVE

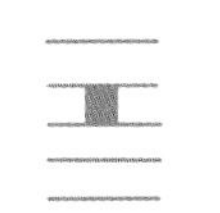
PAUSA BREVE (8 TIEMPOS)

SEMIBREVE

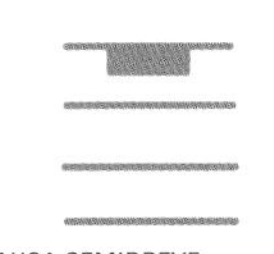
PAUSA SEMIBREVE

BLANCA

PAUSA DE 2 TIEMPOS (BLANCA)

NEGRA

PAUSA DE 1 TIEMPO (NEGRA)

CORCHEA

PAUSA DE 1/2 TIEMPO (CORCHEA)

CORCHETE

PUNTILLO

BEMOL

SOSTENIDO

DOBLE BEMOL

DOBLE SOSTENIDO

NATURAL

FORTE (tocar alto)

PIANO (tocar con delicadeza)

FORTISSIMO (muy alto)

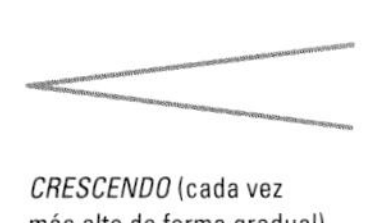
CRESCENDO (cada vez más alto de forma gradual)

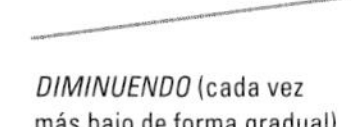
DIMINUENDO (cada vez más bajo de forma gradual)

EMOTICONOS

Los emoticonos («emoción» + «icono») se emplean para expresar sentimientos en la escritura digital. Los primeros los ideó Scott Fahlman, de la Universidad Carnegie Mellon, en 1982.

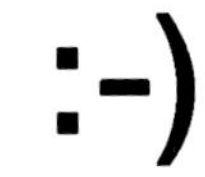
:-) o  :)
SONRIENDO

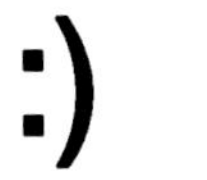
!-(
OJO MORADO

:-{}
UN BESO AL AIRE

:'(o :'-(
LLORANDO

:*)
BORRACHO

:-(o  :(
TRISTE

:-x
BESO

:-D
RIENDO

:-#
MIS LABIOS ESTÁN SELLADOS

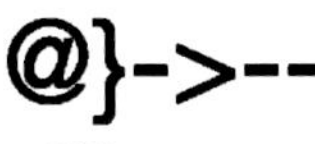
@}->--

ROSA

:-/
ESCÉPTICO

8-)
CON GAFAS DE SOL

;-)  o  ;)
GUIÑANDO UN OJO

:-0 o  :0
¡OH!

VÉASE TAMBIÉN
Escritura pictográfica *pp. 300-303*

SÍMBOLOS PROFESIONALES

Los símbolos profesionales y comerciales se agrupan en tres categorías. Por un lado están los que representan ciertos oficios, como las barras de franjas rojas, blancas y azules de las barberías o la copa de Higía de las farmacias. Los símbolos de control de calidad muestran que el producto cumple con cierto grado de pureza o medidas éticas; los de conformidad, por último, indican que cumple las normas de seguridad del cuerpo regulador.

LOS PROFESIONALES

Ninguna razón justifica que ciertas profesiones luzcan símbolos universales y otras no. He aquí algunos de los signos que representan un oficio determinado, acompañados de su significado, más o menos evidente.

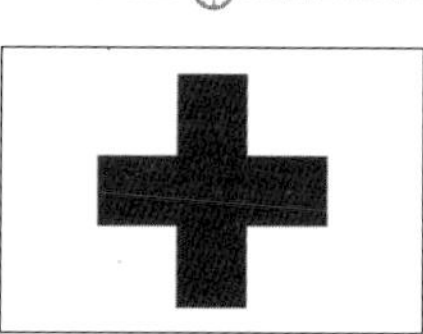

▲ **Cruz roja**
La inversión de la bandera suiza se adoptó en honor al fundador, suizo, de la Cruz Roja. Simboliza la protección para quienes trabajan en labores humanitarias.

▲ **Farmacia**
Uno de los símbolos para los farmacéuticos es esta R que los médicos escriben cuando expiden una receta. Es una abreviatura del latín *recipe*.

▲ **Odontología**
El triángulo y el círculo son un símbolo de la salud en muchas culturas. El icono central es la vara de Asclepio, el dios griego de la medicina (Esculapio para los romanos).

▲ **Barbería**
La espiral blanca representa los vendajes que usaban los pacientes en los tiempos en que los barberos, entre otras tareas, hacían sangrías. Los cuencos eran para las sanguijuelas y la sangre.

▲ **Abogacía**
La balanza evoca la justicia en el pensamiento de egipcios, griegos, romanos, cristianos e islámicos. Esta pesa las buenas acciones frente a las malas, y su veredicto es objetivo.

▲ **Profesión médica**
En el caduceo, la varita mítica con la que el dios griego Hermes (Mercurio para los romanos) otorgaba el sueño, las dos serpientes idénticas simbolizan la curación y el veneno, así como la enfermedad y la muerte.

▲ **Panaderías**
El uso de un *pretzel* como símbolo de las panaderías nació en Austria y Alemania. Desde entonces se ha extendido a Estados Unidos y varios países de Europa.

▲ **Prestamistas**
Una de las teorías acerca del origen de este símbolo es que los prestamistas tenían comprobado que las posibilidades de que un bien empeñado se desempeñara eran de dos contra una.

CONTROL DE CALIDAD

La costumbre de acuñar símbolos sobre los metales preciosos como prueba de su pureza empezó en el siglo XIV. Desde entonces el uso de signos para certificar la calidad se ha extendido a productos tan distintos como son la piel o los huevos.

Platino: con un mínimo del 95 %

Sello expedido por la London Assay Office

Secretariado Internacional de la Lana: lana 100 % virgen

Piel legítima

Plata de ley: con un mínimo del 92,5 %, sellada en Lisboa

Plata: francesa, sellada en 1797

Platino: sellado en la Dublin Assay Office

Plata de ley: con un mínimo del 92,5 %, hecha en Finlandia

Plata: sellada en la Dublin Assay Office

Plata: Britania, con un mínimo del 95,8 %

Algodón puro

Productos obtenidos mediante agricultura ecológica

Logo del British Egg Information Service

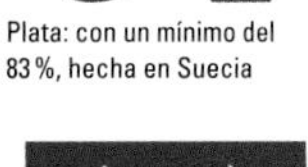
Plata: con un mínimo del 83 %, hecha en Suecia

Plata: 90 %, sellada en Italia

Oro: sellado en la Dublin Assay Office

Sello de calidad sueco

Plata de ley: con un mínimo del 92,5 %

Oro: 18 quilates; mínimo del 75 %, hecho en Lisboa

Cumple con los requisitos de agricultura ecológica que dicta la Soil Association

Producto ecológico

Cumple con los requisitos de comercio justo que dicta la Fairtrade Foundation

ESTÁNDARES DE CONFORMIDAD

En muchos países hay asociaciones que dictan y controlan los estándares de calidad, sanidad, seguridad, impacto ambiental y otros factores relacionados con los distintos productos y servicios. Los que cumplen con dichos estándares pueden exhibir el símbolo de la asociación correspondiente.

Australian Standards Association

British Standards Institution

Consejo de la Unión Europea

Dansk Elmaterial Kontrol (Dinamarca)

Canadian Standards Association

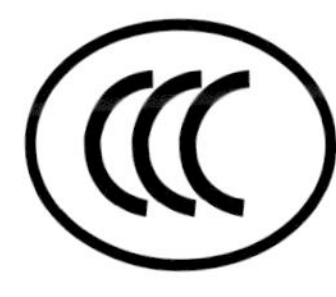
Certificación Obligatoria de China

VÉASE TAMBIÉN
Serpientes *pp. 66-67*
El cuerpo humano *pp. 112-115*
Formas *pp. 284-289*

MARCAS Y LOGOTIPOS

Los logos comerciales se remontan a miles de años. Los antiguos egipcios, griegos, romanos y chinos sellaban productos como la cerámica los ladrillos con símbolos que identificaban a su fabricante, y los gremios mercantiles de la Europa medieval extendieron dicha práctica.

Ya en el siglo XIX, las marcas empezaron a verse no solo como denominaciones de origen, sino como insignias o firmas. Ello dio pie a la concepción moderna de que las marcas reflejan la «personalidad» de los productos y de sus fabricantes.

▲ Oxfam International
Su nombre es la contracción de Oxford Committee for Famine Relief, organización fundada en 1942 para socorrer a la Grecia ocupada por los nazis. Su logo contiene las letras «O» y «X», que representan una cabeza sobre unos hombros.

▲ WWF
El World Wildlife Fund nació en Reino Unido en 1961, cuando el panda gigante del zoológico de Londres, Chi Chi, se hizo famoso. Sir Peter Scott, su cofundador, diseñó el logo original, que se beneficia de la imagen mimosa del animal.

▲ CND
El logo de la Campaña para el Desarme Nuclear salió a la luz en 1958, en el primer desfile por la paz de Aldermaston. Su círculo simboliza la vida, y las líneas, las letras «ND» (*nuclear disarmament*, «desarme nuclear») conforme al semáforo de banderas.

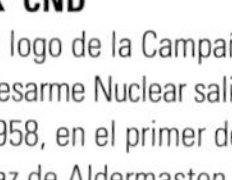

► Amnistía Internacional
Su fundador, Peter Benenson, se inspiró en un antiguo proverbio chino que reza: «Es mejor encender una vela que maldecir la oscuridad». La vela es símbolo de la esperanza, del apoyo y de la luz que vigila el mundo, y el alambre evoca la opresión.

◄ Unión Europea
Su descripción oficial dice así: «Contra el cielo azul del mundo occidental, las estrellas son los pueblos de Europa en un círculo, símbolo de unidad. Su número será siempre el doce, pues este representa a la vez la totalidad y la perfección».

► Interpol
El globo simboliza el alcance mundial de esta organización policial. Las ramas de olivo evocan la paz, la espada la acción y la balanza la justicia. «OIPC» e «ICPO» son las siglas en francés e inglés de Organización Policial Internacional contra el Crimen.

◄ Anillos olímpicos
Los anillos representan la unión en el deporte de África, América, Asia, Europa y Oceanía. Los seis colores (incluido el campo blanco) son símbolo de todas las naciones competidoras, pues eran los que lucían sus banderas en 1913, cuando se creó el logo.

▲ Naciones Unidas
Su logo representa al mundo unido en la paz. La proyección polar del globo, en los colores oficiales de la ONU, muestra casi toda la masa continental de la Tierra. Dicho globo está cercado por dos ramas de olivo, símbolo universal de la paz.

▲ OMS
El logo que representa a la Organización Mundial de la Salud combina el de la ONU con la vara de Asclepio, dios griego de la medicina y de la curación que se representaba con su vara de médico, la cual lucía una serpiente enroscada.

▲ FedEx
La flecha que se ve en negativo oculta entre la «E» y la «X» simboliza la velocidad y precisión de Federal Express. Este logo destaca por la discreción con que el diseñador colocó la flecha, por lo que se calificó como uno de los ocho mejores logos de la historia reciente del diseño.

▲ Guinness
El arpa era un instrumento clave en la cultura celta, y el arpa del gran rey de Irlanda Brian Boru es un símbolo de dicho país desde el siglo XIII. Guinness lo adoptó en el año 1862. Su orientación es la inversa de la imagen que aparece en el blasón nacional.

◀ Microsoft Windows
Windows («ventanas») se llama así porque ofrece varios «entornos» gráficos (las ventanas), que los usuarios pueden recorrer con un ratón, lo cual fue todo un concepto revolucionario cuando se lanzó en la década de 1980. Su simbolismo es muy literal: el logo es una ventana con cuatro paneles de color.

▲ BMW
Su logo conmemora el origen de BMW como fabricante de motores aeronáuticos. Así, conjuga la cuadrícula blanquiazul de la bandera de Baviera, el hogar de BMW, con el icono de la hélice de un avión.

▲ Mercedes Benz
Su estrella de tres puntas evoca el sueño del inventor Gottlieb Daimler, quien quería fabricar vehículos motorizados para viajar por tierra, mar y aire. Sus coches se llamaron Mercedes, nombre de la hija de un directivo. Daimler se fusionó con Benz en el año 1926 pero conservó la estrella.

▲ Ferrari
El semental negro se escogió en honor al mejor aviador italiano de la Primera Guerra Mundial, Francesco Baracca, quien lo lucía en su avión, y como símbolo de buena suerte que guiara a los pilotos de Ferrari hacia la victoria. El amarillo es el color de Módena, hogar de los Ferrari.

▲ Peugeot
El león del blasón del Franco Condado se usó por primera vez como sello de las sierras de la ferretería familiar de Peugeot en 1847. Era símbolo de la fuerza, flexibilidad y velocidad en el corte.

▲ Citroën
El logo de Citroën se remonta a negocios anteriores. En 1913, André Citroën empezó a fabricar ruedas dentadas y fue pionero en el diseño de doble hélice, que evocan los dos galones. Esta versión se empleó de 1985 a 2009.

VÉASE TAMBIÉN
Mamíferos *pp. 52-55*
El hogar *pp. 238-241*
Instrumentos musicales *pp. 274-275*
Formas *pp. 284-289*

EMBLEMAS HERÁLDICOS

Uno de los usos más complejos y evocadores de símbolos es el de los blasones, que nacieron a partir de las insignias que lucían los caballeros medievales para distinguirse en las batallas. El elemento principal de un blasón es el escudo, el cual se decora con diversos colores, formas («cuarteles» y «piezas») y emblemas («figuras»). Dicho arte se dio en llamar heráldica porque los heraldos del rey eran quienes regulaban la creación de los blasones.

FORMAS Y COLORES

El escudo puede dividirse en cuarteles, los cuales muestran colores simbólicos: el sable (negro: prudencia, pena), plata (blanco/plateado: inocencia, paz), azur (azul: lealtad), gules (rojo: fortaleza), sinople (verde: amor, esperanza, alegría), oro (dorado/amarillo: fe, gloria) y púrpura (realeza, justicia).

▲ **Banda**
Representa la insignia de una distinción honorífica o el grado militar. Puesta a la inversa se llama «banda siniestra».

▲ **Cabrio**
Simboliza la protección. Entre otros está el cabrio recortado (que no toca los lados del escudo) y el jefe cabrio (que toca la parte superior).

▲ **Cruz**
Hay más de cien clases de cruces. Estas son un símbolo cristiano que ya se adoptó en las Cruzadas, y constituyen uno de los cuarteles más antiguos.

▲ **Faja**
Algunos expertos ven su origen en la faja militar, pero otros creen que solo refleja la estructura física de los primeros escudos.

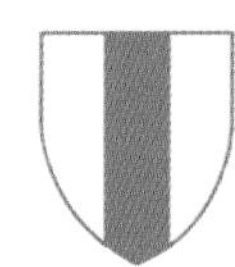

▲ **Palo**
Se cree que este deriva de los palos de madera que se utilizaban para levantar empalizadas. Simboliza la fortaleza marcial.

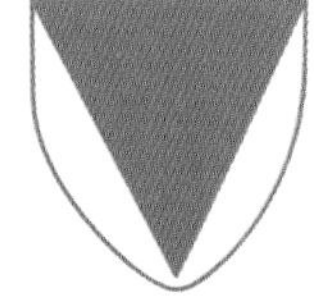

▲ **Pila**
Representa las estacas que se empleaban para construir puentes militares. Al igual que la faja *(arriba)*, tal vez solo refleje la estructura de los primeros escudos.

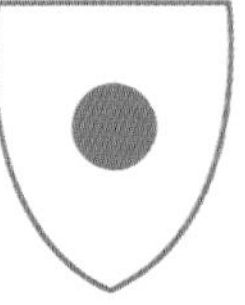

▲ **Roel**
Esta figura circular es una pieza «diseminada», símbolo menos destacado que la «honorable disminuida» o la «honorable». Simboliza la honradez.

FIGURAS MÁS COMUNES

▲ **Antílope**
El antílope o la gacela son la mansedumbre que es fiera cuando la provocan. Representa el sacrificio y la custodia.

▲ **Leopardo**
En heráldica, «leopardo» y «león» pueden referirse al mismo animal. Ambos son símbolo de coraje y suelen verse en blasones reales.

▲ **Pelícano**
Simboliza la caridad y el sacrificio, por lo que suele aparecer desgarrando su pecho para alimentar a sus crías con su sangre.

▲ **Galgo**
Los perros son un símbolo de lealtad y fidelidad. El galgo, en particular, es un emblema de rapidez y nobleza.

▲ **Ciervo**
Simboliza la armonía y la paz. En el caso del blasón de Hertford, la presencia de un ciervo *(hart)* es una broma visual que en heráldica se llama «arma parlante».

▲ **Mano de gules**
Este símbolo del Ulster lo emplean los barones. Deriva de un mito sobre un rey que tomó el Ulster con mano fuerte.

▲ **Ancla**
Este emblema cristiano de esperanza también representa la resolución y la seguridad. Suele verse en los blasones de instituciones marítimas.

▲ **Trompeta de caza**
La corneta y el cuerno de caza se consideran símbolos de la nobleza, ya que la caza constituía un divertimento aristocrático.

▲ **Silla de montar**
Símbolo de la habilidad en la equitación (y por tanto de la disposición a servir a la patria), literalmente es el emblema de la Company of Saddlers.

▲ **Rueda**
Simboliza la rueda en que padeció martirio santa Catalina, o bien trata de una rueda de carruaje, y representa la fortuna.

POSTURAS ANIMALES

▲ **Echado**
Fiera recostada con la cabeza erguida.

▲ **Durmiendo**
Animal recostado con la cabeza descansando en las patas delanteras.

▲ **Explayada**
Un ave, por lo general un águila, de frente, con las alas y las patas extendidas y la cabeza a un lado. Un águila así se ve en el sello presidencial de EE UU.

▲ **Vigilante**
Fiera con la cara vuelta hacia el observador en señal de prudencia. Este león sentado y vigilante representa la prudencia y la sabiduría.

▲ **Curvado**
Un pez o un mamífero acuático (en el pasado se consideraban peces) erguido sobre su cola. Su significado es más literal que simbólico.

▲ **Nadando**
Un pez, o bien un ave o un animal acuático, nadando. Los peces suelen ser armas parlantes (véase página anterior).

▲ **Pasante**
Un depredador que camina con la pata delantera diestra alzada y con la vista al frente. Representa la resolución.

▲ **Pasante vigilante**
Un depredador que se desplaza mientras mira al observador; simboliza resolución y prudencia.

▲ **Pasante contornado**
Un depredador que echa la vista atrás por encima del hombro mientras anda; representa circunspección y resolución.

▲ **Rampante**
Un depredador erguido sobre las patas traseras que mira adelante. Su postura simboliza la magnanimidad.

▲ **Rampante vigilante**
Un depredador se yergue sobre las patas traseras y mira al observador. Es un símbolo de magnanimidad y prudencia.

▲ **Rampante contornado**
Este depredador erguido sobre las patas traseras que mira hacia atrás por encima del hombro es símbolo de circunspección y magnanimidad.

▲ **Empinado**
Una fiera, que puede ser un león o un lobo, saltando o brincando, postura que indica valor.

▲ **Sentado**
Una fiera sentada es un símbolo de justicia, sabiduría y buen juicio. Dos animales sentados espalda con espalda se denominan «sentados adosados».

▲ **Arrestado**
Un animal (o un ave, como una cigüeña o una garza) inmóvil con todas las patas tocando el suelo. Cuando se trata de una fiera, esta postura es un símbolo de la predisposición a la lucha.

▲ **Marchando**
Un animal de caza, como el ciervo, andando con una de las patas delanteras en alto. Es la misma postura que la de pasante, que solo se aplica a depredadores.

▲ **Volando**
Un ave volando simboliza la nobleza que se obtiene a través del mérito. Esta postura es representativa de la predisposición a la acción.

BRISURAS

Para diferenciar a los hijos con derecho a lucir los emblemas familiares, se crearon las brisuras, que otorgan distintos símbolos a cada hijo. Los hijos de los hijos añadían a su vez otras marcas; por ejemplo, el quinto hijo de un tercer hijo añadía un anillo a una estrella de cinco puntas.

PRIMER HIJO: LAMBEL

SEGUNDO HIJO: CRECIENTE

TERCER HIJO: ESTRELLA DE CINCO PUNTAS

CUARTO HIJO: MERLETA

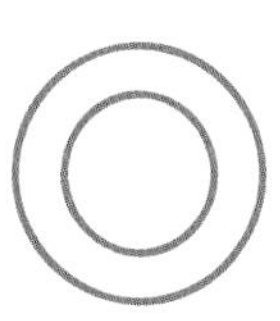

QUINTO HIJO: ANILLO

SEXTO HIJO: FLOR DE LIS

SÉPTIMO HIJO: ROSA

OCTAVO HIJO: CRUZ ANCORADA

NOVENO HIJO: OCTOFOLIO

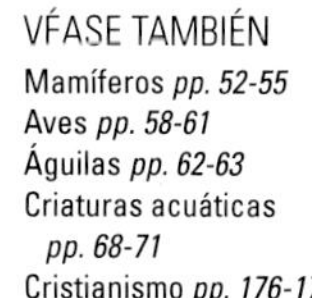

VÉASE TAMBIÉN
Mamíferos *pp. 52-55*
Aves *pp. 58-61*
Águilas *pp. 62-63*
Criaturas acuáticas *pp. 68-71*
Cristianismo *pp. 176-179*

BLASONES

Un blasón completo consta de un escudo decorado, yelmo, cimera, lambrequín y tenantes (figuras a ambos lados del escudo). Además, con frecuencia, lleva un lema. Al principio, los emblemas heráldicos se bordaban sobre el escrocón (túnica) que llevaban los caballeros para proteger su armadura. El sistema heráldico, que data del siglo XII, ya no está restringido a la aristocracia, y hoy se usa para crear blasones para instituciones, ciudades y naciones.

▲ Arundel
El blasón de este municipio muestra tres golondrinas, que en el arte heráldico se llaman «merletas». Se trata de una broma visual muy habitual en heráldica; en francés golondrina es *hirondelle*, que recuerda a Arundel.

▲ Castleford
Un castillo sito sobre un vado representa a esta población. Su origen romano queda patente en la cimera, que exhibe un águila romana con una lámpara de minero, símbolo de la industria local de carbón.

▲ Oxford
El escudo describe los orígenes de la ciudad como vado frecuentado por bueyes. Los tenantes representan a dos miembros de la corte de Isabel I: el elefante negro de sir Francis Knollys y el castor verde de Henry Norreys.

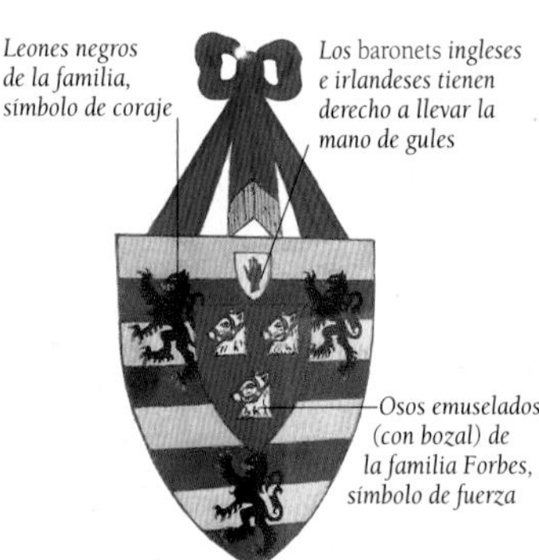

▲ Sitwell
El escudo principal es el blasón original de Sitwell y el pequeño es el de Forbes. Al no tener hermanos, lady Sitwell (Forbes de nacimiento) tenía derecho a usarlo y sir Reresby (su marido) lo incorporó al suyo.

▲ Andorra
Las armas representan a los copríncipes de Andorra: una mitra por el obispo de Urgel, tres palos por el conde de Foix, cuatro barras en honor a la Corona de Aragón y dos vacas por la casa de Foix-Béarn.

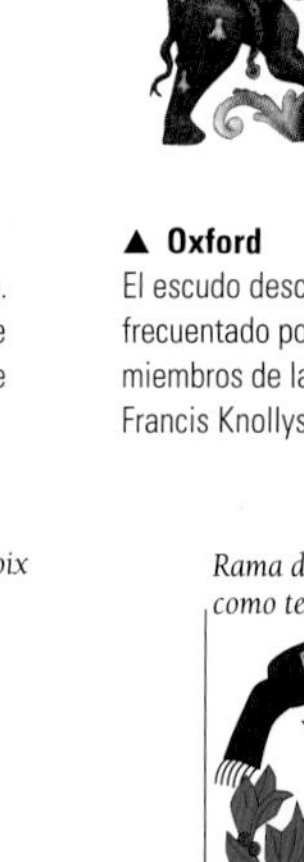
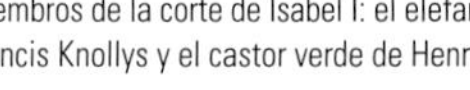

▲ República Dominicana
Los cuarteles rojo y azul del escudo evocan la bandera nacional. La cruz central simboliza la religión nacional. Una Biblia abierta por el evangelio de san Juan 8:32: «Y conoceréis la verdad, y la verdad os hará libres».

◀ Zambia
Las bandas ondulantes son las blancas aguas de las cataratas Victoria. La cimera luce un águila dorada, que simboliza la libertad y la esperanza en el futuro. Los tenantes son el pueblo del país.

◀ Ecuador
Sus armas comprenden el monte Chimborazo y el río Guayas, una barca, símbolo del comercio, y el Sol, que representa las tradiciones precolombinas. La cimera es un cóndor, metáfora de coraje y poderío. La palma y el laurel son símbolos de paz y dignidad.

▲ **Sorbona**
Su sello refleja su origen eclesiástico. En la Edad Media, *universitatis* significaba también «gremio», por lo que el lema reza: «Gremio de maestros y eruditos de París».

▲ **Universidad de Sídney**
El libro abierto, símbolo del conocimiento, representa también a la Universidad de Oxford, mientras que el león real alude a Cambridge. Las cuatro estrellas evocan la Cruz del Sur, constelación del hemisferio sur.

▲ **Universidad de Heidelberg**
Como el sello de la Sorbona, este refleja la arquitectura medieval de la universidad y sus orígenes religiosos. En un principio se llamó Universidad de Ruprecht Karls, y hoy es la institución académica más antigua de Alemania.

▲ **Universidad de Cambridge**
Data de 1573 e incluye una cruz, símbolo de la religión cristiana, cuatro leones pasantes vigilantes (resolución y prudencia) y un libro (conocimiento).

▲ **Harvard**
Su escudo exhibe el color carmesí de la universidad y muestra tres libros abiertos que simbolizan el saber. Sus páginas rezan *veritas* («verdad» en latín).

INSIGNIAS DE HONOR ORIENTALES

Japón es el único país no occidental que tiene un sistema tradicional de cimeras simbólicas parecidas a las de la heráldica. Al igual que esta, el sistema nipón de *mon* («emblemas») se originó con la aristocracia medieval, cuyas insignias solían llevarse en las batallas con el fin de distinguirse. En general los *mon* son circulares, y pueden representar a insectos, plantas, cuerpos celestes u objetos como flechas y gongs. En su día también se usaron en la vestidura de la corte tradicional china en señal de rango.

DOSEL

RÁBANO

ÁRBOL EN FLOR: CIMERA DE UNA EMPERATRIZ

PARASOLES

GONG

VÉASE TAMBIÉN
Mamíferos *pp. 52-55*
Flores *pp. 82-85*
Aves *pp. 58-61*
Plantas *pp. 80-81*
Cristianismo *pp. 176-179*

HO
PENSE
ICH DIEN
ICH
DIE

BLASÓN DEL PRÍNCIPE DE GALES

El diseño de este blasón se remonta a la era de la reina Victoria, pero sus distintos elementos representan siglos de historia. Los hijos de la princesa, Guillermo y Harry, recibieron sus propios blasones al cumplir los 18 años. En ambos, los elementos principales derivan de la Armada Real, pero también muestran emblemas de los Spencer, la familia de su madre, la difunta Diana, princesa de Gales, así como las brisuras que los distinguen.

1 y 2. Tenantes
Sus tenantes son un león (símbolo de coraje) y un unicornio (virtud). Los lambeles blancos que llevan alrededor del cuello indican que las armas pertenecen al hijo mayor del soberano.

3. Escudo
Los cuarteles del escudo describen los emblemas reales de Reino Unido: los leones dorados representan a los soberanos de Inglaterra, el rojo es de Escocia y el arpa simboliza a Irlanda.

4. Insignia del príncipe
Las tres plumas de avestruz son la insignia del heredero natural. Están rodeadas por una diadema ornamentada con joyas, bajo la cual se lee el lema del príncipe de Gales: *Ich dien* («Yo sirvo»).

5. Dragón galés
Frente a las plumas del príncipe se halla la insignia del dragón rojo, símbolo de Gales.

6. Yelmo real
Se halla justo encima del escudo. El lambrequín de oro y armiño de la familia real cuelga a ambos lados.

7. Cimera real
Un león dorado remata el blasón. Se alza sobre una gran corona, y luce la diadema del príncipe de Gales alrededor del cuello, así como un lambel blanco.

8. Ducado de Cornualles
El príncipe de Gales es asimismo el duque de Cornualles, cuyo escudo es menor. Contiene sus armas y quince besantes (monedas de oro). Las monedas representan el dinero del rescate recaudado para liberar al duque, que cayó preso durante las Cruzadas.

Blasón del príncipe Guillermo
Una brisura blanca, el lambel de tres puntas, indica que las armas pertenecen al primogénito. La venera roja es de los Spencer; tales conchas eran en su origen un símbolo de peregrinaje.

Blasón del príncipe Harry
Aquí la brisura es el lambel de cinco puntas, que lucen todos los nietos de un soberano salvo el heredero varón mayor. Las armas de este príncipe muestran tres veneras de los Spencer.

BANDERAS

Estos poderosos emblemas nacionales pueden ser símbolos de lealtad o de opresión, signos de unión para los defensores de una causa o blanco de sus detractores. Al principio se usaron para identificar las unidades militares en los campos de batalla, pero hoy se emplean como símbolos de los estados. El estudio de la historia de las banderas, su simbolismo y su diseño se conoce como «vexilología».

ÁFRICA

MARRUECOS

ARGELIA

TÚNEZ

LIBIA

EGIPTO

SUDÁN DEL SUR

SUDÁN

ERITREA

YIBUTI

SOMALIA

UGANDA

KENIA

RUANDA

BURUNDI

REPÚBLICA CENTROAFRICANA

REPÚBLICA DEMOCRÁTICA DEL CONGO

NÍGER

CHAD

MAURITANIA

MALI

SENEGAL

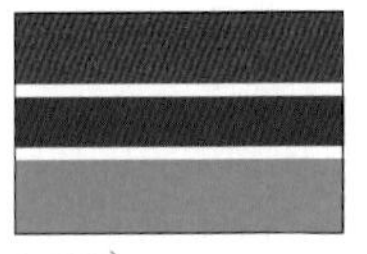
GAMBIA

CABO VERDE

GUINEA-BISSAU

GUINEA

▼ Etiopía

Verde, amarillo y rojo son los colores de Etiopía desde que la nación expulsara a los colonos italianos en 1896. Las interpretaciones sobre su simbolismo son diversas, pero en general se cree que el rojo representa la sangre derramada en la lucha por la independencia, el amarillo simboliza la paz y el verde la fertilidad de la tierra. Otros países africanos han adoptado estos colores «panafricanos» como símbolo de independencia. El pentagrama, derivado del Sello de Salomón, expresa la esperanza en el futuro, y los rayos que emite son símbolo de la paz y la unidad entre los diversos grupos étnicos del país.

SIERRA LEONA

LIBERIA

COSTA DE MARFIL

BURKINA FASO

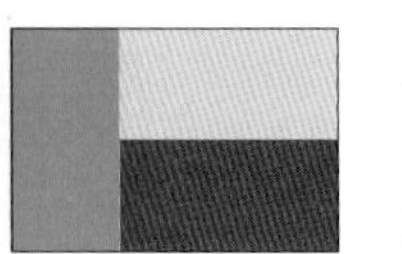

BENÍN

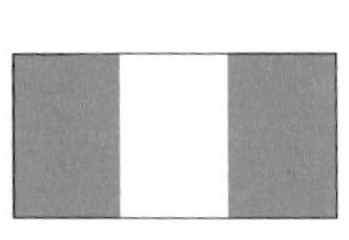

NIGERIA

CAMERÚN

GUINEA ECUATORIAL

REPÚBLICA DEL CONGO

ANGOLA

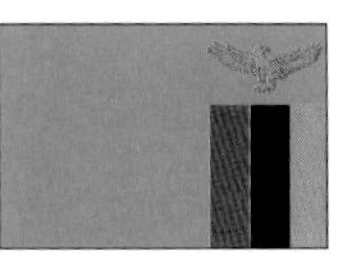

ZAMBIA

TANZANIA

MOZAMBIQUE

NAMIBIA

BOTSUANA

LESOTO

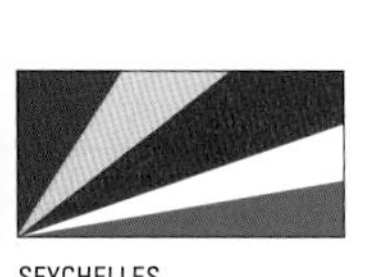

SEYCHELLES

COMORAS

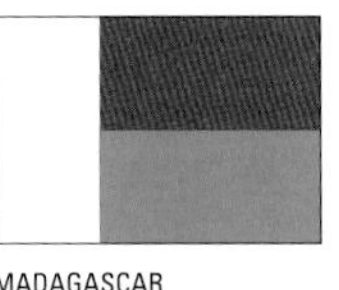

MADAGASCAR

MAURICIO

GHANA

TOGO

SANTO TOMÉ Y PRÍNCIPE

GABÓN

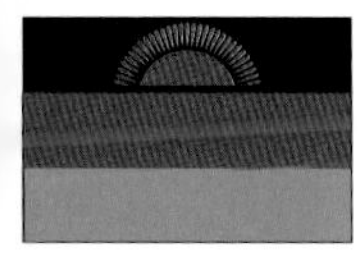

MALAUI

ZIMBABUE

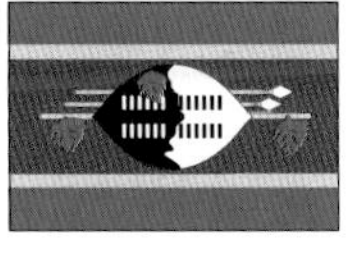

ESUATINI (SUAZILANDIA)

SUDÁFRICA

SUDAMÉRICA

COLOMBIA

VENEZUELA

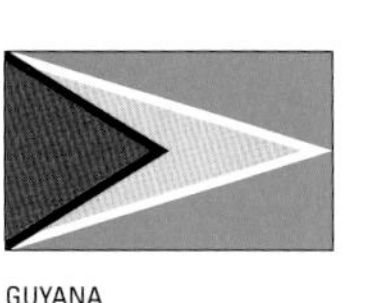

GUYANA

SURINAM

ECUADOR

PERÚ

BRASIL

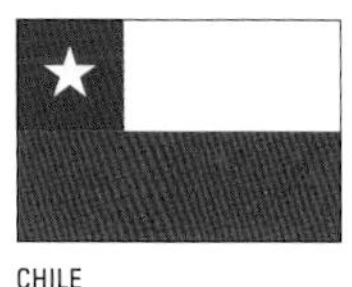

CHILE

BOLIVIA

PARAGUAY

URUGUAY

ARGENTINA

VÉASE TAMBIÉN
Colores *pp. 280-283*
Formas *pp. 284-289*

NORTEAMÉRICA Y CENTROAMÉRICA

CANADÁ

MÉXICO

GUATEMALA

BELICE

EL SALVADOR

HONDURAS

NICARAGUA

COSTA RICA

▼ Estados Unidos

Su primera bandera se creó en 1776 y tenía 13 franjas, en representación de la unión de las 13 colonias rebeldes, y la bandera británica en la esquina superior izquierda. Pero la primera *Stars and Stripes* («Barras y Estrellas») se introdujo al año siguiente, cuando la bandera británica se reemplazó por un círculo de 13 estrellas blancas sobre un fondo azul. Desde entonces, ha sufrido 26 variaciones. La primera se aplicó en 1794, año en que se incluyeron dos estrellas y dos franjas más tras el ingreso de los estados de Vermont y Kentucky en la Unión. En 1818 se decidió que el número de franjas quedaría siempre en 13, como símbolo de los estados originales, y que se irían añadiendo estrellas según se fueran uniendo nuevos estados.

Cincuenta estrellas, una para cada estado

Trece franjas como símbolo de los trece estados originales

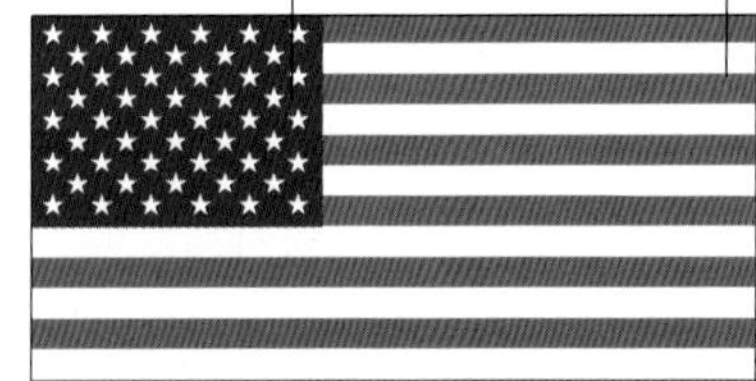

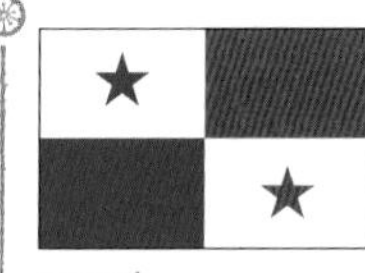
PANAMÁ

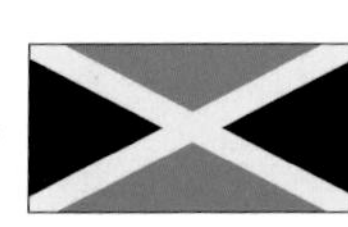
JAMAICA

CUBA

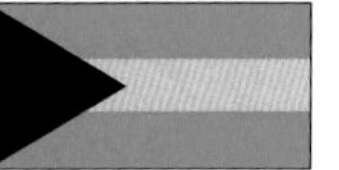
BAHAMAS

HAITÍ

REPÚBLICA DOMINICANA

SAN CRISTÓBAL Y NIEVES

ANTIGUA Y BARBUDA

DOMINICA

SANTA LUCÍA

SAN VICENTE Y LAS GRANADINAS

BARBADOS

GRANADA

TRINIDAD Y TOBAGO

EUROPA

ISLANDIA

NORUEGA

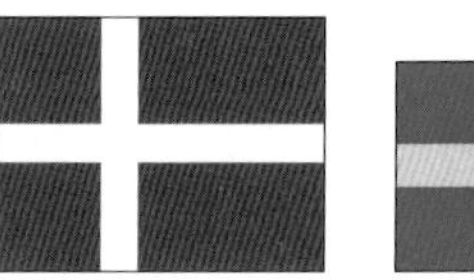
DINAMARCA

SUECIA

FINLANDIA

ESTONIA

LETONIA

LITUANIA

POLONIA

ALEMANIA

BÉLGICA

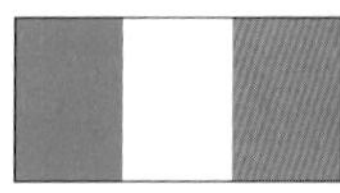
IRLANDA

FRANCIA

LUXEMBURGO

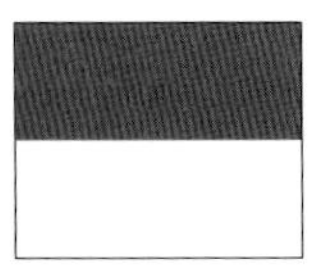

MÓNACO

ANDORRA

PORTUGAL

ESPAÑA

ITALIA

MALTA

CIUDAD DEL VATICANO

SAN MARINO

SUIZA

LIECHTENSTEIN

AUSTRIA

HUNGRÍA

▼ Países Bajos

La bandera holandesa se adoptó oficialmente en 1572, durante la guerra de Flandes contra el dominio español. Es la tricolor más antigua del mundo, y se creó a partir de los colores del entonces gobernante príncipe de Orange, cuya bandera naranja, blanca y azul se conocía como la «Bandera del Príncipe». Por algún motivo que se ignora, quizá para mayor claridad o porque el naranja se tornó rojo, cambió a la actual roja, blanca y azul. En 1972 los holandeses conmemoraron el 400 aniversario de su bandera con un sello especial. Los colonos lograron que la bandera original del príncipe se conservara en la de Sudáfrica, llamada *Prinsenvlag*, hasta 1994.

La tricolor más antigua. Desde su creación, más de cincuenta naciones han adoptado la simple idea de usar tres bandas de color.

REPÚBLICA CHECA (CHEQUIA)

ESLOVAQUIA

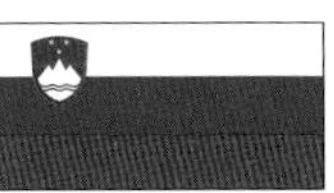

ESLOVENIA

CROACIA

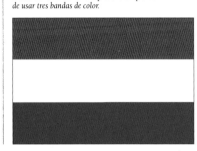

BOSNIA-HERZEGOVINA

MONTENEGRO

▼ Reino Unido

Llamada popularmente *Union Jack*, la bandera de Reino Unido se conoce oficialmente como *Union Flag*, y simboliza la unión de las coronas de Inglaterra, Escocia e Irlanda. En 1603, Jaime VI de Escocia se convirtió en el rey Jaime I de Inglaterra, y tres años depués las banderas de ambos reinos se fundieron en una nueva bandera británica que combinaba la cruz roja de san Jorge sobre un campo blanco (Inglaterra) y la cruz blanca de san Andrés, en forma de aspa, sobre un campo azul (Escocia). El 1 de enero de 1801, tras el Acta de Unión con Irlanda, se añadió el aspa roja de san Patricio, que completó la bandera actual. La *Union Flag* es un elemento de las banderas de Australia, Nueva Zelanda, Fiyi y Tuvalu.

Cruz de san Jorge (Inglaterra)

Cruz de san Patricio (Irlanda)

Cruz de san Andrés (Escocia)

SERBIA

ALBANIA

MACEDONIA

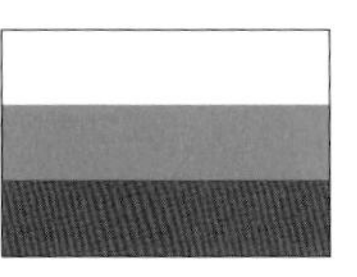

BULGARIA

GRECIA

RUMANÍA

MOLDAVIA

BIELORRUSIA

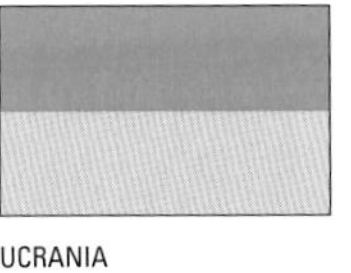

UCRANIA

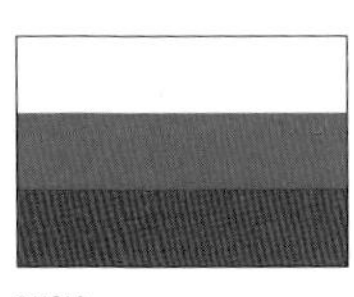

RUSIA

VÉASE TAMBIÉN
Colores *pp. 280-283*
Formas *pp. 284-289*

AUSTRALASIA Y OCEANÍA

AUSTRALIA

VANUATU

FIYI

PAPÚA NUEVA GUINEA

ISLAS SALOMÓN

PALÁU

MICRONESIA

ISLAS MARSHALL

NAURU

KIRIBATI

TUVALU

SAMOA

TONGA

NUEVA ZELANDA

ASIA

AZERBAIYÁN

ARMENIA

TURQUÍA

GEORGIA

LÍBANO

SIRIA

CHIPRE

ISRAEL

JORDANIA

ARABIA SAUDÍ

YEMEN

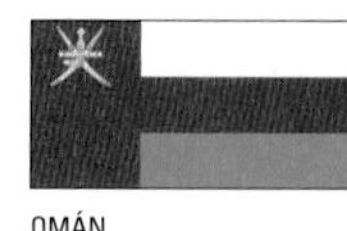

OMÁN

EMIRATOS ÁRABES UNIDOS

QATAR

BAHRÉIN

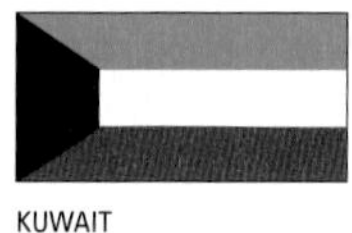

KUWAIT

IRAQ

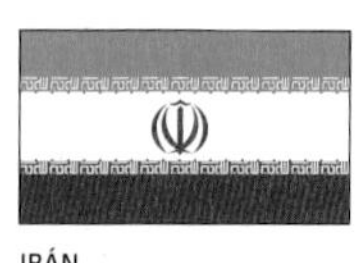

IRÁN

TURKMENISTÁN

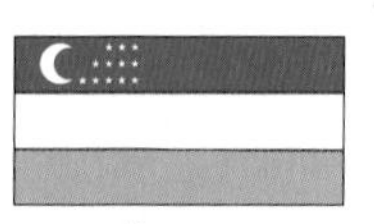

UZBEKISTÁN

KAZAJISTÁN

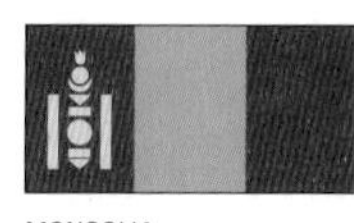

MONGOLIA

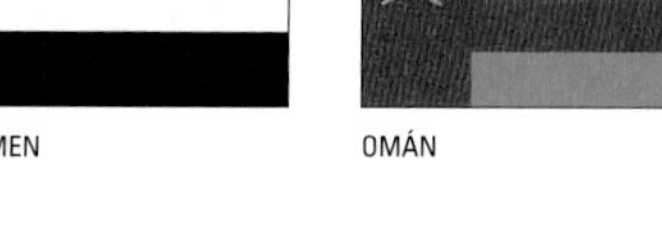

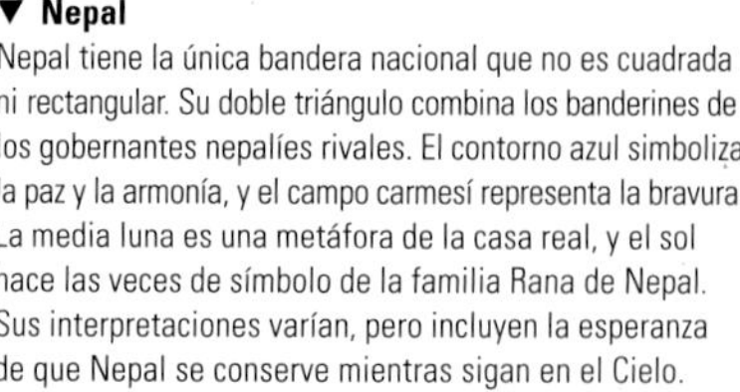

▼ Nepal

Nepal tiene la única bandera nacional que no es cuadrada ni rectangular. Su doble triángulo combina los banderines de los gobernantes nepalíes rivales. El contorno azul simboliza la paz y la armonía, y el campo carmesí representa la bravura. La media luna es una metáfora de la casa real, y el sol hace las veces de símbolo de la familia Rana de Nepal. Sus interpretaciones varían, pero incluyen la esperanza de que Nepal se conserve mientras sigan en el Cielo.

El banderín rojo ha sido el símbolo hindú de la victoria durante siglos.

KIRGUISTÁN

TAYIKISTÁN

AFGANISTÁN

PAKISTÁN

BUTÁN

INDIA

MALDIVAS

SRI LANKA

BANGLADÉS

BIRMANIA (MYANMAR)

TAILANDIA

LAOS

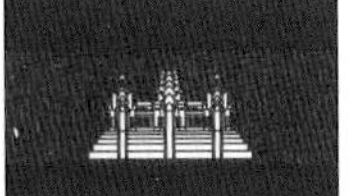
CAMBOYA

VIETNAM

MALASIA

INDONESIA

TIMOR ORIENTAL

SINGAPUR

BRUNÉI

FILIPINAS

COREA DEL NORTE

CHINA

JAPÓN

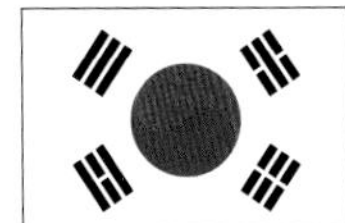
COREA DEL SUR

OTRAS BANDERAS

▲ **Bandera blanca**
Símbolo reconocido en el mundo entero como señal de tregua, rendición o alto el fuego. La Convención de Ginebra protege a quien la lleve.

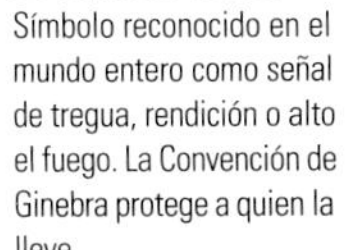

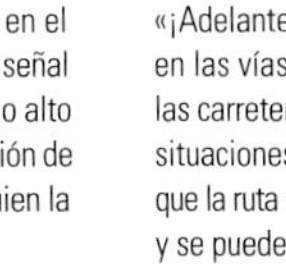

▲ **Bandera verde**
«¡Adelante!» Se utiliza en las vías ferroviarias, las carreteras y en otras situaciones para indicar que la ruta está despejada y se puede continuar.

▲ **Bandera roja**
«¡Alto!» En numerosas situaciones se reconoce como una señal de peligro y/o como advertencia para detenerse. Por otro lado, la bandera roja es todo un símbolo del socialismo.

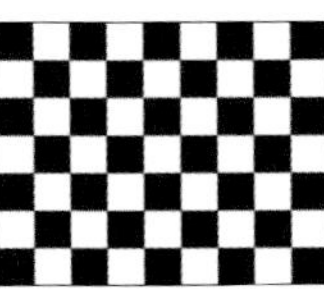

▲ **Bandera a cuadros**
En automovilismo lleva ya más de un siglo usándose para indicar que el líder ha finalizado la carrera, y hoy se usa en otros campos en señal de que una tarea se ha realizado con éxito.

▲ **Bandera azul**
La lucen las playas que cumplen los requisitos de higiene, seguridad, servicios y medidas medioambientales que dicta la Foundation for Environmental Education.

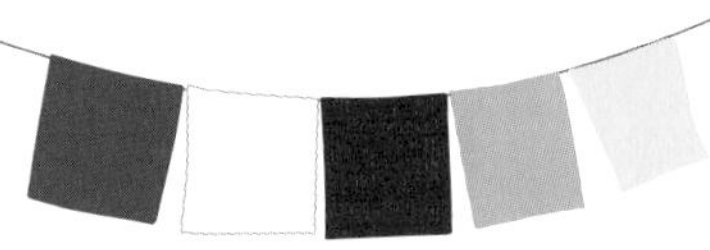

▲ **Banderas de oración budistas**
Son cinco y representan el espacio (azul), el agua (blanco), el fuego (rojo), el aire (verde) y la tierra (amarillo). El viento transporta sus oraciones y propaga la suerte y la paz.

VÉASE TAMBIÉN
El Sol *pp. 16-17*
La Luna *pp. 18-19*
Colores *pp. 280-283*
Formas *pp. 284-289*

LENGUAJES DE SIGNOS Y SEÑALES

Los lenguajes de signos son distintos de los gestos simbólicos, aunque a veces coinciden. Un gesto puede transmitir una sola idea, pero el lenguaje de signos es un sistema de gestos y signos que permite a sus usuarios comunicar ideas complejas de forma manual en lugar de verbal. Los diversos lenguajes para sordos han evolucionado desde el siglo XVI, y sirven además en muchas situaciones en que la comunicación no verbal es deseable o esencial.

ALFABETO MANUAL AMERICANO

Los alfabetos manuales son un útil punto de partida para aprender un lenguaje de signos, si bien casi todos los códigos usan signos que expresan palabras enteras en lugar de letras. Estos alfabetos se usan sobre todo para nombres propios o terminología técnica.

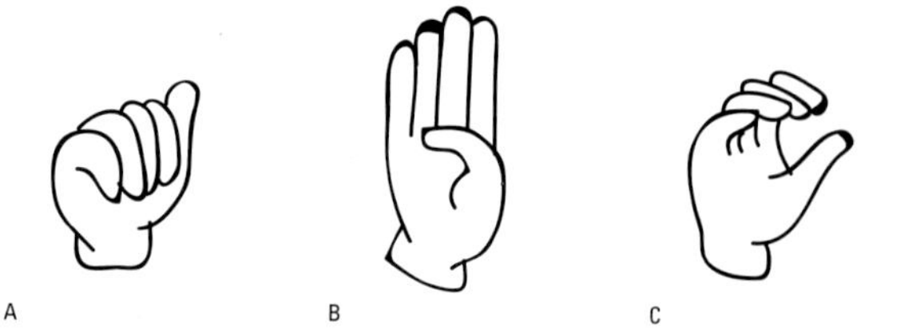

A B C

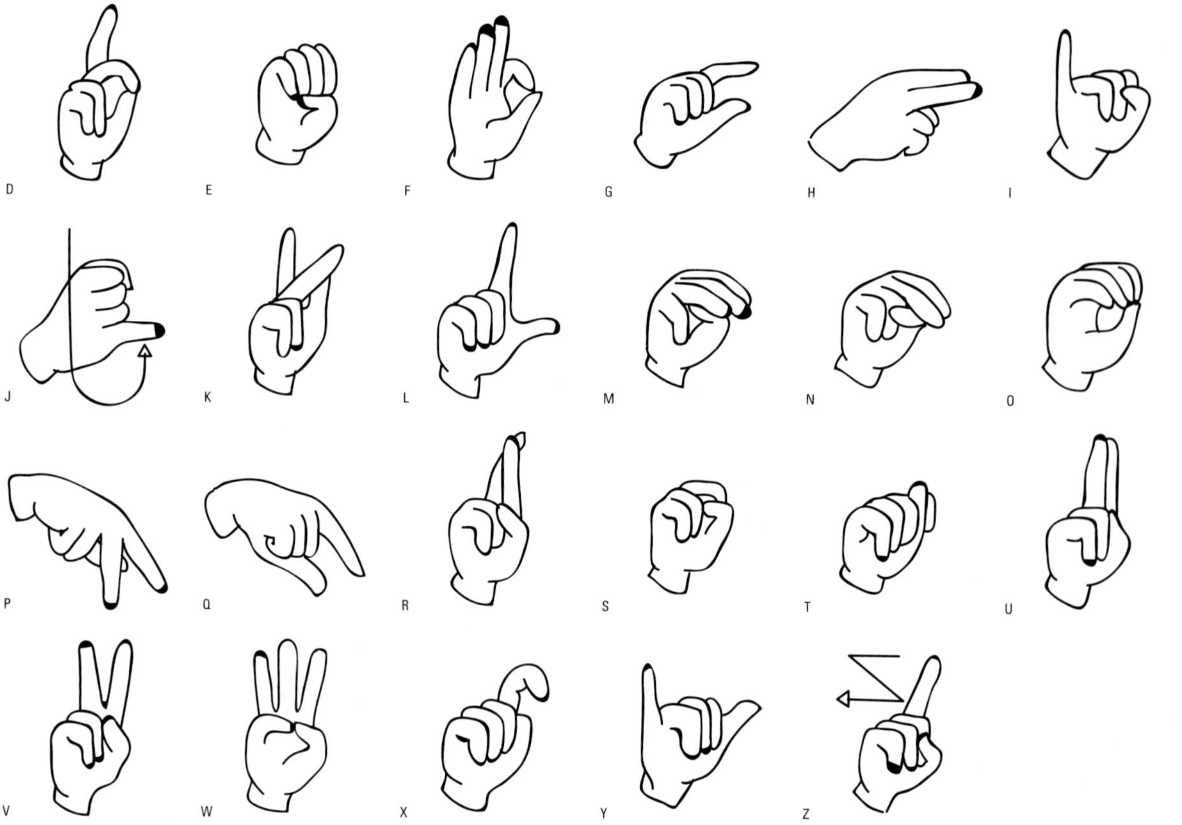

D E F G H I

J K L M N O

P Q R S T U

V W X Y Z

SEMÁFORO

En 1793 el francés Claude Chappe inventó un sistema semafórico que posteriormente se adaptó para su uso con banderas. Aparte de las señales de humo, aquel fue el primero de los sistemas que permitieron «hablar» sin sonido.

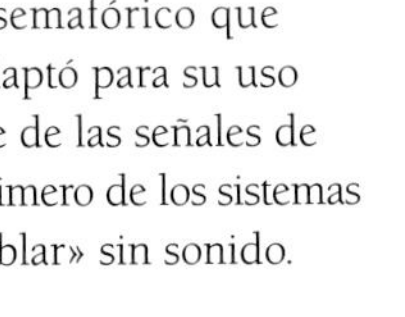

«PAUSA» O «ESPACIO»

«NÚMEROS»

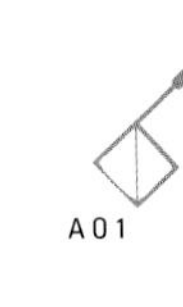

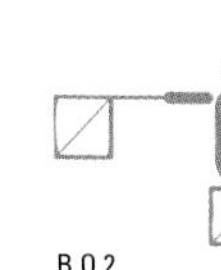

«ERROR»

«CANCELAR»

A 0 1

B 0 2

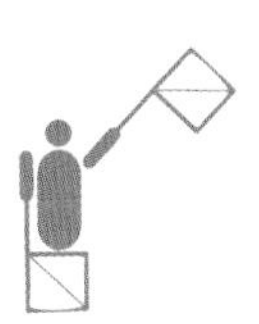

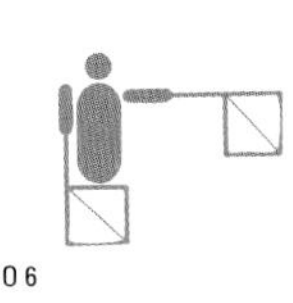

C 0 3

D 0 4

E 0 5

F 0 6

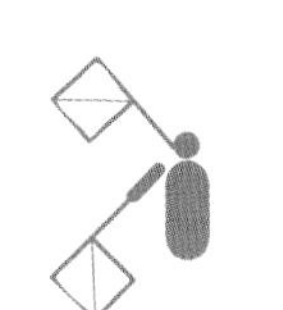

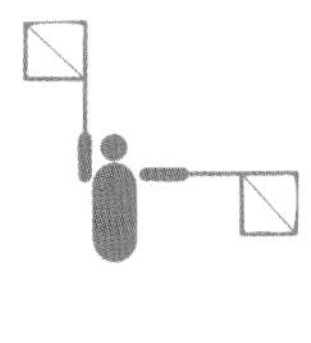

G 0 7

H U 8

I 0 9

J O «LETRAS»

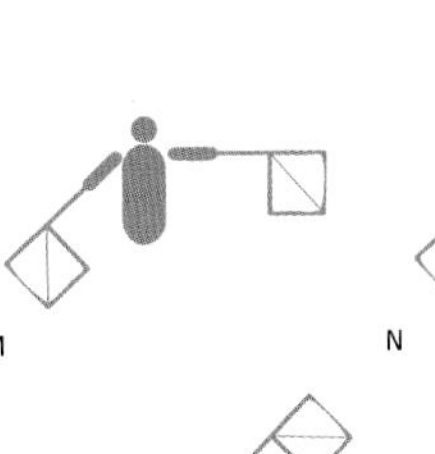

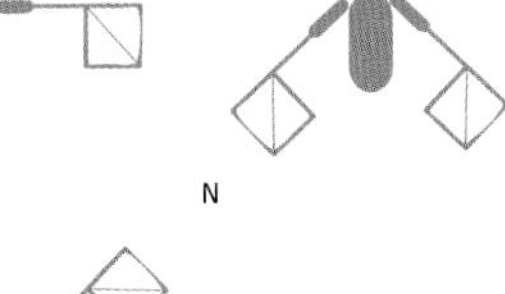

K O CERO

L

M

N

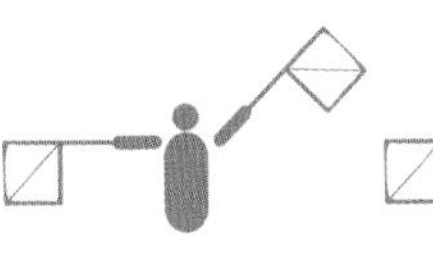

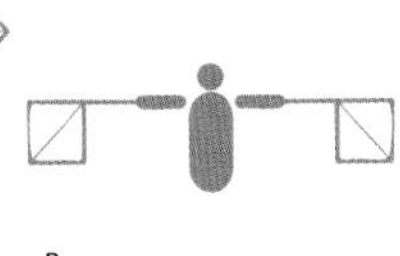

O

P

Q

R

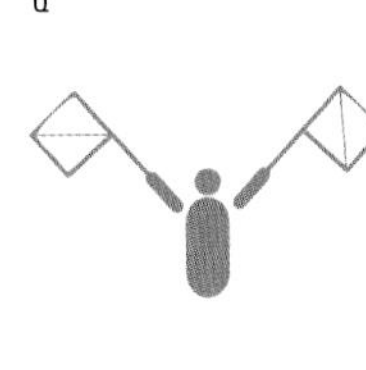

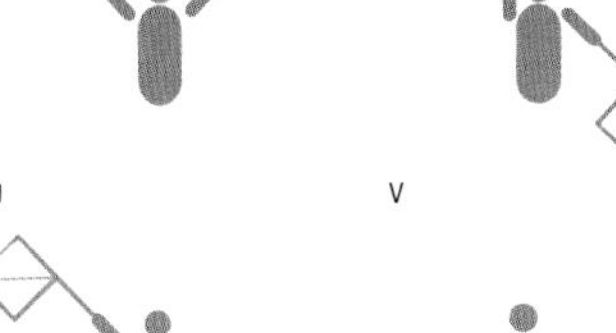

S

T

U

V

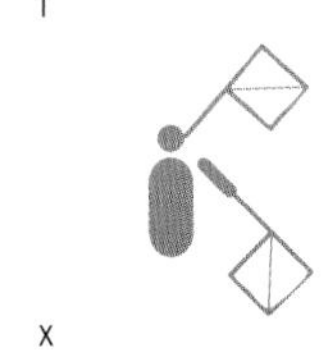

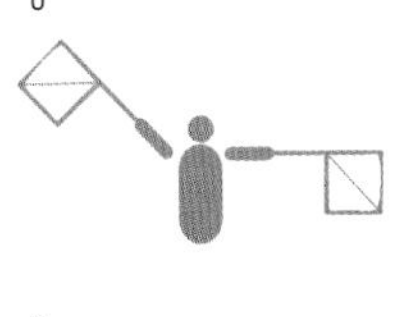

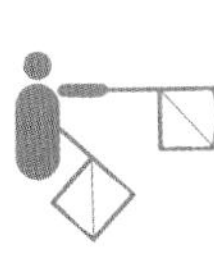

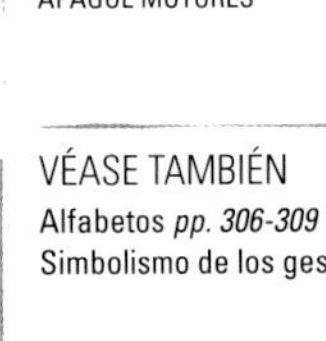

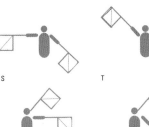

W

X

Y

Z

SEÑALES DE GUÍA EN PISTA

Las instrucciones que transmiten estas señales son muy simples, pero resultan vitales para dirigir a los pilotos y a la tripulación de tierra en un entorno donde reina un ruido extremo. Los transmisores llevan guantes o bien sostienen balizas iluminadas.

ADELANTE

EN ESTA DIRECCIÓN

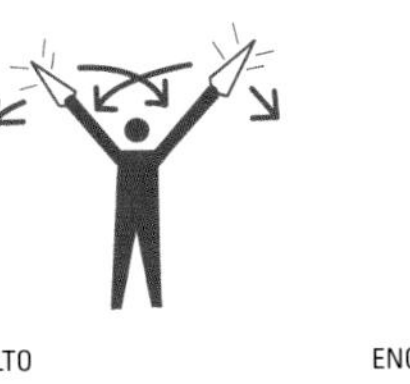

GIRE A LA IZQUIERDA

GIRE A LA DERECHA

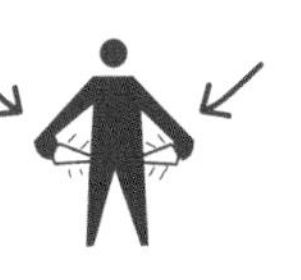

ALTO

ENCIENDA MOTORES

CALZOS PUESTOS

CALZOS FUERA

APAGUE MOTORES

REDUZCA LA MARCHA

VÉASE TAMBIÉN
Alfabetos *pp. 306-309*
Simbolismo de los gestos *pp. 334-337*

SUBMARINISMO

Los buceadores necesitan comunicarse con sus compañeros bajo el agua. A tal fin, se ha ideado un sistema estándar de señales para transmitir mensajes vitales, como «subir», «bajar» o «no me queda aire en el tanque».

OK/¿ESTÁS BIEN?

ALGO VA MAL

ARRIBA/SUBAMOS

ABAJO/BAJEMOS

100 BARES EN EL TANQUE

50 BARES EN EL TANQUE

NO ME QUEDA AIRE

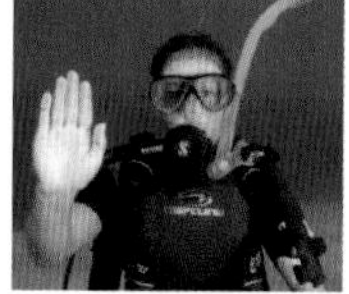
PARA

MÁS DESPACIO

QUEDÉMONOS/MOVÁMONOS JUNTOS

PERMANECE A ESTA PROFUNDIDAD

OBSERVA/MIRA

TENGO FRÍO

NO PUEDO COMPENSAR MIS OÍDOS

ME SIENTO SIN AIRE: 1

ME SIENTO SIN AIRE: 2

ARBITRAJE EN EL CRÍQUET

PASADA

LANZAMIENTO LARGO

BOLA MUERTA

COMIENZA LA ÚLTIMA HORA

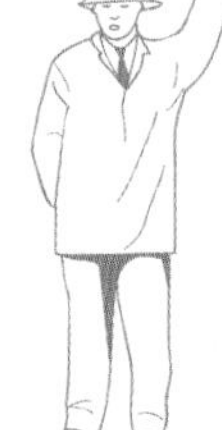
FUERA

LANZAMIENTO NULO

SEIS

PASADA CORPORAL

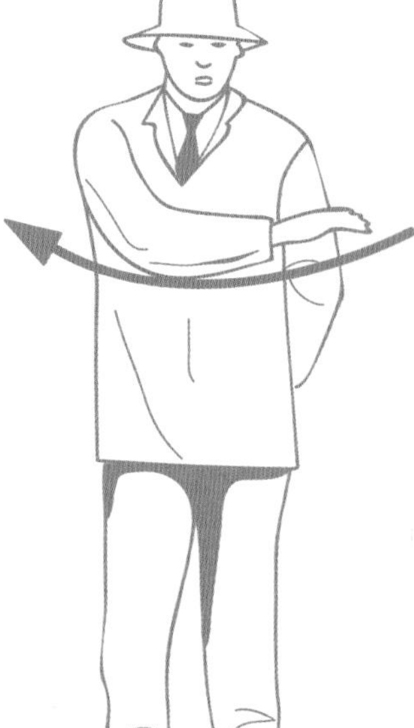
CUATRO

FÚTBOL AMERICANO

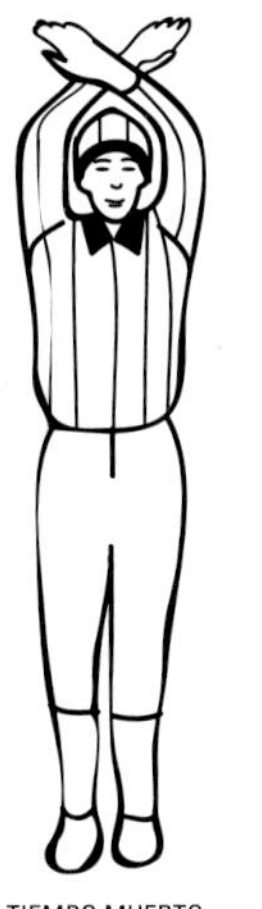
TIEMPO MUERTO

TOUCHDOWN

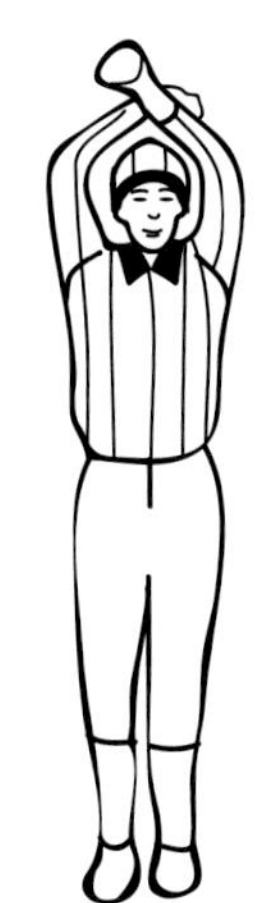
FALTA PERSONAL

FUERA DE JUEGO

BLOQUEO

MOVIMIENTO ILEGAL

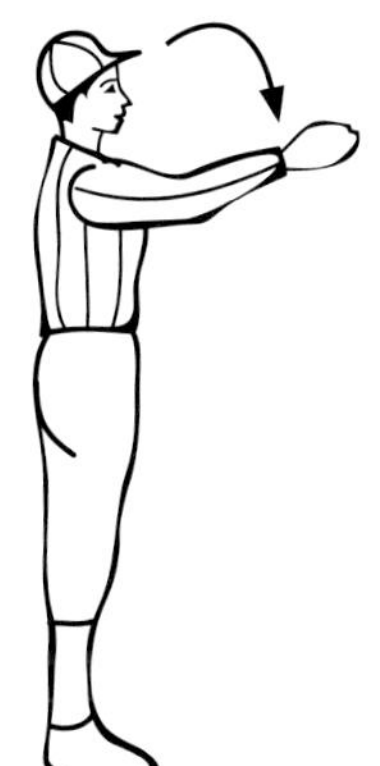
PRIMER DOWN

INTERFERENCIA EN EL PASE

PENALTI RECHAZADO

FÚTBOL

TIRO LIBRE DIRECTO

TIRO LIBRE INDIRECTO

TARJETA ROJA DE EXPULSIÓN

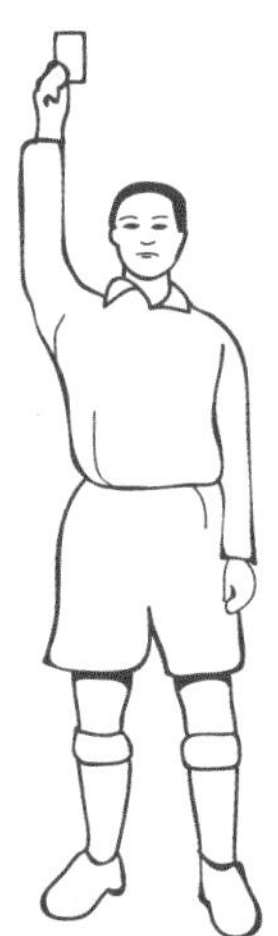
TARJETA AMARILLA
DE APERCIBIMIENTO

VENTAJA

VÉASE TAMBIÉN
Manos y pies *pp. 116-119*
Simbolismo de los gestos *pp. 334-337*

SIMBOLISMO DE LOS GESTOS

El conocido dicho «una imagen vale más que mil palabras» suele ser verdad en cuanto a los gestos se refiere, si bien estos, al igual que las palabras, pueden malinterpretarse. Los que son conscientes, como las señales manuales, suelen trascender las barreras del lenguaje, aunque a veces tienen significados distintos según cada cultura. Los inconscientes pueden revelar lo que alguien piensa, pero la interpretación del lenguaje corporal es menos precisa y depende del contexto.

GESTOS CONSCIENTES

Los gestos que se hacen con la cabeza y las manos sirven para reafirmar o sustituir a la palabra hablada. No obstante, hay que ser cauto, pues la más inocente de las señales puede significar cosas distintas para personas distintas, y lo que a alguien le parece amistoso, otro puede juzgarlo ofensivo.

▲ **Guiño**
Un guiño puede significar varias cosas, desde un mero saludo inocente hasta una invitación sexual, una indirecta, una advertencia o una señal de complicidad entre dos personas.

▲ **Mirada hacia arriba**
La mirada dirigida arriba, con las cejas levantadas y en general acompañada de un chasquido de la lengua, es una forma habitual de expresar condescendencia, aburrimiento o exasperación.

▲ **Una ceja levantada**
El gesto de levantar una ceja es un signo de escepticismo o incredulidad. El conflicto mental se refleja a través de la asimetría del rostro.

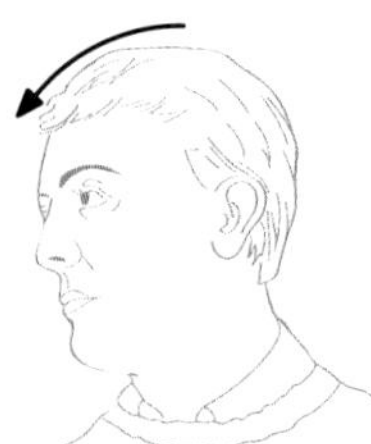

▲ **Sacudir la cabeza de arriba abajo**
En casi todas las culturas occidentales este gesto significa «sí», pero en ciertos países, como Sri Lanka, es «no». También suele emplearse como gesto de saludo o reconocimiento.

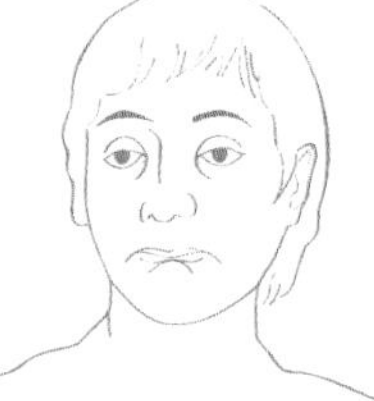

▲ **Sacudir la cabeza de lado a lado**
En muchas culturas significa «no», pero en India y Pakistán significa «sí». En el norte de África se sacude la cabeza una sola vez hacia un lado.

▲ **Sacar la lengua**
Los niños del mundo entero sacan la lengua como un gesto maleducado pero juguetón. Es probablemente el primer insulto que aprenden.

▲ **Besos en la mejilla**
En Occidente un beso en la mejilla es un saludo de bienvenida o despedida entre amigos. En España se besan las dos mejillas; en Bélgica se besa una, luego la otra y luego otra vez la primera.

▲ **Beso en la mano**
Antaño este gesto de respeto y cortesía era el saludo de rigor de un caballero a una dama. Hoy es muy raro, excepto en situaciones extremadamente formales o cuando se hace con cierta ironía.

▲ **Beso en el pie**
En varios pasajes de la Biblia se alude a este gesto de humildad y respeto, y el papa suele hacerlo en la celebración del Jueves Santo.

▲ **Beso volado**
Este gesto simboliza un beso que se da a distancia. A veces se usa en vez del saludo con la mano para despedirse de un amigo, un amante o un pariente.

▲ **Reverencia**
En la cultura occidental suele ser símbolo del respeto de una persona de rango «inferior» hacia una de rango «superior» (como hacía la plebe ante la realeza). En Japón los iguales suelen saludarse así en señal de mutuo respeto.

▲ Saludo con la mano
En general es un gesto de despedida, pero también puede hacerse para dar la bienvenida o para atraer la atención. En China, si se hace con la palma hacia abajo significa «ven aquí».

▲ Choca esos cinco
Es un gesto de saludo, celebración o mutua felicitación. Suelen usarlo los miembros de un equipo cuando logran un tanto en un evento deportivo.

▲ Apretón de manos
En Occidente es un gesto relativamente formal que expresa respeto mutuo. Se usa especialmente cuando se cierra un acuerdo.

▲ Manos arriba
En este conocido gesto de rendición los brazos alzados muestran que la persona no va armada o no va a hacer uso de las armas.

▲ Manos en oración
La actitud cristiana de la oración es un símbolo de saludo y respeto en India y en el Sureste Asiático. En Occidente es un gesto de súplica.

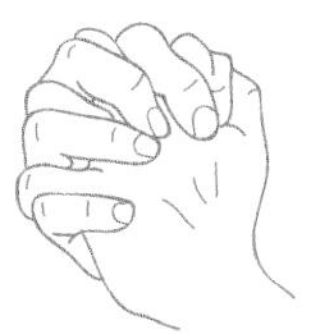

▲ Manos suplicantes
En Occidente es un gesto de súplica más enfático que el de las manos en oración.

▲ Dedo en los labios
Símbolo prácticamente universal que simboliza los labios sellados y se utiliza para pedir silencio. En general se acompaña de un «chis».

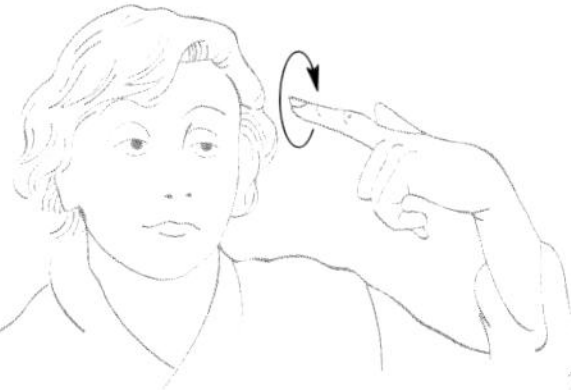

▲ Dedo en la sien
El dedo suele dar vueltas o dar golpecitos en la sien. Es símbolo de locura, de que una persona está «chalada» o «le falta un tornillo».

▲ Llevarse un dedo al ojo
En Arabia Saudí se usa para indicar la estupidez de una persona, pues significa: «Veo claramente que eres un estúpido».

◄ Hacer burla con la mano en la nariz
Es una forma juguetona o jocosa de hacer burla, y se halla al mismo nivel que el gesto de sacar la lengua.

▲ Chasquido con el pulgar y los dientes
Este gesto de insulto, habitual en algunos países mediterráneos, provoca una pelea en *Romeo y Julieta*, de Shakespeare, cuando un criado de los Capuleto se «muerde el pulgar» frente a un criado de los Montesco.

▲ Gesto de reflexión
Suele adoptarlo la persona absorta en sus pensamientos. Es una forma modificada de las «manos en oración», con los dedos tocando los labios o la barbilla.

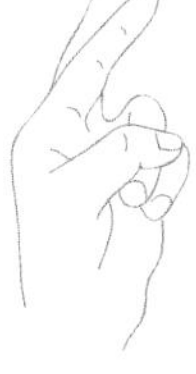

▲ Dedos cruzados
Este extendido gesto que indica el deseo de buena suerte simboliza el signo de la cruz cristiana.

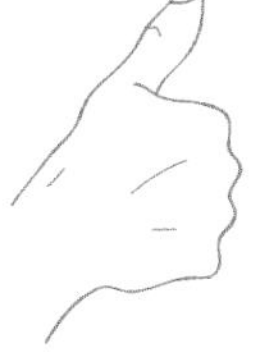

▲ Pulgar levantado
En Occidente es una señal de aprobación que deriva del gesto que se utilizaba para expresar la opinión del público en los juegos de gladiadores romanos. En Oriente Próximo, África occidental y Rusia es un insulto.

▲ V de victoria
Este gesto se hizo popular durante la Segunda Guerra Mundial como símbolo de victoria gracias a Winston Churchill. Luego los *hippies* lo adoptaron en la década de 1960 como gesto de paz.

▲ Cuernos
Suele usarse como símbolo de protección contra el diablo o la mala suerte, o bien para guardarse del mal de ojo. Para los satánicos representa al diablo. También se usa como insulto.

▲ Pregunta
En Italia este gesto en que se juntan todos los dedos y se sacude la mano arriba y abajo significa: «¿Qué quieres?» o «¿Qué quieres decir?».

▲ OK
En Europa y Estados Unidos significa «OK», y en Japón es el símbolo del dinero, pero en otros países puede ser ofensivo: en Alemania y Brasil es una vulgar alusión anatómica.

VÉASE TAMBIÉN
Manos y pies *pp. 116-119*
Cristianismo *pp. 176-179*
Lenguajes de signos y señales *pp. 330-331*

▲ **Cuernos (variación)**
En los países mediterráneos representa los cuernos de un cornudo; en Japón su significado se asocia a las mujeres enojadas o celosas.

▲ **«El dedo»**
Es un gesto ofensivo que significa «que te jodan». Los romanos lo llamaban *digitus impudicus*.

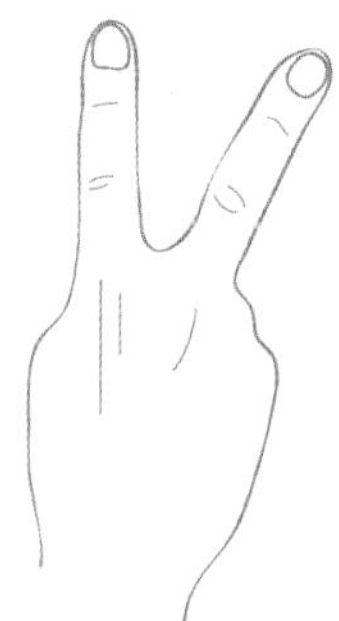

▲ **La «V»**
En Reino Unido y en Australia (donde se llama «la horquilla»), el signo de la V con los nudillos hacia fuera (reverso de la victoria) significa «vete a la mierda». En EE UU es equivalente al de victoria/paz.

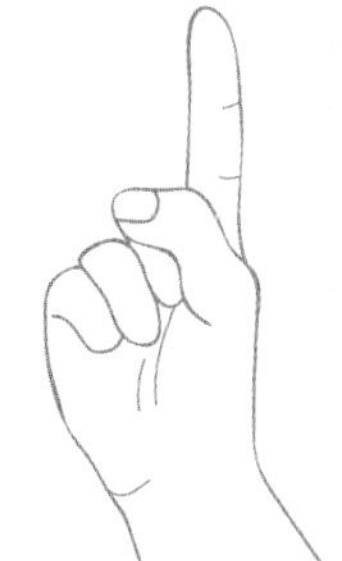

▲ **Dedo índice**
En general, en Occidente representa el número uno, aunque a veces se utiliza como imperativo («espera»). En Oriente Próximo, Grecia y Turquía significa lo mismo que el conocido gesto del dedo corazón alzado en el resto del mundo.

▲ **El pulgar de Clinton**
Este gesto, que hizo popular el expresidente de EE UU Bill Clinton, quien tal vez lo adoptó de John F. Kennedy, se usa para dar énfasis sin extender el índice, cosa que podría interpretarse como excesivamente enérgico o agresivo.

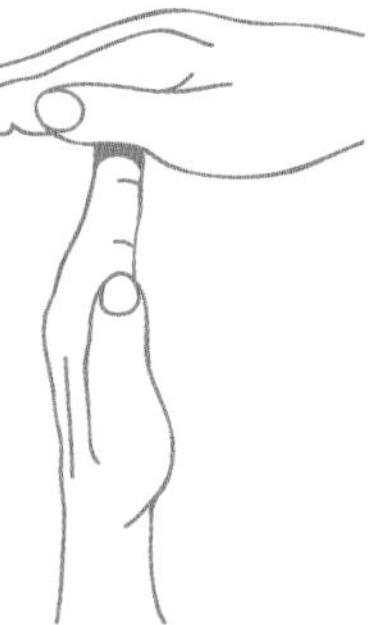

▲ **Tiempo muerto**
En Estados Unidos se usa para pedir «tiempo muerto» en muchos deportes, a excepción del baloncesto, donde sirve para señalar una falta técnica. En Gran Bretaña indica la hora del té, y en Japón significa «la cuenta, por favor».

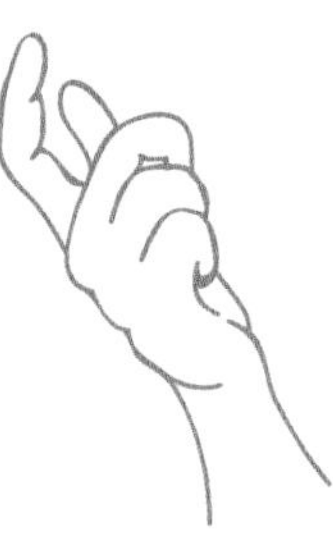

▲ **Llamar por señas**
Este gesto, de uso muy extendido, significa «ven aquí». Suele emplearse en tono de superioridad o bien de mala educación, pero también puede ser una clara invitación sexual, según la expresión del rostro y las circunstancias.

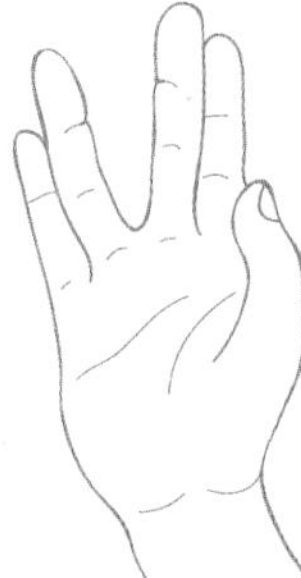

▲ **Saludo vulcano**
Es el saludo de Spock, un miembro de los vulcanos, los seres de orejas puntiagudas de la serie de televisión *Star Trek*. Significa «larga vida y prosperidad», y su origen se halla en un gesto de bendición judío.

▲ **Pulgar entre índice y corazón**
Para los romanos era un gesto de buena suerte, y en algunos países sigue siéndolo, pero en Turquía, Indonesia y Rusia se ve como un gesto obsceno que significa «que te jodan». En India se usa como amenaza.

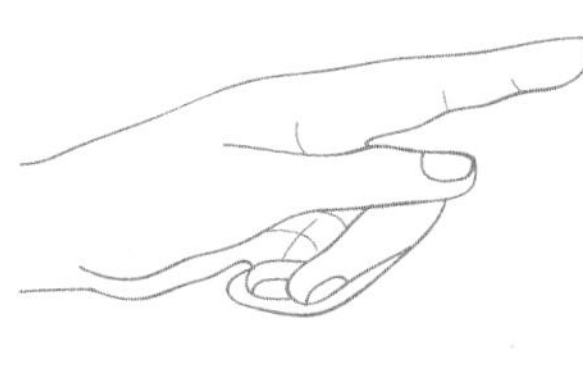

▲ **Dedo índice extendido**
Este es un modo universal de señalar un objeto o dirección concretos. En muchas culturas se considera de mala educación señalar directamente a alguien; es más cortés hacerlo con la mano abierta.

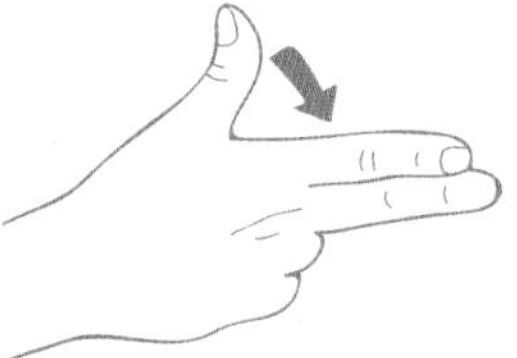

▲ **¡Bang, bang!**
Este gesto puede interpretarse como la imitación de un disparo de pistola, un saludo juguetón o una amenaza. Cuando se hace contra la propia sien, indica un error o el deseo de escapar de una situación aburrida o frustrante.

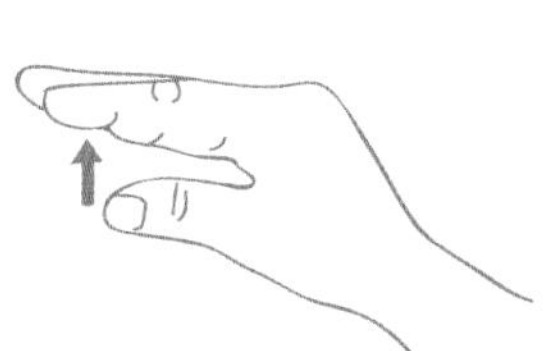

▲ **Blablablá**
Este signo imita unos labios que hablan en exceso, y es un habitual gesto despectivo que se interpreta como «me aburres» o bien «no te estoy escuchando». En ciertos deportes los árbitros lo usan para indicar que un jugador es culpable de disensión.

▲ **Puño cerrado**
Cuando se efectúa frente al torso es un gesto universal de agresión. Los grupos nacionalistas, revolucionarios y oprimidos suelen alzar un puño cerrado en señal de desafío. Por otro lado, es un signo militar para pedir armamento pesado.

LENGUAJE CORPORAL

En general, el lenguaje corporal es algo que se emplea y se interpreta de forma subliminal. No obstante, quien conoce sus signos puede usarlos de forma consciente para reforzar su comunicación verbal. La postura, la orientación y la actitud, el movimiento de los ojos y otros factores pueden revelar gran parte de los auténticos sentimientos y opiniones de una persona, aunque esta no se dé cuenta de las señales que envía. El lenguaje corporal se asocia con el flirteo y las relaciones sexuales, pero también desempeña un importante papel en las entrevistas y las relaciones laborales.

▲ Contacto visual
Si es excesivo puede parecer grosero, demasiado familiar o agresivo, pero si no es suficiente puede indicar falta de interés. Si es escaso o nulo, muestra o bien que alguien es muy tímido o bien que es deliberadamente falso.

▲ Distancia
Permanecer de pie o sentado a demasiada distancia puede verse como signo de altivez, pero acercarse demasiado es señal de un exceso de entusiasmo, agresividad o mala educación. La distancia puede variar; hay ocasiones en que es lógico acercarse momentáneamente y quedarse cerca.

▲ Orientación
Sentarse con las piernas cruzadas o con el cuerpo en dirección opuesta a alguien es señal de actitud defensiva o falta de interés, y viceversa. Los gestos que se hacen con las palmas de las manos hacia arriba o hacia fuera (como el del hombre) son abiertos y amistosos.

▲ De pie con las manos en las caderas
Las manos en las caderas indican franqueza y confianza en uno mismo. Mantener la cabeza erguida, en lugar de inclinada a un lado, da un aire de autoridad y seguridad.

▲ De pie, con los brazos cruzados y encorvado
Permanecer con los hombros encorvados, los brazos cruzados o rodeando el cuerpo, con la cabeza inclinada y la mirada hacia el suelo es muestra de nerviosismo o de actitud defensiva.

▲ De pie con los brazos pegados al cuerpo
Permanecer con los brazos a los lados o a la espalda es muestra de que una persona tiene una serena confianza en sí misma y está preparada para lo que venga.

▲ Sentarse con un tobillo en la rodilla opuesta
Esta postura se llama «figura cuatro». Suele verse como una actitud defensiva, aunque, en esta imagen, la pose relajada y los brazos abiertos hacen que se la asocie con la comodidad.

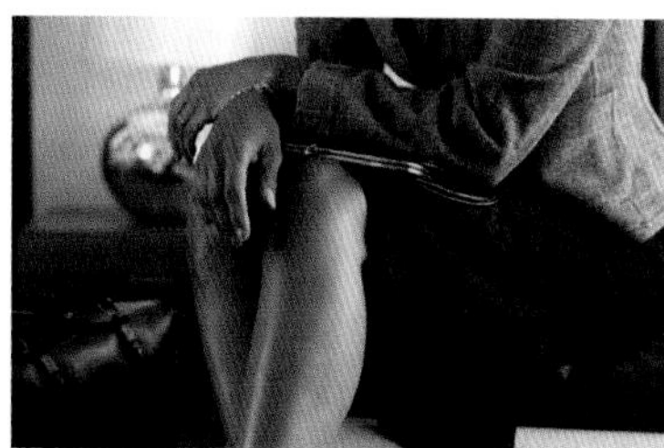

▲ Posturas con las piernas cerradas
En general, sentarse o permanecer de pie con las piernas abiertas es señal de franqueza, y mantenerlas cruzadas o cerradas se ve como una actitud defensiva. Cuando se lleva falda corta, esta postura es una mera cuestión de decencia.

VÉASE TAMBIÉN
Manos y pies *pp. 116-119*
Lenguajes de signos y señales *pp. 330-333*

GLOSARIO

Aguas primordiales
En los mitos de la creación, son aquellas aguas de las que surgió el cosmos. Se asocian, por tanto, al estadio primigenio dominado por el caos.

Alá
Palabra árabe para designar a Dios.

Amuleto
Pequeño talismán que simboliza un poder benefactor y tradicionalmente se lleva para obtener protección y fuerza.

Anj
Cruz en forma de T con un lazo en la parte superior; este símbolo antiguo egipcio, que significa «vida eterna», se lleva a menudo alrededor del cuello.

Apóstol
Cada uno de los doce discípulos más próximos a Cristo.

Árbol de la ciencia
Árbol bíblico del conocimiento del bien y del mal plantado en el Jardín del Edén; Adán y Eva comieron su fruto prohibido, lo cual provocó su caída y la expulsión del Edén.

Árbol de la vida
Árbol mítico que crecía en el Paraíso y cuyos frutos proporcionaban la inmortalidad.

Armiño
Asociada con la realeza, la piel de armiño blanco se usa para adornar los mantos reales, realzándola con el motivo decorativo de las puntas negras.

Asana
Cada una de las cuatro posturas en que se representa a Buda: sentado, de pie, caminando y reclinado.

Asceta
Fiel de una religión que renuncia a las comodidades materiales y se entrega a una vida austera.

Asiria
Nación e imperio antiguo que ocupaba la mitad superior de Mesopotamia, hoy parte de Iraq.

Auspicioso, símbolo
Cada uno de los ocho símbolos que, en el budismo, representan los diversos aspectos de las enseñanzas de Buda.

Avatar
Término sánscrito que significa «el que desciende» y que se refiere a la encarnación terrestre de una deidad hinduista.

B

Babilonia
Reino antiguo ubicado en Mesopotamia, la tierra entre los ríos Tigris y Éufrates, en el actual Iraq.

Bar/bat mitzvah
Entre los judíos se considera que el niño alcanza la madurez a los trece años; entonces participa en la ceremonia que lo reconoce como *bar mitzvah* (sujeto al precepto) y asume los deberes morales y religiosos. Las niñas, por su parte, devienen *bat mitzvah* a los doce años.

Bizantina (cultura)
Cultura propia del Imperio bizantino, manifestada en una arquitectura y un arte distintivos, que se fraguó en la parte oriental del Imperio romano a partir del año 330 d. C., cuando la capital del imperio se trasladó de Roma a Constantinopla (hoy Estambul).

Bodhi, árbol
Higuera bajo la que Siddhartha alcanzó la Iluminación durante la meditación, alzándose como Buda.

Brahma
Dios creador hindú, miembro de la tríada conocida como Trimurti, que completan Vishnú y Shivá.

Braille
Sistema de escritura e impresión para invidentes, compuesto por puntos en relieve identificables por el tacto, que representan letras y números.

Buda
Este nombre puede hacer referencia tanto al personaje histórico de Buda, Siddhartha Gautama Sakyamuni, como a las manifestaciones abstractas de la naturaleza suprema de Buda.

C

Cadencia, marcas de
Sistema heráldico ideado para diferenciar a los hijos con derecho a ostentar el escudo de armas familiar; cada uno de los hijos, así como los hijos de estos, tenía su marca personal.

Caduceo
En la mitología griega, era la vara de olivo alada con dos serpientes entrelazadas que llevaba el dios Hermes; más adelante se convirtió en símbolo de la medicina.

Cambiante
En la mitología, un cambiante es un ser que puede cambiar de forma; un ejemplo es el licántropo, u hombre-lobo.

Carga
En heráldica, cualquier imagen colocada sobre el escudo, ya sea un animal, un objeto o una forma abstracta.

Chakra
Según la filosofía yóguica, el cuerpo humano tiene siete centros de energía espiritual, o *chakras*, relacionados con el estado físico, mental y emocional.

Chamán
Persona que actúa como médium entre el mundo humano y el espiritual, y que practica la magia con propósitos de sanación o adivinación, o para controlar los fenómenos naturales. Puede ser hombre o mujer.

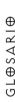

Cinco Pilares del islam
Representan los cinco deberes que corresponden a todo musulmán: profesar la fe *(sahada)* en un solo dios y en Mahoma, su profeta; orar cinco veces al día; ayunar durante el mes del Ramadán; dar limosna, y hacer el *hajj*, la peregrinación a La Meca, al menos una vez en la vida.

Cometa
Cuerpo celeste tradicionalmente considerado como poco propicio, pues se asociaba a la llegada de la guerra o de alguna otra calamidad.

Conspiración de la Pólvora
En 1605, los católicos ingleses intentaron volar sin éxito el Parlamento. Este fracaso dio origen a una fiesta que se celebra el 5 de noviembre *(Bonfire Night)*.

Cornucopia
También llamada «cuerno de la abundancia», es un vaso cónico que contiene gran cantidad de frutas, flores y cereales, y simboliza la abundancia. Procede de la mitología griega.

Ctónico, dios
Cualquier dios perteneciente al inframundo o relacionado con él.

Cuadrado mágico
Cuadrado que contiene una serie de números dispuestos de tal forma que la suma de cada fila, columna o diagonal resulta equivalente. Presente en muchas culturas, ya sea grabado en metal o piedra o portado como talismán, se le atribuían propiedades adivinatorias y astrológicas asociadas con la longevidad y la salud.

Cuatro elementos
En la alquimia, los cuatro elementos (fuego, tierra, aire y agua) son representados por triángulos equiláteros.

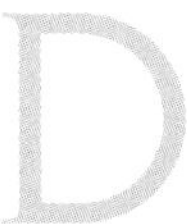

Danza macabra
También llamada «Danza de la muerte», es un espectáculo de origen medieval en el que la Muerte, simbolizada por un esqueleto, invita a bailar a toda una procesión de personajes a los que conduce a la tumba.

Darsana
En sánscrito significa «visión», y se usa en relación con lo divino: la visión de una deidad o de una persona santa.

Dharma, Rueda del
Importante símbolo de la religión budista, conocido también como «Rueda de la Ley».

Dharmachakra mudra
Este gesto de las manos representa en el budismo el inicio del movimiento de la Rueda del Dharma, que empezó a girar cuando Buda dio su primer sermón tras alcanzar la Iluminación.

Dinastía
Sucesión de reyes pertenecientes a la misma familia o rama familiar.

Diosa Madre
La idea de la Diosa Madre, presente en muchas culturas y asociada con la creación y la fertilidad, se remonta a los antiquísimos tiempos en que la Tierra era considerada como una deidad femenina nutricia.

Diwali
Es el festival de las luces hindú, que marca el principio del invierno.

Druida
Sacerdote, adivino, mago o maestro de la antigua cultura celta.

Edad Media
Período de la historia europea, también llamado Medievo, que suele situarse entre los años 476 y 1453, fechas de la caída del Imperio romano de Occidente y de Oriente respectivamente.

Emoticono
En la escritura digital, símbolo creado con signos de puntuación para expresar sentimientos.

Encarnación
Manifestación corpórea de un ser divino; es una idea común en religiones como el budismo y el hinduismo.

Espíritu ayudante
Espíritu que actúa como aliado o sirviente de un chamán.

Éstige, río
En la mitología griega, río limítrofe entre el mundo de los vivos y el Hades, que los muertos debían cruzar en su tránsito al inframundo.

Estupa
Originariamente era un simple montículo de enterramiento, pero evolucionó como monumento en forma de cúpula. Tras la muerte de Buda se erigieron estupas para albergar sus reliquias; las más importantes se convirtieron en lugares de peregrinación.

Expresionismo
Movimiento artístico de principios del siglo XX caracterizado por la expresión de las emociones del artista: la realidad aparece distorsionada, el color es muy intenso y la pincelada suele ser muy expresiva.

Feng shui
Esta antigua práctica china, relativa, entre otras cosas, a la ubicación de los objetos y la orientación de los edificios, está basada en la creencia de que el buen flujo del *chi* (la energía) favorece la armonía, la prosperidad y la salud.

Filacteria *(tefilin)*
Cada una de las dos cajitas que contienen textos de las Escrituras llevadas tradicionalmente por los varones judíos durante la oración de la mañana.

Flameante
En heráldica, se refiere a las piezas que arrojan llamas.

Fraternidad
Grupo de personas que se asocian con un propósito o interés común, como la masonería.

Freudiano
Relativo a las teorías psicoanalíticas del médico austríaco Sigmund Freud (1856-1939).

Futurismo
Originado en Italia a principios del siglo XX, este movimiento artístico se proponía expresar el dinamismo de la vida moderna, especialmente en lo referente a su mecanización.

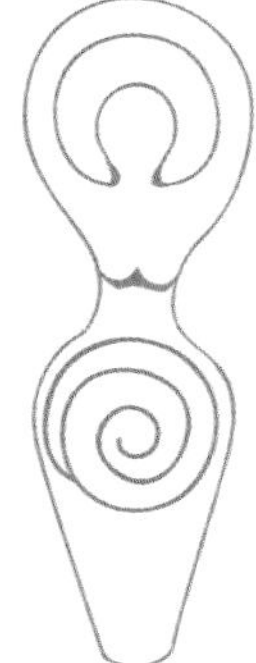

G

Gran Partida
En el budismo, viaje realizado por el príncipe Siddhartha, el futuro Buda, cuando renunció a su vida palaciega para entregarse al ascetismo ambulante. Cuando acceden al monacato, los jóvenes budistas recrean este episodio.

Granthi
En el sijismo, es el «custodio y lector del texto sagrado sij» (el *Adi Granth*).

Grimorio de Honorio
Manual de magia negra que puede usarse para invocar demonios y espíritus.

Gurdwara
Nombre genérico de los templos sij, es el punto focal de la vida religiosa de los sij.

Gurú
Término usado en el sijismo, el budismo tibetano y el hinduismo que significa «maestro espiritual».

H

Henna
Tinte de color marrón rojizo obtenido de las hojas de *Lawsonia inermis*. Usado tradicionalmente por ciertos pueblos asiáticos y africanos como adorno corporal y tinte capilar, simboliza la buena suerte en acontecimientos festivos como los matrimonios.

Heptagrama
Estrella de siete puntas a la que se atribuyen propiedades mágicas. Sus diversas asociaciones abarcan desde las cabalísticas hasta su uso como símbolo para alejar el mal.

Herejía
Doctrina que contradice el dogma religioso establecido.

Héroe cultural
Figura legendaria semidivina, humana o animal admirada o reverenciada por sus actos heroicos o compasivos en beneficio de una comunidad; tradicionalmente se recurría a él en busca de protección o guía.

Hexagrama
La simetría geométrica de la estrella de seis puntas la ha convertido en un símbolo mágico o espiritual muy habitual en diversas culturas.

Hobo
En EE UU, nombre del trabajador temporal que se desplaza sin rumbo fijo, sin hogar ni oficio permanentes.

Homónimo
Palabra formalmente parecida a otra, pero con significado distinto; en China y Japón, por ejemplo, la pronunciación de «cuatro» tiene el mismo sonido que la de «muerte», por lo que se considera que el cuatro es el número de la mala suerte.

I

I Ching
Antiguo sistema chino de adivinación basado en un libro de la filosofía taoísta. Se basa en la interpretación de hexagramas elegidos al azar y se usa para responder a preguntas específicas y servir de guía. En total hay 64 hexagramas. Cada uno de ellos está compuesto por dos grupos de tres líneas, cada una de las cuales puede ser continua o fraccionada.

Iconografía
Conjunto de imágenes más o menos codificado usado para representar un tema determinado. La iconografía cristiana, con veinte siglos de historia, es sumamente rica.

Iluminación
En el budismo y el hinduismo, la iluminación es un estado santo en el cual el individuo se sobrepone a todo deseo y sufrimiento y alcanza el nirvana.

Inuit
Palabra indígena que significa «el pueblo» y que designa a un grupo humano disperso por las regiones árticas de Canadá y Groenlandia.

J

Jeroglífico
Escritura que usa pictogramas; también se refiere a cada uno de los caracteres o glifos que usa esta. La escritura jeroglífica más conocida, y una de las más antiguas, es la del antiguo Egipto.

Jungiano
Relativo a las doctrinas psicológicas del psicólogo y psiquiatra suizo Carl Gustav Jung (1875-1961). La teoría jungiana subraya la influencia de la herencia racial y cultural en la psicología del individuo.

Kaaba
El «cubo», la casa de Dios, es el lugar más sagrado del islam, ubicado en la mezquita sagrada (Masjid al-Haram) de La Meca.

Kabuki
Teatro tradicional japonés de gran popularidad que se desarrolló a partir del aristocrático teatro *noh*, que solo era interpretado por hombres.

Kachina
Los hopis norteamericanos creen en unos seres sobrenaturales llamados *kachinas*, portadores de lluvia y mensajeros espirituales que además intervenían en la vida del pueblo y aplicaban castigos y que abandonaron este mundo. Los días festivos las niñas y novias reciben unas muñecas, llamadas *tithu*, que representan a los distintos *kachinas*, a la espera de su regreso.

Kami
Espíritus de la naturaleza adorados en el sintoísmo.

Laberinto
Complicada estructura artificial de caminos, pasillos o túneles interconectados, en la que resulta muy fácil desorientarse y perderse.

Libatorio
Vaso usado en ceremonias religiosas en la antigüedad. La libación consistía

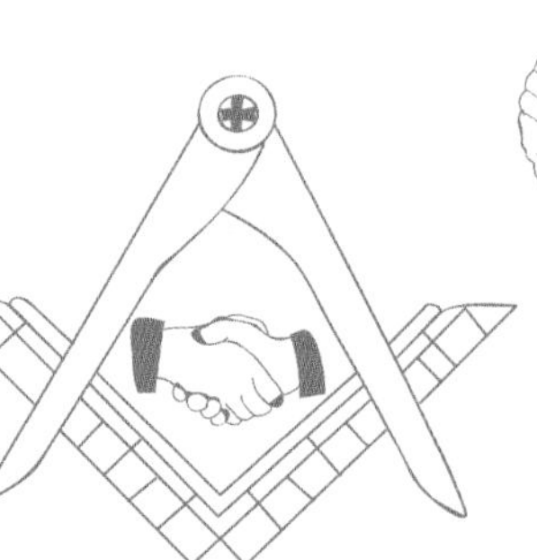

en beber un poco y derramar el resto sobre el altar sacrificial.

Lingam
Representación estilizada del falo adorada por los hindúes como símbolo del dios Shivá. También llamada *«linga»*.

Logo
O logotipo, símbolo asociado a una institución, empresa o marca comercial y diseñado para ser reconocido fácil e inmediatamente.

Luterano
Relativo a la doctrina religiosa promulgada por el reformador alemán Martín Lutero (1483-1546). El objetivo inicial de la Reforma, desarrollada en Alemania durante el siglo XVI, fue la transformación de la Iglesia a través del retorno a sus orígenes.

Magia negra
Magia practicada con malos propósitos a menudo con ayuda de espíritus malignos.

Mal de ojo
En algunas culturas se cree que ciertas personas pueden maldecir a sus víctimas al mirarlas. Se usan amuletos para evitar los efectos del mal de ojo.

Mandala
Diseño circular símbolo del universo, usado en el budismo y el hinduismo como instrumento de meditación.

Mandorla
En el arte cristiano románico y bizantino, halo en forma de almendra que suele rodear la imagen de Cristo y de la Virgen María y que simboliza la santidad.

Mantra
Propio del hinduismo y el budismo, un mantra es una palabra o frase sagrada que se repite durante la oración, la meditación o el conjuro.

Mártir
Persona que muere a causa de sus creencias religiosas.

Meditación
Práctica consistente en concentrar la atención en un objeto, palabra o pensamiento, destinada a alcanzar la autoconciencia, la serenidad o el crecimiento espiritual. Tiene un papel especialmente importante en ciertas religiones orientales.

Mesoamérica
Región geográfica y cultural que se extiende de México a Costa Rica.

Mesopotamia
Región comprendida entre los ríos Tigris y Éufrates, hoy perteneciente a Iraq.

Ming, dinastía
Dinastía imperial china que gobernó entre 1368 y 1644.

Misticismo
Doctrina basada en la creencia de que el conocimiento absoluto de Dios o de la verdad espiritual puede alcanzarse a través de una intuición espiritual que, aparentemente, trasciende la experiencia sensorial y el entendimiento.

Mito
Relato tradicional que suele incluir a dioses y héroes y que, en general, pretende explicar los orígenes de una práctica cultural o un fenómeno natural.

Mogol, Imperio
Imperio que floreció en India entre 1526 y 1857 y que produjo un característico estilo artístico y arquitectónico, mezcla de influencias indias, islámicas y persas.

Momificación
Técnica de embalsamamiento usada por los antiguos egipcios. Después de sacar las vísceras y el cerebro, que se conservaban en unas vasijas funerarias especiales (los vasos canopes), el cuerpo se desecaba en natrón (carbonato sódico) y a continuación se envolvía con vendas.

Mon
Código de emblemas japonés similar al sistema heráldico occidental.

Monoteísmo
Doctrina religiosa basada en la creencia en un Dios único, como el judaísmo, el cristianismo o el islam.

Morse
Código telegráfico en el que números y letras son representados por secuencias de puntos y rayas.

Mudra
En el budismo, cada uno de los gestos rituales realizados con las manos, con significados específicos. También son muy usados en la iconografía hinduista.

Nirvana
Con ciertas diferencias de matiz en el hinduismo y el budismo, es el estado último de quietud y liberación del sufrimiento, que supone la salida del ciclo del nacimiento y el renacimiento y la unión con el absoluto. Se alcanza mediante la meditación.

Noble Sendero Óctuple
Según las creencias budistas, esta senda hacia la iluminación incluye ocho elementos, entre ellos el pensamiento correcto, la actuación correcta y el modo de vida correcto.

Océano cósmico
Según la mayor parte de las religiones antiguas, el cosmos emergió de unas aguas primordiales, u «océano cósmico», especialmente en el hinduismo.

Ordinaria
En heráldica, pieza de segundo orden colocada en el campo de un escudo, como el losange (rombo).

Ortodoxa, Iglesia
Comunidad de iglesias cristianas originadas en el Imperio bizantino tras el cisma de Oriente (1054) y que reconocen la primacía del patriarca de Constantinopla en vez de la del papa de Roma.

Pagano, dios
El cristianismo, el judaísmo y el islamismo consideran dioses paganos a todas las supuestas divinidades que no son el Dios único y verdadero.

Pascua
Festividad religiosa de diverso sentido para judíos *(Pésaj)* y cristianos: los judíos recuerdan la liberación del poder de Egipto, mientras que los cristianos celebran la resurrección del Señor.

Pasión de Cristo
Expresión que designa el sufrimiento de Jesucristo desde la víspera de su muerte y que culminó en la cruz.

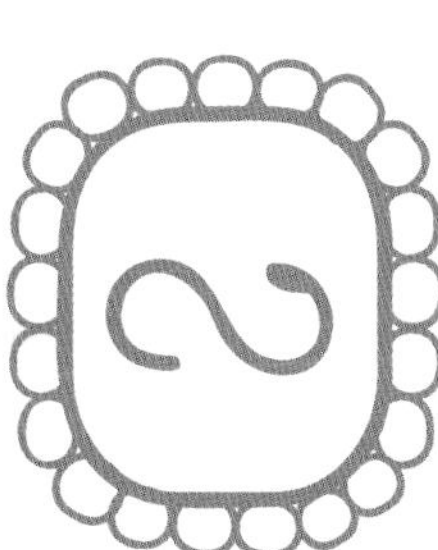

Pecado original
Pecado cometido por Adán y Eva al comer la fruta prohibida. Según la doctrina cristiana, marcó a todo el género humano, que nace con él; en el judaísmo y el islamismo, en cambio, ese pecado no manchó a la descendencia de Adán y Eva, pues ellos ya sufrieron su castigo.

Pentagrama
Estrella de cinco puntas con asociaciones mágicas y simbólicas en las antiguas Grecia y Babilonia. En el cristianismo representa las cinco heridas de Cristo.

Petroglifo
Imagen tallada en la roca, propia del arte rupestre prehistórico.

Pictografía
Imagen dibujada o en una roca.

Pictograma
Lenguaje visual que utiliza símbolos o imágenes para transmitir información, como los jeroglíficos del antiguo Egipto o las figuras masculina y femenina que señalizan los lavabos públicos.

Pitágoras
Filósofo griego (*c.* 580-500 a. C.); sostenía que los números contienen la esencia de todas las cosas naturales.

Portento
Sinónimo de presagio, es un signo o suceso interpretado como símbolo de un acontecimiento futuro importante.

Presagio
Véase Portento.

Psicopompo
Ser o poder que guía a las almas al inframundo, como Caronte o Hermes.

Psíquicos, poderes
Capacidad extrasensorial para ver cosas ocultas a los sentidos, incluidos el pasado y el futuro. Estos poderes se asociaron a las brujas y adivinos.

R

Realismo socialista
Estilo artístico, literario y musical desarrollado en la Unión Soviética en la década de 1930, cuya pretensión era promover el socialismo. Se caracterizaba por representar a los trabajadores y demás miembros de la sociedad comunista en actitudes heroicas o idealizadas.

Reencarnación
En las religiones orientales, es el renacimiento del alma en otro cuerpo.

Renacimiento
Movimiento cultural y artístico de recuperación de la antigüedad clásica iniciado en Italia en el siglo XIV y que se extendió por Europa hasta el final del siglo XVI.

Runa
En su antiguo uso sagrado, conjunto de símbolos utilizados con fines adivinatorios cuyo origen parece hallarse en un alfabeto *(futhark)* de las tribus germánicas.

Sadhu
En el hinduismo, asceta errante que ha renunciado a las comodidades materiales y placeres terrenales.

Salomón, Sello de
Según el contexto puede ser: una estrella de seis puntas, o hexagrama, a la que se otorgan poderes mágicos; el símbolo judío conocido como «Estrella de David»; o una de las 25 especies de plantas con flor pertenecientes al género *Polygonatum*.

Samsara
En la tradición hinduista y budista representa el ciclo eterno de nacimiento y renacimiento dictado por el karma (el destino determinado por la conducta de un individuo durante su vida). La liberación del *samsara* solo se produce a través de la obtención del conocimiento verdadero (nirvana).

Samurái
Aristocracia militar del Japón feudal; guerrero profesional que pertenece a esa clase social.

Santo
Persona distinguida por una relación especial con la divinidad que supone su superioridad espiritual sobre el resto. En el cristianismo se llama «santos» a los reconocidos oficialmente por la Iglesia a través de la canonización, la cual autoriza su veneración y reconoce su capacidad para interceder ante Dios en favor de la humanidad.

Sarcófago
Ataúd de piedra erigido sobre el suelo y a menudo profusamente decorado.

Sátiro
En la mitología griega los sátiros eran deidades menores de los bosques, acompañantes de Dioniso, inclinados a los placeres carnales y la fiesta. Se les ha representado con cabeza y torso de hombre, y con las orejas puntiagudas, los cuernos y las patas del macho cabrío.

Sefirótico, árbol
En la Cábala, el árbol sefirótico de la vida comprende 10 números –representados como esferas *(sefirot)* y organizadas en forma de árbol– y 22 senderos que los conectan, y representa las fuerzas de la creación. El árbol sefirótico también se asocia con las cartas del tarot.

Semáforo (alfabeto)
Sistema de señalización visual que usa un código alfabético basado en la posición de los brazos del señalizador, que usa dos banderas, una en cada mano.

Semidiós
Personaje en parte humano y en parte divino; a menudo es una figura heroica, como Hércules (Heracles) en la mitología grecorromana.

Señora de la guadaña
Figura folclórica considerada personificación de la muerte, representada como un esqueleto vestido con una túnica negra con capucha y blandiendo una guadaña.

Shivá/Rudra
Rudra («aullador») era el maléfico dios védico de las tormentas y los vientos. Con el desarrollo de la doctrina hinduista, su nombre se cambió por el de Shivá.

Shou
Carácter taoísta de la longevidad y emblema del dios Shou Hsing, suele representarse como un símbolo circular. En China se combina a menudo con otros símbolos de longevidad.

Sufismo
Corriente mística islámica que busca la Verdad: el amor y el conocimiento divinos a través de la experiencia directa de Dios.

Surrealismo
Movimiento artístico del siglo XX que aspiraba a expresar el funcionamiento de la mente inconsciente. Se caracterizó por el uso de la imaginería propia de los sueños y por la yuxtaposición azarosa de temas y motivos. Uno de sus principales representantes fue Salvador Dalí.

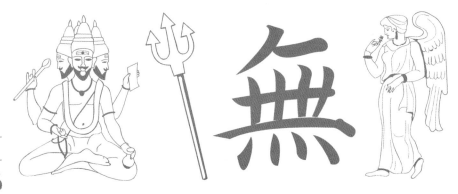

T

Tablá
Pequeño tambor (o pareja de tambores) de mano originarios del norte de India.

***Taijitu* (símbolo yin yang)**
Esta doble espiral es un símbolo de vida y representa la relación entre el yin y el yang, los dos elementos interdependientes de la filosofía taoísta que se combinan para crear un todo armónico.

Tarot
Método de adivinación que utiliza un juego de 78 cartas: 56 arcanos menores y 22 arcanos mayores, que describen vicios, virtudes y fuerzas elementales.

Tiempo del Sueño
En la tradición aborigen australiana, el «Sueño» se refiere tanto al tiempo mítico de la creación como al conjunto de creencias espirituales de un individuo o un grupo.

Tolemaico, universo
Modelo del universo concebido por el astrónomo de la Grecia antigua Tolomeo, en el cual la Tierra ocupaba el lugar central y el Sol, la Luna y los demás cuerpos celestes giraban a su alrededor.

Tótem
Animal, planta u objeto natural –o su representación– emblema de una tribu, clan o familia; en ocasiones es venerado como ancestro, guardián o figura creadora.

Tricolor
Una tricolor es una bandera con tres bandas paralelas de distintos colores; estas pueden ser verticales, horizontales o diagonales, y su anchura puede ser idéntica o desigual. La bandera puede ser plana o desfigurada, como cuando porta un emblema o carga.

Trigrama
Figura compuesta por tres líneas paralelas, continuas o fragmentadas, usada en la filosofía y la adivinación chinas basadas en el *I Ching*.

Trimurti
En el hinduismo se adora a Trimurti, la tríada compuesta por los dioses Brahma, Vishnú y Shivá.

Trinidad
En el cristianismo, la Santísima Trinidad es el Dios único considerado en sus tres Personas: Padre, Hijo y Espíritu Santo.

Udjat
Dibujo que representa un ojo derecho con su ceja, el *udjat* se llevaba como amuleto en el antiguo Egipto. También es conocido como Ojo de Horus.

Ushnisha
Protuberancia que se aprecia en la cabeza de las imágenes de Buda, signo de budeidad; puede aparecer como un nudo de cabello, como algo similar a una llama o como un simple bulto en la coronilla.

Vahana
Muchos dioses hindúes son representados montando un animal o ave *vahana*, que simbolizan una cualidad específica asociada al dios en cuestión: Shivá, por ejemplo, monta sobre un toro que simboliza su fuerza y potencia.

Vanitas
Subgénero del género pictórico del bodegón, sombrío y cargado de simbolismo, muy habitual en Flandes y Holanda durante los siglos XVI y XVII. Era un recordatorio de la brevedad de la vida, la futilidad del placer y la inevitabilidad de la muerte. Entre sus símbolos más comunes están la calavera, el reloj de arena y la fruta podrida.

Varna
Cada una de las cuatro castas o clases sociales en que el hinduismo divide a la población.

Yang
Según la filosofía china antigua, es una de las dos fuerzas o principios complementarios que están en la base de la naturaleza y la controlan; es masculino y positivo.

Yantra
Diseño geométrico cuyo nombre procede de la palabra sánscrita que significa «sustentar» o «concebir», usado tradicionalmente en el hinduismo, el budismo tibetano y el yoga como foco de atención durante la meditación.

Yin
Principio complementario del yang en la antigua filosofía china; es femenino y pasivo.

Yuga
Cada una de las cuatro edades del ciclo cósmico según el hinduismo.

Zen
Rama del budismo mahayana originada en China (con el nombre Chan) que sostiene que la iluminación solo puede lograrse a través de la meditación y el desarrollo de la disciplina mental y espiritual, y no por el culto. Se practica principalmente en China, Japón, Corea y Vietnam.

Zohar
También llamado *Libro del Esplendor*, es una importante obra de la Cábala judía atribuida tradicionalmente a Shimon bar Yojai, rabino de finales del siglo I d. C. Recientes estudios apuntan a la posibilidad de que fuera obra de Moisés de León.

Zoroastrismo
Religión fundada en Persia por Zoroastro a inicios del segundo milenio antes de Cristo. Entre sus actuales adeptos se hallan los parsis de India.

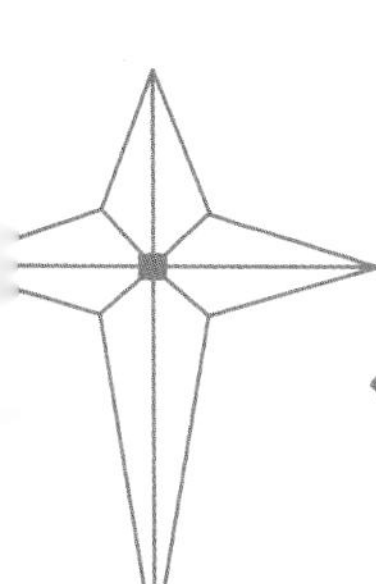

LECTURAS RECOMENDADAS

ALVES, Herculano. *Símbolos en la Biblia*, Ediciones Sígueme, Salamanca, 2008.

ARMSTRONG, Karen. *Una historia de Dios: 4000 años de búsqueda en el judaísmo, el cristianismo y el islam*, Ediciones Paidós Ibérica, Barcelona, 2006.

ÁVILA GRANADOS, Jesús. *La mitología celta: raíces y símbolos mágicos de la primera cultura europea*, Ediciones Martínez Roca, Madrid, 2007.

BARBIER, J.-P. y NEWTON, D. *Islands and Ancestors: Indigenous Styles of Southeast Asia*, Metropolitan Museum, Nueva York, 1988.

BARING, Anne y CASHFORD, Jules. *El mito de la diosa: evolución de una imagen*, Ediciones Siruela, Madrid, 2005.

BARRET, Clive. *Dioses y diosas de Egipto: mitología y religión del antiguo Egipto*, Editorial Edaf, Madrid, 1994.

BATTISTINI, Matilde. *Símbolos y alegorías*, Sociedad Editorial Electa, Madrid, 2003.

BECKET, Wendy. *Historia de la pintura*, Naturart, Barcelona, 2007.

BROWN, Dan. *El código Da Vinci*, Umbriel Editores, Barcelona, 2003.

BRUCE-MITFORD, R. *The Sutton Hoo Ship Burial*, British Museum Publications, Londres, 1972.

CAMPBELL, Joseph. *Las máscaras de Dios. Vol. 1: mitología primitiva*, Alianza Editorial, Madrid, 1991.
— *Las máscaras de Dios. Vol. 2: mitología oriental*, Alianza Editorial, Madrid, 1991.
— *Las máscaras de Dios. Vol. 3: mitología occidental*, Alianza Editorial, Madrid, 1992.
— *Las máscaras de Dios. Vol. 4: mitología creativa*, Alianza Editorial, Madrid, 1992.
— *Los mitos: su impacto en el mundo actual*, Editorial Kairós, Barcelona, 1994.

CARUANA, Wally. *El arte aborigen*, Ediciones Destino, Barcelona, 1997.

CATLIN, George. *Vida entre los indios*, José J. de Olañeta Editor, Palma de Mallorca, 2000.

CENTINI, Massimo. *Las claves del esoterismo: una lectura de las huellas, símbolos, misterios y códigos secretos en la historia de la pintura, la arquitectura, la música y la literatura*, Editorial De Vecchi, Barcelona, 2006.

CHARBONNEAU-LASSAY, Louis. *El bestiario de Cristo: el simbolismo animal en la antigüedad y la Edad Media* (2 vols.), José J. de Olañeta Editor, Palma de Mallorca, 1997.

CHINNERY, John. *Tesoros de China: los esplendores del reino del dragón*, Naturart, Barcelona, 2008.

CIRLOT, Juan-Eduardo. *Diccionario de símbolos*, Ediciones Siruela, Madrid, 2007.

COOPER, J. C. *Cuentos de hadas: alegorías de los mundos internos*, Editorial Sirio, Málaga, 1998.
— *Diccionario de símbolos*, Editorial Gustavo Gili, Barcelona, 2007.
— *Symbolic and Mythological Animals*. Harper Collins, Londres, 1992.

COSTA, Isabel P. y ROLDÁN, Gregorio. *Enciclopedia de las supersticiones*, Editorial Planeta, Barcelona, 1997.

COTTERELL, Arthur. *Diccionario de mitología universal*, Editorial Ariel, Barcelona, 1988.
— (comp.) *Enciclopedia de mitología universal*, Parragon, Bath, 2004.

DALLAPICCOLA, Anna Libera. *Mitos hindúes*, Ediciones Akal, Madrid, 2006.
— *Dictionary of Hindu Lore and Legend*. Thames & Hudson, Londres, 2002.

DÍEZ DE VELASCO, Francisco. *Breve historia de las religiones*, Alianza Editorial, Madrid, 2006.

DUMARCET, Lionel. *Buda y el budismo*, Editorial De Vecchi, Barcelona, 2001.

EISEMAN, F. B. Jr. *Bali. Sekala & Niskala. Vol. 2: Essays on Society, Tradition, and Craft*, Periplus Editions, Singapur, 1990.

FAHR-BECKER, Gabriele. *Arte asiático*, Ullmann & Köneman, Colonia, 2006.

FATÁS, Guillermo, y BORRÁS, Gonzalo. *Diccionario de términos de arte y elementos de arqueología, heráldica y numismática*, Alianza Editorial, Madrid, 1999.

FERGUSON, George. *Signos y símbolos en el arte cristiano*, Emecé Editores, Buenos Aires, 1956.

FLORES ARROYUELO, Francisco J. *Diccionario de supersticiones y creencias populares*, Alianza Editorial, Madrid, 2005.

FONTANA, David. *El lenguaje de los símbolos (Guía visual sobre símbolos y significados)*, Naturart, Barcelona, 2003.

GARCÍA GUAL, Carlos. *Diccionario de mitos*, Siglo XXI de España, Madrid, 2003.

GARCÍA-NOBLEJAS, Gabriel. *Mitología clásica china*, Trotta Editorial, Madrid, 2004.
— *Mitología de la China antigua*, Alianza Editorial, Madrid, 2007.

GILLON, Werner. *Breve historia del arte africano*, Alianza Editorial, Madrid, 1989.

GOMBRICH, Ernst. H. *Historia del arte*, Editorial Debate, Barcelona, 1997.
— *Arte e ilusión: estudios sobre la psicología en la representación simbólica*, Editorial Debate, Barcelona, 2003.

GRAHAM-CAMPBELL, James. *Los vikingos: orígenes de la cultura escandinava*, Ediciones Folio, Barcelona, 1995.

GRANT, John. *Los vikingos: cultura y mitología*, Taschen Benedikt, Colonia, 2008.

GRIMAL, Pierre. *Diccionario de mitología griega y romana*, Ediciones Paidós, Barcelona, 2007.

GUBERNATIS, Angelo de. *Mitología de las plantas* (2. vols.), José J. de Olañeta Editor, Palma de Mallorca, 2003.

HALL, James. *Diccionario de temas y símbolos artísticos*, Alianza Editorial, Madrid, 2003.
— *Illustrated Dictionary of Symbols in Eastern and Western Art*. John Murray, Londres, 1994.

HARRIS, Marvin. *Vacas, cerdos, guerras y brujas: los enigmas de la cultura*, Alianza Editorial, Madrid, 1998.

HARVEY, Peter. *El budismo*, Ediciones Akal, Madrid, 2006.

HEARN, Lafcadio. *Kwaidan: cuentos fantásticos del Japón*, Alianza Editorial, Madrid, 2007.

HEMENWAY, Priya. *Dioses hindúes*, Taschen Benedikt, Colonia, 2007.

HONOUR, Hugh y FLEMING, John. *Historia del arte mundial*, Ediciones Akal, Madrid, 2004.

INGERSOLL, Ernest. *El libro de los dragones*, José J. de Olañeta Editor, Palma de Mallorca, 2007.

KNAPPERT, Jan. *Reyes, dioses y espíritus de la mitología africana*, Ediciones Anaya, Madrid, 1988.
— *Pacific Mythology*, Harper Collins, Londres, 1992.

LABAN, René. *Los símbolos masónicos*, Ediciones Obelisco, Buenos Aires, 2006.

LANCEROS, Patxi. *El destino de los dioses: interpretación de la mitología nórdica*, Trotta Editorial, Madrid, 2001.

LAO TSE. *Tao Te Ching: los libros del Tao*, Trotta Editorial, Madrid, 2006.

LEE, Georgia. *Isla de Pascua: el poder y la profecía*, Lunwerg Editores, Barcelona, 1995.

LUNDQUIST, John M. *El templo: lugar de encuentro entre la tierra y el cielo*, Editorial Debate, Barcelona, 1995.

LURKER, Manfred. *Diccionario de dioses y diosas, diablos y demonios*, Ediciones Paidós Ibérica, Barcelona, 1999.
— *El mensaje de los símbolos*, Editorial Herder, Barcelona, 1992.

MCNEILL, Daniel. *El rostro*, Tusquets Editores, Barcelona, 1999.

MEYER, A. J. P. *Oceanic Art*, Kohnemann, Colonia, 1995.

MILLER, Mary Ellen. *El arte de Mesoamérica*, Ediciones Destino, Barcelona, 1999.
— *Mitología: todos los mitos y leyendas del mundo*, RBA Libros, Barcelona, 2005.

MOORE, A. C. *Arts in the Religions of the Pacific: Symbols of Life*, Cassell, Londres, 1995.

OTERO, Tomás *et al. El judaísmo en 50 claves*, Editorial Monte Carmelo, Burgos, 2007.

PAGE, Michael. *Enciclopedia de las cosas que nunca existieron*, Anaya, Madrid, 2003.

PÉREZ-RIOJA, José Antonio. *Diccionario de símbolos y mitos: las ciencias y las artes en su expresión figurada*, Editorial Tecnos, Madrid, 2008.

PORTAL, Fréderic y GUTIÉRREZ, Francesc. *El simbolismo de los colores: en la antigüedad, la Edad Media y los tiempos modernos*, José J. de Olañeta Editor, Palma de Mallorca, 2005.

PRADA, Manuel de la. *Mitos y leyendas de Mesopotamia*, MRA Creación y Realización Editorial, Barcelona, 1997.

RAWSON, Philip. *El arte del Tantra*, Ediciones Destino, Barcelona, 1992.
— *El Tíbet sagrado: mito, religión y filosofía budistas*, Editorial Debate, Barcelona, 1995.

RAWSON, Philip y LEGEZA, Lazzlo. *Tao: la filosofía china que ordena el universo*, Editorial Debate, Barcelona, 1994.

REVILLA, Federico. *Diccionario de iconografía y simbología*, Ediciones Cátedra, Madrid, 2007.
— *Fundamentos antropológicos de la simbología*, Ediciones Cátedra, Madrid, 2007.

RULAND, Jeanne. *Enciclopedia de las hadas, los elfos y los gnomos*, Ediciones Obelisco, Barcelona, 2007.

SCHUMANN, Wolfgang. *Las imágenes del budismo*, Abada Editores, Madrid, 2007.

SHARPER KNOWLSON, T. *Superstición y costumbres populares*, M. E. Editores, Madrid, 1997.

SHEPHERD, Rowena y Rupert. *1000 símbolos: el significado de las formas en el arte y en el mito*, Editorial Acanto, Barcelona, 2003.

SING, Gurinder. *El sijismo*, Ediciones Akal, Madrid, 2007.

SONDEREGUER, César. *Diseño precolombino. Catálogo de iconografía de Mesoamérica, Centroamérica y Suramérica*, Gustavo Gili, México, 2001.

SQUIRE, Charles. *Los celtas: mitos y leyendas*, Abraxas, Barcelona, 2003.

TOO, Lilian. *Guía completa ilustrada del Feng Shui*, Ediciones Oniro, Barcelona, 2001.
— *Feng Shui práctico: los símbolos de la buena suerte*, Ediciones Oniro, Barcelona, 2001.

TREGEAR, Mary. *El arte chino*, Ediciones Destino, Barcelona, 1991.

TRESIDDER, Jack. *1001 símbolos*, Grijalbo, Barcelona, 2004.

WALKER, B. G. *The Woman's Dictionary of Symbols and Sacred Objects*, Harper Collins, San Francisco, 1988.

WILKINS, W. J. *Mitología hindú, védica y puránica*, Edicomunicación, Barcelona, 1998.

WILLETT, Frank. *Arte africano*, Ediciones Destino, Barcelona, 2000.

WITTKOWER, Rudolf. *La alegoría y la migración de los símbolos*, Ediciones Siruela, Madrid, 2006.

YONG, Yap y COTTERELL, Arthur. *La civilización china clásica (de la prehistoria al siglo* XIV*)*, Aymá, Barcelona, 1981.

ZIMMER, Heinrich. *Mitos y símbolos de la India*, Ediciones Siruela, Madrid, 2001.

ZIMMERMAN, Larry J. *Indios americanos. Las primeras naciones: vida, mitología y arte de los indios norteamericanos*, Editorial Jaguar, Madrid, 2003.

ÍNDICE

A

B

C

D

F

G

H

I

J

K

L

M

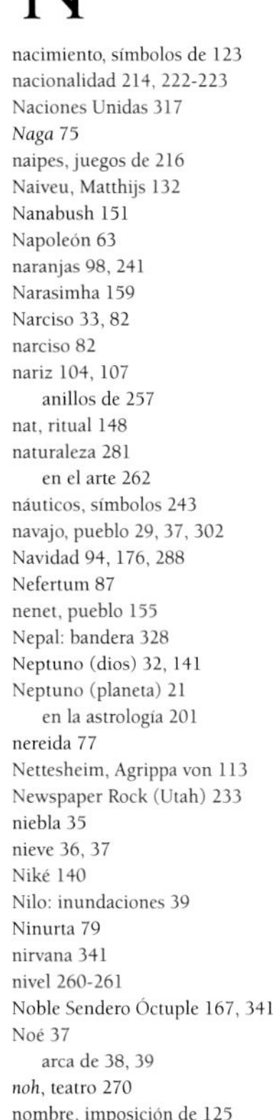

N

T

U

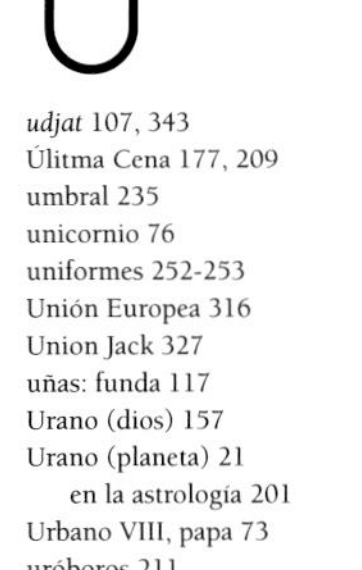

V

AGRADECIMIENTOS

Los editores desean expresar su agradecimiento a: Ann Baggaley, David Tombesi Walton, Diane Vowles y Angela Wilkes por su ayuda editorial; Mandy Earey, Peter Laws, Dean Morris, Simon Murrel y Adam Walker por su ayuda en el diseño; Caroline Hunt por la corrección; Dorothy Frame por el índice; Richard Attwood y Jo Walton por su ayuda con las imágenes; Lucy Claxton, Rose Horridge y Emma Shepherd por su ayuda con los archivos de imágenes; Adam Brackenbury y John Goldsmid por su apoyo técnico; y Lee Ellwood, Tim Lane, Megan Jones, Ella Peters y Sarah Ruddick por la infografía.

Miranda Bruce-Mitford desea dar las gracias a: Martha Black, comisaria de Etnología, Royal British Columbia Museum (por los detalles del tótem); Laurent Dousset, Centre de Recherche et de Documentation sur l'Océanie; Heather Elgood, director, Asian Arts Diploma, School of Oriental and African Studies (por su consejo sobre la expansión del islam); Elisabeth O' Connell, Department of the Ancient Near East, The British Museum (por información sobre el antiguo Oriente Próximo); Shaukat Dungarwalla (por su consejo sobre la expansión del islam); John Lewis, ex profesor de la Universidad de Londres (por su ayuda con la masonería); y Robert Greenfield, Kate Bevington, y John Cordingley por su apoyo.

CRÉDITOS FOTOGRÁFICOS

Dorling Kindersley quiere agradecer a las siguientes personas e instituciones el permiso para emplear sus imágenes:

Clave de las abreviaturas: (a=arriba; b=abajo/inferior; c=centro; l=lejos; i=izquierda; d=derecha; s=superior)

4Corners Images: Borchi Massimo 29c; **akg-images:** Biblioteca Nacional. Madrid 38; British Library 44; Musée Condé 156; DACS London 2008 265bd; Erich Lessing 116ci, 116td, 202, 203c, 218i, 298-299, 299cda; Musée du Louvre/Erich Lessing 67bd, 246-247, 247c; Narodni Galerie, Prague/Erich Lessing 29si; Jean-Louis Nou 39c, 157sc; Staatsbibl. Preuß.Kulturbesitz. 211bc; **Alamy Images:** 257c; Rex Allen 229sc; Allover Photography/Viennaphoto 335cd; Arco Images/Dolder, W. 256bi; ArkReligion.com 184sc, 185sc; Bill Bachmann 226sd; Graham Bell 79bi; Biju 127cd; Peter Bowater 287cdb; Celtic Collection - Homer Sykes 295sd; Chris Stock Photography 334bd; Ashley Cooper 285si; Dennis Cox 255ci; Danita Delimont/Cindy Miller Hopkins 285cda; Danita Delimont/Walter Bibikow 314cb; Detail Nottingham 223cda; Leslie Garland Picture Library 79bd; Glenn Harper 74sc; Christoph Henning/Das Fotoarchiv/Black Star 125bd; Nigel Hicks 227cd; Holmes Garden Photos/Neil Holmes 258bi; Robert Holmes 227bc; imagebroker/Barbara Boensch 222si; Images Etc Ltd/Tony Craddock 284c; Images&Stories 125si; Interfoto Pressebildagentur/Alamy 185bd; Jon Arnold Images Ltd 107bi; Jon Arnold Images Ltd/Gavin Hellier 228bi; Jupiterimages/Brand X/Steve Allen 232bd; Justin Kase zfourz 314bd; K-Photos 281bd; Kalpana Kartik 254i; Mathew Lodge 285sd; Melvyn Longhurst 258sc; Craig Lovell/Eagle Visions Photography 111si, 233cd; J Marshall - Tribaleye Images 242cdb; Mary Evans Picture Library 20-21, 21cd, 77bd, 96, 116c, 223bc, 223sd; Michael Matthews 335sc; Neil McAllister 233sd; Megapress 244bd; Stuart Melvin 284bi; Eric Nathan 197bd; Dave Pattison 129si; Pick and Mix Images 289lsd; Pictorial Press Ltd 282; Helene Rogers 151cd; Paul Rollins 155bd; Steve Allen Travel Photography 281lcia; Stocksearch 235si, 281ca (lazo); Gary Stone 249si; Paul Stuart 296sc; Keren Su/China Span 281cb; tompiodesign.com 115bi; V&A Images 160bc; Visual Arts Library (Londres) 75c, 242bc; Visual Arts Library (Londres)/Escuela francesa (s. XII) 287ca; Marcos Welsh 153bi; wsr 126bd; **Amnesty International UK:** 316sd; Ancient **Art & Architecture Collection:** 67c; Ronald Sheridan 57bd; **Art Resource, NY:** Kimbell Art Museum, Fort Worth, Texas 262d; **The Art Archive:** 273cd; Bodleian Library Oxford 265si; Culver Pictures 63sc; Musée du Petit Palais, Aviñón/Gianni Dagli Orti 236; Museo del Templo Mayor, Mexico/Gianni Dagli Orti 63bd; Museo Nacional de Antropología, México/Gianni Dagli Orti 39bi; Museo Nacional de Arte, México/Gianni Dagli Orti 108si; Gianni Dagli Orti 97bi; Victoria and Albert Museum, Londres/Eileen Tweedy 162-163, 163cd; **Arundel Town Council:** 320si; **The Bridgeman Art Library:** Anthony Crane Collection, Reino Unido 273c; Bibliotheque des Arts Decoratifs, París, Francia, Archives Charmet 154sc; Bibliotheque Nationale, Cabinet de Medailles, París, Archives Charmet 56; Bibliotheque Nationale, París, Francia 208; British Library, Londres, Reino Unido, © British Library Board. All Rights Reserved 263ci; Chandigarh Museum, Chandigarh, Punjab, India, Ann & Bury Peerless Picture Library 285cdb; Museo Czartoryski, Cracovia, Polonia 67si; The Detroit Institute of Arts, EE UU, adquisición de los fundadores y de los señores Bert L. Smokler 265bi; Dinodia 291sd; Dorset County Museum, Reino Unido 99sd; Galleria dell' Accademia, Venecia, Italia 112, 113; Guildhall Library, City of London 321bi; Horniman Museum, Londres, Reino Unido, Photo © Heini Schneebeli 186; Kress Collection, Washington D.C., EE UU 263d; Kunsthistorisches Museum, Viena, Austria 218bi, 226bd, 262ci; Louvre, París, Francia, Giraudon 111c, 133sc; Mauritshuis, La Haya, Países Bajos 46bd; Musee Denon, Chalon-sur-Saone, Francia, Roger-Viollet, París 281cia; Musee des Beaux-Arts, Lyon, Francia, Peter Willi 36bd; Musee des Tapisseries, Angers, Francia, Lauros/Giraudon 296cd; Museo Archeologico Prenestino, Palestrina, Italia, Roger-Viollet, París 39bd; Museum of Fine Arts, Boston, Massachusetts, EE UU, regalo por suscripción 66; Museum of Fine Arts, Boston, Massachusetts, EE UU, regalo en honor de Edward W. Forbes de sus amigos 107c, Museum of Fine Arts, Boston, Massachusetts, EE UU, regalo de John Goelet 292, 293; Museum of Fine Arts, Boston, Massachusetts, EE UU, Otis Norcross Fund 80ci; Museum of Fine Arts, Boston, Massachusetts, EE UU, Tompkins Collection 262b; Nasjonalgalleriet, Oslo, Nortuega/DACS London 2008 265sd; National Gallery, Londres, Reino Unido 240, 241c, 241si, 264sd; Museo Nacional, Bangkok, Tailandia 237c; Nationalmuseum, Estocolmo, Suecia 142sd; Niedersachsisches Landesmuseum, Hanover, Alemania 264bi; Oriental Museum, Durham University, Reino Unido 116bd; París, Francia, Peter Willi 133bd; Colección privada 203cd; Colección privada, © Look and Learn 225cd; Colección privada, © Michael Graham-Stewart 110; Colección privada, © Philip Mould Ltd, Londres 40sd; Colección privada, Peter Newark American Pictures 155bi; Colección privada, Photo © Boltin Picture Library/The Bridgeman Art Library 45bi; Colección privada, The Stapleton Collection 256cd; Santa Maria della Grazie, Milán, Italia 209bc; Saqqara, Egipto, Giraudon 124; Sarnath Museum, Uttar Pradesh, India 167ci; Catedral de San Cathedral, Gante, Bélgica, Giraudon 62bl, 62c; Stadelsches Kunstinstitut, Frankfurt-am-Main, Alemania 245si; Stourton Contemporary Art, Australia 152; The Trustees of the Chester Beatty Library, Dublín 78; Museo Nacional de Tokio, Japón 91bd; Johnny van Haeften Gallery, Londres, Reino Unido 132; Victoria & Albert Museum, Londres, Reino Unido 216ci; Villa dei Misteri, Pompeya, Italia 280bd; **The Trustees of the British Museum:** 118-119, 119cd; Regalo de Robert Grenville Gayer-Anderson 57si; **Archivo fotográfico del Turismo de China:** 157bi, 219bd; **Christie's Images Ltd:** 182-183, 183cd; **Citroen UK Ltd:** 317bd; **CND:** 316sc; **Corbis:** Paul A. Souders 253bd; 55bi; Theo Allofs/zefa 87si; Paul Almasy 130ca; James L. Amos 57c; Archivo Iconográfico, S.A. 109bi; The Art Archive/Salvador Dalí, Fundación Gala-Salvador Dalí/Artists Rights Society (ARS), Nueva York 266, 266-267; Mariana Bazo/Reuters 131sc; Bettmann 111bd, 221bd, 221sc, 273bi; Stefano Bianchetti 273si; Blue Lantern Studio 272; BOCOG - HANDOUT/epa 45sd; Tibor Bognar 253bi; Christophe Boisvieux 45c, 87c; Burstein Collection 26-27, 27cd; Christie's Images 170cd; Elio Ciol 194sc; Keith Dannemiller 257bi; Jason Hawkes 245ci; Lindsay Hebberd 74bi; Historical Picture Archive 129lci; Hulton-Deutsch Collection 130sd, 219c, 259bi; Janet Jarman 257bc; Bob Krist 129bd; Frans Lanting 30cd; Charles & Josette Lenars 153; Christian Liewig/Liewig Media Sports 258sd; Philippe Lissac/Godong 172sd; Jeffrey Markowitz/Sygma 336ci; Robert Mulder/Godong 125bi; National Gallery Collection; con permiso de la National Gallery, Londres 133bi; Kazuyoshi Nomachi 232si; Lucy Pemoni/Reuters 131sd; Wolfgang Rattay/Reuters 129cla; Michaela Rehle/Reuters 129sc; Michael Reynolds/epa 252; Günter Rossenbach/zefa 94ci; Bob Sacha 129cda; Albrecht G. Schaefer 111bi; Christine Schneider/Zefa 334lbd; Skyscan 284cb; St James's Palace 232sd; Summerfield Press 70-71, 71cd; Swim Ink 259bd; Luca I. Tettoni 97si; Penny Tweedie 125c; Sandro Vannini 304-305, 305cda; Ron Watts 87bi; Werner Forman 166si; **DK Images:** American Museum of Natural History 154bc, 154bi, 270bi, 271sd; Anthony Barton Collection 275c; Archaeological Receipts Fund (TAP) 188bc; Ashley Leiman 223bi; Ashmolean Museum, Oxford 42sd; Board of Trustees of the Royal Armouries 225bd; Bolton Metro Museum 146si, 148i; British Library 196sd, 301cia; British Museum 295bi, 301cb; The British Library 181c; The British Museum 73bi, 167sd, 180bi, 243bi; The British Museum/Alan Hills 117sc; The British Museum/Alan Hills y Barbara Winter (c) 120bd, 129ci; The British Museum/Chas Howson 59cd, 239ci, 261bd; The British Museum/Janet Peckam 171c, 188sd; The British Museum/Nick Nicholls 67bi; The British Museum/Peter Hayman 65c, 107sd, 129sd, 138bd, 256sd; Chateau de Saumur 294ca; Conaculta-Inah-Mex/Instituto Nacional de Antropología e Historia 145ci; Cortesía del Glasgow Museum 173sc; Cortesía del Central London Ghurdwara 185bi; Cortesía del Natural History Museum, Londres 24bd; Crafts Museum, Nueva Delhi 159ci, 161sc; Andy Crawford 239c; Museo Nacional Danés/Peter Anderson 178d; Exeter City Museums and Art Gallery, Royal Albert Memorial Museum 196bd; Glasgow Museum 146bi, 149c, 181ci; Golders Green United Synagogue, Londres 173sd; Alan Hills 249ci; Horniman Museum, Londres 109sc, 270ca; Ellen Howdon/St Mungo, Glasgow Museums 10si, 75si; Sean Hunter 283lbi; Jewish Museum, Londres 172bd; Benu Joshi 233cb; Kelvingrove Art Gallery and Museum, Glasgow Museums 192sd; Barnabas Kindersley 160bd; Judith Miller/Anastacias Antiques 190sd; Judith Miller/Arthur Millner 159sc; Judith Miller/Lyon and Turnbull Ltd 127ci; Judith Miller/Potteries Specialist Auctions 223si; Judith Miller/Sloan's 25sd, 76c, 107si, 164bi; Judith Miller/Gordon Reece Galleries 271sc; Judith Miller/JYP Tribal Art 270bd; Musée National du Moyen-Age Thermes de Cluny 76cd; Museo Internazionale delle Marionette Pasqualino, Palermo 46bi; Museum of Mankind/Peter Anderson 235ci; Museum of the Moving Image, Londres 269c; NASA 33ci; National Maritime Museum, Londres/James Stevenson 243si; National Museum, Nueva Delhi 158sd, 160lbd; National Museums of Scotland 76si; Natural History Museum 121sd; Pitt Rivers Museum, University of Oxford 154cib, 270cda; Powell-Cotton Museum, Kent 167bd; Rough Guides 271bi, 282cda, 283cia; Royal Green Jackets Museum, Winchester 289lcia; Royal Museum of Scotland, Edimburgo 57bi; Royal Ontario Museum Toronto/Francesca Yorke 58si, 140sd; Scott Polar Research Institute, Cambridge 155sd; St Mungo, Glasgow Museums 173d, 181cd; Statens Historiska Museum, Estocolmo 47ci; Kim Taylor 58sc; Steve Teague 164bc; The American Museum of Natural History 150bi; University Museum of Archaeology and Anthropology, Cambridge 155sc; **Servicio fotográfico del Parlamento Europeo:** 316ci; **Agencia Espacial Europea:** 288cia; **Federal Express:** 317sc; **FLPA:** Frans Lanting 91c; **fotolia:** EyeMark 314cd; James Steidl 314ci; **Freemasons' Hall:** 260bi; **Getty Images:** Bridgeman 128bi; Dave Etheridge-Barnes 257sd; Fox Photos 221bi; Keystone Features 258bd; MPI 257si; National Geographic/Martin Gray 232bi; Antonio Scorza/AFP 259sc; Prakash Singh/AFP 129bc; Stone/Cris Haigh 237bi; Stone/Peter Adams 237bd; Stone/Siri Stafford 337bd; The Image Bank/Romilly Lockyer 252sc; Pierre Verdy/AFP 282sc; **INTERPOL:** 316bd; **IOC/Olympic Museum Collections:** 316bi; **iStockphoto.com:** 131cd, 222bc, 233sc; Androsov Konstantin 126sd; Geir-Olav Lyngfjell 302cia; Stephen Turner 127sd; **David King Collection:** 264bd; **Lo Scarabeo:** 198-199; **Mary Evans Picture Library:** 33bd, 90, 97c, 107bd, 114cd, 130cia, 130sc, 223cd, 282bd; **Microsoft:** 317ci; **Oxfam:** 316lsi; **Oxford City Council:** 320sd; **PA Photos:** 220; St James's Palace 323bd; **Peugeot:** 317cdb; **Photolibrary:** 37ci; Robert Harding Picture Library/Luca Tettoni 230-231, 231cd; **PunchStock:** Comstock Images 268bd; **Sir Reresby, Renishaw Hall:** 320ci; **Rex Features:** Mark Baynes 259ci; **Photo Scala, Florencia:** Photo Ann Ronan/HIP/Scala 79sc; **Roland Smithies:** 169; **Stapleton Collection:** Victoria & Albert Museum, Londres, Reino Unido 92-93; **SuperStock:** Prisma 219sc; **Tate, Londres:** DACS London 2008 263bi; **TopFoto.co.uk:** 216d; Ann Ronan Picture Library/HIP 309si; Art Media/HIP 209c; Fastfoto Picture Library 269ci; Fortean 127cib; Marilyn Kingwill/ArenaPal 269cdb; John Richard Stephens 187si; Charles Walker 157bd, 174sd, 180sd, 210bi; Colin Willoughby/Arena Images 269bi; World History Archive 108sc; **TRH The Prince of Wales and The Duchess of Cornwall:** 322-323; **Université Paris-Sorbonne:** 321si; **Universität Heidelberg:** 321cib; **University of Sydney:** 321ci; **V&A Images:** 244bi; **Wakefield Council:** 320sc; **Werner Forman Archive:** Art Gallery of New South Wales, Sydney 147sc; Museo del Palacio, Pekín 29bi; Colección privada, Nueva York York 63bi, 153si; Spink & Son, Londres 28; **WWF International:** 316si

Las demás imágenes
© Dorling Kindersley
Para más información:
www.dkimages.com